sociología y política

LA INFANCIA COMO MERCANCÍA SEXUAL
México, Canadá, Estados Unidos

por

ELENA AZAOLA
RICHARD J. ESTES
PIERRE TREMBLAY
MIQUEL ÁNGEL RUÍZ
NEIL A. WEINER

coordinadores
ELENA AZAOLA
RICHARD J. ESTES

ciesas

siglo
veintiuno
editores

siglo veintiuno editores, s.a. de c.v.
CERRO DEL AGUA 248, DELEGACIÓN COYOACÁN, 04310, MÉXICO, D.F.

siglo xxi editores argentina, s.a.
LAVALLE 1634, 11 A, C1048AAN, BUENOS AIRES, ARGENTINA

portada de ivonne murillo

primera edición, 2003
© siglo xxi editores, s. a. de c. v.
en coedición
con el centro de investigaciones y estudios superiores
en antropología social
isbn 968-23-2450-5

impreso y hecho en méxico.
derechos reservados conforme a la ley, queda prohibida su
reproducción total o parcial por cualquier medio mecánico o
electrónico sin permiso escrito de la casa editorial.

RECONOCIMIENTOS

La realización del estudio sobre la explotación sexual comercial de niñas y niños en México, durante el periodo comprendido entre enero de 2000 a abril de 2002, fue posible gracias al apoyo que proporcionaron el Consejo Nacional de Ciencia y Tecnología (CONACYT) y el Programa Interinstitucional de Estudios sobre la Región de América del Norte (PIERAN). Es por ello que los autores deseamos dejar constancia de nuestro reconocimiento y gratitud por la confianza y el apoyo que nos brindaron.

INVESTIGADORES PARTICIPANTES

En el equipo estadunidense participaron: como investigador principal, el doctor Richard J. Estes; el doctor Neil A. Weiner, como investigador coprincipal; Nicole Ives como asistente del proyecto y Howard Nemon y Kim Nieves como coordinadores de proyecto. Asimismo realizaron distintas tareas Batkhishig Adilbish, Mary D'Aiuto, Jeff Jarret, Mary Johnstone, Patricia Loff, Hwa Ok Bae, Joseph Surak, Paul Vaca y Eileen Zorc, todos ellos de la Universidad de Pennsylvania.

En el equipo canadiense colaboraron: el doctor Pierre Tremblay, como investigador principal y el doctor Marc Ouimet, como investigador, ambos del *Centre International de Criminologie Comparée,* de la Universidad de Montreal. Estuvo también como investigador Alexandre Gauthier, de la *École des Hautes Études* de Montreal.

En el equipo mexicano participaron: la doctora Elena Azaola, como investigadora principal, del Centro de Investigaciones y Estudios Superiores en Antropología Social y, como investigadores, Miquel Ángel Ruiz Torres y Karina López Albarrán, becarios del mismo Centro.

El doctor Richard J. Estes fungió como coordinador general de los tres equipos de investigación. Él se encuentra adscrito al *Center for the Study of Youth Policy* de la Universidad de Pennsylvania y coordina el área sobre desarrollo social y económico en dicha Universidad. Sus actividades al nivel internacional han sido extensas y ampliamente reconocidas. Ha recibido numerosos premios y reconocimientos por su trabajo de investigación en desarrollo internacional comparado que ha llevado a cabo en numerosos países, tanto de Europa como de Asia y Oceanía. Ha publicado más de setenta trabajos en distintas naciones. Sus publicaciones han obtenido diversos premios y reconocimientos como los mejores trabajos de su especialidad.

El doctor Pierre Tremblay es investigador del *Centre International de Criminologie Comparée,* de la Universidad de Montreal. Ha conducido numerosos estudios sobre la criminalidad en la región de Québec y se ha dedicado, fundamentalmente, a la enseñanza de la Criminología en dicha Universidad. Entre sus investigaciones destacan los que se refieren a los ofensores o perpetradores de delitos sexuales. Ha publicado más de cuarenta estudios sobre temas diversos en criminalidad.

La doctora Elena Azaola es antropóloga social y psicoanalista e investigadora del Centro de Investigaciones y Estudios Superiores en Antropología Social. Ha recibido becas y reconocimientos por distintos proyectos que ha conducido. Coordinó una investigación sobre niños de la calle para la Unión Europea y ha publicado más de sesenta trabajos tanto en México como en varios países de América y Europa. La mayor parte de sus trabajos de investigación se refiere a niños, jóvenes y mujeres que han padecido distintos tipos de abusos y violencia.

INTRODUCCIÓN

El proyecto sobre la explotación sexual comercial de niñas y niños en México tuvo un doble origen. Por un lado, se inició en el mes de junio de 1999 con la visita a nuestro país del profesor Richard J. Estes, del *Center for the Study of Youth Policy*, de la Universidad de Pennsylvania quien, desde hacía algunos meses, había propuesto la realización de un proyecto respecto del fenómeno en los tres países de la región de América del Norte y había invitado a la doctora Elena Azaola, del Centro de Investigaciones y Estudios Superiores en Antropología Social (CIESAS), para que se hiciera cargo de coordinar la parte del estudio relativa a México.

Como, por otro lado, el Fondo de las Naciones Unidas para la Infancia en México (UNICEF) y el Sistema Nacional para el Desarrollo Integral de la Familia (DIF), tenían previsto realizar un estudio similar en nuestro país, resolvimos unir nuestros esfuerzos y trabajar de manera conjunta.[1] De esta forma surgió una fructífera colaboración que, bajo los auspicios de UNICEF, DIF y el CIESAS, dio a conocer los resultados de la primera fase de la investigación que se desarrolló en seis ciudades de la República mexicana entre septiembre de 1999 y junio de 2000.[2] Mientras esta fase se hallaba en curso, obtuvimos el apoyo tanto del CONACYT como del PIERAN para continuar y emprender la segunda y última etapa de la investigación, que concluyó en abril de 2002. Junto con los resultados de esta última etapa se incluye en el presente volumen una síntesis de los principales hallazgos de los estudios realizados en Estados Unidos y Canadá, cuyos resultados completos serán publicados en aquellos países.

---

[1] La decisión por parte de UNICEF y DIF de emprender un estudio respecto del tema se relaciona con la recomendación que formuló el Comité de Naciones Unidas sobre los Derechos de la Infancia, en su sesión número veintidós celebrada en 1999, y cuya recomendación número 31, dice: "A la luz de la valoración y recomendaciones expedidas por la Relatora Especial sobre la venta, prostitución y pornografía infantil con respecto de la situación de la explotación sexual de menores en México [...] el Comité recomienda, en particular, que el Estado parte coordine un estudio sobre el tema [...] con vistas a diseñar e instrumentar políticas y medidas apropiadas [...]". (CRC/C15/Add.112).

[2] Los resultados de la primera etapa pueden consultarse en: Azaola, 2000.

Una vez que acordamos emprender el estudio en los tres países siguiendo, en líneas generales, una misma metodología y objetivos, consideramos que era necesario conformar un grupo amplio de consultores a escala internacional, así como uno en cada país, en los que se invitó a colaborar tanto a los responsables de las principales instituciones gubernamentales que tienen a su cargo la atención del problema, como a los más destacados especialistas en temas relacionados con el abuso, el tráfico y la explotación de la infancia, y a representantes de organismos no gubernamentales que brindan atención a los niños víctimas. La invitación se les formuló tanto para que colaboraran aportando sus conocimientos y experiencias, como para que sus ideas enriquecieran la investigación y encauzaran su rumbo. De igual modo, se los invitó para conformar un espacio amplio de discusión e intercambio en el que se expondrían los resultados de cada fase de la investigación, por lo que ésta se benefició con sus cuestionamientos y comentarios.

Para poder coordinar la labor de los tres equipos de investigación, se celebraron a lo largo del proyecto un total de cinco reuniones de trabajo (2 en México, 2 en Estados Unidos y 1 en Canadá), con duración de dos o tres días cada una. Asimismo, se celebraron en Washington tres reuniones con el grupo de consultores internacionales y el mismo número en cada país con los respectivos grupos consultivos nacionales. La comunicación por vía electrónica entre los coordinadores de los tres equipos se mantuvo de manera frecuente e ininterrumpida a lo largo de los tres años de duración del proyecto.

Por lo que se refiere al contenido, esta presentación final de resultados incluye un primer capítulo que explica el marco conceptual y metodológico bajo el cual se emprendió la investigación en los tres países de Norteamérica. Enseguida se presenta una síntesis de los resultados obtenidos en los estudios realizados en Estados Unidos y Canadá. El resto del documento expone y analiza con mayor detalle los resultados de la investigación que se alcanzaron en México.

La parte relativa a México se inicia con un capítulo que aborda de manera sintética la situación general de la infancia en nuestro país. Ello, con el fin de poder situar dentro de ésta a la que enfrentan de manera específica los niños y niñas sexualmente explotados. Otros dos capítulos exponen detalladamente la situación de los diferentes grupos de niños que han sido involucrados en el comercio sexual tanto en las principales zonas turísticas como fronterizas del país. Se incluye al final una serie de recomendaciones que nos parece pertinente formular a partir de los resultados obtenidos en el estudio, así como varios anexos y una extensa bibliografía que contiene los textos consultados por los tres equipos de investigación.

Varios de los rasgos que se observan en el fenómeno de la explotación sexual de niños lo asemejan, quizás, a otros de los horrores que fueron perpetrados por el hombre durante el siglo XX, según la descripción que de estos últimos hace Glover en un texto reciente (2000) que lleva por título *Humanity*. Uno de los factores que, de acuerdo con Glover, habría traído consigo la posibilidad de efectuar combates a distancia, habría sido la dificultad que se produce para establecer lazos de empatía y de identidad moral entre víctimas y agresores, así como la fragmentación de la responsabilidad que se genera al intervenir múltiples actores en dichos sucesos, a diferencia de lo que ocurre en los combates cara a cara. De esta fragmentación lo que resulta es que nadie se hace cargo plenamente de los resultados ni siente que éstos sean una consecuencia directa de sus actos. En términos semejantes se ha expresado Todorov (1993) con respecto del silencio cómplice por parte de quienes, conociendo la realidad de los campos de concentración, prefirieron no denunciarla porque pensaron que de este modo estarían mejor protegidos.

En ambos casos se trata, entonces, de sucesos que sólo pudieron ocurrir porque contaron con el silencio cómplice de muchos o con el debilitamiento de las defensas morales que se hizo posible al fragmentar la responsabilidad. Creo que algo semejante ha venido ocurriendo y ocurre con los niños explotados ya que, como veremos en el presente estudio, hay múltiples actores involucrados, ninguno de los cuales siente que la responsabilidad sea completamente suya, no obstante que se trata de un fenómeno que hemos preferido no mirar, como una manera de rehuir la parte de responsabilidad que a todos nos cabe por nuestro silencio.

ELENA AZAOLA

MARCO CONCEPTUAL Y METODOLÓGICO

RICHARD J. ESTES
ELENA AZAOLA

DELIMITACIÓN DEL FENÓMENO

Hay innumerables referencias históricas que, desde las civilizaciones más antiguas, dan cuenta de la utilización de mujeres y niños para prestar favores sexuales a cambio de bienes y servicios, así como de la intervención de terceros que se apropian y los despojan de estos beneficios. En este sentido, niñas, niños y mujeres habrían sido históricamente utilizados, las más de las veces por hombres adultos, como objetos de intercambio con propósitos sexuales. Si bien hoy en día tanto los acuerdos internacionales como la mayor parte de las legislaciones nacionales consideran que el tráfico y la explotación de mujeres y niños con fines sexuales constituyen prácticas violatorias de sus derechos que resultan intolerables, por lo que deben ser combatidas y eliminadas, es importante tener claro que esta forma de visualizar y etiquetar el fenómeno es reciente en la historia de la humanidad.

Nuestro estudio no se ha propuesto reconstruir la historia de este fenómeno ya que ello exigiría el diseño de un proyecto expresamente orientado a ese propósito, que empleara de manera acuciosa las herramientas propias del historiador, de tal suerte que se evitara el sesgo —en el que se incurre con frecuencia al abordar este tema—, de extraer ciertos datos o rasgos que, al colocarlos fuera del contexto que le es propio, producen imágenes que distorsionan el fenómeno o impiden visualizarlo como parte de los procesos y las relaciones sociales de su tiempo.

Desde esta perspectiva, nuestro interés consiste en analizar la explotación sexual comercial de niñas y niños como parte de los procesos sociales y culturales contemporáneos en los tres países de la región de América del Norte, sin desconocer que se trata de un fenómeno con profundas raíces históricas que en este trabajo, sin embargo, no nos proponemos enfocar.

Es también importante destacar que en este estudio hablamos de niñas y niños en el sentido que lo establece la Convención sobre los Derechos del Niño al hacer extensiva la denominación de niño a las personas que tienen hasta 18 años de edad, si bien en ordenamientos posteriores los organismos internacionales han recomendado un lenguaje más preciso y acorde con las etapas del desarrollo humano, sugiriendo la distinción entre niños, de los 0 a los 11 años, y adolescentes, de los 12 a los 18. En cualquier caso, es importante tener presente que se trata de límites arbitrarios que se establecen por convención y que tienen que ver más con la necesidad de fijar fronteras para la atribución de derechos, lo que no significa que social y culturalmente se correspondan con una categoría homogénea de sujetos.

Desde el punto de vista del fenómeno que abordamos, cabe recordar que no siempre se ha marcado el mismo tipo de fronteras entre niños y adultos y que incluso la forma como conceptualizamos a ambos hoy en día, los atributos que les damos, los gestos que de ellos esperamos, son otro producto reciente de la historia de la humanidad que, en buena parte, se relaciona con el desarrollo de las disciplinas sociales y humanas que tuvo lugar a partir de la segunda mitad del siglo XIX (Ariès, 1962; Foucault, 1985; Mannoni, 1983).

Por lo que se refiere a los orígenes de la pornografía, cabe señalar que la representación explícita de órganos sexuales puede encontrarse en muchos, si no es que en todos, los tiempos y lugares. No obstante, de acuerdo con los especialistas, la pornografía como una categoría legal y artística parece ser una idea especialmente occidental cuya cronología y geografía es factible de ser trazada. En el sentido moderno con que se utiliza el término, éste sólo vino a tener un uso extensivo a partir del siglo XIX. Sin embargo, las líneas principales de la tradición pornográfica moderna y sus censores pueden rastrearse desde Italia en el siglo XVI y en Francia e Inglaterra en los siglos XVII y XVIII, sin descartar los importantes antecedentes en las culturas griega y romana. Asimismo, y en tanto que categoría de entendimiento concomitante con la emergencia de la modernidad occidental, es posible trazar las ligas de la pornografía con la mayoría de los momentos cruciales de dicha emergencia: el Renacimiento, la Revolución Científica, la Ilustración y la Revolución francesa (Hunt, *ed.*, 1996).

La pornografía, sostienen distintos autores, no tuvo un surgimiento espontáneo sino que fue el resultado en el tiempo de conflictos que se presentaron entre escritores, artistas y grabadores, de un lado, y espías, policías, clérigos y funcionarios, del otro. Sus significados políticos y culturales no pueden ser separados de su emergencia en tanto que categoría de pensamiento, representación y regulación. Su historia se halla ligada a la herejía, el librepensamiento, la ciencia y la filosofía natural, así como a los ataques al poder político absolutista. En Francia, la palabra *pornographe* apareció por vez primera en 1769 en referencia a escritos e imágenes obscenas acerca de la prostitución que incluía tanto a adultos como a menores de edad (Hunt, *ed.*, 1996). Dado que en otros momentos históricos no se había dado el tipo de delimitación entre niños y adultos que hoy en día existe, es difícil que en lo que se conoce de aquellos tiempos pueda trazarse una frontera clara, por ejemplo, entre la prostitución de mujeres adultas y la de menores de edad. Lo más frecuente es que las mujeres fueran inducidas a prostituirse siendo muy jóvenes y que se iniciaran siendo menores de edad. En este sentido, lo que se conoce acerca de la prostitución en general abarca también a mujeres menores de edad, sin olvidar que esta distinción es pertinente sólo a la luz de los cortes jurídicos y de otro tipo que fueron establecidos con posterioridad.

En algunos momentos de la historia, sin embargo, saltaron a la luz pública algunas referencias específicas sobre niños prostituidos. Fue el caso, durante la Edad Media, de los actos de prostitución infantil que protagonizaron algunas autoridades eclesiásticas mientras participaban en el Congreso de Basilea, en 1437. En aquel momento, de acuerdo con el historiador Peter Schuster, los niños prostituidos fueron azotados y expulsados de la ciudad. En los siglos siguientes, la prostitución infantil continuó en Europa en forma clandestina, auspiciada y protegida por personajes que contaban con poderío económico y político, según refirió un informe de la Comunidad Europea elaborado a raíz del caso Dutroux, que tuvo lugar en Bélgica y que, al conmover a la opinión pública europea, contribuyó de manera decisiva a la realización y los acuerdos que se adoptaron en el Congreso Mundial de Estocolmo en 1996 (Greenberg, 1996).

Es muy probable, como decíamos, que todas aquellas formas en las que se estigmatizó y castigó a mujeres prostitutas en otros tiempos (extracción de vísceras y ahogamiento en excrementos entre los teutones en el año 100 a.C.; azotes en público y cercenamiento de la nariz entre los visigodos en el siglo V; azotes, destierro, esclavitud y decalvación entre los germanos en el siglo VII o las restricciones que se les impusieron a su libertad de tránsito o a su forma de vestir durante la Edad Media, etc.) afectaran también a mujeres que eran menores de edad (González, 1999). De la misma manera, seguramente las menores de edad que se prostituían se vieron afectadas por los diferentes sistemas que fueron estableciéndose para regular el trabajo sexual a partir de mediados del siglo XIX y que subsisten hasta nuestros días: el abolicionista, el prohibicionista y el reglamentarista.

El régimen abolicionista, que predomina a la fecha en el escenario internacional, tuvo sus orígenes en el feminismo británico del siglo XIX, con posterioridad a la promulgación de la Ley de enfermedades contagiosas de 1869 y a la fundación de la Federación Continental para la Abolición de la Regulación a la Prostitución, de 1874, mediante la cual las prostitutas se oponían a los exámenes médicos forzosos, al levantamiento del registro policiaco y a la reglamentación de su actividad. La postura principal de esta corriente es que toda prostitución es una explotación de la mujer y que la reglamentación de la actividad sólo consigue perpetuar esta injusticia, por lo que debe reprimirse a los explotadores y no a la mujer prostituta. La propuesta de este tipo de régimen consiste, entonces, en abolir los controles y los exámenes médicos obligatorios y no la prostitución en sí (Robles Maloof, 2001).

La postura prohibicionista, en cambio, pretende prohibir y castigar el ejercicio de la prostitución y se propone suprimir tanto la oferta como la demanda de los servicios sexuales que impliquen una retribución por la vía de imponer sanciones penales. Estados Unidos cuenta con un sistema de este tipo, puesto que criminaliza tanto la oferta como la demanda de servicios sexuales, mientras que en Canadá se sanciona a quien solicite dichos servicios pero no a quien los ofrece. Otros países que adoptaron un régimen prohibicionista, que dio paso a prácticas de corrupción y clandestinaje, fueron Rusia, China, Cuba y, en general, los países que formaron parte del bloque socialista (Gomezjara, 1992).

El régimen reglamentarista se caracteriza por un enfoque en el que se privilegian los aspectos médico-sanitarios del problema. Sus primeras manifestaciones se observaron después del Primer Congreso Médico Internacional celebrado en París en 1867. En México, este tipo de régimen fue adoptado por el gobierno de Maximiliano, el cual expidió un decreto para reglamentar el comercio sexual que fue la base de posteriores reformas a los Códigos Sanitarios de 1891, 1894, 1926 y 1934, respectivamente. Este sistema, basado en el establecimiento de medidas de higiene, fue cayendo en desuso después de la segunda guerra mundial, y se estableció desde entonces como predominante la tendencia abolicionista (Uribe, 1995; Franco, 1973).

Bajo el régimen reglamentarista se establecieron tanto en nuestro país, como en otros, las llamadas "zonas de tolerancia" en las que se imponía la obligatoriedad del registro a las mujeres que ejercieran la prostitución. En muchas naciones este sistema se modificó, ya que daba lugar a numerosos abusos y violaciones a los derechos de las mujeres, quienes prácticamente permanecían recluidas en los prostíbulos y aisladas del resto de la población. En la Ciudad de México este tipo de régimen quedó derogado en 1940, no obstante que hoy en día todavía lo conservan trece estados de la República (Uribe, 1995; Lagarde, 1993; Lamas, 1993).

Algunos autores han hecho notar que, más allá del tipo de normatividad abolicionista o reglamentarista vigente en cada entidad de la República, existen disposiciones en otras leyes así como en los bandos de policía y buen gobierno que implican una condena al trabajo sexual y estigmatizan a las personas que lo ejercen; entre ellas están las que se refieren a la moral y las buenas costumbres o a las personas que gozan de buena o mala fama (Robles Maloof, 2001).

En todo caso, si ha podido extraerse alguna lección de los diferentes intentos que históricamente se realizaron en distintos países para impedir o coartar el trabajo sexual, es que las medidas adoptadas resultaron contraproducentes o trajeron consigo más daños que beneficios. Ni las medidas que optaron por la vía de criminalizar el fenómeno o las que se propusieron reducirlo a un problema sanitario, tuvieron los efectos que se buscaban y a menudo sólo consiguieron empeorar las condiciones de vida de las trabajadoras sexuales.

Es importante destacar que, si bien la prostitución y el tráfico de menores de edad puede desarrollarse en espacios propios, lo más frecuente es que ocurra en las mismas zonas y espacios en donde se realiza el comercio sexual de adultos (Sereny, 1985). En México hemos podido comprobar que en la mayor parte de las zonas y lugares donde se realiza el comercio sexual de adultos, se encuentran menores de edad en mayor o menor proporción. Cabe decir también que una buena parte de las mujeres adultas que ejercen la prostitución en nuestro país, se iniciaron siendo menores de edad.

No obstante que en la realidad existe esta cercanía y son frecuentes los vínculos entre la prostitución de adultos y la de menores, nuestro trabajo se concentra en ésta última, manteniendo el corte que jurídicamente establece la necesidad de proteger a las y los menores de edad en contra de todas las formas de explotación y abuso sexual.

El interés de nuestro trabajo se centra, entonces, en el momento en que se perfila una clara distinción entre la prostitución que ejercen las adultas y las menores de edad, y en el que el fenómeno de la explotación sexual comercial de niñas y niños es etiquetado y delimitado como un fenómeno con un perfil propio que se distingue y se aparta de la prostitución adulta.

Uno de los factores que contribuyó a etiquetar el fenómeno y a darle un perfil propio, fue el auge que tuvo a partir del decenio de los setenta, como consecuencia de las transformaciones que convirtieron al turismo en un fenómeno social a gran escala y en el que comenzaron a participar amplios sectores sociales. La prostitución infantil se situó a partir de entonces como un negocio en expansión y altamente lucrativo. En aquel momento Tailandia, Filipinas y Sri Lanka fueron los destinos principales de los buscadores de niños. Sin embargo, con el aumento del turismo, los prostíbulos especializados en servicios sexuales infantiles se multiplicaron y expandieron por diversos países subdesarrollados, incluyendo los de América Latina. La expansión del turismo se combinó, además, con la presencia naval estadunidense en el caso de algunos países asiáticos. En otros, la prostitución infantil fue ganando terreno en bares, hoteles, calles y playas, auspiciada por la demanda de clientes que cada vez iban en busca de niños más pequeños (Muñoz, 1999).

El concepto de turismo sexual comenzó a utilizarse en el decenio de los ochenta y hoy en día prácticamente todas las regiones del mundo se ven afectadas por este fenómeno. De acuerdo con las cifras proporcionadas en el Segundo Congreso Mundial celebrado en Yokohama en 2001, la explotación sexual afecta a 400 mil niñas y niños en la India; 200 mil en Tailandia y 100 mil en Filipinas, Taiwan y Brasil, cada uno.

ANTECEDENTES

Nos referiremos a los antecedentes dentro de los cuales cabe ubicar al presente estudio; esto es, a partir de la adopción de una serie de medidas y políticas que acordaron los países y organismos en el ámbito internacional, toda vez que han mostrado su preocupación por el creciente número de niñas y niños que año a año son incorporados al comercio sexual.

El punto de partida más inmediato y de mayor peso lo constituye la Convención sobre los Derechos del Niño, aprobada en 1989 por la Asamblea General de Naciones Unidas, suscrita por todos los países —excepto Estados Unidos— y adoptada por México en 1991, y que en su artículo 34 establece la obligación de los estados partes de proteger a los niños contra todas las formas de explotación y abusos sexuales y de tomar todas las medidas necesarias para impedir su explotación sexual. Entre los antecedentes importantes de medidas internacionales adoptadas sobre este tema cabe mencionar el Acuerdo Internacional para la Eliminación de la Trata de Blancas, de 1904, y la Convención contra la Esclavitud, suscrita en 1926 y ratificada por México en 1934. Asimismo, la Convención para la Supresión del Tráfico de Personas y de la Explotación de la Prostitución de Otros, suscrita por la mayoría de los estados miembros en vigor, desde 1949 y ratificada por México en 1956 (Pérez Duarte, 1998).

Después de 1949, la explotación sexual comercial de niños fue mencionada en diversos instrumentos diseñados para combatir el tráfico de personas con fines sexuales. En 1982, un relator especial de Naciones Unidas sobre trabajo infantil mencionó la prostitución como una de las categorías principales a tomar en cuenta en la lucha para eliminar el trabajo infantil. Al año siguiente, un relator especial sobre el tráfico de personas y el comercio sexual, presentó un reporte al Consejo Económico y Social de Naciones Unidas en el que mencionó de manera especial los problemas específicos de los niños sujetos a explotación sexual (IBCR, 1999).

A partir de la Convención sobre los Derechos del Niño, se han diseñado nuevas medidas e iniciativas para hacer frente a la explotación sexual comercial de niños. Entre ellas, la designación por parte de la Asamblea General de Naciones Unidas de un relator especial sobre la venta de niños, la prostitución infantil y la utilización de niños en la pornografía, quien reporta sobre casos específicos, realiza misiones a distintos países y elabora recomendaciones. Hasta ahora se han designado tres Relatores Especiales: Vitit Muntarbhorn, de 1991 a 1994; Ofelia Calcetas-Santos, de 1994 a 2001 y Juan Miguel Petit a partir de 2001. La segunda realizó una visita a México y rindió un reporte sobre su misión que constituyó un importante punto de referencia para el presente estudio (Calcetas-Santos, 1998).

Asimismo, dentro de la Comisión de Derechos Humanos de Naciones Unidas se ha conformado un grupo de trabajo acerca del tráfico de niños, prostitución infantil y pornografía infantil que, en 1992, turnó una resolución denominada Programa de Acción para la Prevención de la Venta de Niños, la Prostitución Infantil y la Pornografía Infantil, instrumento que creó una serie de principios rectores que han permitido establecer las metas y objetivos a alcanzar en este campo por parte de los estados miembros (IBCR, 1999).

A partir del decenio de los noventa, el Fondo de las Naciones Unidas para la Infancia también ha promovido estudios y apoyado numerosas acciones llevadas a cabo por organismos públicos y no gubernamentales de distintos países, encaminados a combatir la explotación sexual de los niños. Al igual que la Organización Internacional del Trabajo, UNICEF ha reconocido el vínculo entre la explotación sexual de los niños y la necesidad de eliminar el trabajo infantil. De esta forma, la prostitución infantil quedó incluida en el Convenio 182 de la OIT relativo a la prohibición de las peores formas de trabajo infantil y la acción inmediata para su eliminación, de 1999. Asimismo, había sido incluida en el Programa Internacional para la Erradicación del Trabajo Infantil puesto en marcha por la OIT desde 1991.

Durante el decenio de los ochenta en que la Convención estaba siendo elaborada, algunas organizaciones no gubernamentales tuvieron también un papel relevante en llamar la atención de gobiernos e instituciones internacionales acerca de este tema. Entre ellas destaca ECPAT, que tuvo su origen en una campaña emprendida en Tailandia bajo las siglas *End Child Prostitution in Asian Tourism*, si bien hoy en día es un organismo de alcance mundial que se opone a todas las formas de explotación sexual de niños. Fue precisamente ECPAT, junto con UNICEF, el gobierno sueco y el grupo de trabajo de organismos no gubernamentales por los derechos de los niños, que convocaron a la realización del Congreso Mundial en Contra de la Explotación Sexual Comercial de Niños celebrado en Estocolmo en 1996 (IBCR, 1999).

Por su parte, la Oficina Internacional sobre los Derechos del Niño (IBCR), con sede en Montreal, es una organización no gubernamental que se creó en 1994 y que estableció un Tribunal Internacional sobre los Derechos del Niño para conducir averiguaciones y proponer recomendaciones respecto de violaciones a los derechos de los niños en todo el mundo. No es una institución judicial sino más bien una corte moral que busca crear conciencia y responsabilidad a la luz de los principios establecidos por la Convención Internacional sobre los Derechos del Niño; es por ello que, a raíz del Congreso Mundial de 1996, adoptó como una de sus tareas principales el cumplimiento de la agenda y el programa de acción en contra de la explotación sexual de niños al nivel internacional y ha conducido audiencias sobre el tema en Brasil, Tailandia y otros países (IBCR, 1997b; 1998a; 1998b, 1999). El Congreso Mundial de 1996 fue uno de los momentos más productivos y significativos que han tenido lugar en la lucha contra la explotación sexual de los niños. Su declaración y agenda de acción fueron suscritas por 122 países que se comprometieron a encarar el problema. Ese acto permitió llamar la atención y desarrollar una conciencia internacional acerca de la magnitud del fenómeno. De la misma forma, el hecho de que se hubiera establecido dicha agenda permitió que se le diera seguimiento durante el Segundo Congreso Mundial, que se celebró en Yokohama, Japón, en diciembre de 2001. También ha dado lugar a que organismos internacionales, como ECPAT, que cuenta con sedes en 30 países y organismos afiliados en otros 27, hayan podido elaborar informes acerca del avance que se observa en el cumplimiento de los compromisos que se establecieron en el Primer Congreso en todos los continentes y regiones del mundo (ECPAT 2000; ECPAT, 2001). Al Segundo Congreso Mundial, que fue convocado por UNICEF, el Gobierno japonés y ECPAT, asistieron tres mil representantes de 138 países que suscribieron nuevos compromisos.

Por lo que se refiere a Latinoamérica, un importante paso en la dirección trazada por el Congreso fue la elaboración del diagnóstico que coordinó y publicó el Instituto Interamericano del Niño, con sede en Montevideo, (IIN, 2000) que contiene un análisis de la situación en diez países de la región, incluyendo México (Negrete, 2000), así como los estudios que se han llevado a cabo en otros países de América Latina con el apoyo de UNICEF (Treguear, 1994; Chejter, 2000; Azaola, 2000).

En 1999 tuvo lugar, en la sede de la UNESCO en París, una reunión entre trescientos especialistas de cuarenta países con el fin de analizar los retos que plantea y las formas de combatir el uso creciente del internet para la pedofilia y la pornografía infantil. Allí se informó del incremento en el número de niños que son ubicados por este medio con el propósito de ser abusados sexualmente y de los millones de fotografías de niños que circulan y se difunden a través de él. Se señaló que tan sólo en Japón había más de 1 300 sitios de pornografía con imágenes de menores disponibles. Se emitió una declaración y se acordaron diversas medidas para hacer frente al problema (Calcetas-Santos, 1999).

En 2001, el Consejo de Europa convocó a una reunión que tuvo lugar en Budapest en la que 43 países de Europa y Asia Central suscribieron la Convención en contra de los Crímenes cometidos por Computadora (*Cyber-Crime Convention*) entre los cuales se incluyó a la pornografía infantil y se acordaron medidas para prohibir la producción, transmisión, promoción y posesión de imágenes sexuales infantiles. A esta convención se adhirieron también Estados Unidos, Canadá, Japón y Sudáfrica. En dicha reunión el Consejo de Europa informó que, tan sólo en Estados Unidos, se calcula que la pornografía infantil deja ganancias por tres billones de dólares al año.[1]

Asimismo, cabe referir la Recomendación 16, adoptada en octubre de 2001 por el Comité de Ministros de los 43 Estados miembros del Consejo de Europa, relativa a la protección de los niños en contra de la explotación sexual. En este documento, uno de los más completos y avanzados en la materia, se precisan las medidas que cada Estado debe adoptar tanto para prevenir, atender y combatir la explotación sexual de niños en todas sus formas, como las medidas que deben adoptarse en relación con los perpetradores (Consejo de Europa, 2001).

En forma paralela, la Comisión de Derechos Humanos de Naciones Unidas propuso un Protocolo Opcional a la Convención sobre los Derechos del Niño para hacer de la explotación sexual comercial de niños una ofensa criminal de carácter internacional (IBCR, 1999). Este Protocolo entrará en vigor en enero de 2002, toda vez que ha sido ratificado por 69 países, incluyendo México. El Protocolo establece que es factible someter a la jurisdicción universal los casos de venta de niños, prostitución y pornografía infantil, a los que se les puede considerar crímenes en contra de la humanidad, asegurando con ello la jurisdicción de todos los estados partes independientemente de la nacionalidad de los agresores o del lugar en donde se hubiera cometido el delito.

El Informe de la Oficina Internacional de los Derechos del Niño (IBCR, 1999) respecto de las dimensiones internacionales de la explotación sexual de niños refiere que, no obstante los avances antes mencionados, en el transcurso de los años posteriores al Primer Congreso Mundial se ha venido haciendo evidente que las resoluciones discutidas y las recomendaciones no podían aplicarse en forma indistinta en todos los contextos y que es claro que se requiere llevar a cabo mucho trabajo en el ámbito nacional antes de que las recomen-

---

[1] Este documento puede consultarse en <www.legal.coe.int/economiccrime>

daciones internacionales puedan ser aplicadas. Lo mismo se desprende de la lectura de los informes cuarto y quinto sobre los avances en la agenda de acción elaborada en el marco del Primer Congreso Mundial celebrado en Estocolmo (ECPAT, 2000; ECPAT 2001).[2]

PLANTEAMIENTO DEL PROBLEMA

La explotación sexual comercial de niños (ESCN) no ha sido objeto hasta ahora de un estudio en los tres países de América del Norte que intente comprender de manera integral los rasgos que el fenómeno tiene tanto a escala nacional, como regional o local; a pesar de que se trata de un problema serio y que es previsible que pueda agravarse tanto como resultado de la naturaleza expansiva de la economía global, la extensión y permeabilidad de las fronteras, como de distintos procesos de cambio que han impactado a las familias, debilitado los vínculos sociales y acrecentado los riesgos y los abusos para los menores de edad.[3]

Estudios que se han desarrollado en otros países han postulado que la globalización de la economía, la internacionalización y el libre comercio han traído consigo una serie de problemas sociales imprevistos (Estes, 1997a, 1998b; Lie, 1996; Rodríguez, 1998; Williams, 1995). Entre ellos se encuentra un aumento en la incidencia de la ESCN, incluyendo la utilización comercial de niños por adultos en la prostitución, la pornografía y otros tipos de "trabajos sexuales" (DoL, 1995; Ireland, 1993; Munir & Yasin, 1997; Naciones Unidas, 1995).

De acuerdo con estos estudios, el incremento en la ESCN parece estar impulsado por: *a]* el empeoramiento de las condiciones de vida en el interior de familias pobres (Barr *et al.*, 1996; DoL, 1995; Longford, 1995); *b]* la promoción de la prostitución infantil dentro del círculo familiar (Dembo *et al.*, 1992; Mueck, 1992); *c]* la utilización de actividades sexuales por parte de niños que huyen de sus casas como medio de sobrevivencia en las calles (Davidson & Loken; Haq, 1996; Snell, 1995; Azaola, 1998); *d]* el reclutamiento de niños como

---

[2] El cuarto informe mundial de ECPAT puede consultarse en <www.ecpat.net/Bluebook2000/English/content.html>
[3] Esta metodología es, en términos generales, la misma que se expuso en la publicación de los resultados de la primera etapa del estudio en México (Azaola, 2000), ya que son parte del mismo proyecto.

trabajadores sexuales por parte de redes del crimen organizado (Harris, 1998) y, *e*] el traslado de niños provenientes de países subdesarrollados que son introducidos de manera ilegal en los desarrollados como "trabajadores sexuales" (Chin, 1990; Ireland, 1993; McDonald, 1995; Seabrook, 1997; Williams, 1995).

Los procesos mediante los cuales son reclutados los niños para este tipo de actividades resultan complejos y varían no sólo entre países sino también entre ciudades a su interior, aunque casi siempre involucran a adultos que obtienen ventajas económicas.

Algunas de las formas de reclutamiento que han sido descritas por estudios llevados a cabo en distintos países, incluyen: el rapto (Barr *et al.* 1996; DoL, 1995); la presión de los padres (D'Asaro & Foley, 1997); el arreglo entre padres y traficantes, que pueden pertenecer a redes del crimen organizado (Seabrook, 1997; Yoon, 1997) y la seducción o el matrimonio previos a la explotación de las víctimas (EDIAC, 1996; Azaola, 1998). Una vez reclutados estos niños son típicamente llevados a "sitios de trabajo" distantes de sus lugares de origen.

EXPLICACIONES PROPUESTAS

La pobreza es el factor más frecuentemente citado para explicar el involucramiento de grandes cantidades de niños en estas actividades (Boye, 1996; Estes, 1997; Longford, 1995; Shamim, 1993); sin embargo, el Centro Nacional para Niños Extraviados y Explotados, de Estados Unidos, ha sugerido que este factor no puede explicar el gran número de menores de 16 años reclutados para estas actividades, en particular en países ricos como Estados Unidos y Canadá. En estas naciones un gran número de niños reclutados proviene de sectores medios y se ven involucrados, por distintas circunstancias, en este tipo de actividades; entre ellas, el haber huido de sus casas (Snell, 1995).

Otros estudios muestran que también existe una fuerte correlación entre la victimización sexual de niños y el embarazo de adolescentes (Dembo *et al.*, 1992; Widom, 1996); la prostitución de adultos (Widom, 1996; Azaola, 1998); el abuso de sustancias (Ireland & Widom, 1994); la violencia (Gelles & Wolfner, 1994; Schwartz, Rendon & Hsieh, 1994; Weiner & Wolfgang, 1989; Weiner & Ruback, 1995) y otras formas de comportamiento adulto delictivo (Dembo, 1992). En México, si bien una parte de los niños víctimas de explotación sexual son niños que han vivido en la calle, no todos comparten necesariamente dicho antecedente, como lo mostraron los resultados obtenidos durante la primera etapa de este estudio (Azaola, 2000).

Otros factores que diversas investigaciones han propuesto para explicar la ESCN, son: la pedofilia (Cole, 1993; De Mause, 1991; Prently, Knight & Lee, 1997), la facilidad de acceso a ella (Harris, 1998; O'Grady, 1992), la debilidad de los controles legales (Gutiérrez, 1998; Harris, 1997; Samath, 1998), los lazos por deuda (DoL, 1996; Knight, 1998), el sadomasoquismo (Finkelhorn & Brown, 1985), la prostitución intergeneracional (Seneviratne, 1994) y las ganancias que obtienen los países en donde el turismo sexual con niños se ha vuelto una actividad importante (Barr *et al.* 1996; Boye, 1996; ESCN, 1996; International Bureau for Children's Rights, 1998a, 1998b).

Algunas explicaciones plausibles más, pero que hasta ahora han sido menos estudiadas, son: la elevada demanda que estimula el reclutamiento de un número creciente de niños (Barr *et al.* 1996; Yoon, 1997); la desintegración de las comunidades (D'Asaro & Foley, 1997; Dembo, 1992); la devaluación social y cultural de los niños (Flowers, 1994; Gutiérrez, 1998) y la existencia previa de redes del crimen organizado con capacidad de financiamiento y transportación transnacional (Barr *et al.* 1996; DoL, 1996; Muntarbhorn, 1996; Williams, 1995 y Yoon, 1997). Junto con estos factores potencialmente influyentes convergen la disponibilidad de niños, traficantes y clientes.

Por lo que se refiere al tráfico de personas, entre sus causas se pueden señalar: el deseo de obtener ganancias, así como la inestabilidad política y el debilitamiento de la moral. Muchos traficantes se hallan envueltos en otros crímenes y algunos grupos delictivos optan por el tráfico en seres humanos tanto porque les permite un alto rendimiento económico, como porque los riesgos son bajos y, a diferencia de otros bienes, los seres humanos pueden ser "usados" repetidamente. También porque es una actividad que no requiere de una gran inversión de capital.[4]

En cuanto a las víctimas del tráfico, los que se hallan mayormente expuestos son aquellos que enfrentan difíciles condiciones de vida con escasas oportunidades y buscan mejorar su situación económica. Resultan, entonces, vulnerables a las falsas promesas de obtener empleos buenos y bien remunerados. Influyen también la inestabili-

---

[4] Department of State, Trafficking in Persons Report: <www.state.gov/g/inl/rls/tiprpt/2001>

dad política, el militarismo, las revueltas civiles, los conflictos armados y los desastres naturales. La inestabilidad y el desplazamiento de poblaciones incrementan la susceptibilidad de las víctimas a los abusos, así como la explotación y los trabajos forzados. Las guerras y revueltas civiles pueden ocasionar desplazamientos masivos, lo que deja huérfanos a los niños y a quienes habitan en las calles extremadamente vulnerables al tráfico (*ibid*).

ESTIMACIONES ACERCA DE LA MAGNITUD

En tanto que se trata de un fenómeno ilegal, sabemos de las dificultades que se presentan para estimar su magnitud dado que se carece de fuentes de registro confiables. No obstante, el Fondo de las Naciones Unidas para la Infancia calculó recientemente que, tan sólo en los países del sur de Asia, cerca de un millón de niños son sometidos a prácticas de explotación sexual mientras que varios cientos de miles se encuentran en condiciones semejantes en Europa, América Latina y África. Estimó, asimismo, que cada año un millón de niños en todo el mundo pasan a engrosar las filas de las víctimas de este comercio (UNICEF, 1997).

Por su parte, diversos organismos de la Comunidad Europea han estimado que hoy en día habría en el mundo alrededor de tres millones de niñas y niños víctimas de explotación sexual. El Fondo de Población de las Naciones Unidas calcula que hay dos millones de niñas de entre 5 y 15 años que han sido incorporadas al comercio sexual y cuatro millones de mujeres y niñas que cada año son compradas y vendidas para fines de matrimonio, esclavitud o prostitución (Fondo de Población de las Naciones Unidas, 2000).

Por lo que se refiere al tráfico de personas, el reciente informe del Departamento de Estado Norteamericano arriba citado, señala que por lo menos setecientas mil personas, en su mayoría mujeres y niños, son sujetos de tráfico cada año entre las fronteras. Estados Unidos considera que anualmente recibe entre 45 000 y 50 000 personas, en especial mujeres y niños (*op. cit*).

Ni siquiera en los países desarrollados se conoce con exactitud el número de niños que están siendo explotados. En Estados Unidos, por ejemplo, las cifras estimadas antes de efectuar el estudio eran de entre cien mil y trescientos mil niños (ECPACT, 1996) aunque otras fuentes calculaban que podrían ser hasta quinientos mil (Flowers, 1994; Greenfeld, 1997). El estudio efectuado por el profesor Richard J. Estes calcula que habría entre 244 000 y 325 000 menores explotados (Estes & Weiner, 2001; cf. capítulo II). De igual modo, las estimaciones que se han formulado para algunos países en vías de desarrollo varían en rangos muy amplios de una fuente a otra.

Es por ello que uno de los objetivos del estudio consistió en generar, a través de fuentes primarias, estimaciones estadísticas más confiables en cada una de las 28 ciudades seleccionadas: 17 en Estados Unidos, 4 en Canadá y 7 en México. En términos cualitativos, la selección obedeció a las características de las ciudades incluidas en la muestra y, en términos cuantitativos, se buscó que la selección fuera relativamente proporcional al número de habitantes de cada país (282 millones en Estados Unidos; 32, en Canadá y 99, en México). A través de fuentes secundarias fue posible, asimismo, elaborar estimaciones del número de niños víctimas de explotación sexual en cada país. Estas estimaciones derivan del cuidadoso análisis y de la triangulación de los datos obtenidos de distintas fuentes en cada país.

Por lo que se refiere al estado actual del conocimiento del tema, se cuenta, como puede apreciarse en la bibliografía, con numerosos estudios realizados sobre uno u otros aspectos del fenómeno, sobre todo en Estados Unidos, y muy pocos en México. La falta de conocimientos sobre la ESCN en México es aún más notoria y preocupante si se toma en cuenta el alto nivel de atención que el tema ha merecido entre los gobiernos de otros países y regiones, principalmente de Europa y Asia (Comisión Europea, 1996; ECPACT, 1996; Vittachi, 1989). Es importante hacer notar que durante los últimos años más de 20 países han promulgado leyes, en algunos casos de carácter extraterritorial, a fin de prohibir las actividades sexuales comerciales de adultos con niños, aun cuando éstos residan en un país distinto del de los agresores. También se han organizado reuniones de expertos y de funcionarios y se han firmado acuerdos entre representantes de países asiáticos y europeos, a fin de modificar las leyes y elaborar programas para proteger a los niños de la explotación sexual (Third Asia-Europe Child Welfare Expert's Meeting, en Calcetas-Santos, 1999).

Tomando en cuenta lo anterior, consideramos que el estudio que hemos realizado en los tres países es relevante, no sólo por cuanto trata de un problema poco estudiado y del que se carece de información confiable proveniente de fuentes primarias, sino, y sobre todo, porque el conocimiento que arroje permitirá formular políticas para enfrentar de manera más eficaz un problema que, como lo han señalado con insistencia las principales agencias internacionales de protección a la infancia, tiende a agravarse con la globalización.

OBJETIVOS

El estudio representa una aproximación innovadora en lo que se refiere a la generación de datos originales de fuentes primarias y al empleo mixto de técnicas de investigación tanto cuantitativas como cualitativas que se describen en los incisos siguientes.

Los objetivos generales que orientaron el estudio, son:
- Identificar la naturaleza, extensión y causas de la ESCN en los tres países de Norteamérica.
- Identificar el peso relativo y los modos de operar de las redes involucradas en la ESC de niñas y niños de los tres países.
- Dar a conocer los resultados del estudio, formular recomendaciones y colaborar con las autoridades y organismos al nivel local, nacional y regional, a fin de fortalecer su capacidad para proteger a los niños de la región en contra de la ESC.

Al mismo tiempo, el proyecto buscó satisfacer los siguientes objetivos específicos:
- Identificar la extensión y los patrones de comportamiento del comercio sexual de niños en cada uno de los países miembros del TLCAN y en la región como totalidad.
- Entender más completamente la mezcla de factores sociales, políticos, económicos y culturales que intervienen en el fenómeno e impulsan a los niños a involucrarse en esta clase de comercio.
- Entender más completamente la mezcla de factores sociales, políticos, económicos y culturales que motivan a los clientes adultos a relacionarse sexualmente con niños.
- Identificar los procedimientos mediante los cuales los niños que provienen de distintas regiones son explotados sexualmente en los tres países de América del Norte.
- Identificar los puntos fuertes y débiles en la atención que los niños víctimas de explotación sexual reciben por parte de las instituciones nacionales y locales en los tres países.

MARCO CONCEPTUAL Y METODOLÓGICO 31

- Formular recomendaciones que contribuyan a fortalecer la capacidad de los gobiernos nacionales y locales para enfrentar de mejor manera el problema y brindar una mayor protección a los niños.

DEFINICIÓN DE CONCEPTOS

Las definiciones que utilizamos son las que han propuesto los instrumentos internacionales como la Convención Sobre los Derechos del Niño; las mismas que han utilizado otros estudios internacionales sobre la ESCN (Organización Mundial de la Salud, 1996, Ennew *et al.*, 1996). Estas definiciones son:

a] *Niño*: personas hasta los 18 años.

b] *Maltrato infantil*: infligir de manera recurrente daños físicos o emocionales a un menor dependiente, a través de los golpes intencionales, los castigos corporales sin control, la persistente ridiculización y degradación o el abuso sexual, cometido por padres o cuidadores.

c] *Abuso sexual infantil*: actividad sexual de cualquiera de los dos tipos siguientes entre un niño y una persona mayor de 18 años. Tipo 1] penetración sexual o actividades sexuales que pueden involucrar o no los genitales y, tipo 2] actividades sexuales sin penetración y sin involucrar los genitales (i.e. observación de actos sexuales realizados por otros, explotación como sujetos de pornografía, etcétera).

d] *Explotación sexual comercial de niños*: abuso sexual de niños que involucra ventajas financieras para una o varias de las partes que intervienen en la actividad sexual y que puede ser de dos tipos: 1] transferencia de dinero de un adulto a un niño en intercambio por sexo y, 2] provisión en especies o servicios que un adulto intercambia por sexo con un niño (i.e. casa, comida, protección, etcétera).

e] *Prostitución infantil*: acto de comprometer u ofrecer los servicios de un niño para realizar actos sexuales por dinero u otras consideraciones con esa u otras personas. Dada la diversidad de formas que asume la prostitución infantil y dependiendo si el menor trabaja por su cuenta o forma parte de un grupo organizado, el estudio propone varios tipos a fin de poder reflejar la complejidad y los rasgos específicos que este fenómeno tiene en los tres países de Norteamérica.

f] *Pornografía infantil*: la representación material —por vía de película, impresión, foto, audio o videograbación y representaciones digitales computadorizadas— de niños realizando actos sexuales reales o simulados para la gratificación sexual de los usuarios, incluyendo la producción, distribución y el uso de dichos materiales.

g] *Tráfico de niños para actividades sexuales*: el movimiento de niños con el propósito de obtener ganancias financieras por sus actividades sexuales, ya sea de una a otra localidad dentro de un país o bien de un país a otro. El uso de la fuerza es con frecuencia, aunque no siempre, un rasgo del tráfico.

h] *Turista sexual*: persona o personas que viajan más allá de sus fronteras nacionales con la intención de involucrarse en actividades sexuales con personas de su país o de otros, incluyendo niños.

i] *Pedófilo*: término clínico que se emplea para definir a un adulto con un interés sexual específico y localizado en niños prepúberes. Aunque la mayoría de los pedófilos son varones, también existen mujeres que tienen este tipo de preferencia. Algunos pedófilos presentan un interés focalizado en víctimas femeninas o masculinas; otros no tienen preferencia de sexo. Algunos restringen esta preferencia sexual a la fantasía y la realizan a través del consumo de pornografía infantil, con lo cual llevan a cabo un "abuso indirecto". Otros la llevan a un "abuso sin contacto" (ver / mostrar / hablar sobre el cuerpo o material pornográfico) y, otros más, a un "abuso de contacto" (tocamientos, penetración, etcétera).

j] *Abusador sexual preferencial de niños*: individuos cuyos objetos sexuales preferidos son niños que han alcanzado o pasado recientemente la pubertad. Sus víctimas pueden ser de sexo masculino o femenino. Su gusto por parejas sexuales inmaduras, y básicamente sin poder, es una manifestación de un desorden de personalidad denominado hebefilia.

k] *Abusador sexual infantil situacional*: adultos hombres o mujeres que abusan o explotan sexualmente a niños/as no porque tengan un interés sexual focalizado en ellos *per se*, sino porque son moral o sexualmente indiscriminados y desean experimentar con niños como pareja sexual dado que se encuentran en situaciones en las cuales: a] los niños que corresponden a su ideal de atracción física son accesibles sexualmente a ellos o, b] presentan ciertos factores de desinhibición que los llevan a engañarse a sí mismos acerca de la edad real del niño/a o acerca de la naturaleza de su consentimiento. Los abusadores situacionales no buscan en forma regular o consciente a niños como pareja sexual, y a menudo no les importa que tengan 14 o 24 años siempre que sean atractivos para ellos. Las características hacia las cuales se ven atraídos, conforman a menudo los ideales culturales de belleza juvenil, masculina o femenina, y no los ideales culturales de inocencia infantil.[5]

TÉCNICAS DE INVESTIGACIÓN UTILIZADAS

Cualquier estudio que involucra a distintos países con características muy diversas, confronta una serie de desafíos metodológicos; entre ellos: de muestreo, medición, diseño y ejecución. El rigor científico es también puesto a prueba en este caso por el carácter clandestino e ilegal de los fenómenos a estudiar, lo que dificulta la recolección de datos, así como por su naturaleza multidimensional.

A pesar de las dificultades asociadas con el estudio de la ESCN, hay metodologías disponibles que, utilizadas de manera conjunta, permiten mirar más allá de la superficie del fenómeno y, con base en este panorama, examinar los procesos en mayor detalle (Kilias et al., 1993; McDonald, 1995; Woodiwiss, 1993). Dichos métodos han sido, en combinaciones diversas, empleados con éxito en el estudio de otros fenómenos altamente sensibles que involucran actividades criminales complejas tales como: tráfico de drogas (Hallums, 1997; Kaiser, 1994; Perl, 1994), prostitución entre adultos (Wijers y Lap-Chew, 1997), lavado de dinero (Gilmore, 1992), otros crímenes financieros (Ruevid, 1995), tráfico internacional de armas (Alves y Cipollone, 1997), crímenes ambientales (Edwards, Edwards y Fields, 1996) y crímenes violentos cometidos por grupos organizados (Chin, 1990; Chin, Kelly y Fagan, 1993). Todos estos fenómenos han sido estudiados de manera más próxima y constante de lo que se pensó que fuese posible hacerlo. La clave de los estudios más exitosos ha sido la persistencia y la aplicación de una combinación de rigor, sensibilidad y creatividad científicas, asociadas con la experiencia de investigadores altamente capacitados.

Al emprender este estudio se propuso como uno de los procedimientos principales el acceso lo más directo posible tanto a las víctimas como a los clientes y explotadores, por un lado, así como a los

---

[5] Las últimas tres categorías fueron elaboradas en el marco de la Consulta Regional sobre Violencia Sexual a Niños, Niñas y Adolescentes, convocada por la organización Defensa de los Niños Internacional para América Latina y El Caribe, que tuvo lugar en San José, Costa Rica, del 21 al 23 de febrero de 2001.

funcionarios directamente involucrados en enfrentar el problema, por el otro. Se propuso, asimismo, recopilar información a diversos niveles para cubrir los espacios conceptuales que dan forma a la ESCN (individual, familiar, comunitario, social, estructural, cultural). Distintas herramientas, tanto cuantitativas como cualitativas, se emplearon para averiguar las relaciones críticas, dependiendo del tipo de informantes, el nivel conceptual y el tipo y nivel de medición utilizados. Se compilaron datos sobre individuos (niños / explotadores / clientes), familias (de niños víctimas), comunidades (en donde se realiza la explotación) y aspectos estructurales y culturales de las comunidades.

Mientras que el tema no puede cubrirse mediante el diseño de una sola muestra, nivel conceptual o método único dadas la magnitud y dinámica del fenómeno, la aplicación coordinada del estudio en las 28 ciudades de los tres países de la región de América del Norte constituye el primer paso indispensable para generar un conocimiento sólido a partir del cual podrán desprenderse estudios que profundicen en uno u otros aspectos del fenómeno.

El estudio representa una propuesta ambiciosa para obtener datos de primera generación en el tema y poner a prueba herramientas diseñadas para una mejor comprensión de los aspectos complejos y la dinámica de la ESCN en los tres países de la región de América del Norte.

La intención última de este esfuerzo trilateral es encontrar las vías y los puntos más adecuados para poder interrumpir la ESCN en cada país y encontrar las formas más eficientes para proteger a niños y adolescentes de los tres países, disminuyendo así el riesgo de que sean sujetos a este tipo de explotación.

SELECCIÓN DE LAS CIUDADES

Las 28 ciudades que se seleccionaron para llevar a cabo el estudio son las siguientes:

CUADRO 1
CIUDADES SELECCIONADAS EN LOS TRES PAÍSES DE AMÉRICA DEL NORTE

Estados Unidos (282 millones de habitantes)*	Canadá (32 millones de habitantes)*	México (99 millones de habitantes)*
1) Chicago	18) Montreal	22) Distrito Federal
2) Dallas	19) Toronto	23) Cancún
3) Detroit	20) Vancouver	24) Guadalajara
4) El Paso	21) Windsor	25) Acapulco
5) Honolulu (Hawaii)		26) Tijuana
6) Las Vegas		27) Ciudad Juárez
7) Los Ángeles		28) Tapachula
8) Miami		
9) Nueva York		
10) Nueva Orleans		
11) Oakland		
12) Philadelphia		
13) San Antonio		
14) San Diego		
15) San José		
16) San Francisco		
17) Seattle		

* Población total estimada para 2001, de acuerdo con los censos de población de cada país.

Por lo que se refiere a la selección de las ciudades en México, se eligieron las dos zonas metropolitanas más importantes del país (Distrito Federal, Guadalajara) dado que ofrecen las mayores concentraciones de población y recursos por lo que en ellas pueden observarse de manera ejemplar los rasgos y la forma en que opera el comercio sexual de niños en las principales zonas urbanas del país.[6] Acapulco y Cancún fueron escogidas por tratarse de los dos enclaves turísticos más importantes del país que ofrecen la posibilidad de analizar la influencia que el turismo ejerce sobre la explotación sexual de niños. Se seleccionaron, por último, las tres zonas fronterizas más importantes del país (Tijuana, Ciudad Juárez, Tapachula) que, tanto en el norte como en el sur, son puntos frecuentes de salida o llegada de menores que han sido reclutados para el comercio sexual. Se trata, asimismo, en cuatro de los casos (Distrito Federal, Cancún, Tijuana y Ciudad Juárez) de las mismas ciudades que incluyó la Relatora Especial de Naciones Unidas en su misión a México y cuyo informe fue para nuestro estudio un importante punto de partida (Calcetas-Santos, 1998).

Otros criterios que contribuyeron a la selección de las ciudades en los tres países, fueron: 1] áreas urbanas desarrolladas; 2] ciudades con antecedentes de haber intentado controlar el comercio sexual, incluyendo la participación de menores; 3] ciudades en donde se conoce que operan grupos del crimen organizado relacionados con el tráfico de drogas y prostitución; 4] ciudades con una infraestructura legal capaz de perseguir y controlar a delincuentes y, 5] ciudades que cuentan con organismos gubernamentales y no gubernamentales que brindan atención a niños y adolescentes y que podrían colaborar en la investigación al nivel local.

INFORMANTES CLAVE

Uno de los componentes básicos del estudio en los tres países lo constituyeron las entrevistas con funcionarios de alto nivel que, desde distintos ámbitos, tienen relación en cada ciudad seleccionada con

---

[6] No obstante que los resultados al detalle de los datos recopilados en estas dos ciudades no se incluyen en el presente volumen, formaron parte del estudio y han sido tomados en cuenta en todo momento para el análisis del fenómeno en nuestro país.

la atención o prevención de la explotación sexual comercial de niños. De este modo se pretendió obtener información relevante y comparable acerca de los patrones de reclutamiento de niños; los tipos y modos de operar de explotadores y la composición y características de los clientes.

Se elaboraron listas de informantes clave con quienes se tomó contacto tanto a escala local como nacional en cada país. Estas personas y organizaciones fueron identificadas como aquellas de las que se esperaba que tuvieran información detallada acerca de la magnitud, naturaleza y formas de operar del comercio sexual de niños en cada una de las ciudades seleccionadas (cf. anexo 1).

Las primeras listas fueron revisadas y modificadas a fin de que se ajustaran a las variantes de la estructura legal y los servicios disponibles en cada ciudad y país. Una vez identificados y convocados por los coordinadores del proyecto en cada país, se invitó a los informantes clave a colaborar en el estudio y a participar en los grupos focales que en cada ciudad fueron conducidos por el responsable del proyecto.

A fin de poder establecer comparaciones entre los datos obtenidos en cada ciudad y país, se buscó a informantes clave del mismo tipo de instituciones y grupos. En cada ciudad, se invitó a tomar parte en los grupos focales a informantes clave de, por lo menos, los siguientes sectores:

- instituciones públicas de asistencia y protección a la infancia,
- instituciones de procuración y administración de justicia,
- instituciones de salud,
- instituciones públicas de derechos humanos,
- organismos no gubernamentales de asistencia y protección a la infancia,
- académicos especialistas en el tema.

Por lo que se refiere a las entrevistas con niños víctimas de explotación sexual, en la mayoría de los casos se tomó contacto con ellos a través de las instituciones que les prestan servicios (justicia / salud / asistenciales), dado que en los sitios en donde trabajan (bares / prostíbulos / casas clandestinas) se hallan sujetos a un riguroso control lo que hace difícil abordarlos ahí en un clima de confianza y seguridad tanto para ellos como para el entrevistador. No obstante, en cada ciudad se realizaron visitas y observaciones en sus lugares de trabajo y, cuando fue posible, se los abordó en éstos. Las observaciones en bares y sitios de trabajo, así como en los de reclutamiento, hicieron posible la descripción de estos espacios y de la dinámica que los caracteriza.

Siempre que las condiciones lo permitieron, se realizaron entrevistas a profundidad con los niños para intentar comprender tanto su situación personal y familiar previa a su involucramiento en actividades sexuales comerciales, así como su situación al momento de la entrevista. Entre otros temas, se les preguntó por los patrones de reclutamiento y migración; por el trato que recibían en el medio donde prestaban sus servicios; por las jornadas de trabajo, sus dificultades, expectativas, demandas, etc. Se elaboraron guiones de entrevista aunque en cada caso se ajustaron tanto a los términos como a la situación particular de los niños en la localidad (cf. anexo 1). En todos los casos, se tuvo especial cuidado en salvaguardar sus derechos, respetar sus silencios y proteger rigurosamente su identidad.

Los datos relativos a los patrones de reclutamiento y modos de operar de los explotadores, se obtuvieron tanto a partir de los testimonios de niñas y niños, como de mujeres adultas que fueron iniciadas en la prostitución siendo menores de edad. Otros datos se obtuvieron a través de entrevistas con dueños y trabajadores de bares, así como a través de la consulta de expedientes judiciales de personas acusadas por el delito de lenocinio en contra de menores de edad. El estudio realizado sobre la interacción entre pedófilos en Canadá, que se incluye en este volumen, también arroja luz sobre la manera como los perpetradores se han venido organizando, particularmente en los países desarrollados, con el fin de hacerse visibles y defender sus intereses.

La información relativa a los clientes ha sido obtenida también de manera indirecta, tanto a través de los datos que proporcionaron las niñas y los niños acerca del tipo de clientes que demanda sus servicios, así como de entrevistas realizadas a hombres jóvenes residentes de las ciudades donde se llevó a cabo el estudio y conocedores de la vida nocturna de su localidad.

OTROS PROCEDIMIENTOS DE RECOLECCIÓN DE DATOS

Además de identificar y conformar la red de informantes clave, se solicitó el apoyo de funcionarios de las instituciones locales que colaboraron en la investigación para:

MARCO CONCEPTUAL Y METODOLÓGICO 39

a] Identificar y obtener una copia de estudios, informes, tesis profesionales o reportes que sobre la ESCN pudieran haber sido elaborados con anterioridad tanto por funcionarios de distintas dependencias como por especialistas o académicos de su ciudad.

b] Recopilar los datos que se hubieran dado a conocer en los principales diarios de circulación local sobre casos de explotación sexual comercial de niños en la ciudad durante, por lo menos, los dos últimos años.

c] Ubicar en un mapa de la ciudad las principales zonas o puntos en donde se conoce que existen establecimientos donde hay o podría haber menores sujetos a explotación sexual, y acompañar este mapa con un análisis de las modificaciones que se hubieran observado durante los últimos años. Es decir, respecto de la posible ampliación o reducción de la zona en cuestión, a la tendencia que pudiera observar a concentrarse o dispersarse o a desplazarse a otros puntos o bien hacia las afueras de la ciudad. De igual modo, señalar si la zona donde se ubica el fenómeno se caracteriza por ser comercial, turística, residencial, de tránsito, marginal o laboral, y si se halla en el centro o en la periferia.

MEDICIONES

Se utilizaron diversos tipos de mediciones a distintos niveles. En el nivel macro, se acudió a medidas para calibrar factores que a escala nacional o local pudieran tener relación en cada país con el fenómeno (i.e. empleo, ingreso, migración, escolaridad, normas relativas al género y la edad, composición de la familia, etc.). En el nivel micro, se consideraron medidas que están o podrían estar relacionadas con características individuales, familiares y comunitarias vinculadas en cada país con las víctimas, los explotadores, y los clientes, en su caso.

Sobre cada ciudad en donde se llevó a cabo el estudio, se recabó también información proveniente de los censos y de otras fuentes comparables de datos agregados a fin de poder ubicar algunos elementos estructurales frecuentemente asociados con la ESCN.

Por lo que se refiere a las cifras de niños que estimamos que pueden estar siendo sujetos de explotación sexual, éstas deben considerarse como una primera aproximación, ya que, particularmente en el caso de México, no existían antecedentes de que se hubiera intentado cuantificar el fenómeno en el ámbito local o formular estimaciones a escala nacional.

Para calcular el número de niñas y niños involucrados en el comercio sexual en cada localidad, utilizamos los siguientes indicadores: *a]* número de establecimientos donde se reconoce que se prestan servicios sexuales; *b]* número estimado de establecimientos no registrados o clandestinos; *c]* número de menores de edad que se emplean en estos sitios (a partir de la proporción que representan respecto de la población adulta ocupada en este sector); *d]* número de niños de la calle que se prostituyen regularmente; *e]* número de casos de enfermedades de transmisión sexual entre menores que reportan los servicios de salud; *f]* número de establecimientos que se anuncian en directorios telefónicos o comerciales y, *g]* número de casos de explotación sexual de niños dados a conocer por la prensa local. Siempre que fue posible, los datos obtenidos se corroboraron en distintas fuentes y se intentó cruzar la información.

En estricto sentido, no nos propusimos diseñar muestras estadísticamente representativas de los grupos a estudiar (niños / explotadores / clientes). Más bien procedimos siguiendo la técnica de bola de nieve; es decir, permitiendo que tanto las autoridades contactadas en forma inicial en cada una de las ciudades, así como los especialistas, los integrantes de otras organizaciones y los propios niños, nos ayudaran a identificar a otras personas que deberían ser entrevistadas. Este tipo de procedimientos ha sido empleado con éxito en el estudio de otros fenómenos que operan también en la clandestinidad (i.e. tráfico de drogas, crimen organizado, etcétera).

Por otra parte, cabe señalar que, en particular para el caso de México, estimamos que si bien era importante obtener una aproximación del número total de niños que están siendo víctimas de explotación sexual en el país, considerarnos que era tanto o más importante establecer un contacto directo con estos niños a fin de poder conocer: quiénes son, de dónde vienen, por qué están ahí, de qué manera fueron involucrados en el comercio sexual, quiénes obtienen beneficios, qué papel han jugado sus familias, cuáles son sus necesidades, qué clase de atención reciben o requieren, qué aspiraciones tienen, etc. Para obtener este tipo de información, el método etnográfico, con todos sus recursos y posibilidades, resultó especialmente pertinente.

MARCO CONCEPTUAL Y METODOLÓGICO

GRUPOS FOCALES, ENTREVISTAS, HISTORIAS DE VIDA

En Estados Unidos se realizaron 124 entrevistas breves con adolescentes que vivían en las calles y 86 con adolescentes que se habían prostituido y residían en albergues. En grupos focales o entrevistas individuales participaron: 164 funcionarios de agencias federales; 146 de instituciones de seguridad y justicia; 93 de instituciones públicas de servicios sociales y humanitarios; 196 de instituciones privadas de asistencia a adolescentes y 51 de agencias internacionales no gubernamentales.

En México se conformaron 30 grupos focales en los que participaron 197 funcionarios de instituciones de seguridad pública y procuración de justicia, de albergues tanto públicos como no gubernamentales, de instituciones de salud y profesionales conocedores de la problemática. Se realizaron entrevistas individuales semiestructuradas a 46 representantes de instituciones públicas y privadas relacionadas con el tema. Se efectuaron 118 entrevistas a profundidad con niños víctimas de explotación sexual y se levantaron 24 historias de vida. Se entrevistó a 47 clientes potenciales, 4 dueños de bar y a 21 mujeres adultas que se iniciaron en la prostitución siendo menores de edad. Se realizaron múltiples visitas y observaciones en sitios de trabajo y de reclutamiento.[7]

Mediante los procedimientos usualmente utilizados en la técnica de los grupos focales, se pretendió generar información convergente y comparable entre los informantes seleccionados en cada una de las ciudades comprendidas en el estudio (Porter Novelli, s.f). Esto es, información relevante para entender los aspectos institucionales, culturales, organizacionales e individuales de la explotación sexual de niños con propósitos comerciales. Los mismos aspectos se abordaron en las entrevistas individuales semiestructuradas con niños y otros informantes clave, adaptándolos e introduciendo las variantes pertinentes en cada caso (cf. anexo 1).

En cada una de las entrevistas, así como en las reuniones de grupos focales que se realizaron, se invitó a los participantes a identificar a otras personas o instituciones locales que pudieran contribuir en el estudio y, además de abordar los temas relevantes sobre niños, explotadores y clientes que se trabajaron en todos los casos, se les invitó también a exponer sus interpretaciones acerca de las fuerzas

---

[7] Los procedimientos seguidos en Canadá se detallan en el inciso siguiente.

que dan forma a la explotación sexual de niños en el ámbito local y a formular las propuestas que consideraran necesario poner en marcha a fin de que se lograra enfrentar de manera más eficaz el problema.

DIFERENCIAS ENTRE OBJETIVOS PREVISTOS Y ALCANZADOS

Una vez que el estudio ha quedado concluido, los autores deseamos agregar en esta parte algunas reflexiones en torno de las diferencias que, en los capítulos siguientes, habrán de encontrarse entre los resultados previstos y los alcanzados. Estas diferencias, como es bien sabido, ocurren en todo proyecto de investigación, más aún, como es el caso, cuando involucra a equipos de investigadores de tres países tan diferentes entre sí como los son México, Estados Unidos y Canadá.

En general, es nuestra apreciación que los procedimientos y técnicas utilizados fueron pertinentes, lo que permitió que se alcanzara la mayor parte de los objetivos previstos. No obstante, cabe advertir algunas diferencias.

Por lo que respecta al estudio llevado a cabo en Canadá, no fue posible efectuar el levantamiento de datos empleando las mismas técnicas y procedimientos que se utilizaron en las ciudades seleccionadas de México y Estados Unidos. A diferencia de los estudios realizados en estos últimos dos países, que se orientan en el fenómeno mucho más desde la perspectiva de los niños, en Canadá fue posible emprender un estudio minucioso que muestra con claridad el punto de vista de los perpetradores a partir de fuentes primarias de información. De este modo, aunque de manera imprevista, los estudios se complementan y ofrecen un panorama más completo del mismo fenómeno desde distintos ángulos.

El estudio efectuado en Estados Unidos se distingue, entre otros factores, por haber logrado establecer con precisión diecisiete categorías distintas de niñas y niños sujetos a explotación sexual y por haber logrado estimaciones del número de niños involucrados que pueden estar o no en riesgo a escala nacional en cada categoría. Asimismo, logra describir los procedimientos y formas más frecuentes de reclutamiento, los países de donde proviene el tráfico de niños que son conducidos a diferentes ciudades en Estados Unidos, la atención que reciben o no por parte de instituciones públicas y privadas, las deficiencias que se observan en los programas de atención, etcétera.

El estudio en México ofrece, por su parte, una visión menos precisa que la de Estados Unidos en términos cuantitativos, aunque tal vez de mayor profundidad en términos cualitativos, fundamentalmente a partir de los testimonios de las niñas y niños que son explotados tanto en las principales ciudades turísticas como fronterizas de la República. Refiere también los procedimientos y formas de reclutamiento; los tipos de explotación más frecuentes en cada ciudad; los espacios donde se realiza la explotación; las formas de operar por parte de clientes y explotadores; la respuesta de las instituciones, etcétera.

Como podrá observarse a lo largo de los capítulos siguientes, las diferencias brevemente enunciadas tienen que ver también, tanto con el tipo de datos que han sido trabajados y se encuentran disponibles en cada país, como con la distinta forma de aproximarse al problema de estudio por parte de cada equipo lo que, sin duda, se relaciona con la experiencia previa, el enfoque y la disciplina de la que provienen sus integrantes, todo lo cual, más allá de la metodología y los objetivos en común, produce diferencias inevitables.

En términos diferentes, nos parece importante destacar que si bien por un lado es posible que las diferencias resten unidad y coherencia al trabajo desarrollado, por otro, estimamos que no era posible, ni tal vez deseable, eliminarlas. Desde una perspectiva diferente, constituyen una muestra de las distancias que separan a nuestros países, lo que al mismo tiempo hace que el esfuerzo por realizar un trabajo en común haya valido la pena.

LA EXPLOTACIÓN SEXUAL COMERCIAL DE NIÑOS EN ESTADOS UNIDOS[1]

RICHARD J. ESTES
NEIL A. WEINER [2]

INTRODUCCIÓN

Los beneficios de la globalización económica, la internacionalización y el libre comercio han ocasionado un conjunto no anticipado de problemas sociales (Bales, 1999; Estes, 1998; Lie, 1996; Woodiwiss, 1993). Entre ellos, lo que parece ser un incremento dramático a escala mundial en la incidencia de la explotación infantil. Entre las formas más virulentas de explotación se encuentra la explotación sexual de los niños[3] (ESN), incluyendo la *explotación sexual comercial*[4] (ESCN). La pornografía infantil, la prostitución de menores y el tráfico de niños, niñas y adolescentes para propósitos sexuales han surgido como problemas significativos en el escenario nacional e internacional (Caldwell *et al.* 1997; Ennew *et al.*, 1996, Hughes & Roche, 1999; IPER, 1990; Jaffe & Rosen, 1996; Lederer, 2001; Munir & Yasin, 1997; United Nations, 1994, 1995, 1999; U.S. DoL, 1996; Williams,

---

[1] La investigación fue financiada con fondos del Instituto Nacional de Justicia del Departamento de Justicia de Estados Unidos (Grant # 1999-IJ-CX-0030); de la Fundación Willian T. Grant; del Fondo para la No-violencia y de la Fundación para la Investigación de la Universidad de Pennsylvania.
[2] La traducción fue realizada por Jennifer Ann Lewis y Elena Azaola.
[3] La explotación sexual de niños se refiere a prácticas mediante las cuales una persona, usualmente un adulto, adquiere gratificación sexual, ganancias financieras o ventajas a través del abuso o la explotación de la sexualidad de un niño al que despoja de su derecho humano a la dignidad, la igualdad, la autonomía y al bienestar físico y mental.
[4] La explotación sexual comercial de un niño se refiere a su explotación sexual orientada por completo, o por lo menos de manera preponderante, por razones financieras o económicas. Los intercambios económicos involucrados en la ESCN pueden ser monetarios o no (i.e., comida, techo, drogas) pero, en cada caso, suponen un beneficio máximo para el explotador y la violación de derechos básicos como la dignidad, la autonomía y el bienestar físico y mental para el niño.

1999; Yoon, 1997) al igual que el turismo sexual infantil (Klain, 1999; Pettman, 1997; Richard, 2000; Seabrook, 1997).

De acuerdo con el orden en que por su frecuencia han sido identificados por los estudios sobre el tema, la ESCN parece estar impulsada por los factores siguientes: 1] el uso de "sexo para sobrevivencia" por parte de menores que han huido o han sido expulsados de sus casas para cubrir sus necesidades de subsistencia (Flowers, 1994; Greene *et al.*, 1999; Kral, 1997; Yates, 1991); 2] la presencia de mercados prexistentes de prostitución de adultos en las comunidades en las que se concentran grandes números de adolescentes en la calle (Farley & Kelly, 2000; Hofstede, 1999); 3] una historia anterior de abuso físico o sexual infantil[5] o de agresión sexual infantil[6] (McClanahan, 1999; Powers & Jaklitsch, 1989; Seng, 1989; Simons & Whibeck, 1991; Widom & Kuhns, 1996); 4] la pobreza (Azaola, 2001; Hood-Brown, 1998; Longford, 1995; National Coalition For the Moneless, 1999a, 1999b); 5] la presencia de un gran número de varones que se encuentran de paso en algún lugar y sin pareja, incluyendo personal militar, traileros, convencionistas y turistas sexuales, entre otros (Moon, 1997; Sturdevant & Stolfuz, 1992); 6] niñas y adolescentes que forman parte de pandillas (Hazlehurst & Hazlehurst, 1998; Moore & Hagedorn, 2001); 7] la promoción de prostitución infantil por parte de los padres, hermanos mayores así como los novios (Faugier & Sargent, 1997; Muecke, 1992); 8] el reclutamiento de niños y niñas como "trabajadores sexuales" por parte del crimen organizado (Budapest Group, 1999; Lanning, 1992; Williams, 1995); 9] el tráfico ilegal de niños norteamericanos para propósitos sexuales dentro del territorio (Barnitz, 1998; Barr, 1996; ECPAT, 1996; Estes & Weiner, 2001) y, 10] el tráfico ilegal de niños que son llevados desde otras regiones del mundo hacia los Estados Unidos para propósitos sexuales (Barr *et al.*, 1996; Hughes, 2000; Lederer, 2001; Miko & Park, 2000).

[5] El abuso sexual infantil se refiere a actividades sexuales ilegales que involucran a personas menores de 18 años de edad. Las más de las veces perpetradas por un adulto, dichas actividades incluyen violaciones y otros actos sexuales, pornografía y la exposición intencional del niño a actos sexuales perpetrados por otros (a la NCCAN, 1996).

[6] Las agresiones sexuales a niños se refieren a cualquier acto sexual dirigido a una persona menor de 18 años de edad, tanto de manera forzada como en contra de su voluntad, en donde la víctima es incapaz de otorgar su consentimiento debido a su incapacidad mental o física permanente o temporal. Incluye violación forzada, sodomía, agresiones sexuales con objetos y tocamientos forzados (National Incident-Based Reporting System, citado por Snyder 2000:13).

LA ESCN EN ESTADOS UNIDOS

El número preciso de niños víctimas de explotación sexual comercial en Estados Unidos no se conoce, sin embargo, la mayoría de los especialistas considera que son una cantidad sustantiva que, de acuerdo con diferentes estudios, va desde los 100 mil hasta un millón de niños. Varias estimaciones se ubican entre los 100 mil y 500 mil niños explotados a escala nacional (ECPAT, 1996; Goldman y Wheeler, 1986; Spangenberg, 2001).

Para algunos el problema en Estados Unidos se concentra en las ciudades y en las pequeñas comunidades en la frontera con México (Knight, 1998) y Canadá, pero (Hecht, 1997; Senate of Canada, 2001) el problema se extiende también a los estados de las costas donde un número considerable de niños provenientes de distintos países de Asia, África, América Latina y Europa Central y Occidental ingresa de manera ilegal en Estados Unidos (Pettman, 1997; Richard, 1999; US DoL, 1996). Grupos de crimen organizado también parecen estar involucrados en la ESCN, especialmente los ligados a Rusia, Ucrania y otros países que antes pertenecían a la Unión Soviética (Budapest Group, 1999; Hughes, 2000; INTERPOL, 1997; Richard, 1999). También, grupos criminales ligados a China, Filipinas y Tailandia se hallan envueltos en el tráfico de niños con propósitos sexuales hacia los Estados Unidos (ECPAT, 1996; Richard, 1999).

La ausencia de información confiable concerniente a la naturaleza, extensión y la dinámica de la ESCN en Estados Unidos es especialmente llamativa a la luz de la atención que se ha prestado a este fenómeno en otras regiones del mundo (ECPAT International, 2001; Hughes & Roche, 1999; Jaffe & Rosen, 1996; Seabrook, 1997, United Nations, 1999; World Health Organization, 1996). Afortunadamente, diversos estudios nos permiten disponer de por lo menos algunos datos preliminares acerca de la naturaleza y la extensión del problema en Estados Unidos (Estes y Weiner, 2001; Lederer, 2001; Richard, 1999; US Department of State, 2001).

El presente capítulo resume algunos de los principales hallazgos obtenidos durante la investigación emprendida en Estados Unidos, que tuvo una duración de 27 meses (de enero de 1999 a marzo de 2001) y fue realizada como parte del estudio trilateral, conjuntamente con Canadá y México. El capítulo consta de tres partes: introducción; resumen de los principales hallazgos y recomendaciones relativas a la manera en que Estados Unidos podría fortalecer su capacidad para dar una mejor respuesta a las complejas necesidades de los niños y las familias en riesgo de ESN y ESCN.

LA EXPLOTACIÓN SEXUAL COMERCIAL DE NIÑOS EN ESTADOS UNIDOS 47

ENTREVISTAS

En Estados Unidos, en total, se realizaron entrevistas y reuniones focales con casi 1 000 informadores del país. Entre ellos: 1] niños de la calle explotados sexualmente que huyeron o fueron expulsados de su hogar (N=124); 2] niños explotados sexualmente que se encuentran bajo el cuidado de agencias locales de servicios humanos y procuración de justicia (N=86); 3] representantes de las agencias federales de procuración de justicia (N=164); 4] representantes de agencias de procuración de justicia estatales, de condado y locales (N=146); 5] representantes de agencias públicas de servicios humanos (N=93); 6] representantes de agencias privadas locales de servicios humanos (N=196); 7] representantes de organizaciones internacionales no gubernamentales (N=51) y, 8] miembros de nuestro equipo de investigación trinacional y del Consejo Consultivo Internacional (N=60). Datos estadísticos complementarios fueron obtenidos de cuestionarios contestados por organizaciones nacionales y estatales que brindan atención a niños explotados y a sus familias (N=288).

NORMATIVIDAD

Como parte de esta investigación, se revisaron los convenios internacionales y estatutos relevantes nacionales y subnacionales; se recabaron los principales instrumentos y normas federales y estatales de Estados Unidos sobre la ESN y la ESCN.[7] Algunos de ellos pueden consultarse en el sitio de red del Centro Nacional para el Abuso y el Abandono de los Niños (NCCAN).[8]

Debido a su número y complejidad, una lista de las leyes de otros países en relación con la ESN y la ESCN no se incluyó en el informe final de la investigación, pero se puede acceder a través del sitio establecido por el Protection *Project*.[9]

---

[7] Un resumen de las principales leyes federales relativas a la ESCN se encuentra disponible en: <http://caster.ssw.upenn.edu/~restes/CSEC.htm>
[8] <www.calib.com/nccanch/statutes/index.cfm>
[9] <www.protectionproject.org>

HALLAZGOS DE LA INVESTIGACIÓN

Los hallazgos principales de la investigación realizada en Estados Unidos pueden agruparse en las siguientes categorías: *a*] factores que contribuyen a la explotación sexual de los niños; *b*] formas más y menos comunes de ESN y de ESCN; *c*] los riesgos sociales, emocionales, de salud y otros de la ESN; *d*] el impacto de la ESN; *e*] categorías de niños sexualmente explotados; *f*] perfiles de explotadores sexuales en Estados Unidos; *g*] proxenetas (*pimps*) y ESN; *h*] crimen organizado y ESN; *i*] tráfico doméstico e internacional de niños para propósitos sexuales; *j*] el riesgo de explotación sexual de niños en comparación con otros riesgos sociales a los que los niños norteamericanos están expuestos; y *k*] la capacidad nacional para enfrentar la ESN y la ESCN en Estados Unidos.[10]

FACTORES QUE CONTRIBUYEN A LA ESN

Una variedad de factores que contribuyen a la ESN en Estados Unidos fue identificada. Estos factores incluyen: 1] *factores macro / contextuales*, es decir, procesos y realidades que hay en el contexto más amplio y sobre los cuales los individuos pueden ejercer un control mínimo, no obstante que es factible que ejerzan una influencia poderosa sobre sus vidas; 2] *factores micro / situacionales*, es decir, procesos y eventos que tienen un impacto directo y sobre los cuales los individuos pueden ejercer ciertas medidas de control; y 3] *factores individuales / internos*, es decir, fuerzas cognitivas y psicogénicas que influyen en el dominio y la orientación que la persona puede tener respecto de su propio ambiente y su futuro personal. El cuadro siguiente identifica los tipos de fuerzas y procesos sociales asociados con cada nivel de factores contextuales que contribuyen tanto a la ESN como a la ESCN.

---

[10] Los resultados in extenso del estudio realizado en Estados Unidos pueden consultarse en: <http://caster.ssw.upenn.edu/~restes.htm>

*Factores que contribuyen
a la explotación sexual de niños y adolescentes*

Dominio	Factores contribuyentes
Macro/contextual (Externos)	• Socioeconómicos. • Actitudes societales hacia los niños, niñas y adolescentes. • Anomia social entre adolescentes, es decir, una falta de conectividad por parte de los adolescentes con la sociedad más amplia y su lugar dentro de ella. • Pobreza. • Menores de edad víctimas del crimen y de la violencia. • Respuestas societales a crímenes cometidos en contra de los niños, incluyendo los crímenes sexuales. • Presencia de "mercados" preexistentes de prostitución adulta. • Presencia de grupos que abogan por las relaciones sexuales entre niños y adultos. • Sitios destinados a prestar servicios sexuales a varones que se encuentran de paso, incluyendo: militares, trabajadores estacionales, traileros, motociclistas, convencionistas, etcétera. • Conocimientos y actitudes comunitarios sobre VIH/sida y otras enfermedades de transmisión sexual.

Dominio	Factores contribuyentes
Micro/situacional (Externos)	1. Socio-Conductual. • Disfunción familiar. • Dependencia parental de fármacos. • Historia de abuso ya sea físico o sexual. • Dependencia personal de fármacos. • Fracaso en el desempeño escolar o en otras actividades. • Integración de pandillas. 2. Reclutamiento activo al "trabajo sexual" por otros. • Pares. • Padres, hermanos u otros miembros de la familia. • Proxenetas locales. • Organizaciones criminales nacionales o internacionales.
Individual/ (Internos)	1. Psicogénicos. • Baja auto-estima. • Depresión crónica. • Enajenación mental. 2. Orientación al futuro seriamente restringida.

FORMAS MÁS Y MENOS COMUNES DE EXPLOTACIÓN SEXUAL DE NIÑOS

La ESN puede tomar muchas formas incluyendo la pornografía infantil, la prostitución de adolescentes, y el tráfico doméstico e internacional de niños con propósitos sexuales. El cuadro siguiente identifica las formas más comunes de ESCN que se encontraron en Estados Unidos durante el transcurso de la presente investigación.

LA EXPLOTACIÓN SEXUAL COMERCIAL DE NIÑOS EN ESTADOS UNIDOS   51

Formas más y menos comunes de la escn en Estados Unidos, 2000

Más comunes	Detalles
Abuso sexual de niños y niñas por conocidos	• 49% de todos los abusos en contra de niños y niñas son cometidos por personas conocidas por ellos/as y por su familia: maestros, entrenadores, médicos, guías de scout, vecinos, etcétera.
Abuso sexual de niños y niñas por miembros de su familia	• 47% de todos los abusos sexuales contra niños y niñas son cometidos por miembros de su familia: padre, padrastro, tíos u otros miembros adultos varones de la familia.
Pornografía	• Los niños, niñas y adolescentes son víctimas de pornografía pero también hay casos en que son agresores. • Los niños de la calle frecuentemente participan en la pornografía para obtener comida, ropa, techo, dinero y otros objetos de valor. • Más de 6.5 millones de niños y niñas al año con acceso regular a la Internet se hallan expuestos a materiales sexuales no deseados. Más de 1.7 millones de ellos reportan sufrir aflicción considerable al haber estado expuestos a estos materiales.
Para los niños, sexo con homosexuales	• 95% del sexo comercial en que participan los niños varones es con adultos varones

Más comunes	Detalles
	• Muchos de los agresores sexuales adultos varones de los niños son casados y tienen hijos
Para las niñas, el modelaje, striptease y lap dancing	• El modelaje, el bailar desnuda, el lap dancing y actividades parecidas son utilizadas frecuentemente para atraer a las niñas a la prostitución. • En el mejor de los casos, estas actividades, sirven como base para involucrar a las niñas en la pornografía.
Para las niñas, el sexo como contribución a la economía de la pandilla	• Por lo menos el 25% de las niñas que son miembros de pandillas desempeñan servicios sexuales para otros miembros de la pandilla o para el público en general. • Se considera que los servicios sexuales que la niña presta a los miembros de la pandilla forman parte de su contribución al grupo o a su economía cuando obtiene ingresos por ello.
Para las niñas, la prostitución controlada por proxenetas, incluyendo la prostitución de la calle, la organizada a través de servicios de acompañantes y las salas de masajes	• 55% de las niñas de la calle participan en la prostitución formal, 75% de la cual está controlada por proxenetas. • 45% de las niñas de la calle participan en actividades sexuales para sobrevivir; de éstas, sólo 25% están controladas por proxenetas. • La prostitución juvenil controlada por proxenetas se asocia es-

Más comunes	Detalles
	trechamente con: servicios de acompañantes y masajes; clubes privados de baile, de bares y de fotografía; actividades importantes de deportes, recreación, o culturales; convenciones y destinos turísticos seleccionados. • La prostitución juvenil controlada por proxenetas se da al lado de la prostitución adulta; a menudo en las mismas calles y de la misma forma que los adultos involucrados en la prostitución.
Para los niños, pornografía y protitución empresarial	• Los niños participan en el sexo comercial por dinero y placer más a menudo que las niñas. • Un gran porcentaje de los adolescentes involucrados en el sexo comercial piensa en sí mismo como "hustlers" (despabilados) y no como "prostitutos". • Los niños también intercambian sexo por dinero y otros objetos de valor para ellos como drogas, alcohol, un lugar donde dormir, transportación, etcétera. • Un número importante (entre 25 y 35%) de los niños involucrados en el sexo comercial se identifica como parte de minorías sexuales: gays, bisexuales, transgénericos o transexuales.
Participación en redes de crimen organizadas nacionalmente	• Cerca de 20% de los niños y adolescentes son objeto de tráfico a escala nacional por grupos de cri-

Menos comunes	Detalles
	men organizado que utilizan rutas de prostitución claramente establecidas. • El tráfico es caro y se requiere que los niños, niñas y adolescentes paguen a sus traficantes por los servicios que reciben: transportación, papeles de identidad falsos, un lugar donde vivir, trabajos, etcétera. • Los niños, niñas y adolescentes son trasladados a Estados Unidos y se transportan dentro del país por una variedad de medios públicos y privados: coches, autobuses, camionetas, camiones de carga, aviones, etcétera. • La mayoría de los niños, niñas y adolescentes objeto de tráfico tiene a su disposición una variedad de papeles de identidad falsos para su uso en caso de detención. • La mayoría de los niños, niñas y adolescentes que son trasladados a escala nacional usa drogas y participa en la venta de estas sustancias.
Participación en redes organizadas de crimen a escala internacional	• Sólo alrededor de 10% de los niños, niñas y adolescentes que encontramos son objeto de tráfico internacional. • Algunos niños ciudadanos de Estados Unidos son trasladados fuera del país hacia otros países desarrollados en Europa y Asia • La mayoría de los niños trasladados a Estados Unidos proviene de países en vías de desarrollo de Asia,

Menos comunes	Detalles
	África, América Central y del Sur y Europa Central y Oriental. • El tráfico internacional de niños es altamente lucrativo; un solo niño que se traslada a otros países puede representar un ingreso de 30 000 dólares o más para el traficante. • El tráfico internacional de niños es también altamente complejo y requiere del involucramiento de una amplia gama tanto de funcionarios, como de otras personas, incluyendo desde reclutadores, entrenadores, suministradores de documentos falsos, traileros, cobradores de dinero, hasta quienes coercionan a los niños.
Servidumbre y endeudamiento	• La mayoría de los niños que ingresa en forma ilegal al país es forzado por sus traficantes a entrar en servidumbre. • La servidumbre infantil incluye trabajar en sweat shops, restaurantes y hoteles prácticamente sin sueldo, desempeñando servicios sexuales a cambio de dinero, pidiendo dinero o intentando vender artículos de escaso valor económico. • Es frecuente que se obligue a los niños y niñas que se encuentran en servidumbre a que "paguen" las deudas que surgen de su traslado por medio de su participación en la pornografía comercial y la prostitución.

Menos comunes	Detalles
	• En muchos casos, se requiere a los niños y niñas víctimas de tráfico que sirvan como "mulas" en la transportación de drogas ilícitas hacia Estados Unidos o dentro de ese país.

RIESGOS SOCIALES, EMOCIONALES Y DE SALUD

Los niños sexualmente explotados están expuestos a una amplia gama de riesgos sociales, emocionales, de salud y de otro tipo. Al identificar estos riesgos, se debe distinguir entre *los niños sexualmente explotados que viven en sus casas* y *los niños sexualmente explotados que han huido o fueron expulsados de su casa*. Los retos que ambos grupos confrontan son enormes, pero difieren entre sí.

LOS NIÑOS SEXUALMENTE EXPLOTADOS QUE VIVEN CON SU FAMILIA

Los niños sexualmente explotados que viven con su familia tienen un riesgo importante hacia la reexplotación, en forma frecuente durante un periodo de varios años (Boyer y Fine, 1993; Bauserman y Rind, 1997; Brannigan y Van Brunschot, 1997; Briere *et al.*, 1996; Ferrara, 2001; Gelles y Wolfner, 1994; Goldstein, 1999; Greenfeld, 1997; Nadon *et al.*, 1998; O'Brien, 1991; Seng, 1989; Simons y Whitbeck, 1991; Stiffman, 1989).

Estos riesgos son especialmente altos en familias: *a]* donde no se ha detectado la explotación y en las que no ha ocurrido ninguna intervención externa por parte de las agencias de procuración de justicia ni de las autoridades protectoras de los niños; *b]* que cambian de una ciudad a otra con el fin de evitar la detección tanto de las agencias de procuración de justicia como de las autoridades de protección infantil; y, *c]* caracterizadas por altos niveles de violencia doméstica, consumo de drogas, enfermedad mental grave y promiscuidad sexual. Todas estas situaciones colocan a niños prepúberes y

LA EXPLOTACIÓN SEXUAL COMERCIAL DE NIÑOS EN ESTADOS UNIDOS 57

a niñas pre y postpúberes en "blancos de oportunidad" para los miembros hombres o mujeres de la familia o los conocidos (vecinos, amigos, entrenadores, sacerdotes, etcétera).

En la peor de las situaciones, los niños que son repetidamente victimizados en sus propias casas, también se encuentran expuestos a otras formas de violencia (Briere *et al.*, 1996; Farber *et al.*, 1989; Ferrara, 2002; Finkelhor y Dziuba-Leatherman, 1994; Stiffman, 1989) e inclusive al peligro de ser asesinados (Gelles, 1996; US DoJ, 2000).

RIESGOS DE EXPLOTACIÓN SEXUAL EN LOS NIÑOS QUE VIVEN EN LA
CALLE O QUE NO VIVEN EN SU CASA

Los niños y las niñas que viven en las calles de Estados Unidos están sujetos a una gama extraordinaria de riesgos sociales, emocionales, físicos, de salud y económicos, que los demás niños no experimentan. La pobreza es rampante entre estos niños, además del hambre y la desnutrición (Hofstede, 1999; Lucas y Hackett, 1995; National Coalition For Homeless, 1999b; US Conference of Mayors, 2000). Son comunes, asimismo, las enfermedades causadas por exposición al clima; por comer los desperdicios de los basureros de los restaurantes, y por dormir en áreas infestadas de plagas y ratas (Farrow, 1992; Kral, 1997; Yates *et al.*, 1991). Las enfermedades sexualmente transmitidas también prevalecen entre los adolescentes de la calle y en especial entre aquellos que participan en actividades sexuales para sobrevivir (Bond *et al.*, 1992; IHPS, 1995, Johnson *et al.*, 1996). Los adolescentes de la calle también son víctimas de la violencia infligida por pares, proxenetas, "clientes" y otros (Farley, 1998; Farley y Kelly, 2000; McCarthy y Hagan, 1992; Whitbeck y Simons, 1990; Widom, 1996).

Los adolescentes de la calle también sufren de manera desproporcionada enfermedades mentales serias como: trastornos de conducta destructiva, déficit en la atención, depresión, manía, esquizofrenia, síndrome de estrés postraumático, suicidio e ideación suicida (McClanahan *et al.*, 1999; Molnar *et al.*, 1998, 2001; Rotheram-Borus, 1993; Rotheram-Borus *et al.*, 1996). Un alto porcentaje de estos adolescentes también participa en actividades delictivas, si bien la mayoría de los delitos que cometen tienen como propósito obtener los recursos que requieren para satisfacer sus necesidades básicas (Smith y Thornberry, 1995; US Deparment of Justice, 2000; Yates *et al.*, 1991).

EL IMPACTO DE LA EXPLOTACIÓN SEXUAL SOBRE LOS NIÑOS

Todos los niños que son sometidos a explotación sexual experimentarán a largo plazo daños físicos y emocionales. Ningún niño puede atravesar este tipo de experiencias sin sufrir daños (Barnett, Manly y Cicchetti, 1993; Browne y Finkelhor, 1986; Gelles, 1994; 1998; Goldstein, 1999; Kilpatrick y Saunders, 1997; Straus y Gelles, 1998). Estas heridas emocionales permanecen en la mayoría de los niños a lo largo de sus vidas y, en algunos casos, generan complejos retos en las relaciones con aquellos con quienes interactúan (i.e., parejas, hijos, amigos e instituciones que les proporcionan servicios). Hay vínculo especialmente estrecho entre la victimización sexual de niños y los embarazos de adolescentes (Ireland y Widom, 1994; Smith y Thornberry, 1995; Widom, 1996; Widom y Kuhns, 1996), la prostitución de adultos (Widom y Kuhns, 1996), el abuso de sustancias (Ireland y Widom, 1994; Kelley, Thornberry y Smith, 1997), la violencia (Gelles y Wolfner, 1994; Weiner y Ruback, 1998; Weinwer y Wolfgang, 1989) y el comportamiento delictivo de adolescentes y adultos (Kelly, Thornberry y Smith, 1997; Loeber y Farrington, 1998; Smith y Thornberry, 1995).

CATEGORÍAS DE ADOLESCENTES VÍCTIMAS DE EXPLOTACIÓN SEXUAL

En el transcurso de nuestra investigación, se identificaron catorce categorías distintas de niños, niñas y adolescentes sexualmente explotados. Estas categorías incluyen: a] niños sujetos a ESC que no viven en sus casas; b] niños sujetos a ESC que viven en sus casas; c] otros grupos de niños sujetos a ESC y, d] grupos de niños nacionales y extranjeros involucrados en la dimensión internacional del comercio sexual en Estados Unidos. El número estimado de niños en riesgo de ser sexualmente explotados en cada categoría, aparece en el cuadro siguiente.

LA EXPLOTACIÓN SEXUAL COMERCIAL DE NIÑOS EN ESTADOS UNIDOS   59

*categorías de niños y adolescentes en riesgo de ser
sexualmente explotados en estados unidos, 200011*

Categorías de niños y adolescentes sexualmente explotados	Definiciones operativas	Número de niños en riesgo de ESCN en esta categoría (100%)	Total de niños en riesgo de ESCN.[12] Escenario bajo, (75% de los casos estimados)[13]
Grupo A: Menores sexualmente explotados que no viven en sus casas			
1. Niños y adolescentes que han huido de sus casas	Menores de 18 años que se ausentan de su casa o del lugar de residencia sin permiso de sus padres o tutores legales y quienes, como resultado de haberse fugado, están expuestos a convertirse en víctimas de explotación sexual.	121 911	91 433
2. Adolescentes que han huido de diversas instituciones	Adolescentes menores de 18 años que han huido de hogares sustitutos, centros juveniles de detención, hospitales para enfermos mentales o crónicos u otro tipo de instituciones.	6 793	96 528

[11] La metodología que se utilizó para construir estas estimaciones se describe en detalle en el capítulo V de Estes y Weiner, 2001.

[12] Total acumulado del número de casos estimados de ESCN en dicho rubro más el número de casos estimados en todos los rubros precedentes.

[13] El escenario bajo ajusta el número total de casos estimados de ESCN en 25% con el fin de minimizar la posibilidad de contar a los mismos niños dentro de distintas categorías, i.e., como niños que han huido y que han sido expulsados de sus casas.

Categorías de niños y adolescentes sexualmente explotados	Definiciones operativas	Número de niños en riesgo de ESCN en esta categoría (100%)	Total de niños en riesgo de ESCN.[12] Escenario bajo, (75% de los casos estimados)[13]
3. Niños y adolescentes expulsados de sus casas	Menores de 18 años que son abandonados u obligados a irse de su casa por sus padres o tutores legales sin permitirles que regresen y o que, debido a su estado económico vulnerable, están expuestos a convertirse en víctimas de explotación sexual.	51 602	135 230
4. Niños sin hogar (no incluidos en ninguna otra parte)	Menores no incluidos bajo las categorías de niños que han huido o fueron expulsados de su casa o que no tienen hogar y, debido a su estado social y económico, son vulnerables a la explotación sexual.	27 972	27 972

LA EXPLOTACIÓN SEXUAL COMERCIAL DE NIÑOS EN ESTADOS UNIDOS   61

Categorías de niños y adolescentes sexualmente explotados	Definiciones operativas	Número de niños en riesgo de ESCN en esta categoría (100%)	Total de niños en riesgo de ESCN.[12] Escenario bajo, (75% de los casos estimados)[13]
Grupo B: Niños sexualmente explotados que viven en sus casas			
5. Niños de 10-17 años que viven entre la población en general	Niños no institucionalizados entre 10 y 17 años que viven entre la población en general y que se convierten en víctimas de explotación sexual	72 621	210 674
6. Niños de 10-17 años que viven en unidades habitacionales	Niños no institucionalizados entre 10 y 17 años que viven en unidades habitacionales y que se convierten en víctimas de explotación sexual	4 447	214 010
Grupo C: Otros grupos de niños sexualmente explotados			
7. Mujeres menores que son miembros de una pandilla	Este grupo incluye aproximadamente 27 000 niñas de entre 10 y 17 años quienes forman parte de pandillas identificables, una porción de las cuales se convierte en víctima de explotación sexual como resultado de ser parte de la pandilla	5 400	218 060

Categorías de niños y adolescentes sexualmente explotados	Definiciones operativas	Número de niños en riesgo de ESCN en esta categoría (100%)	Total de niños en riesgo de ESCN.[12] Escenario bajo, (75% de los casos estimados)[13]
8. Adolescentes de la calle transgéneros	Una categoría genérica de adolescentes sexualmente explotados que se identifican como miembros del sexo opuesto al que tenían al nacer. Esto incluye hombre > mujer, mujer > hombre y adolescentes nacidos con los órganos sexuales de ambos géneros	3 000	220 310

Grupo D:
La dimensión internacional de la ESN: niños, niñas y adolescentes de Estados Unidos que viajan al extranjero y menores extranjeros que viajan a Estados Unidos con propósitos sexuales

9. Menores extranjeros de 10-17 años llevados legalmente a Estados Unidos quienes se convierten en víctimas de explotación sexual	Incluye a todos los adolescentes llevados legalmente a Estados Unidos como miembros de familias extensas o como au pairs en casas particulares, negocios o residencias diplomáticas y que se convierten en víctimas de explotación sexual	3 000	222 560

LA EXPLOTACIÓN SEXUAL COMERCIAL DE NIÑOS EN ESTADOS UNIDOS   63

Categorías de niños y adolescentes sexualmente explotados	Definiciones operativas	Número de niños en riesgo de ESCN en esta categoría (100%)	Total de niños en riesgo de ESCN.[12] Escenario bajo, (75% de los casos estimados)[13]
10. Menores extranjeros de 10-17 años llevados ilegalmente a Estados Unidos quienes se convierten en víctimas de explotación sexual	Incluye a todos los adolescentes que ingresan en Estados Unidos de contrabando o de otra forma ilegal (frecuentemente en servidumbre económica o sexual para sus contrabandistas o traficantes)	8 500	228 935
11. Menores no acompañados que entran en Estados Unidos solos y se convierten en víctimas de explotación sexual	Incluye a todos los niños que ingresan solos en Estados Unidos y se convierten en víctimas de explotación sexual	2 500	230 810

Categorías de niños y adolescentes sexualmente explotados	Definiciones operativas	Número de niños en riesgo de ESCN en esta categoría (100%)	Total de niños en riesgo de ESCN.[12] Escenario bajo, (75% de los casos estimados)[13]
12 Adolescentes canadienses y mexicanos no emigrantes de 10 a 17 años que entran en Estados Unidos por propósitos sexuales	Incluye a todos los adolescentes canadienses y mexicanos que ingresan en Estados Unidos de forma más o menos casual y que, mientras están en Estados Unidos, participan en actividades de explotación sexual	2 500	232 685
13. Adolescentes de Estados Unidos de 13 a 17 años que viven en un lugar desde donde pueden ir manejando a una ciudad mexicana o canadiense	Incluye a adolescentes de Estados Unidos que viven en ciudades cerca de México o Canadá y que ingresan en estos países en búsqueda de sexo	14 329	243 431

Categorías de niños y adolescentes sexualmente explotados	Definiciones operativas	Número de niños en riesgo de ESCN en esta categoría (100%)	Total de niños en riesgo de ESCN.[12] Escenario bajo, (75% de los casos estimados)[13]
14. Adolescentes de Estados Unidos no inmigrantes de 13 a 17 años trasladados de Estados Unidos a otros países con propósitos sexuales	Incluye a adolescentes de entre 13 y 17 años quienes viajan fuera de Estados Unidos para proporcionar servicios sexuales a los nacionales de otros países	1 000	244 181

Vale la pena aclarar que las estimaciones que se presentan en el cuadro anterior reflejan el número de niños que consideramos en riesgo de ser sexualmente explotados de manera comercial, es decir, niños y adolescentes que debido a sus circunstancias específicas presentan un riesgo más elevado de ser explotados que el de la población en general. Por ejemplo, los niños clasificados como que han huido o han sido expulsados de sus casas o que por diferentes razones carecen de un hogar, se considera que están en un nivel de riesgo muy alto de ser sexualmente explotados. El riesgo para otras categorías de niños vulnerables es menor pero, basados en nuestros datos de campo (Estes y Weiner, 2001) es más alto que para los niños de la población en general, i.e., niños víctimas de abuso físico o sexual, niños que consumen psicotrópicos, adolescentes miembros de minorías sexuales (Boyer, 1989; Clements-Noll et al., 2001; Kruks, 1991; Nemoto et al., 1999), y niños sujetos de tráfico hacia y dentro de Estados Unidos con propósitos económicos, sexuales o ambos (Barnitz, 1998; Lederer, 2001). A los adolescentes norteamericanos que atraviesan las fronteras en búsqueda de alcohol, drogas y sexo más baratos, también se los considera en riesgo de ESCN (Estes y Weiner, 2001).

Debe quedar claro que los números reportados en el cuadro anterior no reflejan el número real de casos confirmados de ESCN en Estados Unidos. Para poder producir un conteo de esa naturaleza se requeriría un tipo de estudio diferente a éste. Adicionalmente, en la medida en que llegan a estar disponibles otras fuentes de información relevantes para estimar la incidencia de la ESCN, pensamos que el número de niños que estimamos en riesgo de ser involucrados en la ESCN poco a poco irá declinando. Aun así, consideramos que las estimaciones que elaboramos son útiles ya que permiten: *a]* identificar los subgrupos de niños que se hallan en el nivel más alto de riesgo de ser explotados; *b]* identificar categorías de niños a los que ni los expertos ni las instituciones habían asociado previamente con la explotación sexual y, *c]* sugerir el rango plausible dentro del cual un número real de niños es victimado cada año.[14]

PERFIL DE LOS EXPLOTADORES SEXUALES DE NIÑOS

La investigación logró identificar grupos diferentes de personas que regularmente explotan niños con propósitos sexuales; en general los integrantes de estos grupos son hombres adultos, pero no todos los explotadores sexuales de niños lo son. En efecto, un número importante de abusos sexuales en contra de niños es perpetrado por ado-

[14] Al momento de concluir este capítulo, un nuevo estudio acerca de la incidencia de niños que han huido y han sido expulsados de sus casas (NISMART 2) estaba próximo a ser concluido (Hanson, 2000). Dado que hasta 60% de todos los niños que estimamos en riesgo de ESC caen dentro de las categorías de haber huido o haber sido expulsados de sus casas, se espera que los hallazgos de dicho estudio, *aunque no se refieren directamente a niños involucrados en ESC*, tengan un impacto significativo sobre las estimaciones del número de niños en riesgo de ASC que hemos reportado aquí. Discusiones preliminares con los investigadores involucrados en NISMART 2 sugieren que el número de niños que han huido y que han sido expulsados de sus casas, puede haber descendido hasta en 30 o 40% durante el periodo 1988-2000, hallazgo que sería consistente con las tendencias reportadas por otros estudios sobre los riesgos sexuales a que los niños se hallan expuestos (Jones y Finkelhor, 2001). Esperamos, por tanto, que cuando finalmente estas correcciones sean introducidas, el número de niños que estimamos como víctimas potenciales de ESCN descenderá de manera clara.

lescentes y mujeres, especialmente los cometidos en contra de niños en sus propias casas (NCCAN, 1996; Righthand y Welch, 2001; Snyder, 2000; US Department of Justice, 2000). Al identificar a los explotadores sexuales de niños nos ha sido necesario distinguir entre explotadores sexuales de *niños que viven en sus propias casas* y los delitos sexuales perpetrados en contra de *niños que viven en la calle y otros niños que no viven en su hogar*. Los delitos sexuales cometidos en contra de los niños en sus hogares son típicamente clasificados ya sea como abusos o violencia sexuales y muy rara vez incluyen motivaciones comerciales. En cambio, los delitos sexuales cometidos en contra de niños de la calle u otros niños que no viven en sus hogares, casi siempre son de naturaleza comercial o económica e implican el intercambio de sexo por dinero u otros bienes valiosos para los niños (i.e., comida, techo, drogas). Por razones de espacio, una tercera categoría, la de quienes participan en la victimización sexual de niños en línea, no será abordada en este capítulo aunque muchos de estos delitos incluyen también una motivación comercial.[15]

Mientras que las etapas de la victimización en cada tipo de explotación sexual pueden variar, la dinámica sociocultural subyacente responsable de todas las formas de abuso sexual infantil permanece constante, i.e., en cada caso la explotación es iniciada por un ofensor más poderoso que impone su voluntad sobre la del niño con el fin de asegurar beneficios sexuales, económicos u otros que son apreciados por el ofensor. En situaciones que involucran la explotación comercial, los derechos y la dignidad humanas de los niños víctimas se ven comprometidos más allá, dadas las disparidades en la madurez y las relaciones desiguales de poder que hay entre los niños víctimas y la mayoría de sus clientes que son adultos. En todos los casos, la ESCN opera para el beneficio sexual de los clientes y en detrimento de la dignidad y el bienestar del niño.

---

[15] Remitimos al lector a Finkelhor *et al.*, 2000 para una discusión sobre la victimización de niños y adolescentes en línea.

EXPLOTADORES SEXUALES DE NIÑOS QUE VIVEN EN SUS PROPIAS CASAS

De los más de 300 mil casos de presuntos abusos sexuales reportados cada año al Centro Nacional para el Abuso y la Negligencia Infantil, unos 105 000 casos se confirman porque hay pruebas o indicios suficientes de que tales abusos existieron.[16] La mayoría de estos abusos son perpetrados en contra de niños y niñas de hasta 12 años de edad y casi todos (84%) ocurren en la privacidad de sus casas (Departamento de Salud y Servicios Humanos de EU, 1998 citado en DoJ, 2000:29).

Más aún, la misma fuente confirma que 96% de todos los abusos sexuales en contra de niños son perpetrados por personas conocidas por el niño o su familia (49%) o por miembros de su propia familia (47%). Contrario a la creencia general, sólo una pequeña parte de los abusos sexuales contra niños, niñas y adolescentes son cometidos por extraños: 4 por ciento.

Los perpetradores de abusos sexuales contra niños, niñas y adolescentes incluyen hombres, mujeres y adolescentes. Hombres solos fueron los ofensores en 62% de todos los casos de abuso sexual confirmado contra niños y niñas que viven con su familia; mientras que hombres y mujeres actuando juntos fueron responsables del 29% de los casos. Las mujeres solas fueron las ofensoras en 9% de todos los casos de abuso sexual infantil.

Los patrones de violencia sexual a niños son similares a los que se reportan para abuso sexual. De acuerdo con la Oficina Federal de Investigaciones (FBI), personas mayores de 18 años fueron responsables de más casos confirmados de violencia sexual a niños (57%) que personas menores de 18 años. Es, entonces, más probable que la violencia sexual en contra de niños y niñas muy pequeños que viven en sus propias casas sean cometidos por miembros de la misma familia (58%).

Este tipo de hallazgos son especialmente importantes dada la estrecha relación que tanto esta investigación como otros estudios han confirmado que existe entre el abuso sexual infantil, la violencia sexual y el involucramiento subsecuente de los niños en actividades sexuales

---

[16] Los casos *sustanciados* son aquellos en los que la denuncia del maltrato o del riesgo del maltrato se encontró fundada, mientras que los casos *indiciados* no pudieron demostrarse no obstante que había razones fundadas para sospechar que el niño estaba siendo maltratado o se hallaba en riesgo de serlo (DoJ, 2000:45).

LA EXPLOTACIÓN SEXUAL COMERCIAL DE NIÑOS EN ESTADOS UNIDOS   69

comerciales (Boyer y Fine, 1993; Brannigan y Van Brunschot, 1997; Davidson y Loken, 1987; Kaufman y Widom, 1999; Kilpatrick y Saunders, 1997; Nadon *et al.*, 1998; Prentky *et al.*, 1997; Silbert y Pines, 1981, 1983).

EXPLOTADORES SEXUALES DE NIÑOS, NIÑAS Y ADOLESCENTES QUE NO VIVEN EN SUS PROPIAS CASAS

En adición a abusos sexuales comprobados contra niños y niñas que viven en sus propias casas, nuestra investigación también confirmó que decenas de miles de niños estadounidenses que *viven fuera de sus casas* —en las calles, en casas abandonadas, moteles baratos, refugios, camionetas, etc.— son víctimas de explotación sexual cada año.

Con base en nuestras entrevistas con los niños, niñas y adolescentes y nuestras reuniones de grupos focales, hemos podido identificar las categorías principales de explotadores sexuales de niños y niñas que no viven con su familia. Los números exactos de tales explotadores a escala nacional no podrían ser determinados en esta investigación pero es cierto que su perfil demográfico y psicosexual son bastante variados. Aun así, podemos confirmar que los explotadores sexuales de niños, niñas y adolescentes incluyen: 1] pedófilos[17] y hebéfilos[18]; 2] hombres que se encuentran de paso, incluyendo a militares, traileros, trabajadores por estación, convencionistas y turistas sexuales, entre otros; 3] explotadores oportunistas, es decir, personas que abusan sexualmente de cualquier persona disponible para el sexo incluyendo a los niños; 4] proxenetas; 5] traficantes y, 6] otros adolescentes.

El número preciso de agresores asociados en cada categoría no pudo ser determinado por esta investigación; sin embargo, sabemos con certeza que sus características demográficas e historias psicosexuales son bastante diversas. En conjunto, los agresores sexuales son adolescentes y viejos, los hay con altos y bajos niveles de escolaridad e igualmente provienen del centro del país como de las costas. De igual modo, los hay tanto con amplios recursos económicos como con recursos limitados; con facilidad de palabra como con dificultades para

---

[17] Término utilizado para referir a un adulto con deseos y fantasías sexuales que a menudo culminan en actos sexuales con prepúberes del mismo sexo o del opuesto.
[18] Término utilizado para referir a un adulto con deseos y fantasías sexuales que a menudo culminan en actos sexuales con púberes del mismo sexo o del sexo opuesto.

expresarse, pero todos se encuentran dirigidos hacia un solo objetivo: encontrar su siguiente víctima. El hecho de que la mitad de estos hombres son padres y que muchas de sus víctimas tienen una edad similar a la de sus hijos, parece no tener ninguna importancia.[19]

PROXENETAS Y EXPLOTACIÓN SEXUAL INFANTIL

Los proxenetas son una realidad omnipresente entre las niñas de la calle y las niñas víctimas de tráfico sexual obligadas a integrarse a redes de sexo regionales y nacionales. En contraste, los niños rara vez dependen de un proxeneta. Por lo general, los proxenetas se organizan de la siguiente manera: *a]* la mayoría administra sólo entre una y tres muchachas a la vez; *b]* por lo menos 50% de los proxenetas operan estrictamente en el nivel local —no forman parte de redes criminales más extensas—; *c]* alrededor de 25% se encuentran relacionados con redes criminales en el nivel de la ciudad; *d]* alrededor de 15% se vinculaban con redes regionales o nacionales y, *e]* aproximadamente 10% de los proxenetas en Estados Unidos están vinculados con redes internacionales de crímenes sexuales. Este último grupo participa en forma activa en el tráfico internacional de niños, incluyendo a niños de Estados Unidos y a niños de otros países. Por lo general, dichos proxenetas también forman parte de redes internacionales vinculadas con el tráfico de drogas y a menudo utilizan a los niños como "mulas" para transportar estas sustancias hacia o dentro de Estados Unidos.

Los adolescentes varones que se involucran en el comercio sexual rara vez son explotados por proxenetas (Adams, 1998; Cates, 1989; Cates y Markley, 1992). Los muchachos se presentan a sí mismos como emprendedores y pueden definirse más como escorts o *vividores* que como prostitutos. De igual forma, en lugar de depender de proxenetas para que les brinden apoyo o seguridad, muchos de ellos ingresan en grupos de pares que costean entre sí alimentos, refugio temporal o drogas. Son también más propensos que las muchachas a adquirir autos o camionetas en los que recorren las rutas de su negocio asociándose con otros para compartir los costos de los vehículos.

---

[19] Una discusión más completa sobre cada una de estas categorías de explotadores sexuales puede consultarse en la tercera parte de la primera sección del informe de investigación (Estes y Weiner, 2001).

En muchos casos los muchachos reportan profundos sentimientos de vergüenza asociados al tipo de servicios sexuales que prestan, 95% de los cuales involucran sexo oral. Ello es especialmente notorio entre los que se identifican como heterosexuales, quienes a menudo niegan tener intercambio anal. Estas expresiones son raras entre otras minorías sexuales, como los numerosos adolescentes transexuales que encontramos en el transcurso de nuestra investigación (Allen, 1980; Bauserman y Rind, 1997; Earl y David, 1989). Los muchachos que viven en la calle, con independencia de su orientación sexual, son tanto los iniciadores como los blancos de la violencia entre ellos y con otros (Arey, 1995; DuRant *et al.*, 1998). A diferencia de las chicas, los muchachos rara vez son sujetos de tráfico, ya sea dentro del país o en el extranjero, tanto por proxenetas como por redes de crimen sexual organizado.

CRIMEN ORGANIZADO Y EXPLOTACIÓN SEXUAL DE NIÑOS

Distintos niveles de crimen organizado, tanto dentro como fuera de Estados Unidos, están involucrados en la ESN y cada nivel se beneficia de forma importante de la explotación sexual de los niños. La magnitud del involucramiento del crimen organizado en cualquier actividad dada depende de: 1] las edades de los niños involucrados; 2] la nacionalidad de esos niños y, 3] el potencial para obtener ganancias que se asocia con cada tipo de actividad explotadora. En conjunto, hemos aprendido que el involucramiento del crimen organizado en la ESN constituye tan sólo un servicio más que estos grupos proporcionan como parte de una "cartera" de servicios que incluye la prostitución adulta, los fármacos y el lavado de dinero.

Por lo general, las unidades de crimen organizado tienden a no involucrarse con menores de 9 años, no por un sentido de moralidad, sino porque los niños más pequeños son "demasiado difíciles" de manejar. La excepción a este patrón es el empleo de niños muy pequeños en la pornografía, sobre todo si nacieron en el extranjero. Nuestros informadores negaron que hayan encontrado niñas menores de 10 años como prostitutas, aunque han sido identificados algunos casos a través de los medios de comunicación.

Niños, niñas y adolescentes mayores de 12 años son los blancos principales de la explotación sexual por parte de grupos de crimen organizado. La mayoría de ellos son reclutados tanto entre adolescentes sin hogar como entre los que se han ido de sus casas. La mayoría son reclutados por pares del mismo sexo, pero muchos adultos, incluyendo mujeres, también reclutan a menores para la prostitución organizada. Como parte del "paquete" de reclutamiento, ofrecen a estos niños ventajas financieras importantes, incluyendo ropa bonita, un buen lugar donde vivir y, siempre, protección de la violencia a la que están expuestos en forma rutinaria los adolescentes sin hogar y de la calle. La mayoría de los niños explotados por grupos del crimen organizado cuentan con un acceso indiscriminado a drogas y otras sustancias, lo que incrementa su dependencia respecto de dichos grupos. A menudo, a los hijos de las adolescentes que quedan embarazadas se los separa de ellas y son criados por miembros de la familia extendida del organizador o por otros integrantes dentro de la red criminal. Una vez separados de sus madres, se utiliza a estos bebés para ejercer un control aun mayor sobre las adolescentes prostituidas.

EL TRÁFICO DOMÉSTICO E INTERNACIONAL DE NIÑOS
PARA PROPÓSITOS SEXUALES

Nuestra investigación encontró a muchos niños que son objeto de tráfico por propósitos sexuales hacia Estados Unidos o al interior del país. Estos niños incluyen tanto a ciudadanos de Estados Unidos que son trasladados por redes de crimen sexual regionales y nacionales, como a niños extranjeros quienes, junto con mujeres adultas, han sido trasladados hacia Estados Unidos desde distintos países.

REGIONES Y PAÍSES DE ORIGEN DE MENORES EXTRANJEROS
SUJETOS DE TRÁFICO

Durante el transcurso de nuestra investigación logramos identificar diversas regiones y países de los que proceden los niños sujetos de tráfico en las distintas ciudades en que se llevó a cabo el estudio. Sin embargo, y como es el caso de los adultos sujetos al tráfico, estos niños son traslados rápidamente de una ciudad a otra con el fin de evitar su detección.

LA EXPLOTACIÓN SEXUAL COMERCIAL DE NIÑOS EN ESTADOS UNIDOS   73

*Regiones y países de origen de niños sujetos a tráfico
para su explotación sexual en Estados Unidos, 2000*

Región del mundo	País de origen	Ciudades en las que se encontró a los menores de edad
ASIA-OCEANÍA		
	Australia	Honolulu, Nueva Orleans
	Birmania	Chicago, Nueva York
	Camboya	Honolulu, Nueva Orleans, San Francisco, Seattle
	Hong Kong	Honolulu, Nueva York, Seattle
	India	Berkeley, Chicago, Nueva York, San José
	Corea	Detroit, Honolulu, Nueva York, San Francisco
	Laos	Honolulu, Los Ángeles
	República Popular de China	Detroit, Honolulu, Los Ángeles, Nueva York, Chicago, Seattle
	Filipinas	Honolulu, Los Ángeles, Miami, Nueva York, Filadelfia, San Diego, Seattle
	Sri Lanka	Chicago, Los Ángeles
	Taiwán	Honolulu, Nueva York, San Francisco
	Vietnam	Chicago, Honolulu, Nueva York, Nueva Orleans
ÁFRICA		
	Benin	Seattle
	Burkina Faso	Seattle

Región del mundo	País de origen	Ciudades en las que se encontró a los menores de edad
	Camerún	Nueva York, Seattle
	Eritrea	Nueva York, Seattle
	Etiopía	Nueva York, Seattle
	Ghana	Nueva York, Seattle
	Nigeria	Seattle
	Somalia	Chicago
	Sudán	Chicago
AMÉRICA CENTRAL Y SUDAMÉRICA		
	Belice	San Diego
	Colombia	Chicago, El Paso, San Diego
	Costa Rica	El Paso, San Diego
	El Salvador	El Paso, Chicago
	Guatemala	Chicago, El Paso, Nueva York
	Honduras	Chicago, El Paso, Miami
	Nicaragua	Chicago, El Paso, San Diego, Los Ángeles
CARIBE		
	República Dominicana	Fort Lauderdale, Homestead (FL), Miami, Nueva York
	Haití	Fort Lauderdale, Homestead (FL), Miami, Nueva York
	Jamaica	Miami, Nueva York

Región del mundo	País de origen	Ciudades en las que se encontró a los menores de edad
AMÉRICA DEL NORTE		
	Canadá	Chicago, Honolulu, Las Vegas, Los Ángeles, Miami, Nueva Orleans, Nueva York, Seattle
	México	Chicago, Detroit, Honolulu, Los Ángeles, Miami, Nueva York, Filadelfia, San Antonio, San Diego, San Francisco, Seattle
EUROPA ORIENTAL		
	Bosnia	Chicago, Nueva York
	Bielorrusia	Chicago, Seattle
	República Checoslovaca	Honolulu, Nueva York
	Hungría	Los Ángeles (vía México), Nueva York
	Polonia	Chicago, Honolulu, Nueva York
	Federación Rusa	Chicago, Los Ángeles (vía México), Nueva York, Seattle
	Ucrania	Baltimore, Los Ángeles (vía México), Nueva York, Seattle

PUERTOS INTERNACIONALES UTILIZADOS PARA EL TRÁFICO DE NIÑOS EXTRANJEROS SEXUALMENTE EXPLOTADOS A ESTADOS UNIDOS

El cuadro siguiente identifica los puertos internacionales utilizados para el tráfico de niños desde sus países de origen hacia los Estados Unidos. Por lo general, los puertos identificados son el "último" sitio utilizado por los traficantes para ingresar a los niños hacia los Estados Unidos. Por lo general, antes de pasar por el último puerto, los niños han viajado grandes distancias, a través de varios países, y han sido transportados usando una gran variedad de vehículos. Baste señalar que estos puertos de partida o de llegada no constituyen una lista exhaustiva de todos los sitios, sino sólo los que fue posible identificar durante este primer esfuerzo de investigación.

Puertos internacionales utilizados para el tráfico a Estados Unidos de niños extranjeros sexualmente explotados, 2000

Región/país de origen	Principales puertos de salida a Estados Unidos	Puertos de entrada en Estados Unidos
ASIA-OCEANÍA		
Australia	Sydney, Brisbane	Honolulu, Los Ángeles, San Francisco
Camboya	Bangkok, Hong Kong	Seattle
Hong Kong	Hong Kong vía Vancouver o Montreal	Chicago, Nueva York, Portland, San Francisco, Seattle, Washington DC
Corea	Seúl	Detroit (vía Toronto), Los Ángeles, San Francisco
República Popular de China	Hong Kong, Toronto, Vancouver	Chicago, Nueva York (por barco, avión, camionetas)
Filipinas	Hong Kong	Los Ángeles, Nueva York, Seattle
Taiwán		Los Ángeles, Nueva York, San Francisco
ÁFRICA		
Ghana	Amsterdam, Bruselas, Frankfurt, París	Nueva York, Seattle
Nigeria	Amsterdam, Bruselas, Frankfurt, París	Nueva York, Seattle

Región/país de origen	Principales puertos de salida a Estados Unidos	Puertos de entrada en Estados Unidos
AMÉRICA CENTRAL Y SUDAMÉRICA		
Belice	Ciudad de México	Miami
Colombia	Ciudad de México	Miami
Costa Rica	Ciudad de México	Fort Lauderdale, Miami
Guatemala	Ciudad de México	Miami
Honduras	Ciudad de México	Miami
Jamaica	Kingston	Miami, Nueva York
CARIBE		
República Dominicana	Por barco vía Puerto Rico Santo Domingo	Miami, Nueva York
Haití	Por barco vía Puerto Rico Puerto Príncipe	Miami, Nueva York
AMÉRICA DEL NORTE		
Canadá	Toronto, Montreal, Vancouver, Windsor	Chicago, Honolulu, Las Vegas, Los Ángeles, Miami, Nueva Orleans, Nueva York, Seattle
México	Ciudad Juárez, Ciudad de México, Tijuana	El Paso, Los Ángeles, Miami, Nueva York, Orlando, San Diego
EUROPA ORIENTAL		
Federación Rusa	Bruselas, Francfort, París	Chicago, Nueva York, San Francisco
Ucrania	Bruselas, Francfort, París	Chicago, Nueva York, San Francisco

TRAFICANTES ADULTOS DE NIÑOS PARA PROPÓSITOS SEXUALES

Muchos adultos participan y se benefician financieramente del tráfico nacional e internacional de niños, niñas y adolescentes con propósitos sexuales. Estas personas incluyen: *a]* traficantes aficionados; *b]* pequeños grupos de criminales organizados y, *c]* complejas redes de tráfico tanto a escala nacional como internacional. Para hacer posible el tráfico de niños a gran escala se requiere de una serie completa de personas y funcionarios que incluye: *a]* inversionistas; *b]* enganchadores; *c]* transportistas; *d]* oficiales públicos corruptos; *e]* informadores; *f]* guías y miembros de la tripulación; *g]* personas que coercionan a los niños; *h]* personal de apoyo y especialistas; *i]* cobradores de deudas y, *j]* personas que mueven el dinero.

EL RIESGO DE LA EXPLOTACIÓN SEXUAL INFANTIL COMPARADO CON OTROS RIESGOS SOCIALES A LOS QUE ESTÁN EXPUESTOS LOS NIÑOS Y ADOLESCENTES DE ESTADOS UNIDOS

El estudio efectuó un análisis comparativo del riesgo que tienen los niños de ser sexualmente explotados, incluyendo la posibilidad de victimización sexual en línea, dentro del contexto de otros importantes riesgos sociales a los que están expuestos los niños y adolescentes de Estados Unidos, por ejemplo: ausentarse de la escuela, embarazo, uso de drogas, violencia y homicidio, entre otros. El número bruto de incidentes asociados con cada tipo de riesgo fue estandarizado en forma de mil casos por 100 000 de la población específica por edad. Los datos que se obtuvieron presentan un cuadro convincente y perturbador del gran número de niños, niñas y adolescentes de Estados Unidos que, cada año, se hallan en riesgo de ser víctimas de ESC.

Niveles comparativos de riesgo entre adolescentes de Estados Unidos, 1997-2000

Categoría	Mil casos por 100 000 de la población específica por edad
No asisten a la escuela y no trabajen: 16-19 años (**)	9 000
Víctimas de abuso simple: 16-19 (&)	5 580
Uso de Alucinógenos: 12-17 años (#)	4 700
Exposición en línea a materiales sexuales perturbadores (@)	3 670
Tasa de nacimiento entre adolescentes: mujeres de 15-17 Años (**)	3 200
Víctimas de abuso agravado: 16-19 años (&)	2 460
Detenciones de adolescentes por crímenes contra la propiedad: 10-17 años (**)	2 338
Utilización de cocaína: 12-17 años (#)	2 200
Miembros de pandillas: 13-17 (%)	1 733
Solicitación sexual agresiva en línea (@)	1 642
Uso de tranquilizantes: 12-17 años (#)	1 300
ESCN — alto escenario: 10-17 años	1 048
Víctimas de robo: 16-19 años (&)	1 020
Hostigamiento sexual en línea (@)	998
Uso de *crack*: 12-17 años (#)	800
ESCN —bajo escenario: 10-17 años	786
Víctimas de violación / abuso sexual: 16-19 años (&)	560
Detenciones de adolescentes por crímenes violentos: 10-17 años (**)	412
Uso de heroína: 12-17 años (#)	300

Categoría	Mil casos por 100 000 de la población específica por edad
Casos comprobados de abuso sexual: 0-17 años ($)	148
Muertes por accidentes, homicidio, suicidio: 15-19 años (**)	58
Muertes por armas de fuego: 15-19 años (+)	16

Fuentes: $=Jones & Finkelhor, 2000; **=Kids Count, 2000; #=USDHHS, 1998; +=USDHSS, 2000; &=USDoJ, 2000a; U.S. DoJ, 2000; @=Finkelhor, 2000 (escenario bajo para adolescentes de 10-17 años con acceso a Internet).

LA CAPACIDAD NACIONAL PARA TRATAR
LA EXPLOTACIÓN SEXUAL DE NIÑOS

Una de las metas de este proyecto fue la identificación y evaluación de la capacidad de la red existente de sistemas de justicia y servicios humanos para responder a las necesidades de los niños sexualmente explotados y de sus familias. Se reproduce a continuación una síntesis de lo que aprendimos a partir de las encuestas nacionales que levantamos entre las instituciones involucradas y las entrevistas y reuniones con informantes claves.

- Números considerables tanto de organizaciones gubernamentales (OG) como de organizaciones no gubernamentales (ONG) que se están enfrentando contra la ESN y la ESCN.
- Los informes oficiales acerca de los niños explotados sexualmente en Estados Unidos subestiman seriamente tanto sus números como los tipos de explotación.
- También hay vacíos importantes en el alcance conceptual así como en la gama de servicios proporcionados a los niños sexualmente explotados y a sus familias tanto por parte de las OG como de las ONG.
- La magnitud de los vacíos en las políticas y en los servicios que caracterizan a las OG y las ONG que atienden a niños víctimas de

explotación sexual, es seria y reduce la capacidad que tiene el país para responder de manera efectiva y combatir las causas que originan la ESN y la ESCN.

Los siguientes asuntos de política, administrativos y de servicio son los más problemáticos respecto de la capacidad de los OG para responder efectivamente a las necesidades complejas que presentan los niños, niñas y adolescentes sexualmente explotados y sus familias.

- Inteligencia estratégica concerniente a la naturaleza, extensión y dinámica de la ESCN se echa de menos en prácticamente todos los niveles de la vida pública, incluyendo aquellas organizaciones encargadas de prevenir, o por lo menos reducir, los riesgos de la explotación sexual de niños.
- Para la mayoría de las OG, una falta de comprensión adecuada acerca de la naturaleza compleja, las causas y la dinámica de la explotación sexual de los niños a todos los niveles de organización.
- Para la mayoría de las OG, la ausencia de políticas y procedimientos claros para tratar a las víctimas infantiles de la explotación sexual.
- Para casi todas las OG, números inadecuados de personal que pueda responder en forma apropiada al espectro de las necesidades que presentan los niños y las familias que se enfrentan a la ESCN;
- En la medida en que se hallan disponibles, los servicios enfocados a la ESCN de la mayoría de OG, se encuentran muy descoordinados y fragmentados.
- De manera comparativa, pocas OG trabajan en cooperación con NGO en cualquier nivel de organización política ya sea en identificar víctimas de ESN o de adultos que cometen estos delitos en contra de niños.
- Adicionalmente a los severos recortes fiscales y de personal, casi todas las OG carecen de sistemas electrónicos de búsqueda y rastreo de adultos y adolescentes convictos por delitos sexuales en contra de niños.

Las ONG enfocadas en la ESN y sus familias, por su parte, confrontan también otros retos importantes a sus servicios. Consideramos a los siguientes como los que ponen en riesgo en mayor medida la efectividad de las ONG.

- Las actividades de las diferentes ONG carecen de coordinación e integración. La falta de coordinación contribuye a una deficiente comunicación entre ellas y, en algunas comunidades, a la duplicación de esfuerzos.

- Hay profundos desacuerdos ideológicos entre las ONG con respecto de la magnitud de la explotación sexual de niños en Estados Unidos, así como en lo que se refiere a los cursos de acción que serían apropiados para tratar la situación.

- También existen profundas divisiones ideológicas entre las ONG que abogan por posiciones en favor de las mujeres y hombres que participan en la prostitución *contra* aquellas que buscan liberar a los niños de la explotación sexual. A algunas organizaciones les gustaría fusionar las cuestiones que confrontan las dos poblaciones para elaborar una agenda de acción común (por ejemplo, tratar el privilegio masculino y reorganizar los sistemas de servicios humanos y de justicia que tratan a la juventud), mientras otras desean mantener separadas la agenda para los adolescentes sexualmente explotados y las cuestiones que afectan a los adultos.

- Casi todas las ONG que se enfocan a la ESN son pequeñas y sufren de una severa carencia de fondos. La mayoría compiten entre sí por los muy limitados recursos disponibles.

- Aunque se encontraron ciertas excepciones, por lo general, los niños varones sexualmente explotados, las minorías sexuales, los adolescentes de la calle difíciles de manejar y los adolescentes de la calle con enfermedades mentales serias, se encuentran subrepresentados entre las poblaciones a las que dirigen sus servicios la mayoría de las ONG enfocadas a la ESN.

CONCLUSIONES

Los hallazgos que se resumen en este capítulo ofrecen un panorama moderado acerca de la naturaleza, la extensión y la gravedad de la explotación sexual de niños en la sociedad norteamericana contemporánea. Cuando se considera en conjunto con la incidencia de los abusos y la violencia sexual que afecta a niñas, niños y adolescentes, la explotación sexual comercial afecta a un número sustantivo de niños y familias norteamericanas. Estas prácticas involucran también a un gran número de adultos y a diversos grupos que otros estudios no habían asociado con la ESCN; entre ellos: *a*] pedófilos y hebéfilos; *b*] poblaciones flotantes de varones, incluyendo miembros de grupos militares, camioneros, trabajadores estacionales, convencionistas y turistas sexuales; c] explotadores oportunistas, por ejemplo, personas que abusarán sexualmente de cualquiera que encuentren disponible, incluyendo niños; d] proxenetas; e] traficantes y, f] otros adolescentes. Los traficantes internacionales de niños para propósitos sexuales juegan un papel importante en la ESCN como también lo tienen las redes del crimen sexual organizado en los niveles local, nacional e internacional.

Hasta ahora, la explotación sexual comercial y la explotación sexual comercial de niños han sido las formas de abuso infantil más negadas en los Estados Unidos. Con base en los datos encontrados en nuestro estudio podemos decir que nada que no implique una visión totalizadora e integral del fenómeno podrá esperarse que tenga algún éxito en combatir la explotación sexual de niños. Las recomendaciones que siguen ofrecen sólo una plataforma inicial de acción para responder a los asuntos más urgentes que enfrenta el país y sus niños en el intento de poner fin a la explotación sexual en todas sus formas.

RECOMENDACIONES

Las siguientes recomendaciones son una síntesis de las muchas compartidas con nosotros por los niños, niñas y adolescentes sexualmente explotados y los especialistas de las agencias de procuración de justicia y de servicios humanos con los que nos reunimos. Sitúan a la prevención como la primera prioridad, y a la reducción en el daño, como la segunda. La atención a cuestiones de género como factores que contribuyen a la ESN y la necesidad de educación sistemática pública y profesional sobre la ESN son la tercera y cuarta prioridades. La identificación más temprana y la supervisión más intensiva de adultos y jóvenes que han perpetrado ofensas sexuales, son también prioridades, al igual que la necesidad de efectuar investigaciones que profundicen sobre otros factores societales que contribuyen a la ESN. Casi todas estas recomendaciones apuntan a la necesidad de acrecentar el papel del gobierno federal en trabajar conjuntamente con el sector privado en el combate de la ESN y la ESCN.

PROTEGER A LOS NIÑOS, NIÑAS Y ADOLESCENTES

Los esfuerzos por proteger a los niños, niñas y adolescentes de la explotación sexual deben enfatizar la prevención como primera prioridad. Recomendamos que: *a*] a una agencia federal principal o consorcio de tales agencias le sea otorgada la responsabilidad primaria para la protección de los niños, niñas y adolescentes de la ESN; *b*] adultos y adolescentes que ofenden sexualmente deben recibir el mensaje inequívoco de que "no está bien" molestar sexualmente a los niños; *c*] los niños, niñas y adolescentes deben ser empoderados para reportar ante las autoridades de justicia y de servicios humanos incidentes de contacto sexual ilícito; *d*] las agencias locales y estatales de servicios humanos y de procuración de justicia deben tener acceso a los recursos necesarios para investigar plenamente todos los casos reportados de abuso sexual infantil; *e*] las agencias locales y estatales de servicios humanos y de justicia deben tener acceso a los recursos necesarios para supervisar en forma adecuada todos los casos de abuso sexual infantil comprobados o que cuentan con indicios en el largo plazo; *f*] las agencias locales y estatales de servicios humanos y de procuración de justicia deben contar con los recursos necesarios para ayudar a niños y adolescentes sin hogar o que fueron expulsados de su casa y los que huyeron, a fin de que no se conviertan en víctimas de la ESN; *g*] las agencias locales y estatales de servicios humanos y de procuración de justicia deben tener acceso a los recursos necesarios para atender a adolescentes que huyeron de su casa o que se encuentran sin hogar y que entran de paso en sus comunidades; y, *h*] los estados y otras jurisdicciones deben tener acceso a los recursos necesarios para cooperar en monitorear la presencia, ubicación y actividades de infractores sexuales de niños que han sido condenados.

Los padres, madres, escuelas, organizaciones defensoras de la niñez y de grupos juveniles necesitan trabajar juntos para desarrollar y difundir mensajes relacionados con la protección de los niños, niñas y adolescentes de la explotación sexual. Los medios públicos, pero en especial las redes televisivas y la industria cinematográfica, comparten una fuerte responsabilidad en la difusión de mensajes apropiados para cada edad y precisos acerca de la naturaleza, extensión y seriedad de la ESN en la sociedad estadounidense contemporánea.

CASTIGAR A LOS EXPLOTADORES SEXUALES Y NO A LOS NIÑOS

Los niños, niñas y adolescentes sexualmente explotados son frecuentemente revictimizados por las mismas agencias que han sido designadas para ayudarlos. Recomendamos que el enfoque de las agencias de procuración de justicia y de servicios humanos: *a]* cambie de la detención de adolescentes de la calle involucrados en actividades de explotación sexual, a la detención, persecución y castigo de los perpetradores adultos de crímenes sexuales en contra de niños y adolescentes como son proxenetas, traficantes y clientes; *b]* que las agencias federales de procuración de justicia se involucren en forma creciente en la identificación y persecución de adultos que participan en redes nacionales de crímenes sexuales que incluyen el sexo con niños entre su "cartera" de servicios; y, *c]* que se encuentren mecanismos apropiados para que las agencias privadas de servicios humanos trabajen con mayor cooperación con las autoridades de justicia en la identificación y detención de adultos que cometen crímenes sexuales en contra de niños, niñas y adolescentes.

APLICAR PLENAMENTE LAS LEYES NACIONALES Y ESTATALES QUE EXISTEN EN CONTRA DE LA ESN

Esta investigación ha confirmado que hay un patrón de negligencia por parte de muchas agencias de procuración de justicia y de servicios humanos con respecto de los niños, niñas y adolescentes explotados sexualmente. Recomendamos, por tanto, que el Gobierno Federal asuma una posición de liderazgo al impulsar a sus propias agencias así como las de los gobiernos estatales y locales a un respeto pleno de todas las leyes nacionales y estatales relacionadas con la protección de los niños, niñas y adolescentes de la explotación sexual. Tales intervenciones deben propiciar: *a]* que todas las agencias federales desarrollen planes estratégicos para la aplicación plena de las leyes federales relacionadas con la materia en el ámbito de sus respectivas competencias; *b]* la creación de incentivos financieros para los estados y gobiernos locales que cumplan en sus jurisdicciones con todas las leyes relacionadas con la explotación sexual de niños; y, *c]* el desarrollo de un sistema de sanciones para las agencias gubernamentales que no logran cumplir con las leyes relevantes relacionadas con la protección de niños, niñas y adolescentes.

AUMENTAR LAS SANCIONES ASOCIADAS CON LOS CRÍMENES SEXUALES EN CONTRA DE NIÑOS, NIÑAS Y ADOLESCENTES

Mientras que nadie puede predecir exactamente el impacto neto que tendría aumentar las sanciones criminales sobre la reducción de la ESN, existe una lógica importante para hacerlo. Recomendamos: *a]* tomar acciones para dar mayor énfasis al conjunto de disposiciones actuales relacionados con la ESN y hacer que éstas sean más consistentes en severidad con respecto de otros actos de igual gravedad; y, *b]* convocar a un grupo multidisciplinario de expertos para elaborar un código penal modelo que dé forma a la legislación relacionada con la ESN.

APOYAR A LAS COMUNIDADES LOCALES EN SUS ESFUERZOS POR FORTALECER LEYES LOCALES Y ESTATALES RELACIONADAS CON LA ESN

Al mismo tiempo que los grupos gubernamentales y no gubernamentales trabajan para cambiar la estructura de las sanciones y la jerarquía de las normas relacionadas con la ESN, también es necesario trabajar para dar mayor fuerza a aquellos estatutos que ya existen. Recomendamos: *a]* aplicar las normas actuales de una manera más consistente al encaminarse hacia la adopción de guías para la aplicación de sentencias, tales como aquellas utilizadas en el nivel federal y en muchos estados; y, *b]* desarrollar guías para la aplicación de sentencias en casos de ESN al introducir una revisión multiestado de las sentencias que actualmente se están dictando.

ESTABLECER UN CENTRO NACIONAL DE INTELIGENCIA SOBRE LA ESN

Resalta la conveniencia de crear un organismo que trabaje en la recopilación de datos de inteligencia y en el planeamiento estratégico para monitorear las tendencias nacionales relacionales con la ESN. Al efecto, recomendamos que se establezca un *Centro Nacional de Inteligencia sobre la esn.*

Las metas de dicho Centro, incluirían: 1] apoyar a los legisladores nacionales de y tomadores de decisiones respecto de la procuración de justicia con datos de inteligencia interna estratégica sobre la ESN; 2] apoyar los esfuerzos nacionales en contra de la ESN; y, 3] llevar a cabo y reportar en forma oportuna la evaluación de riesgos de la ESN en el nivel regional, nacional y estatal. Las agencias colaboradoras con dicho Centro incluirían por lo menos los siguientes departamentos y unidades federales, además del Centro Nacional para Niños Extraviados y Explotados (National Center for Missing and Exploited Children): la Sección de Explotación y Obscenidad Infantiles del Departamento de Justicia de Estados Unidos (the Child Exploitation and Obscenity Section of the U.S. Department of Justice), la Oficina Federal de Investigación (the Federal Bureau of Investigation), el Servicio de Aduana de Estados Unidos (the U.S. Customs Service), la Agencia de Inteligencia para la Defensa (the Defense Intelligence Agency), la Oficina de Servicios para la Familia y la Juventud del Departamento de Salud y Servicios Humanos de Estados Unidos (the Family and Youth Services Bureau of the U.S. Department of Health and Human Services), el Servicio de Inmigración y Naturalización de Estados Unidos (the U.S. Immigration and Naturalization Service (INS), la Oficina Central Nacional de Estados Unidos (The U.S. National Central Bureau (interpol), el Servicio del Ministro Ejecutor de Estados Unidos (the U.S. Marshall's Service), la Oficina para las Víctimas de Crimen del Departamento de Justicia de Estados Unidos (the Office For Victims of Crime of the U.S. Department of Justice), el Servicio de Inspección Postal de Estados Unidos (the U.S. Postal Inspection Service), la Oficina de Cuestiones del Niño del Departamento de Estado de Estados Unidos (the Office of Children's Issues of the U.S. Department of State), la División de Servicios Forenses del Departamento del Tesoro de Estados Unidos (the Forensic Services Division of the U.S. Treasury Department), el Departamento de Trabajo de Estados Unidos (the U.S. Department of Labor), el Departamento de Transportes de Estados Unidos (the U.S Department of Transportation), el Departamento de Educación de Estados Unidos (the U.S. Department of Education), el Departamento de Comercio de Estados Unidos (the U.S. Department of Commerce), el Departamento de Agricultura de Estados Unidos (the U.S. Department of Agriculture), y las Divisiones de Investigaciones Criminales (CID) del Departamento de Defensa de Estados Unidos (the U.S. Department of Defense).

En adición a las demás responsabilidades, las funciones del Centro Nacional de Inteligencia sobre la ESN, incluirían: *a]* el desarrollo de una biblioteca de imágenes pornográficas a partir de las que han sido aceptadas por los tribunales estatales y federal como evidencia de crímenes sexuales en contra de niños y adolescentes (a la que podrán tener acceso los fiscales federales y otros que trabajan en cooperación con las agencias de procuración de justicia federales); *b]* la realización y difusión de forma oportuna de evaluaciones de riesgos de los cambios en las tendencias estatales, regionales y nacionales en la ESN; *c]* la realización y difusión de forma oportuna de las evaluaciones de riesgos relacionadas con el involucramiento del crimen organizado y otros criminales en la explotación sexual comercial de los niños; y, *d]* la promoción de la educación profesional continua de analistas, especialistas forenses y otros que se necesitan para llevar a cabo evaluaciones continuas de amenazas y planeación estratégica sobre asuntos relacionados con la ESN.

EXTENDER A TODAS LAS JURISDICCIONES LAS AGRUPACIONES DE FUERZAS MULTIJURISDICCIONALES FINANCIADAS FEDERALMENTE SOBRE LA ESN

Las agrupaciones de fuerzas sobre la ESN iniciadas federalmente han demostrado ser una gran promesa en las comunidades en las que están localizadas. Recomendamos que se establezcan y evalúen en forma sistemática en todas las principales jurisdicciones federales y estatales estas *Agrupaciones de fuerzas multijurisdiccionales sobre la esn.*

EXTENDER A TODAS LAS PRINCIPALES JURISDICCIONES LAS UNIDADES DE CRÍMENES EN INTERNET EN CONTRA DEL NIÑO

Las unidades de *Crímenes en Internet en Contra del Niño,* de iniciativa federal, han mostrado ser también una gran promesa en las treinta comunidades en las cuales se han establecido. Recomendamos que se establezcan y evalúen de manera sistemática en todas las jurisdicciones principales estatales y federales unidades de *Crímenes en Internet en Contra del Niño.*

AUMENTAR LA DISPONIBILIDAD NACIONAL DE EXPERTOS Y ESPECIALISTAS EN ESN

Se observa una carencia seria en el nivel nacional en el número y tipo de especialistas en ESN. Estas deficiencias son más notorias en el área forense pero también se manifiestan en las agencias judiciales y fiscales. Igualmente, existe una necesidad urgente de contar con un mayor número de trabajadores sociales, psicólogos, psiquiatras, educadores, médicos, abogados, oficiales policíacos, médicos forenses judiciales y otros con una pericia especial en la ESN. Recomendamos que el gobierno federal: *a*] extienda en forma significativa sus programas actuales de educación continua enfocada en aumentar la disponibilidad nacional de profesionales legales, correccionales y de servicios humanos con pericia especializada en la ESN; *b*] promover un incremento en la atención que se presta a la ESN en los planes de estudio y programas de entrenamiento de todas las disciplinas profesionales que comparten la responsabilidad de atender a niños, niñas y adolescentes sexualmente explotados y a sus familias; y, *c*] promover niveles cada vez más altos de educación y cooperación interdisciplinarias en el campo de la ESN.

PROMOVER ASOCIACIONES EFECTIVAS TANTO PÚBLICAS COMO PRIVADAS PARA COMBATIR LA ESN

Una campaña nacional exitosa para combatir la ESN requerirá de la participación activa de todos los actores públicos y privados que trabajan con y en favor de los niños, niñas y adolescentes sexualmente explotados y sus familias. Recomendamos que el Gobierno Federal proporcione liderazgo programático y fiscal para: *a*] el desarrollo de consejos locales, estatales y nacionales (coaliciones y agrupaciones de fuerzas) de actores públicos y privados comprometidos con la eliminación de la ESN; *b*] el desarrollo por parte de estos consejos (coaliciones y agrupaciones de fuerzas) de planes estratégicos de largo plazo que incluyan metas y calendarios específicos para medir y reducir la prevalencia de la ESN dentro de sus comunidades; y, *c*] el desarrollo de mecanismos de coordinación vinculados nacionalmente por medio de los cuales se podrán integrar en un plan nacional de acción extensivo los planes estratégicos locales y estatales para la eliminación de la ESN.

NECESIDAD DE ESTUDIOS ESPECIALIZADOS SOBRE LOS PERPETRADORES
DE LA ESN Y SUS VÍCTIMAS

Esta investigación representa un esfuerzo único por generar datos de "primera generación" sobre la naturaleza, dinámica y seriedad de la ESN en los tres países de Norteamérica. Por lo que se refiere a Estados Unidos, se han descubierto muchos hechos sorprendentes y perturbadores tanto acerca de la ESN como de la sociedad contemporánea y en el estudio más amplio hemos reportado con detalle considerable estos hallazgos. Aun así, se requiere emprender investigaciones adicionales.

Recomendamos que se lleven a cabo investigaciones adicionales en las siguientes áreas: a] la comprensión más amplia y profunda de aquellos aspectos de la vida colectiva de Estados Unidos que parecen contribuir directamente a la ESN, es decir, los cambiantes valores y moralidad societales, el debilitamiento de las estructuras familiares, la persistencia del predominio del hombre sobre la mujer, y la aparente falta de claridad por parte de muchos adultos con respecto del derecho de los niños de no ser violados física, emocional o sexualmente; b] el estudio de un mayor número de perfiles de los explotadores sexuales adultos de niños; c] el desarrollo de un mayor número de perfiles detallados de modos de operación de los "proxenetas" y otros que promueven de forma sistemática la explotación sexual comercial de niños y adolescentes; d] el desarrollo de un mayor número de perfiles detallados y modos de operación de "traficantes" nacionales e internacionales de niños, niñas y adolescentes para propósitos sexuales; e] la naturaleza y extensión de la ESN entre adolescentes que se autoidentifican como minorías sexuales; f] la naturaleza y extensión de la ESN entre niñas y adolescentes mujeres que forman parte de pandillas; g] la naturaleza y extensión de la ESN entre adolescentes de Estados Unidos que cruzan las fronteras internacionales en búsqueda de drogas más baratas, alcohol y sexo con niños nacionales de aquellos países; h] la naturaleza y extensión de la prestación de servicios sexuales entre los adolescentes de familias de ingresos medianos y altos, con el fin de obtener productos "de marca"; y, i] el impacto a corto y largo plazo de la explotación sexual sobre los niños, niñas y adolescentes conforme van convirtiéndose en adultos.

INTERACCIONES SOCIALES ENTRE PEDÓFILOS CANADIENSES[1]

PIERRE TREMBLAY [2]

INTRODUCCIÓN

El comportamiento sexual se halla normado por leyes constitutivas y regulatorias. Las normas regulatorias definen los patrones apropiados del comportamiento erótico. Restringen el rango de estímulos eróticos apropiados (leyes de pornografía) o están dirigidas a "trastornos de cortejo" como son el voyeurismo, el exhibicionismo y el "tocamentarismo". Las normas constitutivas definen el dominio de las parejas eróticas. Los estatutos sobre adulterio y "sodomía" restringen el rango apropiado de las relaciones sexuales entre adultos. Las prohibiciones con respecto a la edad de consentimiento definen lo que se cree que son las diferenciales apropiadas del inicio y de la edad de los individuos que las realizan. En este trabajo nos concentramos en los infractores que violan las prohibiciones de la edad de consentimiento.

West ha observado "que en los últimos años ha habido un aumento extraordinario en la conciencia acerca del abuso sexual de los niños, ayudado por presentaciones en los medios acerca de los recuerdos de adultos de experiencias de abuso en la niñez. Documentos sobre el tema han proliferado enormemente, poniendo sobre aviso a los trabajadores sociales y demás profesionales acerca de cualquier indicio de comportamiento sexual indebido hacia los niños" (West,

---

[1] Esta investigación fue financiada por el Ministerio Canadiense de Justicia y patrocinada por la International Bureau for Children's Rights. El trabajo de campo se benefició con el apoyo de Luc Granger, Eric Beauregard, Alexandrine Chevrel, Line Bernier, Christine Perreault (Abogado General de Canadá), Bernadette Lamoureux, France Paradis (Instituto Philippe Pinel), Claire Deschambault, Oscar Blais (L'Amorce) y la ayuda de mis colegas del proyecto trilaterial (Jean Proulx, Marc Ouimet, Richard J. Estes, Neil A. Weiner y Elena Azaola). Los puntos de vista que se expresan en este trabajo son los del autor; de ninguna manera reflejan el punto de vista del Ministerio de Justicia u otras agencias gubernamentales que facilitaron el trabajo de campo.

[2] La traducción fue hecha por Jennifer Ann Lewis y corregida por Elena Azaola.

1987:40). Lieb, Quinsey y Berliner (1998) han documentado la "legislación intensa y atención pública sobre infractores sexuales" del decenio de los noventa y la difusión algo impactante tanto en Estados Unidos como en Europa de los estatutos de registro y notificación comunitaria y el incremento en la severidad de las sentencias criminales dictadas. En Canadá, una proporción predominante de infractores sentenciados bajo la legislación Infractor Peligroso de 1977, tiene una historia de ofensas sexuales. Las recomendaciones de que se dé atención prioritaria a la identificación y persecución de infractores de "largo tiempo" además de infractores sexuales violentos fueron adaptadas por el Parlamento Canadiense en 1997 (Lieb *et al.*: 86). Una encuesta llevada a cabo entre 1995 y 1996 (Ouimet, 1997) de infractores sexuales en Quebec condenados a una sentencia (federal) de dos años o más de prisión, indica que una mayoría (66%) podrían ser denominados como pedófilos (puesto que el 38% de sus víctimas fueron menores de 12 años) o "hebéfilos" (puesto que el 28% de sus víctimas pertenecieron al grupo de jóvenes de 13 a 17 años). Por tanto, más de la mitad de todos los presos federales por ofensas sexuales pueden considerarse como infractores con respecto de la edad del consentimiento.

Como podría esperarse, cuanto menor es la edad de la víctima, más serio se percibe el daño provocado por la infracción y mayor es la probabilidad de que el infractor sentenciado reciba un término de encarcelamiento: sólo 18% de los sospechosos de casos policíacos de abuso sexual fueron acusados de intimidad sexual con niños, sin embargo representan 38% de todos los ingresos federales por infracciones sexuales (Ouimet, 1997). En contraste, los individuos enjuiciados por comportamiento sexual ilícito con otros adultos representan 56% de todos los casos policiacos de abuso sexual, pero únicamente 35% de los ingresos por infracciones sexuales. Es muy probable que el aumento en la estigmatización de infractores de la edad de consentimiento haya impulsado el aumento global en el número de ofensas sexuales reportadas a la policía desde finales del decenio de los setenta en Inglaterra (West, 1994), Estados Unidos (Lieb *et al.*, 1998) y Canadá (Ouimet, 1998), además de otros países europeos. Gran parte de este aumento puede explicarse por un incremento en las denuncias, persecución y sentencia de infractores que se dedican al comportamiento sexual inapropiado con menores. Aún no se tiene un panorama completo respecto de este aumento en la tasa de delitos contra la edad del consentimiento, conocidos por la policía ni de la tasa de detenciones correspondientes, lo que, en parte, se debe a que sólo recientemente las estadísticas sobre la ejecución de la ley han informado de manera rutinaria sobre las características de los demandantes y de los sospechosos. Resulta tentador argumentar que este incremento en los delitos contra la edad del consentimiento está impulsado, en primer término, por un mejor apoyo social para las víctimas demandantes y una mejor disposición por parte de la policía a proseguir la demanda (West, 1994:xii). De igual manera, que el movimiento feminista ha proporcionado un poderoso ímpetu a la conciencia actual del abuso sexual de los niños que ha ocurrido en años recientes y a las cruzadas morales en contra de la prostitución juvenil, la pornografía y el abuso de los niños (Okami, 1992: 118).

En este capítulo desarrollo una perspectiva alternativa y me pregunto si este gran aumento en la sensibilidad pública hubiera sido exitoso sin un incremento real en la tasa de los delitos en contra de la edad del consentimiento. Una posibilidad es que tanto en Canadá como en otros países desarrollados ha habido un aumento en el número de individuos motivados a realizar sus preferencias sexuales. Otra, es que se ha dado un aumento concurrente en el número de adolescentes dispuestos a compartir su intimidad sexual con adultos.

DISPONIBILIDAD DE ADULTOS MOTIVADOS

El trabajo pionero de Robert Merton de 1938 intitulado *Social Structure and Anomie*, sustentó el argumento de que en las sociedades o grupos sociales en los que se percibe el éxito como la medida definitiva de valor propio y donde, en la búsqueda del éxito, los individuos se ven bajo la presión de lograr todo por su cuenta mientras que todos están impulsados a aspirar al ascenso social, es más probable que en estos ambientes encuentren niveles agregados más altos de crímenes contra la propiedad o el mercado (Rosenfeld y Messner, 1998:164-5). La intuición básica de Merton —"la intuición motivacional"— es que "las condiciones estructurales y culturales pueden poner en marcha procesos causales que motivan a miembros de grupos particulares o estratos a dedicarse al comportamiento criminal de manera desproporcionada" (Chamlin y Cochran, 1997:203).

Sin embargo, la cultura moderna no enfatiza simplemente el éxito monetario sino también la "autorrealización". Charles Taylor (1991) sugiere que términos tales como "narcisismo", "hedonismo" o "laxitud moral" no "reconocen" en forma adecuada "que entró en juego un ideal moral poderoso aquí, por degradada y transformada que sea su expresión. El ideal moral que subyace a la autorrealización es el de ser fiel a sí mismo" (1991:16). Intentar explicar este ideal como "simplemente" una expresión de autoindulgencia hace que se ignore el punto crucial: "El punto es que hoy día muchas personas sienten que están *llamadas* a ser quienes son, sienten que deberían hacer tal cosa, y que de alguna manera su vida sería desperdiciada o incompleta si no lo hicieran" (*ibid.* p.17). Dicho ideal implica que el saber el bien y el mal no significa sencillamente un cálculo utilitario de los costos y beneficios esperados sino que requiere del reconocimiento de que "cada uno de nosotros tiene una forma original de ser humano. Una idea que ha penetrado profundamente en la conciencia moderna. También es nueva. Antes de finales del siglo xviii, nadie pensaba que las diferencias entre los seres humanos tuvieran este tipo de significado moral" (*ibid.* p.28).

Un tema relacionado es que hemos llegado a considerarnos como seres con "profundidades internas". Por tanto, "el ser fiel a sí mismo" no está dado, sino que requiere de esfuerzo, tiempo, y aptitudes, además de un proceso de descubrimiento: "El ser fiel a mí mismo significa ser fiel a mi propia originalidad, que eso es algo que solamente yo puedo articular y descubrir. Al articularlo, también me estoy definiendo a mí mismo. Estoy realizando una potencialidad que es mía propiamente dicha. Éstos son los antecedentes que dan fuerza moral a la cultura de la autenticidad, incluyendo sus formas más degradadas, absurdas o triviales" (1991:29). Un tercer tema es la preocupación moderna de que "las oportunidades de equidad permiten a todo el mundo que desarrolle su propia identidad, lo cual incluye el reconocimiento universal de la diferencia, en el sentido que sea cuando tenga relevancia para la identidad, ya sea de género, racial, cultural, o de orientación sexual" (1991: 50). La ética de la autenticidad ha formado la política del reconocimiento de la equidad y su supuesto implícito de que "el reconocimiento negado de las diferencias individuales puede ser un tipo de opresión". También ha aumentado la *seriedad* percibida acerca de aquellos delitos que pudieran poner en peligro el proceso a través del cual los individuos desarrollan su identidad. "Las relaciones amorosas no son importantes solamente debido al énfasis general que existe en la cultura moderna sobre las satisfacciones de la vida ordinaria. Se vuelven cruciales también porque son crisoles de la identidad generada hacia el interior" (1991:49). Los análisis realizados por Charles Taylor's resultan importantes por diversas razones. En primer lugar, pueden brindar una explicación acerca de la cruzada moral y legal que actualmente existe en contra de "la explotación sexual de niños, niñas y adolescentes". En forma más interesante, también predicen que aun cuando la tasa o número de adultos atraídos hacia prepúberes o adolescentes hubiera permanecido constante con el tiempo, deberíamos esperar un aumento en la proporción de aquellas personas que estarán dispuestas o "moralmente obligadas" a realizar su "originalidad" y expresar "quiénes son" y "lo que son". Por supuesto que esto implica que, si no se modifican las circunstancias, cuanto más fuerte sea el énfasis cultural sobre la sinceridad y la autenticidad, mayores serán las tasas de delitos contra la edad de consentimiento. Este patrón básico debería explicar las variaciones en las tasas a través de las sociedades (por ejemplo, una tasa mayor de infractores de la edad de consentimiento en los países más opulentos). También implica que dentro de una sociedad dada, los grupos sociales y ocupaciones que están fuertemente expuestos al énfasis cultural también experimentarán tasas mayores de tales delitos (por ejemplo, mayores tasas de infractores de la edad de consentimiento entre las clases sociales más opulentas o las profesiones más creativas).

DISPONIBILIDAD DE BLANCOS APROPIADOS

Un incremento en la prevalencia de adultos motivados a buscar relaciones sexuales con adolescentes no necesariamente desencadenará una tendencia ascendente en la incidencia de infractores de la edad del consentimiento si sus oportunidades de actuar siguiendo sus propensiones fueran restringidas a la vez. Se podría definir "oportunidad" como la cantidad de tiempo en que los adultos y los adolescentes están libres para interactuar en forma íntima en ausencia de la supervisión apropiada. Mientras un mayor número de jóvenes asuma el trabajo y papeles reproductivos a una temprana edad (como en las sociedades tradicionales), la prevalencia de los jóvenes libres para participar en relaciones sexuales con adultos también deberá incrementarse, esto implica que la tasa de delitos de la edad de consentimiento debería ser más alta en sociedades económicamente en desventaja. Puesto que el atractivo sexual y la libertad de la supervisión parental aumenta en función de la edad, también deberíamos esperar que la búsqueda de oportunidades apropiadas de interacción fuera menos restringida para adultos que buscan adolescentes jóvenes que para aquellos atraídos hacia niños prepúberes. Dentro de un grupo de edad dado, las oportunidades de interacción también pueden variar con el tiempo. Las investigaciones sobre las actividades cotidianas de adolescentes por cohortes, sugieren que en las sociedades opulentas el tiempo que transcurre sin supervisión parental se ha incrementado en forma dramática para los adolescentes, tanto hombres como mujeres (Felson, 1998). Sin embargo, ello no es necesariamente cierto para otros grupos de edad. Uno de los sujetos entrevistados mencionó haber notado un cambio significativo en el tutelaje a mediados de los años ochenta en Montreal: un menor número de niños no supervisados en los parques públicos y en las calles, un mayor número de salvavidas monitoreando las piscinas públicas, un mayor número de padres y madres vigilando a sus hijos (y a los de otros) en los parques y patios de recreo y un aumento significativo en la vigilancia de áreas escolares. Si esta observación tiene algún mérito, deberíamos esperar que la proporción de delitos contra la edad de consentimiento que involucra a desconocidos ("extraños") se hubiera incrementado para adolescentes jóvenes y disminuido para niños prepúberes. Las oportunidades adecuadas de interacción pueden variar también según el género. Mientras las niñas son más estrechamente vigiladas que los niños, deberíamos esperar que los adultos que buscan intimidad sexual con niños y adolescentes varones tengan un rango más amplio de oportunidades para la interacción que los adultos atraídos hacia niñas y adolescentes mujeres; sin embargo, probar esta hipótesis particular requiere de una evaluación anterior de la prevalencia de los individuos atraídos hacia adolescentes de uno u otro sexo.

También es posible que las oportunidades para "abusos de confianza" hayan aumentado con el tiempo. Conforme se incrementa la proporción de hogares con un solo padre o madre, es más probable que se pida a "vecinos amigables" que vigilen a los niños. Asimismo, conforme se incrementa la proporción de hogares que reciben dos ingresos, también se elevará el número de niños que pasan tiempo bajo la supervisión de otros adultos con alguna capacidad oficial (centros de cuidado diurnos, campamentos de verano y un rango de otras asociaciones recreativas y educativas organizadas). Un sujeto que entrevistamos, maestro de secundaria por profesión, quien sintió atracción hacia niñas de 9 a 12 años, disfrutó de dar clases particulares de francés en la casa de las niñas. Otro, tuvo dos hijos varones y los animaba a que invitaran a las niñas que habían conocido en la escuela. El patrón es interesante por la forma en que se incorpora en la rutina cotidiana de la vida familiar. Conforme decrece el número de niños en el hogar (en las sociedades opulentas) y conforme las familias se preocupan más respecto de los peligros de permitir que sus hijos "jueguen en la calle" (temor del crimen o de "extraños"), es probable que se reduzca el tamaño de las redes de niños que lo hacen. Esto, a su vez, favorece el surgimiento de redes geográficamente dispersas de amistades basadas en la escuela. Sin embargo, es más difícil controlar las redes; en parte, porque los padres y madres tienen pocas oportunidades de interactuar entre sí y, en parte, porque la rotación de niños es alta; debido a esta razón, deberíamos esperar una tendencia a la alza en la proporción de delitos contra la edad de consentimiento que implican abuso de confianza; factor que, si no se modifican las circunstancias, se puede percibir como una agravante que aumenta la seriedad del delito.

Asimismo, se puede definir "oportunidad" como la proporción de jóvenes que encuentran alguna ventaja emocional o monetaria al buscar relaciones sexuales íntimas con adultos. Los biólogos han observado que como resultado de una dieta rica en proteínas, el inicio de la pubertad ocurre ahora alrededor de los 12 años en los países más desarrollados (Montemayor et al., 1990; ver también Felson, 1998). Puesto que la pubertad estimula el interés en el sexo, implica la existencia de un grupo más grande de jóvenes motivados a buscar experiencias sexuales no tan sólo con otros jóvenes sino también con adultos. Del lado de la oferta, adolescentes con problemas podrán darse cuenta de que las relaciones sexuales les podrían proporcionar beneficios económicos significativos. Del lado de la demanda, un efecto colateral de reconocer la libertad de la orientación sexual pudo haber sido el incremento en el alcance del mercado de prostitución de jóvenes varones. La capacidad de tal mercado, en el sentido de extenderse y organizarse, probablemente varíe a través de los diferentes ambientes.

Los delitos contra la edad de consentimiento pueden ocurrir bajo condiciones de mercado de visibilidad relativamente alta (éste es el caso, por ejemplo, en Acapulco o Cancún (Azaola, 2001), cuando: *a*] se espera que los jóvenes asuman papeles de adulto a una temprana edad y la opción de participar en ocupaciones relacionadas con el sexo es reconocida como socialmente aceptable por su grupo; *b*] la carencia de otras oportunidades para obtener ingresos y la presencia de una gran disponibilidad de clientes opulentos hace que la opción sea económicamente atractiva no sólo para los jóvenes sino también para quienes dependen de ellos (familias) y los que se benefician de ellos (empresarios); y *c*] la amenaza de detención para todos los participantes en el mercado (incluyendo los clientes) es baja. Resulta posible que estas condiciones no estén presentes en las sociedades más desarrolladas u opulentas: mientras no se espera que los adolescentes asuman el papel de adulto antes de su mayoría de edad, es más probable que se cumpla con las prohibiciones acerca de los delitos de edad de consentimiento; que la prostitución sea más encubierta e individualista, y el mercado, más desorganizado.

En resumen, es posible que estén presentes todos los ingredientes para una "curva criminal" sostenida: mayor disponibilidad de infractores en potencia motivados para actuar en respuesta a su atracción; un aumento en las oportunidades de interacción entre adultos y adolescentes; mayor disponibilidad de blancos adecuados (no supervisados, atractivos y atraídos); y un incremento en la preocupación pública. Se ha diseñado este marco explicativo con el fin de dar cuenta de los factores que pueden provocar variaciones en los delitos no violentos relativos a la edad de consentimiento. Demostrar en forma empírica estas premisas va más allá del alcance de este trabajo; sin embargo, consideramos que proporciona antecedentes analíticos convenientes para esta investigación.

ENFOQUE DE LA INVESTIGACIÓN ACTUAL

El propósito de este estudio consiste en explorar el rango y la naturaleza de las interacciones sociales entre individuos que experimentan una atracción sostenida y compulsiva hacia adolescentes o niños prepúberes de los dos sexos. Por supuesto que tal atracción se halla prohibida y es, por tanto, objeto de controles sociales extensos, sanciones legales y esfuerzos terapéuticos. Dada la hostilidad general que provocan, los pedófilos por lo general se ven no sólo como parias sino también como excluidos sociales. Esto podría explicar la falta de investigación sobre las redes sociales de pedófilos. Hanson y Scott (1996) argumentaron que sería de utilidad analizar más estrechamente las características de las redes sociales de los pedófilos por varias razones: una proporción importante de las pesquisas criminales involucra a múltiples codemandados; también hay un número de grupos de abogacía que públicamente reta las leyes sobre la edad de consentimiento y proporciona definiciones favorables de pedofilia; por último, la teoría del aprendizaje social típicamente enfatiza la influencia de grupos de pares al mantener tasas altas de reincidencia y el desarrollo de carreras desviadas.

Mi meta sustantiva en este trabajo consiste en analizar la variedad de condiciones que permitirían a los pedófilos vencer su aislamiento social, buscarse entre sí y, como resultado, incorporarse en una cuasi-comunidad desviada o movimiento social. El reto metodológico fue evaluar la viabilidad de localizar a sujetos dispuestos a entrevistarse acerca de su motivación de iniciar y mantener patrones significativos de interacción con otros pedófilos.

DATOS Y MÉTODO

El universo principal de los datos de este estudio depende de conversaciones grabadas que obtuve con 19 sujetos. Cerca de la mitad (N=11) cumplía en ese momento con una sentencia en una cárcel federal canadiense ("muestra carcelaria"). Las autoridades correccionales proporcionaron acceso y contactos. Otro grupo de sujetos (N=4), fueron entrevistados en mi oficina en la universidad o en su hogar habitual y en ese momento participaban en un grupo comunitario de autoayuda sobre reincidencia-prevención —L'Amorce ("muestra institucional comunitaria"). Acceso y canalización fueron proporcionados por el personal psicológico que dirige este programa (patrocinado y financiado por el gobierno provincial). En ambos casos, había solicitado a miembros del personal que me contactaran con individuos que se sabía que habían tenido algunas interacciones en el pasado con otros pedófilos y que mostraban la disponibilidad de hablar de sus experiencias con un profesor universitario que llevaba a cabo una investigación independiente sobre el tema. Fueron entrevistados también otros cuatro participantes, localizados por medios independientes ("muestra de la calle"). Dos fueron localizados por un anuncio que se puso en una publicación semanal sobre la vida nocturna supermoderna de Montreal (*Voir*); otro fue un contacto personal que conocí cuando el sujeto estaba estudiando la carrera de filosofía. El último sujeto fue un libertario comprometido y escritor que públicamente había reconocido su "derecho" a buscar intimidad sexual con adolescentes jóvenes.

Las entrevistas se realizaron en francés en 17 casos, y en inglés en dos. La mayoría vivieron o habían vivido en Montreal. Los participantes —todos varones— tenían entre 30 y 50 años. La mayoría había pagado un alto precio por su orientación sexual y habían sido sujetos de múltiples sentencias relacionadas con delitos sexuales. De las dos excepciones a este patrón, uno había sido acusado pero luego absuelto, y el otro había sido condenado repetidas veces por otros delitos (robo armado). Con excepción del caso anterior, ninguno de los participantes había sido seriamente involucrado en otros delitos violentos o contra la propiedad, aunque algunos tenían experiencia de la calle y conocimientos acerca de la "vida". De esta forma se puede considerar a los participantes en este estudio como reincidentes.

No se tenía conocimiento sobre el uso de fuerza por parte de los sujetos al buscar intimidad sexual prohibida y durante nuestras conversaciones ninguno de ellos mostró el menor indicio de alguna predisposición sádica o psicópata. En breve, no fue posible categorizarlos en forma significativa como "predadores sexuales". Esto no es totalmente sorpresivo. West (1987:58) documentó que la "gran mayoría de los hombres que se sienten sexualmente atraídos hacia niños, no muestran violencia en sus acercamientos. Señales de temor o molestia por parte del niño en general les haría desistir. Después de todo, aunque sea de manera inadecuada, los amantes de los niños están buscando una respuesta afectiva y una experiencia que sea mutuamente agradable". Como West observa en otra parte, la calificación legal de "abuso sexual" no debería ser tomada como un atributo descriptivo del hecho, puesto que el tocar de manera íntima siempre se categoriza como abuso ya que se supone que en tales asuntos las personas menores de la edad legal para dar su consentimiento, no pueden hacerlo (West, 1994:xi).

La mayoría de las personas a las que entrevisté (19 de 21) sintieron una atracción compulsiva hacia niños o adolescentes varones. Éste es un hecho sorprendente tomando en cuenta que la tasa de incidencias específicas por edad y sexo de abusos sexuales denunciados ante la policía, indica que las jóvenes están en mayor riesgo que los jóvenes, de convertirse en el blanco de solicitudes sexuales inapropiadas. Los cálculos de victimización en 1998 de las instituciones de procuración de justicia de Montreal revelan que es dos veces más probable que las niñas de 6 a 9 años sean abusadas sexualmente que los niños (2.7 *contra* 1.3 por 1 000). Conforme crecen y se hacen sexualmente atractivas a un rango más amplio de varones, sus probabilidades relativas de victimización también aumentan: las probabilidades relativas son tres veces más altas para el grupo de niñas de 10 a 14 años (6.5 *contra* 1.7 por 1 000). Conforme los y las adolescentes jóvenes crecen y están provistos con el poder de elegir, la tasa de abusos sexuales decrece tanto para varones como para mujeres. Sin embargo, las probabilidades relativas en los riesgos de victimización continúan incrementándose entre el grupo de mujeres adolescentes de 15 a 19 años (5 *contra* 0.5 por 1 000).

Una razón por la cual los infractores atraídos por adolescentes varones se encuentran tan notoriamente sobrerrepresentados en nuestra muestra puede ser porque los delitos contra la edad de consentimiento son percibidos por los padres, trabajadores sociales y demás profesionales dedicados al bienestar de los jóvenes como delitos que tengan una mayor probabilidad de confundir la orientación sexual de los jóvenes solicitados. Mientras se perciben tales delitos como de mayor seriedad, deberíamos esperar que aquellos que los llevan a cabo serán más probablemente condenados a prisión y, por tanto, también tendrían una mayor probabilidad de quedar incluidos en este estudio. Ouimet (1997), por ejemplo, encontró que los presos que estaban cumpliendo una sentencia federal de encarcelamiento (2 años o más) por intimidad sexual ilícita con adolescentes varones de 13 a 17 años, representaron 8% de todos los presos "infractores sexuales" en Quebec, pero sólo el 4.4% de todos los sospechosos en casos de "abuso sexual" fueron investigados por la policía. No se observó tal sobrerrepresentación en el caso de relaciones sexuales prohibidas con adolescentes mujeres por grupo de edad (22% de todos los sospechosos acusados por la policía de abuso sexual y el 0% de todos los presos federales infractores sexuales). Otra posibilidad, sin embargo, es que los varones adultos atraídos hacia los niños cuenten con una mayor probabilidad de interactuar entre sí y de esta forma tengan mayor probabilidad de ser seleccionados para quedar incluidos en este estudio de redes sociales.

Los sujetos que se entrevistaron sentían una mayor atracción por adolescentes ("hebéfilos") que por niños prepúberes ("pedófilos").

West (1981:41) sugiere que el término pedofilia sea restringido para designar "una excitación erótica significativa por parte del adulto físicamente maduro hacia niños prepúberes o niños en las primeras etapas del desarrollo pubertal" porque la atracción hacia "adolescentes físicamente desarrollados [...] es experimentada y reconocida tan ampliamente a través de las fotografías que se utilizan en anuncios y publicaciones de pornografía ligera y la popularidad de prostitutas adolescentes que con dificultad llega a ser desviación sexual". Uno de los sujetos mencionó que como los pedófilos se invitaban mutuamente a reuniones informales, había grupos que surgían en forma espontánea con base en el idioma (francés *contra* inglés) o de preferencias o intereses sexuales (*antes* contra *después* de la pubertad). Aunque muchos sujetos nunca habían oído hablar de la etiqueta "hebéfilo", se quejaron de manera amarga por el hecho de que aunque psicólogos y profesionales relacionados con el tema distinguen habitualmente entre pedófilos y hebéfilos, los funcionarios de agencias legales, los códigos criminales, y la opinión pública además de otros presos, etiquetan en forma injusta a todos los infractores de la edad de consentimiento como "molestadores de niños".

Esta sobrerrepresentación de "hebéfilos" entre nuestros sujetos no se puede explicar simplemente como producto de un sesgo de autoselección institucional. El análisis de Ouimet (1997) muestra que aunque existe una mayor prevalencia de adolescentes que de niños como víctimas en los casos sexuales policiacos (26% *contra* 18%) hay, sin embargo, una mayor prevalencia de pedófilos que de hebéfilos condenados a encarcelamiento federal (38 *contra* 28%). La mayor prevalencia de hebéfilos detenidos por la policía no es sorprendente puesto que deberíamos esperar que el grupo de adultos potencialmente atraídos por jóvenes adolescentes sea mucho más grande que aquellos excitados por niños prepúberes. El estudio de Templeman y Stinnetts (1991) sobre patrones de excitación en una "muestra normal" de conveniencia de estudiantes universitarios varones —un "grupo de control" típico para las investigaciones psicológicas o psiquiátricas de infractores sexuales o desviados— muestra que la tasa base para excitación autorreportada es alrededor de cuatro veces más alta para estímulos con adolescentes que para estímulos con niños (6 a 12 años). Por otra parte, el hecho de que los pedófilos sean sobrerrepresentados, y los hebéfilos subrepresentados en las muestras de infractores sexuales que son presos federales no es extraño. El encarcelamiento o detención está básicamente diseñado para ser selectivo y está dirigido a los infractores más serios. En casos de abuso sexual, cuanto menor es la edad del demandante, más dañina se percibe potencialmente la ofensa y mayores son las probabilidades condicionales de que el agresor sea encarcelado cuando se lo demanda. Puede ser que los hebéfilos aprovechen una gama más amplia de oportunidades de interacción que los pedófilos, en primer lugar, y, si esta línea de argumentación es correcta, resulta más probable que resulten seleccionados para nuestro estudio.

Sólo dos sujetos entrevistados habían sido condenados por relaciones incestuosas o cuasiincestuosas con sus hijos. Sin embargo, ambos casos se calificaron como contactos con antecedentes no previstos. En el primer caso, entrevisté a un preso por su involucramiento en el comercio pornográfico, pero resultó que las acusaciones de pornografía habían ocurrido varios años atrás (en 1985), su negocio de pornografía no incluía material juvenil y su condena actual involucraba una relación cuasiincestuosa con su hijastra. En el segundo caso, había conocido al sujeto porque había sido elegido vicepresidente del consejo de administración de L'Amorce. Después de esta elección, había recibido su sentencia y había sido enviado a una cárcel federal de seguridad media que proporcionaba oportunidades de tratamiento para infractores sexuales (ubicada en La Macaza). Enterado de su ubicación, y puesto que planeaba ver a otros presos de la misma institución, aproveché la oportunidad de entrevistarlo sin preguntar respecto de la naturaleza de su condena actual. Dado el enfoque de este trabajo, tenía sentido excluir de la investigación a aquellos infractores cuya atracción hacia prepúberes o adolescentes dependía de la dinámica de relaciones intrafamiliares.

Las conversaciones con los participantes duraron, por lo menos, dos horas, aunque la mayoría de ellas, más tiempo. A dos de los presos se les entrevistó en dos ocasiones. La obtención de las autorizaciones necesarias para llevar a cabo las entrevistas impuso retrasos significativos (alrededor de 4 meses para hacer contacto con los presos y alrededor de 8 meses para los psiquiátricos). El primer grupo de entrevistas se realizó en mayo y junio del 2000, y un segundo grupo de conversaciones tuvo lugar en enero y febrero de 2001. Cuando me presenté ante los sujetos, dejé muy claro que no tenía ningún interés terapéutico o legal, que mi propósito era de naturaleza más general y que mi interés profesional consistía en obtener una descripción directa de las circunstancias en torno de su detención y persecución y de sus propios puntos de vista sobre la representación pública actual y por parte de los medios masivos acerca de los pedófilos. En segundo lugar, empecé a leer lo que algunos de los sujetos más cultos sugirieron que leyera. Leí la biografía de Lewis Carroll (cuya atracción hacia niñas prepúberes está bien documentada), las novelas y ensayos de Gabriel Mazneff además de la autobiografía de Tom O'Carroll (los dos anteriores divulgaron, analizaron y llegaron a aceptar sus propias propensiones pedófilas). Tercero, acepté convertirme en socio externo del consejo administrativo de un grupo comunitario de autoayuda sobre la reincidencia-prevención que tiene su base en Montreal. Puesto que hasta los infractores más persistentes pasan la mayor parte de sus vidas diarias sin perpetrar un delito, creí que sería útil interactuar con los sujetos sobre los que iba a escribir en un contexto en que su atracción sexual pasada o actual no era el punto principal de la discusión. Cuando se presentó la oportunidad de asistir a la reunión de elección anual de un grupo de autoayuda en reincidencia-prevención con patrocinio comunitario y de hacer una solicitud para el puesto de miembro externo de su consejo de administración, acepté sin pensarlo dos veces y de allí en adelante, durante el periodo de la investigación participé en diversas discusiones sobre asuntos administrativos y de política con otros consejeros (tres de los cuales habían participado en violaciones de la edad de consentimiento).

Debido al enfoque inicial de esta investigación, un tema estándar de la entrevista fue una discusión a profundidad sobre los vínculos actuales o pasados de los sujetos con otros pedófilos. En dos casos, la condena actual de los sujetos implicó a coacusados. Se localizó a los dos pero al final solo uno de ellos fue entrevistado. Un contacto útil se obtuvo por casualidad cuando un sujeto mencionó que un compañero de la cárcel a quien conoció unos dos meses antes sería de interés para mis investigaciones. Aceptó que mencionara su nombre si lograra entrevistarlo. Este preso, a su vez, me proporcionó una lista de direcciones relevantes de correo electrónico que podría contactar si quería continuar mis investigaciones. No hice uso de estos contactos para este trabajo. Otro preso mencionó su asociación y amistad pasada con un integrante de un grupo de intelectuales de Montreal que habían retado en forma pública las restricciones que había sobre la edad legal de consentimiento a finales de los años setenta. Localicé sus escritos y me proporcionaron cuatro contactos. Entrevisté a uno, pero no a los otros tres. El sujeto que respondió al anuncio del periódico llegó a la entrevista con su compañero actual a quien entrevisté una semana después y mencionó entre sus vínculos personales un número de amigos y conocidos que compartían su atracción hacia adolescentes. Le había pedido que les hablara acerca de mi interés actual de investigación y que los persuadiera de llamar a mi oficina. Nunca me hablaron, ya sea porque el sujeto no se puso en contacto con ellos o porque no quisieron hacerlo. En ese momento, éstas fueron mis primeras entrevistas de campo.

Creí —lo que resultó ser erróneo— que se podría obtener un análisis más completo si lograra eliminar la heterogeneidad que esperaba de los sujetos elegibles que entrevisté e intentaba restringir la investigación a los adultos atraídos en primer término por prepúberes. Conforme progresó la investigación, cambié de opinión y encontré analíticamente útil mostrar cómo las oportunidades de interacción entre infractores de la edad de consentimiento aumentan en función de la libertad relativa de supervisión otorgada a los jóvenes. Conforme el grupo inicial de contactos institucionales empezó a crecer, decidí de todas formas detener la investigación. Esto lo hice por varias razones. La más obvia fue porque el proyecto de investigación había sido diseñado al principio como una indagación exploratoria con recursos modestos. Mi apuesta inicial fue simplemente establecer que el trabajo de campo sociológico sobre la atracción pedofílica sería una estrategia factible de investigación y que esta estrategia de investigación, a su vez, podría proporcionar un marco analítico más apropiado para la comprensión de la dinámica social que gobierna la incidencia de las violaciones de la intimidad sexual.

En breve, la mayoría de los infractores que entrevisté puede calificarse como un subuniverso de pedófilos que comparten las siguientes características: *a]* se dirigen a adolescentes que no son sus propios hijos; *b]* en muchos casos, su orientación sexual les impidió y les disuadió de adoptar la obligación parental; *c]* son atraídos por niños en vez de niñas y, *d]* podrían ser calificados como seductores ("manipuladores") en lugar de "predadores".

LA SUBCULTURA DE LOS HEBÉFILOS IMPULSADA POR EL MERCADO

Enfocaremos nuestra atención sobre los tipos de interacciones posibles entre infractores de la edad de consentimiento. Los individuos que comparten una atracción sexual prohibida pueden desear interactuar entre sí por diversas razones. La principal es que tales interacciones pueden aumentar las posibilidades de éxito en su búsqueda de compañeros. Esto implica; 1] que las oportunidades de intimidad son escasas; 2] que existen oportunidades para interactuar con otros pedófilos y, 3] que sus posibilidades de conocer compañeros adecuados se incrementarán como resultado de dichas interacciones. Estas últimas pueden calificarse, entonces, como instrumentales en la medida en que su relación con otros pedófilos les permitirá accesos más seguros a los jóvenes. De esta forma es posible que aparezcan redes de pedófilos con el propósito de obtener acceso a blancos difíciles.

Un sujeto (MC) recordó cómo a finales de los sesenta y principios de los setenta, se toleraba socialmente la exhibición pública de la prostitución juvenil: "sólo necesitabas ir a Dominion Square en el centro. Había policías en cada extremo de la plaza pero no intervenían. Venías en automóvil y simplemente circulabas. Había quince o veinte adolescentes en cualquier momento dado y adolescentes de diez a dieciséis años se aproximaban al automóvil. En ese tiempo, los hermanos Dubois controlaban el mercado de prostitución de la calle en el centro. No era nada raro ver *hoods and bikers* con sus muchachos. No había nada de violencia, todo estaba bien". La estación central, en el centro, o algunos parques en particular (como el Lafontaine) eran lugares donde los adolescentes se reunían con el fin de prostituirse. "Una vez inclusive encontré una pareja de adolescentes que me pidieron verlos teniendo sexo y participar con ellos. Dudo de que muchos de los adultos que conozco hayan tenido jamás la oportunidad de alcanzar el estado de paroxismo que alcancé esa noche en particular. Era como una ventana que me aportó otra dimensión." Pero entonces, recuerda, "a mitad de los setenta, la policía creó una unidad especial que tenía a la delincuencia juvenil como su prioridad (*Police Jeunesse*) y eran bastante eficientes en limpiar los principales lugares de contacto públicos". El mercado se desplazó hacia "lugares cerrados". Sin embargo, los centros comerciales proporcionaron un área protegida que atraía un gran número de adolescentes y jóvenes, principalmente niños, y un escenario ideal para iniciar contactos. "Cuando el agrupamiento de policía para asuntos de la juventud llevó a cabo sus operativos en áreas públicas [...] los centros comerciales proporcionaron nuevas oportunidades para que los adultos buscaran a los adolescentes y pasó bastante tiempo antes de que las agencias de procuración de justicia y funcionarios municipales encontraran cómo controlar lo que sucedía en esos lugares."

Aun cuando los lugares de contacto públicos o semipúblicos eran de fácil acceso, las interacciones entre los pedófilos eran poco frecuentes. "Por supuesto que reconocías a los adultos que buscaban a adolescentes. A mí no me interesaba hablar con ellos. A veces se me acercaba un tipo diciendo "no hay mucha gente aquí hoy" o "son demasiado jóvenes para mi gusto", y cosas así. Había un número de razones por las cuales estas interacciones tenían un alcance limitado: *a*] primero, "no me gustaba compartir a los adolescentes […] eran míos. A algunos les gusta tener sexo en grupo, pero a mí no"; *b*] segundo, "pensé que yo era peligroso o que atraería problemas si interactuaba en exceso con los demás tipos"; *c*] tercero, "no anunciaba mis preferencias sexuales. Nadie sabía de ellas, con excepción de mi esposa". Otra razón "fue que su manera de ver las cosas no favorecía tales interacciones pues cuando estaba con un niño de 13 años, yo mismo hablaba como un muchacho de 13 años […]". El entrevistado tuvo interacciones con otros pedófilos pero de alcance restringido. Llegó a conocer a uno pero no andaban juntos, en parte por las razones anteriores, y en parte porque este otro se sentía atraído por niños más pequeños. Otro conocido le proporcionó un departamento, un arreglo útil porque fue menos caro que las habitaciones para turistas. En efecto, el sujeto no quiso y no se integró socialmente "al medio de los pedófilos". No era homosexual, y nadie, con excepción de su esposa, sabía de su "atracción especial hacia adolescentes varones".

Aunque MC se sentía atraído principalmente por adolescentes de 13 a 15 años, también era posible inducirlo a que aceptara niños más jóvenes: "En ese tiempo en especial, no había encontrado a nadie adecuado, entonces, cuando este niño de 11 años se me acercó, dije que sí. Tenía mucha experiencia. Fuimos a una habitación para turistas y el niño constantemente me preguntaba si me sentía bien […] estaba totalmente dedicado a la tarea de satisfacerme."

Otro sujeto proporcionó un relato detallado del mercado de prostitución masculino juvenil que surgió junto con el desarrollo de la comunidad homosexual en Montreal. Tenía 41 años al momento de la entrevista, de tal forma que sus años en la prostitución (de los 12 a los 18) cubrieron el periodo de 1972 a 1978, principalmente. Cuando este hombre dejó de trabajar como prostituto masculino, cambió al otro lado del mercado y comenzó a pagar a jóvenes adolescentes. En efecto, la razón por la que fue encarcelado —asaltos en "dépanneurs"— fue porque utilizó el dinero en especial para pagar a prostitutos adolescentes. Su inicio en la prostitución fue arreglado por un muchacho de 16 años: "En ese tiempo, tenía alrededor de 12 años, andaba por la estación del Metro de Longueil y conocí a un tipo más grande —tenía unos 16 años— quien me preguntó si quería hacer dinero fácil. Le pregunté si era dinero sucio y dijo que no, que era simplemente ir con hombres y dejarles hacer lo que quisieran durante media hora y que por ello podría ganar entre 30 y 40 dólares. Acepté. Me llevó a su hombre, quien vivía en Montreal. Nos vimos dos fines de semana seguidos. Le gustó vernos hacerlo. Le gusté a mi amigo, y era buen tipo y me gustó eso. Me sentí importante y lo acepté. Al viejo no llegué a conocerlo bien. El siguiente fin de semana llegamos y lo encontramos muerto en la cocina, su cabeza estaba fracturada y había un martillo a unos centímetros de distancia. Nunca había visto tal cosa. Estaba muy asustado. Salimos del departamento y llamé a la policía sin decirles quién hablaba. Mi amigo me enseñó el negocio en un salón de té que había en una plaza comercial del centro —el complejo *Desjardins*— y me dijo que trabajó con una agencia de acompañantes con clientes de lujo. Me recomendó a la agencia y empecé a trabajar para ellos a la edad de 13 años. Trabajé allí durante tres años y medio. Al empezar recibí 50 dólares por media hora y la agencia se quedaba con 100. Cuando llegué a los 15 años, negocié un trato mejor, de 70 a 80 dólares para mí y lo que sobraba para la agencia. Nunca conocí al propietario de la agencia, solamente a los choferes. Me recogían en una limusina y me llevaban a un motel elegante, el Canada Motel en el bulevar Taschereau. El cliente pagaba 150 dólares a la agencia además de la cuenta del motel. A veces llevaban a dos o cuatro muchachos en la misma limusina. El chofer se estacionaba junto al motel y llamaba al cuarto para informarle al cliente que había terminado la media hora. Fui con todo tipo de clientes. Algunos eran físicamente discapacitados, otros querían azotarme o que los azotara. Yo había dicho a la agencia que no quería que practicaran conmigo la penetración anal. Otros muchachos estaban de acuerdo en que lo hicieran con ellos, pero yo no. Los clientes que querían sexo anal lo decían y les enviaban solamente a los muchachos que lo aceptaban." Al preguntar al entrevistado acerca de la política actual respecto de la edad de consentimiento entre las agencias de acompañantes, mencionó que, como en todo, había buenas agencias (que respetaban el límite de 18 años) y malas agencias. Él trabajaba para una "agencia mala". También agregó: "Mira, te puedo dar el número telefónico de una agencia que te ofrecerá un compañero de 16 años sin ningún problema."

Cuando Nicholas —el nombre que usaba el sujeto en la calle—

cumplió los 16 años, dejó la agencia por varias de razones: "*a*] si trabajabas para la agencia no te permitían tener otros clientes tuyos (aun cuando la mayoría en la agencia violábamos las reglas de vez en cuando) y los choferes nos interrogaban acerca de si respetábamos las reglas o no; *b*] si me negaba a trabajar una noche, no me daban clientes durante dos o tres días como castigo; y, *c*] no ganaba suficiente dinero y no tenía suficiente libertad". Entonces, Nicholas empezó con la prostitución de la calle desde los 16 hasta los 18 años dentro de la comunidad homosexual en Montreal, (en la esquina de Champlain y Alexandre de Sève). "Ahí todos los muchachos eran homosexuales, mientras que muchos de los que estaban en la agencia tenían novias y eran básicamente heterosexuales y se prostituían por dinero. Otra diferencia es que todos estábamos usando drogas. Principalmente inhalaban cocaína, pero otros se inyectaban heroína. También empecé a bailar en los clubes gay (3 meses a la edad de 16 años y 3 meses a los 17)." Dejó entonces su extensiva participación en la prostitución a los 18 años, en gran parte porque estaba condenado a dos años de cárcel. Al salir de la prisión, tenía 20 años y dejó la prostitución; "si tienes buen aspecto, todavía hay mercado para prostitutos hasta los 25 años"; sin embargo, se dio cuenta de que era cada vez más difícil obtener clientes ("a veces tuve que esperar una hora antes de conseguir algún cliente").

Conforme dejó de ganarse la vida como prostituto de la calle o bailarín, "se cambió de un lugar a otro" y empezó a vivir la vida. Su idea de la buena vida era empezar la noche con un asalto (en departamentos), regresar a su casa, bañarse, ponerse sus joyas, ir al pueblo homosexual, ligar a un muchacho, invitarlo a un restaurante homosexual, pagar una rica cena con una botella de vino y luego empezar a hacer su ronda. "Me gustaba enseñar mi dinero. Sin lana no era nada. Con lana era 'Nicholas', la persona que todos querían y saludaban. Todos los muchachos se volvían locos por mí porque les pagaba bien y los trataba como los viejos amigos que en realidad eran. Empecé a ir a un club —The Track— de las diez hasta la medianoche. Después íbamos a Adonis de medianoche hasta la una de la mañana y terminábamos en Le Taboo hasta las tres. Hice eso una y otra vez y me gustaba frecuentar los mismos clubes donde la gente llegó a conocerme. Una noche me costaba 500 dólares y los fines de semana unos 1 000 pagando a los muchachos, los bailarines y la coca. He de haber cometido más de 200 asaltos durante varios años para financiar este estilo de vida. Durante un tiempo empecé a venderles coca a los *bikers*. La comunidad homosexual era un buen lugar para vender, porque la coca tiene un efecto sexual poderoso." Encontrar a muchachos no le resultó difícil. "Para encontrar a nuevos muchachos, iba a caminar en la plaza de las maquinitas de St. Laurent y Ste. Catherine, ésos son los lugares donde los muchachos empiezan su carrera en la prostitución. Un propietario intentó controlar el mercado de la prostitución, pero los muchachos —negros, chinos, blancos— trabajaban para una agencia. Entonces, dos guardaespaldas chinos fueron a ver al propietario y simplemente le dijeron que se quemaría su propiedad si seguía metiéndose en lo que no le importaba." A él nunca lo detuvieron como prostituto ni como cliente, sobre todo porque limitaba su búsqueda dentro de los límites geográficos y sociales de la comunidad homosexual, aunque a veces reclutaba jóvenes en otras partes. Las piscinas públicas proporcionaban un lugar de contacto útil. "Fue bastante fácil y natural. Por ejemplo a mí me gustaba salir en el verano a l'Île Ste Hélène. Después de nadar, me bañaba y algunos adolescentes me miraban y yo los miraba y eso era suficiente. Hablábamos y los llevaba a un bosque cercano o a mi casa, les daba 20 y eso era todo. Una vez que los muchachos descubren lo fácil que es, entonces están listos para ir al centro de la ciudad y buscar a sus clientes en las maquinitas y por último contratarse en las agencias." Aunque en la actualidad es interno en el Instituto Pinel como "infractor sexual", YB mencionó que "nunca me di cuenta, hasta hace poco, de que tenía un problema con los adolescentes. En efecto, cuando me dijeron que era un 'desviado sexual' […] dijeron que tenía una enfermedad […] sí […] déjame ver, el término que utilizaron, creo que era 'hebéfilo'. No sabía de qué hablaban porque en la comunidad homosexual es muy natural buscar relaciones sexuales con muchachos menores de 18 años."

AGRUPACIONES FUERA DEL MERCADO

El mercado permite que los participantes desarrollen relaciones sexuales más allá de lo furtivo. Los grupos surgen. Pero son en especial redes operadas por adolescentes. YM abrió un local de tatuaje en la parte céntrica oriental de Montreal. En aquel entonces había sido condenado dos veces pero sólo por vender hachís y mariguana. Sus dos hijos eran mayores de 18 años y eran independientes. Se había divorciado de su esposa mucho tiempo atrás (ella lo había dejado por un amigo de él). Tuvo otra relación estable durante 10 años con otra mujer, pero ya se había terminado. Siempre había trabajado: como cuidador de los que entran en los clubes, y también dirigió una casa de citas durante cierto número de años. "Por supuesto, con este tipo de negocio (la tienda de tatuaje), muchos clientes eran muchachos que venían de Mont St-Antoine y Cartier (correccionales juveniles). Hicieron sus propios tatuajes, pero los hicieron mal. Entonces vinieron a verme para que se los arreglara. Me miraban con esa mirada en los ojos y me preguntaban si lo podía arreglar con mi pene, entonces ¿qué puede uno hacer? La policía dice que eso es prostitución, pero no lo es. Seré franco. Me encanta la mota, y me encanta el hachís. He estado pasado desde mediados de los setenta. La policía dice que les doy hachís a los muchachos a cambio de sexo. Pero yo les ofrezco un toque a todos mis amigos, sea que tenga sexo con ellos o no. Eso no es prostitución. Y de todas formas no soy pedófilo, simplemente me gustan los muchachos, tú sabes, de 14, 15, 16 años. A un amigo mío le gustaban más pequeños e iba a las maquinitas. ¡Carajo! No necesito ir a la calle Champlain, siempre había un montón en mi casa. Dos muchachos vivían en la sala, otro en la recámara. Querían estar allí, no los obligaba nadie, les gustaba pasar el tiempo allí. Simplemente nos divertíamos. Me gustan los muchachos, ¿y qué? ¿Edad de consentimiento? Es pura mierda. Esos muchachos saben más de la vida que la mayoría de los adultos. Tienen sólo 12 años y son mucho más sabios de lo que éramos tú y yo a esa edad. Veo a esos presos, acaban de matar a sus esposas y después de año y medio los sueltan bajo palabra porque el sistema no piensa que sean un 'peligro para la sociedad'. Y a mí me condenan a 5 años porque amé a un muchacho, y cumpliré mi condena porque creo que el condicionamiento aversivo es perverso, absurdo y equivocado. ¿Sabes cómo lograron condenarme? Un muchacho fue a mi negocio con su hermano de 13 años. Lo único que querían era encontrar un lugar donde dormir. Entonces fuimos a mi casa. Le gusté al menor y él necesitaba afecto, necesitaba un benefactor. Ese muchacho llevaba 3 años prostituyéndose. Me dice, 'si pudiera tener un padre, me gustaría que fuera como tú', y cosas así. Entonces la relación se desarrolló durante poco más de un año, siempre estaba en mi casa. Amo al muchacho. Pero tengo antecedentes, todos estos delincuentes juveniles frecuentan mi tienda y por eso me tienen en la mira. El muchacho viene de una familia de lo peor, de tal forma que los trabajadores sociales siempre lo están molestando. Y entonces la policía finalmente lo cacha con una moto robada y lo presiona: 'lo demandas a él o si no te vas al consejo de menores Cartier'; al final, hubo una educadora que le cae bien al muchacho y él intenta contarle nuestra relación esperando que pudiera poner fin a las presiones. Pero ella lo usa para presentar una demanda formal en contra mía. Básicamente lo tronaron. ¿Qué más esperas? Es un muchacho. Mira, en el tribunal, quedó escrito en los papeles, el muchacho lloró y gritó al juez para que no me mandaran a la cárcel. No es como si hubiera lastimado al muchacho o abusado de él. Me amaba, y fue mutuo. Pero por supuesto con el juez que me tocó, y la histeria acerca de los pedófilos malvados, no me dieron chance."

YM no compartía a sus muchachos con otros hebéfilos. Sin embargo, JC, otro sujeto, sí lo hacía. DG conoció a JC por medio de BC. "BC era un amigo de muchos años. Me había presentado a JC hace tiempo y yo sabía quién era. Pero no había establecido ninguna relación particular con él. Una noche, BC viene de visita y empieza a platicar de la noche increíble que había pasado con EU y lo maravilloso que era el muchacho. Yo había visto a EU por allí y al día siguiente lo vi en el centro comercial del centro de la ciudad —*le Complex Desjardin*—, un lugar de contacto favorito. Entonces platiqué con él en una cafetería. Mientras hablábamos, llega JC. El muchacho me presenta a él 'Éste es JC. ¡Él es mi hombre!'. Entonces digo: '¡Felicidades!'. JC nos invita a su casa de tal forma que llegué a conocer a todos sus muchachos. Llegué a conocer a JC de forma más íntima. Conocía a muchos amantes de muchachos, pero principalmente por medio de sus muchachos. Mencionó que un amigo suyo le había hablado acerca de nambla (*North American Man Boy Love Association* — Asociación Norteamericana de Amor Hombre-Muchacho) y que había pasado un fin de semana en Estados Unidos en una de sus reuniones. Fui un par de veces con él a la piscina pública que se encuentra en la calle Fullum. Allí me presentó a AB, quien también conocía a muchos de los muchachos. Los muchachos todos se conocían entre sí. Uno de ellos, EF, resultó muy interesante para mí. Empezamos una relación. Resultó que EF también era un muchacho muy desorganizado, constantemente huía de su casa o de otra parte. Constantemente se prostituía. Entonces le dije que no quería ser sólo uno de sus clientes. En efecto, ni siquiera quería ser su cliente favorito. Buscaba una relación de uno a uno, y quería que me amara tan sólo por mis ojos azules. Un tipo tiene el derecho de tener algunos principios, algún tipo de ideal. Entonces nos separamos y empecé a salir con otro de los muchachos de JC. Pero, de nuevo, la relación no resultó exitosa. JC era un tipo especial. No le importaba que saliera con sus muchachos. En efecto, de alguna forma se divirtió con ello: 'Ve a conocerlos', decía, 'No hay problema conmigo'. Todos los muchachos se conocían entre sí y la mayoría se dedicaba a la prostitución. Básicamente se reclutaban a sí mismos, sabes. Y JC fue el proveedor. Fue el proveedor para todo el grupo. Su casa era como un hotel con el ir y venir de los muchachos. Les daba hachís, comida, dinero. Su casa fue la de ellos. Él fue su proveedor, su "hombre". Pero todos se dedicaban a la prostitución por sí mismos y JC no recibía ningún beneficio tangible. De esa manera pasé de un muchacho a otro. Salí con cinco muchachos del grupo de JC antes de hartarme de este escenario. Pero era demasiado tarde. Lo que tenía que suceder, pasó. Uno de los muchachos tuvo problemas, y habló de su relación sexual con JC, conmigo y los otros. La policía llegó a enterarse de los amigos del muchacho y nos detuvieron a todos y fuimos sentenciados. Los medios hacían su agosto, 'Se deshizo una red organizada de pedófilos', decían. Y suponían que yo había sido su arquitecto principal. Los hechos básicos fueron correctos, pero se agregaron alegatos falsos. Uno de los muchachos mencionó haber tenido contacto sexual conmigo cincuenta veces. ¡Nunca lo toqué! De todas formas, a JC y a mí nos dieron 43 meses. A BG le dieron 3 meses. Quizá fue porque no tenía antecedentes. Tanto JC como yo teníamos antecedentes de infracciones similares. Sin embargo, sospecho que a pesar de su insistencia en la fraternidad pedófila, cooperó con la policía y llegó a algún arreglo. Finalmente se hizo adicto y se suicidó. AB había desaparecido. Cuando salí de la cárcel vi a AB. Supo de nuestras detenciones y se fue de la ciudad. Fue a Quebec y vivió en forma clandestina durante 2 años: sin automóvil, sin licencia, sin número telefónico, sin ingresos declarados, existió en la clandestinidad y no hizo nada. Funcionó. En el caso de BC, acabo de saber que lo volvieron a sentenciar. Lo que me llama la atención es la manera en que las interacciones entre los hebéfilos están mediadas principalmente por los mismos jóvenes: ellos se reclutaban entre sí con mayor frecuencia de lo que fueron reclutados por el proveedor; en efecto, la mayoría de las veces ellos seleccionaron al proveedor y no a la inversa." CG no mencionó lo que sucedió con los muchachos. Quizá no lo sabía.

JC actuó como el "protector" del grupo. CK, actualmente socio de L'Amorce, a quien entrevisté en su departamento, y que se había dedicado a la prostitución durante un largo periodo (entre los 12 y los 28 años) mencionó cómo llegó a conocer a su primer "protector". "Yo tenía doce años. Él se llamaba Michel. Había obtenido a un cliente en un centro comercial —*Galeries d'Anjou*—. Este cliente me presentó a un taxista (también cliente). El taxista me presentó a otro tipo, se llamaba Jacques, estaba en la industria de la construcción y trabajaba hacia el norte, en Bay James. Este Jacques finalmente me presentó a Michel. Duró unos meses. Michel no me presentó a ningún otro cliente. Pero fui a vivir con él. Sí, sé que suena increíble, pero fui a dormir a su casa. [¿Y tus padres?]. Bueno, los conocía. Creo que a mi mamá le dio gusto que alguien cuidara de él. Creo que no sabía cómo tratarme. Michel me cuidaba y me compraba cosas; mota y hachís, cosas así. Aun cuando sintió mucha atracción hacia mí, debe de haberse sentido algo desilusionado. Era muy pasivo sexualmente. De todas formas, me llevaron a una institución juvenil después de unos cuantos meses, y esta relación se terminó. Mi segundo protector, fue un poco después. Tenía 13 años, fue mi cliente en Galeries d'Anjou. Me mostró el Parque Lafontaine. GT fue cariñoso, aunque, en retrospectiva, era el tipo de persona que se quiere más a sí misma. Pero me cuidaba, me daba dinero y era amable, también me pagaba para que hiciera algo de mantenimiento en su oficina (era contador). La relación con este protector duró como un año. La relación con este protector fue algo especial: yo tenía el derecho de prostituirme cómo quisiera (tener tantos clientes como quisiera), pero él no. Se suponía que él era mío. Supongo que lo amaba, buscaba a un padre simpático, ¿sabes? Pero también recuerdo que a veces me humillaba, que era un poco degradante. Aún lo recuerdo. Estábamos en su automóvil y conducía lentamente alrededor del Parque Lafontaine. Me dijo: 'ves a este muchacho, y éste, y éste, lo están haciendo aquí', pero agregó que si quería hacer más dinero iba a tener que aprender a mamar. Finalmente, dejé de prostituirme en las Galeries d'Anjou y fui mejor al Parque Lafontaine. Tuve otros protectores, pero ya más grande, de unos veinte años."

Mientras los clientes actúan como referencia para otros clientes en el mismo mercado, "los protectores" son elegidos por los muchachos para fungir como su vínculo con su grupo privilegiado. Aunque la mayoría de los clientes de CK no se conocían, no obstante vale la pena notar cómo las referencias en cadena vincularon a CK con su primer protector, lo que indica que los clientes establecieron vínculos con otros clientes, hablaron de los muchachos y les trajeron nuevos "clientes". Se puede suponer que tales referencias en cadena son, en efecto, vínculos de intercambio o comercio: si te recomiendo a un muchacho, entonces tal vez espero que en algún momento futuro tú harás lo mismo conmigo. Lo que también es interesante es que CK presentó a sus dos protectores a su mamá como si todos los que eran significativos para él debieran conocerse. En efecto, ambos "protectores" desarrollaron relaciones amistosas con la mamá. En aquel entonces, lo que su mamá, igual que los demás, sabían de él eran sus actividades de delincuente (constantes durante sus años de adolescencia y de adulto joven), pero desconocían sus actividades mucho más "secretas" de prostitución y homosexualidad. CK recordó haber regresado a su casa con un libro sobre "pederastas" que un cliente le había regalado. Sus padres, enfurecidos, llamaron a la policía e intentaron localizarlo, pero sin éxito. Pregunté a CK si en aquel entonces hubiera proporcionado la dirección del cliente si la hubiera sabido. Dijo que sí.

Lo que surge, entonces, es una organización social de prostitución entre adolescentes varones que incluía una zona urbana (la comunidad gay) y un conjunto de negocios que específicamente atraía a los jóvenes (maquinitas, perforación, tatuaje) y que proporcionó lugares de contacto agradables tanto para adultos como para adolescentes jóvenes (centros comerciales). La oferta de la prostitución fue controlada, pero sólo en parte, por compañías ilegales (agencias de acompañantes). Estas compañías requerían del apoyo de una variedad de negocios ostensiblemente legítimos (moteles o "habitaciones turísticas"). Los datos también sugieren el cumplimiento de las prohibiciones relacionadas con la edad de consentimiento que es menos estricta cuando el mercado de prostitución juvenil involucra a adolescentes varones en lugar de mujeres. Gran parte de esta organización social se encuentra diseñada con propósitos instrumentales, sin embargo, hizo surgir otros grupos fuera del mercado. Además, el mercado proporcionó en forma clara a los participantes (tanto jóvenes como adultos) definiciones favorables de sí mismos.

FOROS DE INTERCAMBIO PARA PEDÓFILOS IMPULSADOS POR INTERNET

Las personas que violan la edad de consentimiento también pueden desear interactuar entre sí, puesto que se encuentran confrontados con un consenso de que su inclinación sexual resulta dañina, indigna, y es menospreciada por la mayoría de las personas, por lo que se ven envueltos en un problema serio de respeto hacia sí mismos y de autovaloración. Mientras se dan cuenta de que su inclinación es irresistible y duradera, se confrontan con una serie de opciones: reprimir su inclinación al no prestarle atención; reconocer su atracción, pero dedicarse a la abstinencia sistemática y a evitar oportunidades de reincidencia o, pueden buscar a otros que comparten una inclinación parecida y aprender de ellos la forma apropiada de manejar socialmente su "desviación" no deseada, aprender de ellos hasta qué punto su inclinación es, en efecto, dañina, despreciable o, en caso de que no lo sea, en qué circunstancias. En este último caso, los pedófilos buscan a otros como un fin en sí y no como un medio para tener acceso a jóvenes. Cualificamos estas interacciones como simbólicas porque su propósito es proporcionar a las personas una solución significativa o adaptación a su situación actual. De esta forma, surgen redes de pedófilos como grupos de apoyo diseñados para vencer su aislamiento social.

Escogimos distinguir entre ambos tipos de redes porque las metas que persiguen son diferentes, y la manera de alcanzarlas también. Nuestra hipótesis de trabajo es que las oportunidades de interacción instrumental pueden variar, independientemente de las oportunidades de interacción simbólica. Un marco analítico construido para explicar el primer tipo de organización social podría resultar insuficiente para explicar el segundo.

jm, sujeto entrevistado en la cárcel, mencionó que "se dio cuenta de que pertenecía a una minoría muy pequeña, pero que tan sólo en los últimos años antes de esta detención se había dado cuenta de que era una 'minoría a su alcance': 'llegaba al punto en que me sentía como una isla y antes que nada necesitaba llegar a la base". La localización de esta minoría alcanzable sucedió por casualidad y no al buscar sitios sobre pornografía en la red. "Escuchas historias acerca de la pornografía en la red; entonces fui a buscar pero sin éxito [...] como un año después la encontré por pura casualidad. Por razones puramente profesionales, buscaba sitios relacionados con ropa infantil pero un vínculo llevó a otro y uno me llevó a *Free Spirits*".

El descubrimiento fue memorable: "cuando encontré ese vínculo [...] fue como si [...] ¡bang! Recuerdo el día, fue sábado". Al principio evitó los chats y se sintió más atraído por los foros de discusión. Sintió particular atracción por uno de los sitios de *Free Spirits*; CBLF

—The Christian Boy Lover Forum, Foro Cristiano para los Amantes de Niños— en parte por sus fuertes creencias religiosas (aunque fue educado como católico en New Brunswick, ahora frecuenta la iglesia anglicana). "CBLF fue un grupo de apoyo de discusión general con un sabor religioso mientras los chats son más del tipo como: oigan, muchachos, cambien al canal Fox para todo un espectáculo." Después de un año más o menos, y conforme se involucraba cada vez más en los *chats*, pidió ser socio del colectivo Ganymède de Montreal. "Creí que me detendrían, pero lo hice de todas formas. Estuve dispuesto a arriesgarme para ver si podía conocer a otras personas con las que pudiera platicar. Resultó que se llevó a cabo la reunión en una cafetería cerca de la basílica en la zona del viejo Montreal, un viernes en la tarde, a finales de agosto. El representante de Ganymède se interesó principalmente en evaluar 'si mi atracción a la pedofilia era real'. Su otra preocupación era evitar reclutar 'radicales'. El grupo de Montreal no aboga por el contacto físico […] Te anima a que mejor adoptes una posición de mentor. No te animan oficialmente a que cruces la línea. Si te consideran militante no te permiten integrarte en el grupo. El grupo es 'de bajo perfil'. Tiene reglas muy estrictas, no permite el comercio de la pornografía, es un grupo de personas que tienen una forma de pensar similar y que se apoyan mutuamente. Por otra parte, dentro del grupo te permiten ser tú mismo. Fue un descubrimiento importante. Los fundadores del grupo Ganymède son tres personas que se conocieron a través de la Internet. Se dieron cuenta de que estaban en la misma ciudad, fundaron el grupo y ahora éste cuenta con cincuenta o sesenta socios. Los socios se reúnen una vez a la semana en promedio para cenar. Alrededor de diez a veinte personas asisten a alguna reunión en la casa de alguno de los fundadores una vez a la semana. En la primera reunión, los miembros del grupo se presentaron con los apodos que utilizan en Internet. Luego me di cuenta de que estaba conociendo a las personas con las que había estado intercambiando opiniones durante tanto tiempo." Conforme se hizo parte del grupo, escogió otro nombre cuando usaba la web y durante ese tiempo lo conservó. Los miembros que asistían a la reunión semanal hablaban inglés o francés. La mayoría (alrededor del 60%) de los socios tenía antecedentes de algún tipo. "Hasta conocí a un tipo que tuvo el mismo encargado de su caso que yo en una cárcel de Ontario."

"Dentro del grupo, el rango de edades es amplio y bromeamos acerca del hecho de que a veces en las reuniones los por encima del límite de la pubertad se reagrupan en un rincón mientras que los 'violadores de bebés' se reúnen en otro. En otras ocasiones, los miembros se dividen en grupos de hablantes de francés o de inglés. A pesar de las luchas internas y las diferencias individuales, existe un compañerismo muy fuerte entre todos los socios. Un tipo en particular, un antiguo maestro de preparatoria que ahora trabaja como escritor por su cuenta, estuvo en dificultades, lo colocaron bajo vigilancia policíaca y le confiscaron su computadora. Sin su computadora no podía trabajar. Entonces los miembros hicieron arreglos para conseguirle una nueva computadora para que pudiera seguir trabajando. Ese tipo de cosas."

Conforme se involucraba en el grupo, se dio cuenta de que en realidad había dos diferentes grupos de apoyo de pedófilos ubicados en Montreal: los que pertenecían al grupo Ganymède y aquellos que pertenecían al grupo Free Spirits. Uno de los fundadores de Free Spirits —la red que presta sitios web a todos los principales grupos de apoyo a pedófilos (daneses, alemanes, holandeses)— llegó a Montreal hace año y medio, después de haber sido expuesto como pedófilo por un reportero que en forma exitosa logró un tipo de "operativo periodístico dañino". Vivía en Nueva York pero ahora vive en Montreal y cambió también parte de sus actividades comerciales. Tiene grandes conocimientos de las computadoras y un certificado como ingeniero de Microsoft. Su negocio de computadoras es perfectamente legal y es bastante exitoso en sus actividades legítimas. "Lo único es que había la regla no escrita de que para trabajar en esta compañía tenías que ser miembro de un grupo de apoyo a pedófilos. La red de Internet Free Spirits que organiza los grupos de apoyo a pedófilos es una organización no lucrativa. Se financia a sí misma a través de las contribuciones voluntarias de sus socios. Por tanto, no es una empresa comercial u orientada hacia las ganancias. Pero tal red no podía sobrevivir durante mucho tiempo si los que la operan y mantienen no contaran con la pericia requerida en computación y administración, por lo que no podían confiar en la dedicación de un gran número de personas. Un empleado de la compañía del fundador, programador de computadoras por profesión, hace la parte técnica y se encarga del mantenimiento de toda la red de Free Spirits. Un miembro del grupo Ganymède es maestro universitario ('Cegep') y es el experto en seguridad en el grupo. Cuando te integras al grupo, un miembro irá a tu casa y hará que tu computadora sea segura, sobre todo si antes comerciabas. Si tienes una colección, otro miembro irá a codificar los datos." En el momento de su detención, el sujeto tenía una colección de fotografías de 60 megabit: "el detective se sentó ante mi computadora. Me pidió permiso para entrar. Le di el permiso. Nunca la encontró. Dudo de que la mayoría de las agencias de procuración de justicia estén actualizadas con respecto a los programas de codificación."

Gran parte del trabajo implicado en la administración de la red Free Spirits es para asegurar que lo que ocurre dentro de los límites de la red esté perfectamente legal. Esto requiere de autovigilancia extensiva: "La forma en que está construida Free Spirits permite que los que la administran sepan exactamente quiénes entran en el sitio, quién sale, a dónde vas y qué información colocas. No dudan en reportarte al proveedor de Internet si te dedicas al comercio ilegal dentro de la red y piden al proveedor que te corte la conexión." De todas formas, se llevan a cabo operaciones ilegales fuera del sitio de Free Spirits *per se*, por ejemplo en los grupos de noticias tales como "alt.pretty boy" o "alt.john". Estos sitios no se encuentran bajo la jurisdicción de Free Spirits de ninguna manera. Asimismo, cuando dos individuos se conocen en un foro de discusión o chat de Free Spirits, lo que hacen después de salir del sitio no debe preocuparle al webmaster. Esta política global de Free Spirits es también la política del grupo local Ganymède Montreal. Ni Free Spirits ni el grupo Ganymède Montreal abogan por "el contacto físico". Dan la bienvenida a los que están atraídos por niños y jóvenes adolescentes, pero no a aquellos que realizan sus atracciones. "Cuando la relación particular empezó —la relación que llevó a mi detención y condena— no la anuncié entre los demás miembros del grupo, aunque lo había mencionado de forma particular a otros dos miembros. Pero no permitieron que hablara acerca de ella oficialmente o en las reuniones semanales. Es una política de 'no lo cuentes, y no preguntaremos'. Asimismo, los miembros pueden mostrarse entre sí sus colecciones de manera privada, pero no a todo el grupo. Además, no se les permite comerciar. En un caso, todos sabíamos que uno de los miembros tuvo una aventura con un muchacho de 13 o 14 años, pero estaba bien porque fue presentada como una relación platónica. De forma imprudente, este señor cuya relación con el muchacho se había convertido en algo "físico", tomó una fotografía del muchacho totalmente desnudo en una pose muy seductora y utilizó la foto para hacer una tarjeta de navidad. Desafortunadamente, no mandó la tarjeta nada más a unos cuantos amigos personales entre los miembros del grupo, sino también, por descuido, a todos los miembros del grupo. Aunque las personas disfrutaron de la foto en privado, oficialmente se mostraron enfurecidos e indignados [...]."

Además de la reunión semanal, hay eventos especiales que incluyen reuniones internacionales. Para la fiesta de Año Nuevo del milenio, hubo "sesenta personas de todas partes del mundo. Asia y África fueron los únicos continentes que no estuvieron representados. Un tipo, originario de Sudamérica que ahora vive en Estados Unidos, llegó a Montreal con otros tipos de Texas y Nueva York. Otro vino de Francia y estaba de visita con un amigo que vive en la ciudad de Quebec. Otra persona venía de Australia. El Christian Boy Lover Forum también se reúne una vez al año, alternativamente en Montreal y Washington, porque uno de los fundadores vive en Washington y el otro en Montreal. El grupo de Montreal contribuyó económicamente para ayudar con el reto que hizo Sharp a las leyes actuales sobre pornografía infantil de Canadá y lo invitó a dar una charla. "La charla fue bastante informativa, aunque no sería el tipo de persona que me gustaría incluir en mi círculo personal de amigos. También vino gente de NAMBLA. Free Spirits y NAMBLA son dos organizaciones completamente diferentes. Free Spirits tiene una perspectiva bastante conservadora y cuenta con mayor afinidad con el grupo de apoyo a pedófilos daneses, que con NAMBLA. En efecto, uno de los miembros del grupo de apoyo a pedófilos daneses ahora vive en Montreal y también forma parte del colectivo Ganymède. Los representantes de NAMBLA mostraron interés en fusionar a las dos organizaciones, debido a la pericia en la computación de Free Spirits y su habilidad para administrar sitios web. La oferta fue rechazada. La incapacidad de NAMBLA para actualizar su propio sitio de forma regular es bastante obvia, sabes."

El interés de los pedófilos en la pornografía toma muchas formas. "Yo, por ejemplo, no tenía interés en sitios de pornografía comercial. Conforme empecé a navegar en la red, muy al principio, mucho antes de saber de Free Spirits, había encontrado muchos sitios de pornografía, pero siempre me pedían mi tarjeta de crédito —y de ninguna manera iba a darla, no porque podían seguirme la pista, sino porque soy codo [...]." Las fotografías realmente interesantes no se encontraban en los sitios comerciales sino en los grupos de noticias: "si eres coleccionista de pornografía, tienes mejores oportunidades en los grupos de noticias [...] y es gratuito". Además, gran parte del material pornográfico no se consideraba deseable. "Durante mucho tiempo las fotografías eran: *a*] de mala calidad —en blanco y negro y muy viejas— muchas, de Rusia y, *b*] lo más importante, que si no eran lo suficientemente convincentes de que todos estuvieran disfrutando de lo que estaban haciendo, entonces no me interesaban y no valía la pena coleccionarlas." Sin embargo, "hace unos tres o cuatro años, apareció este tipo que sacó múltiples series de fotografías del mismo niño. Las llamaban las Nathan o la colección Nathan. Las fotografías cubren un periodo de tres o cuatro años (empiezan cuando Nathan tenía unos 9 años y acaba cuando tenía 13). Las primeras 60 o 70 fotografías empiezan con Nathan completamente vestido. En efecto, sólo un pequeño subgrupo de 20 a 25 fotografías son fotografías de un contacto sexual real. Estas fotografías son extremadamente raras, difíciles de encontrar y bien guardadas." Las características de la colección de Nathan, eran que: *a*] se trataba de una colección —algo parecido a una colección de estampillas—; *b*] eran sobre una relación personal continua entre el fotógrafo y el sujeto; *c*] la relación parecía ser consensual de manera convincente (sin violencia y sin matices comerciales); y, *d*] los coleccionistas tenían que poner las fotografías en su orden cronológico. "Gran parte de la atracción para un pedófilo es la capacidad de establecer una relación personal duradera con un niño; quizás ésta sea la razón del éxito de la colección Nathan." A la vez, la búsqueda de esta colección fue hecha más complicada: "Antes podías encontrar 150 fotografías al día en un sitio de grupo de noticias. Ahora, de las 300 personas que colocan, 250 de ellas son *hackers*, vigilantes o *spammers*. Así es que ahora, si quieres descargar las fotografías, primero necesitas escanear el archivo con un visualizador de programas y eliminar el programa oculto antes de descargar." Lo que los pedófilos perciben como "atractivo" no es necesariamente "pornografía dura". "Hay un programa de televisión en Fox, una comedia que se llama *Malcolm in the Middle*. Se trata de una familia con 4 hijos. Lo que es peculiar en esta comedia en especial es que en casi todos los episodios muestra por lo menos a uno de los niños en ropa interior. En el primer episodio, ¡dos de los niños lucharon en el piso en ropa interior durante unos cinco minutos! Cuando la estrenaron, un domingo en la noche, todas las líneas de la red Free Spirit se pusieron al rojo vivo. '¡Mira esto! ¡Mira esto!' Estaba la situación tan frenética, que hasta en el grupo de Montreal hubo un pequeño subgrupo que se reunía los domingos en la noche para ver este programa de media hora. Nos preguntábamos cuál de los 3 niños estaría en ropa interior esta vez. Las personas podían hablar acerca de la comedia sin parar durante la noche."

Mientras los hebéfilos o pederastas pueden mezclarse más fácilmente entre la comunidad gay, los pedófilos *stricto sensu* no lo pueden hacer. Además, una parte de los pedófilos no son "homosexuales" en el sentido usual de la palabra (y pueden tener relaciones heterosexuales como adultos), y no estarían dispuestos a considerarse como gays. A estos pedófilos, el mercado de prostitución juvenil no les ofrece solución; además, la naturaleza casual, impersonal y comercial de las relaciones sexuales puede ofender su deseo de mantener relaciones únicas, personales, íntimas y duraderas. Esto aleja a dichos pedófilos del mercado sexual y los acerca a las familias. Así, hasta la llegada de Internet, los pedófilos con atracción hacia prepúberes o adolescentes jóvenes enfrentaban una vida muy solitaria. Esta soledad es una característica inherente del guión básico de las relaciones que intentan llevar a cabo.

Los archivos sobre la condena de jm representan una mezcla única de infracciones sexuales y contra la propiedad. En 1987, trabajaba en un centro para hacer contactos. El lugar se cerró temporalmente porque JM sufrió un infarto. El encargado del centro le pidió ser cocinero de la familia hasta que el centro volviera a abrir. jm consintió, sin saber que tenían hijos. Le pidieron hacer un poco de trabajo administrativo y cuidar a los niños. La familia tenía tres hijos: una hija y dos hijos varones de 12 y 7 años. El hijo mayor pasaba mucho tiempo fuera de la casa y JM cuidaba en particular al niño menor. "No tenía una edad que me atrajera predominantemente. Otra vez fue alguien menor de la edad que normalmente me atrae, es decir de 9 a 11 años, y terminé acariciando al niño chiquito. Cuando me di cuenta de lo que estaba haciendo, supe que, de quedarme, continuaría haciéndolo. Entonces hui en el automóvil de la familia. Me detuvieron el mismo día. La policía sacó mi expediente, sospecharon de algo y me procesaron por tres acusaciones de contacto sexual. Me condenaron a siete meses de cárcel."

Unos años después, terminó trabajando en un hospital de Montreal. Debido a sus habilidades para enseñar a hablar por señas y a sus creencias religiosas, conoció a la secretaria de la iglesia a la que pertenecía. La secretaría sentía afecto por él. Le llamó un día y le dijo que una amiga necesitaba ir de compras navideñas y le pidió llevar a su hijo al cine. Lo hizo. Poco a poco, la relación entre la mamá del niño y él se iba desarrollando. "La mamá se enloqueció por mí. Buscaba un papá instantáneo. Puesto que mi departamento había sufrido daños, me ofreció que me quedara unos días y luego me invitó a quedarme más tiempo. Acepté. Unas dos semanas después, el niño y yo nos habíamos ensuciado jugando al fútbol. Yo estaba en el baño. La mamá tocó la puerta, me pidió que abriera la cortina y que metiera a su hijo en la tina. Con eso fue suficiente. El niño, de nuevo, tenía 7 años, era más chico que mi edad normal. Tuvimos contactos sexuales y sexo oral unas cinco o seis veces. El niño no entendía qué pasaba pero era agresivo: después de la primera vez, mientras su mamá trabajaba horas extras, el chiquillo me agarró. No me estoy justificando, sólo estoy describiendo los sucesos; cualquier cosa que yo le hacía, él me quería hacer lo mismo a mí. Dos semanas después tuve que irme. Dos días antes de que me fuera, su mamá habido salido temprano de la casa. Esperé a que el niño se vistiera. Era el tipo de niño al que le chocaba vestirse. En vez de hacerlo estaba saltando en la cama diciendo: 'Ven, lame esto. Ven'. Ahí fue cuando decidí irme. Dos días después llevé a la mamá a su trabajo y al niño a la escuela. Antes de llevarlo a la escuela, le tomé fotos desnudo. Me fui con el automóvil de la familia y me quedé con él. Me detuvieron dos meses después en otra provincia. Habían reportado el automóvil como robado".

Todos los delitos contra la propiedad en el expediente de jm son indicativos de diferentes relaciones con niños. A pesar de lo que representan estas relaciones, JM es inteligente, encantador, profundo, muy paciente y muy listo. Es hombre de muchos talentos y muchas capacidades. Tanto los niños como las mujeres lo encuentran "amable". En efecto, gran parte del tiempo, organiza su vida persistentemente para evitar "la reincidencia". Precisamente porque es hombre de principios, cuando ocurre una "reincidencia", su reacción es comportarse de tal manera que asegure que lo castiguen. "No estoy orgulloso de lo que soy, pero he llegado a aceptarlo. Si pudiera volver a nacer, probablemente no escogería esta atracción especial. No he llegado a la conclusión de que yo estoy bien y que el resto de la sociedad está jodido, sino más bien que no nací en el momento ni en el lugar adecuados." Para este hombre, la orientación y una red de apoyo social que acepta su preferencia sexual fue y supuestamente será la mejor forma de adaptación social que puede esperar, dadas las circunstancias. Otra opción, quizá, dada su compulsión para asegurar el castigo, sería emprender el largo viaje psicoanalítico. Mientras tanto, está cumpliendo su condena en la cárcel y ha aceptado participar en un tratamiento cognoscitivo-conductista mediante el cual se somete a los sujetos a condicionamiento aversivo (amoniaco).

Cuanto más grave es el delito, menor es la prevalencia de individuos dispuestos a cometerlo. Asimismo, cuanto más desviada es la atracción sexual, menor será la posibilidad de que quienes la tengan participen en una subcultura. Los pedófilos son, por tanto, propensos a vivir una vida solitaria por un número indeterminado de razones: *a*] dado que no están dispuestos a divulgar su desviación, no pueden identificar a quienes forman parte del grupo; *b*] puesto que en cualquier población dada, muy pocos adultos tienen esta atracción, la probabilidad de que se conozcan o interactúen es muy baja; *c*] aún si logran identificarlos, lo hacen bajo condiciones poco favorables (en la cárcel, en un ambiente terapéutico o en centros comerciales). Por tanto, Internet tiene un significado especial para los pedófilos ya que les proporciona un foro que: *a*] permite intercambios interpersonales íntimos; *b*] permite llevar a cabo estos intercambios bajo condiciones seguras (anonimato); y, *c*] posibilita intercambios que no están restringidos por barreras geográficas o costos. Esta última característica es importante ya que cuanto más pequeño sea el tamaño real de una minoría en un ambiente dado (ciudad o nación), tanto más aislada estará. La red neutraliza, de este modo, la barrera de la distancia y aumenta la probabilidad de alcanzar una masa crítica para el desarrollo de una minoría importante.

La segunda característica también es de hacerse notar. Cuanto más desviada la atracción sexual, tanto más callados probablemente estarán los individuos y tanto más costosa resultará la exposición hacia fuera del grupo. La red proporciona un medio que ofrece garantías relativamente estrictas de anonimato. Más importante aún, permite que los individuos, a pesar del anonimato, interactúen en forma y, por tanto, proporciona importantes oportunidades para probar la confiabilidad de las parejas. Aunque los organismos de procuración de justicia pueden iniciar operativos que los perjudiquen, sus tácticas están diseñadas en especial para detectar las interacciones entre jóvenes y adultos o las redes instrumentales de pedófilos (redes comerciales). Cuando las interacciones se diseñan con el fin de brindar apoyo mutuo en lugar de facilitar la realización de cualquier comportamiento ilegal en particular, los organismos de procuración de justicia no cuentan con fundamentos razonables para profundizar en tales intercambios (salvo para propósitos de inteligencia) o para perseguir a los participantes. Por otra parte, tales foros de intercambio proporcionan a los pedófilos (y a los hebéfilos) una oportunidad única de vencer su aislamiento. Conforme se convierten en parte de una comunidad, aunque sea una comunidad clandestina, pueden definir normas colectivas de comportamiento (la colección de Nathan como prototipo de la relación pedófila) y formar una cultura propia (el programa de televisión *Malcolm in the Middle*). Se trata, entonces, de un paso importante para todos los infractores de la edad de consentimiento, pero en especial para los pedófilos atraídos hacia niños prepúberes.

COMPROMISO INDIVIDUAL Y DIVULGACIÓN SOCIAL: LOS PATRONES EN EVOLUCIÓN

El grado en que los sujetos pedófilos pueden adquirir el compromiso de actuar depende en parte de su exposición a definiciones favorables de la pedofilia (abogacía). Balland (1987; también ver Plummer, 1980; 1981a; 1981b) ha hecho un estudio útil de diversos grupos que públicamente abogan por relaciones sexuales "intergeneracionales", por ejemplo, el grupo Paedophile Information Exchange (Intercambio de Información para Pedófilos, PIE) creado por Michael Hanson y posteriormente dirigido por Tom O'Carroll quien en 1979 publicó *Paedophilia - the Radical Case* (Pedofilia — El Caso Radical) que se puede obtener gratuitamente en el web; el grupo CRIES (*Centre de recherche et d'information sur l'enfance et la sexualité* — Centro de investigación y de información sobre la infancia y la sexualidad), en Bélgica, creado por Philippe Cartier en 1982 o la *North* American Boy-Lover Association (NAMBLA) creada en 1978 como resultado de la protesta (el comité Boston-Boise) contra las enérgicas medidas aplicadas contra el mercado de prostitución homosexual.

Los hallazgos de Balland, son: *a]* que estos grupos surgieron principalmente en los márgenes de organizaciones homosexuales pero posteriormente fueron oficialmente condenados al ostracismo; *b]* que no estaban presentes en los países del sur de Europa ni en los países subdesarrollados y, *c]* que estos grupos fueron organizaciones débiles y efímeras que lograron reclutar sólo un número limitado de adeptos en parte debido a la fuerte hostilidad externa, y en parte por sesgos inherentes de autoselección en el proceso de reclutamiento. Los empresarios involucrados en la creación de la web *Free Spirits* han proporcionado una manera más estable e integrada de difundir definiciones favorables de la pedofilia. En esta última sección del trabajo, empezaré con una descripción de una instancia de abogacía en favor de la pedofilia en Montreal. Luego, voy a subrayar un número de factores que limitaron de manera grave el impacto de intentos anteriores por la abogacía y mostraré cómo la tecnología actual de Internet vence estas restricciones y de esta forma puede afectar el compromiso individual y, como resultado de éste, la tasa de infracciones de la edad del consentimiento.

A finales de los años setenta, la American Psychiatric Association finalmente eliminó a la homosexualidad de la lista de trastornos psicológicos incluidos en el DSM-III. Un punto de vista prevaleciente es que "La institución de salud mental como un todo debe muchas disculpas a la comunidad homosexual. Generaciones de malentendidos y diagnósticos equivocados han resultado en generaciones de maltrato, abuso emocional y tortura psicológica para homosexuales y lesbianas. El campo de la psicología convenció a los gays y a sus seres queridos de que la homosexualidad era una enfermedad [...] Una vez que se había originado, el concepto de homosexualidad como enfermedad abrió la puerta a innumerables remedios: desde años en psicoanálisis, hasta sedación, castración, histerectomía, lobotomía, terapia electroconvulsiva y numerosos programas degradantes de modificación comportamental, incluyendo el condicionamiento aversivo con choques eléctricos. De los estudios realizados para evaluar la efectividad de cualquier terapia en la que la conversión a la heterosexualidad era la meta del tratamiento, nunca se ha reportado que la terapia haya sido efectiva aun tres años después de concluido el tratamiento" (Arey, 1995:205). Casi al mismo tiempo, en Montreal, las medidas enérgicas contra los bares gay habían atraído críticas muy fuertes por parte del público y en 1978 se editó una antología colectiva. Su título *Sortir* (Salir) proporcionó la traducción al francés de *coming out*, el proceso por el cual la autorrevelación en público de la propia orientación sexual libera al individuo y le permite realizarse. Nunca había leído ese libro hasta después de haber emprendido la investigación actual. En efecto, ninguno de mis colegas que trabajan sobre la reincidencia y los patrones de tratamiento de infractores sexuales, sabían de él y definitivamente no es el tipo de libro que los funcionarios de la libertad bajo palabra o vigilada y la mayoría de los estudiantes de criminología o psicología encontrarían en sus listas de "lecturas requeridas". Sin embargo, el libro fue mencionado en dos ocasiones diferentes por las personas que entrevisté. La primera mención fue cuando entrevisté a DG en la cárcel federal de La Macaza. Señaló que, en aquel entonces, su círculo de amistades incluía a un número de intelectuales quienes en Montreal sostenían la opinión de que la libre orientación sexual se había convertido en una cuestión política, cultural y personal central. Uno de sus mejores amigos, que contribuyó con un capítulo del libro, lo había impulsado a entrar en el movimiento *coming out*. Se negó a hacerlo, argumentando que estaba "activo" y que iría en contra de sus mejores intereses participar en forma abierta. La segunda mención del libro ocurrió en una entrevista posterior, con un sujeto fuertemente involucrado en un grupo de apoyo comunitario para la prevención de la reincidencia. "Recuerdo que mientras estuve en la prisión provincial de Montreal, dijo, hice amistad con un estafador, un ladrón profesional. Aunque era casado y padre de tres hijos, no tenía ningún escrúpulo al hablar acerca de su "amante" —un adolescente de 14 o 15 años que también fue su socio en los robos. Tenía un libro bonito, escrito por un quebequense quien abogaba por las relaciones sexuales 'niño-hombre' y que leía en voz alta textos acerca de sus experiencias sexuales mientras viajaba de Montreal a Sept-Îles" (MC). Como me di cuenta después, el escritor mencionado en la entrevista fue uno de los autores del libro: Jean Simoneau, y el capítulo se intitulaba "Amar a los niños, país de las maravillas del adulto" (*Aimer les petits gars, féerie du monde adulte*). Esto no quiere decir que la mayoría de los pedófilos sean "intelectuales" —en efecto, la gran mayoría de los que entrevisté no lo eran—; pero los libros, aun aquellos que nunca se incluirían en una "lista de éxitos" se difunden a través de redes personales.

Un sorprendente número de sujetos estaba involucrado en distintos esquemas de redacción. DW, un preso a quien conocí en la prisión federal, maestro y administrador de escuelas, presentó un trastorno distorsionado de cortejo ("dar nalgadas") combinado con una atracción secundaria hacia jóvenes prepúberes. Hablaba acerca de la "historia erótica" que había sido aceptada para publicación en una revista especializada —*Stand Correct*— para individuos de ambos sexos involucrados en la actuación de papeles sadomasoquistas (sobre la subcultura de esta "parafilia", ver Weinberg *et al.*, 1984). Fue detenido y los medios expresaron su indignación; la que también atrajo la atención de sus amigos. Un amigo decidió apoyarlo durante los procedimientos judiciales y al hacerlo escribió una historia bajo el seudónimo de Gordon Hunt, la misma que el sujeto me permitió fotocopiar. Estaba buscando una casa editorial que lo publicara. Otro sujeto a quien entrevisté, YM, que tenía escasa escolaridad, había escrito dos manuscritos largos. El primero se intitulaba *En leurs noms, je porte plainte* ("A nombre de ellos, entablé un pleito") y lo había escrito mientras estaba cumpliendo una condena entre 1991 y 1992. Cuando lo entrevisté, febrilmente escribía otro manuscrito *La société trompée* (La sociedad abusada) y después de la entrevista recibí una larga carta acerca de su interpretación algo grandiosa sobre las implicaciones de esta investigación y de mi interés por realizarla. Mencionó que su último manuscrito se encontraba en su expediente, pero cuando lo solicité al personal médico me dijeron que no lo tenían y no mostraron mucho interés en leerlo —suponían que eran simplemente divagaciones autojustificantes—, "actitud negativa" que había que neutralizar si pensaban lograr cualquier progreso terapéutico. Basado en la carta que recibí, y en mi propia conversación, considero que estos manuscritos tal vez tengan pocos méritos literarios y de abogacía, pero podrían constituir documentos significativos tanto para psicólogos como para sociólogos.

Pregunté a todos los sujetos acerca del periodo y las circunstancias del momento en que se habían dado cuenta de su atracción hacia los adolescentes y del momento en que supieron que no eran "los únicos", que otros compartían una inclinación similar. Por ejemplo, DG se dio cuenta de que no era "el único" cuando encontró en un manual psiquiátrico una sección sobre las perversiones (la etiqueta de "pederasta"). Que esa etiqueta era negativa y lo clasificaba como paciente de una enfermedad mental, lo preocupaba menos que el descubrimiento de que había "otros como él en el mundo". El descubrimiento "le produjo alivio" y, en efecto, le dio ánimo. Sólo uno de los sujetos a quien entrevisté descubrió que "era pedófilo" a través de lecturas. LB, a quien conocí como estudiante universitario en el departamento de filosofía, recordó el momento exacto en que descubrió que "no estaba solo". Su hermano conoció a un profesor del colegio técnico que se mostraba franco acerca de ser gay. "Llegué a conocerlo y aunque yo no me había descubierto [...] más o menos lo adivinó porque me ofreció dos libros. Mientras me llevó a la ciudad donde empezaba mi profesión como maestro de preparatoria, también me dijo que fuera prudente porque las noticias y los rumores se transmitían extremadamente rápido en las ciudades pequeñas." El primer libro fue escrito por Gabriel Matzneff y se llamaba *Les moins de 16 ans* (Menos de 16 años), título que refería en forma explícita a la edad legal de consentimiento para las relaciones sexuales y que describe de una manera obviamente autobiográfica su vida amorosa con niñas adolescentes. Sus otros libros describen sus relaciones sexuales en Manila con niños de 8 a 13 años (Matzneff, 1981). En 1982 Matzneff fue acusado de ser un "demonio sexual" y miembro clave de un "círculo de pedófilos". En 1984 resultó que los alegatos eran falsos. En 1990, sus "diarios negros" se publicaron y crearon alboroto; una influyente periodista canadiense, Denise Bombardier, lo tachó públicamente de ser pedófilo en el muy difundido programa cultural televisivo de Bernard Pívot (*Bouillon de culture*) y argumentó que debería estar en la cárcel (Delannoy, 1992).

El segundo libro fue escrito por Michel Tournier. Se intitulaba *Le roi des Aulnes* y fue publicado en 1970. Mientras Matzneff es en particular un escritor autobiográfico, Tournier es un novelista importante (cf. Colman, 1985). En este libro en particular, el narrador, Abel Thiffauges, "está tentado por niños pequeños. Sin embargo, lo que quiere no es la gratificación sexual en el sentido normal del término; más bien busca la satisfacción emocional y erótica que le surge de llevar a un niño en sus hombros. Abel no molesta a ningún niño en la novela, pero sí busca y obtiene un tipo de realización que cae fuera de las categorías establecidas del amor homosexual y heterosexual [...] (la novela) describe un universo pseudomítico repleto de señales, visiones y símbolos cuya función pretende justificar un instinto, que en sí mismo no es ni bueno ni malo" (Colman, 1984:442). "En la edición Gallimard de la novela, el escritor, probablemente Tournier, describe su libro como un ensayo para proponer un modelo nuevo de sexualidad no genital" (*ibid.*, 52). Estos dos libros fueron cruciales en el compromiso de lb respecto de su atracción pedofílica hacia niñas adolescentes, en parte porque le revelaron que no era "el único", pero en especial porque lo que en su ambiente social inmediato parecía ser "una desviación degradante que no se podía compartir", podía convertirse en un reto personal significativo.

El libro colectivo *Sortir*, que fue publicado en Montreal en 1978, reagrupó a una gran variedad de intelectuales (artistas, poetas, novelistas, militantes gay, periodistas, editores y científicos sociales). Tres de los que contribuyeron trataron la cuestión de la intimidad sexual entre adolescentes y adultos. Estas aportaciones fueron originales a su manera. El artículo de George Khal, quien en aquel entonces coeditaba un periódico influyente de vanguardia (*Mainmise;* una revista parecida a Rolling Stone con toda la exuberancia libertaria de los años setenta y ahora un artículo de colección muy estimado por los bibliófilos), fue escrito en tono analítico. El artículo intitulado *The pure and the impure—the labyrinth of pederasty* ("Lo puro y lo impuro— el laberinto de la pederastia") analiza las opciones sociales y personales que tienen los varones adultos atraídos hacia varones de 11 a 16 años, y ofrece una contribución brillante a la sociología de la pederastia. Hacer una crítica de este texto, desbordaría el alcance de esta investigación. En los últimos párrafos del artículo el autor escribe "tengo la impresión de que al firmar este artículo redacto mi sentencia de muerte y aseguro que me convertirá en el blanco del escuadrón policíaco de la moralidad. A la vez, curiosamente, tengo esa sensación excitante de que alguna canción de Mozart está tocando justo encima de mi cabeza, tarareando' 'No te preocupes, camarada, está bien, está bien'" (Khal, 1978:220).

Otro capítulo del libro trata también de las prohibiciones de la edad de consentimiento y está escrito en un estilo lírico/profético por un poeta, Paul Chamberland. Él ha escrito numerosos libros y en la actualidad es profesor en el Departamento de Literatura de la Universidad de Québec en Montreal. Es un escritor prolífico y "poeta" reconocido en los círculos literarios. Las relaciones sentimentales que pueden desarrollarse entre adultos y adolescentes de entre 11 y 15 años son el tema de cierto número de sus escritos, por ejemplo, *Strolling in Outremont or elsewhere* ("Paseando en Outremont o en otra parte"), publicado en 1987, y *Emergence de l'adultenfant* (Aparición del adultoniño) publicado en 1981. A los escritos de Chamberland se los ha calificado como radicales. Su argumento principal es que el verdadero "innovador moral" (1981:28) reconoce que las prohibiciones existentes sobre la edad del consentimiento sexual son "sólo una medida para lograr otra meta, mucho más fundamental, que es la de censurar y suprimir las distintas formas genéricas de expresión de la sexualidad infantil" (*ibid*.:46). Un segundo argumento es que "la relación sexual niño-hombre, cuando se expresa de maneras no restringidas, es naturalmente recíproca mientras que las 'etiquetas' de pedófilo o pederasta ubican al adulto en el papel de instigador y al niño en la posición de un blanco pasivo u objeto sexual" (*ibid*:47). La implicación, según él mismo, es que "ya no puedo seguir condonando con mi silencio el estado actual de censura sexual" aunque "el orden social preferiría en definitiva que a cambio de mi silencio me permitieran compensaciones clandestinas [...] pero debo cargar el riesgo social de ser aislado y asaltado. Es un requisito necesario de trabajo" (1987:43,33). En su ensayo de 1978, Chamberland parece anticipar el estado actual de los foros y *chats* de intercambio en Internet: "El sólo pensar en la idea de crear un nuevo movimiento, algo como el Movimiento de Liberación de los Adultoniños [...] me deprime: invitaciones, reuniones, teléfonos, chismes de grupo [...] La cosa es, el movimiento ya existe; ya está surgiendo como efecto lateral de encuentros privados no planeados. Pero, ¿cómo podríamos definir o reconocer exactamente las condiciones actuales que podrían calificarse como una realización auténtica de tal red de encuentros? En efecto, lo que estoy buscando, de cualquier modo, es cómo acelerar la realización de una red de comunicación a gran escala constituida por individuos que libremente intercambian sus más íntimas fantasías" (1978:73-74).

Otra aportación relevante en *Sortir* fue la escrita por Jean Simoneau. Ésta resultó ser la pieza que el lector en la cárcel de Montreal tanto disfrutó. Simoneau escribió un relato autobiográfico —y de revelación— acerca de un joven que descubre su atracción hacia adolescentes en una época (durante los años sesenta y principios de los setenta) que se consideraba a la homosexualidad como una enfermedad mental y la pederastia como desviación cardinal. "Recordé haber consultado a los psiquiatras porque temí que mi atracción pudiera evolucionar y convertirse en algún tipo de enfermedad degenerativa y que me convertiría en monstruo." El libro fue publicado en 1981 bajo el título *Let the boys come to me* (Dejad que los niños se acerquen a mí). "Había sometido tres manuscritos a Jean Basile, editor de *Parti Pris*. En aquel entonces, me había reunido con un grupo de jóvenes escritores en Sherbrooke que pensaban que la literatura era una religión. Uno de ellos conocía a Basile y al círculo de intelectuales progresivos de *Parti Pris*. Basile seleccionó el manuscrito *Boys* porque sintió que escribo mejor cuando escribo acerca de mi propia vida." El manuscrito había sido escrito unos años antes de su publicación en 1981. La historia que se publicó en *Sortir* es del mismo estilo que *Let the boys come to me*. El primer libro de Simoneau fue una colección de poemas publicado en 1968. *Hymn to love, vice and revolt* (Himno al amor, el vicio y la revuelta). "Había conocido a un adolescente en una estación de Metro. Se estaba prostituyendo y fuimos a mi casa. Me enamoré de él, pero nunca logré seguir sus huellas. Así es que él fue la inspiración del libro y esperé que, al publicarlo, él sabría y podría volver a verlo. Pero nunca lo volví a ver." Simoneau no volvió a publicar después de 1981 y sigue siendo un extraño en los círculos literarios. ("No me consideran como poeta real aunque escribo poemas. Creen que no leo lo suficiente, que soy flojo, que soy un niño, y que en general son bastantes condescendientes conmigo.") El divulgar de manera pública su atracción hacia los adolescentes tuvo el impacto paradójico de limitar sus interacciones con otros pedófilos y pederastas. Conoció a uno pero sólo unos años después. Un joven después de leer *Let the boys come to me* fue a verlo y se hicieron amigos. Al final, el joven se fue del país y se suicidó en el extranjero. Recientemente Simoneau escribió el prólogo para una antología de poemas sobre la pederastia escrita por uno de sus antiguos colegas de la escuela. Pero es justo decir que sus interacciones con otros pedófilos son bastante limitadas. La divulgación pública también lo restringió en la realización de su atracción hacia los adolescentes de una "forma honorable". Tuvo una vida bastante caótica durante la cual desarrolló relaciones tensas de mentor con una variedad de jóvenes problemáticos, por una parte, además de que asumió una responsabilidad especial para con dos niños de una familia de Bangladesh. El más joven se suicidó y el mayor vive en la actualidad en Toronto. También se involucró en la dinámica tortuosa de una familia divorciada y, a instigación del padre, cuidó a su joven hijo quien finalmente hizo acusaciones de vejación sexual en contra de él. En 1996 fue condenado a una sentencia de seis meses de cárcel por haber acariciado al niño (él negó haberlo hecho). Sus escritos pasados fueron presentados en el juzgado como evidencia circunstancial de su culpabilidad. Perdió su trabajo como maestro ("todo el mundo podía adivinar correctamente que soy un libertario extravagante en cuestiones sexuales, pero desafío a cualquiera a probar que fue violada la ética de la enseñanza. Eso no quiere decir que de vez en vez no tuviera fantasías acerca de alguno de los muchachos").

Aquellos que se sienten atraídos hacia los adolescentes perciben esta atracción como algo dado ("no escogí mi atracción"). Como declaró un sujeto "Los heterosexuales no se preguntan: ¿Por qué o en qué consiste mi atracción fatal hacia las mujeres?" Pero las normas sociales que rigen las interacciones eróticas antes de la edad del consentimiento son poderosas. En efecto, son tan poderosas que se requiere vencer las barreras morales antes de siquiera contemplar la posible realización de esta atracción. De este modo el aislamiento autopercibido debería limitar la motivación de vencer dichas barreras. En efecto, la mayoría de los sujetos recordaban el momento en que "descubrieron" que "no estaban solos". El descubrimiento en sí fue descrito como "excitante". Una de las razones por las cuales fue tan "excitante" es que eliminó no tanto la presión social de afuera sino la autopresión ("interiorizada") asociada; la sensación no sólo de ser "diferente", sino de tener un "defecto vergonzoso moral interno". Ningún infractor de delitos contra la propiedad describiría su descubrimiento de que existen "otros infractores contra la propiedad" como algo especialmente "notable" o "excitante". Por supuesto, la razón es que aunque robar puede ser incorrecto o ilegal, la elección de hacerlo es en extremo común. Sentir atracción sexual hacia adolescentes o niños, no es, en cambio, ni común ni sujeto a la elección. De esta forma, la pedofilia se convierte en "un secreto incompartible". El compromiso interno o la aprobación de definiciones favorables de pedofilia no se desprende en forma automática del descubrimiento de que en efecto hay una "minoría alcanzable" de individuos con atracciones parecidas. Pero ofrece a sujetos pedófilos la elección de intentar (o de no intentar) alcanzar a este grupo. También les ofrece la posibilidad de realizar (o de no realizar) una evaluación reflexiva de las definiciones tanto favorables como desfavorables de la pedofilia. Una definición favorable de la pedofilia es importante cuando el individuo en cuestión se da cuenta de que la parte que la articula comparte su disposición y puede evaluarse como persona de méritos. Tal definición favorable de la situación se vuelve decisiva cuando la persona que formula dichos puntos de vista también es percibida como una persona de méritos o poseedora de algún valor social.

La difusión de definiciones de pedofilia favorables importantes e influyentes es severamente restringida lo que es una consecuencia obvia de su ilegalidad. La difusión o impacto de puntos de vista que abogaban por infracciones de la edad de consentimiento en Montreal en 1978 resulta ilustrativa:

1] Primero, estos puntos de vista que abogaban fueron patrocinados por un grupo externo de intelectuales con la meta principal de afirmar la elección libre en la orientación sexual y el hostigamiento indebido hacia los homosexuales por parte de las agencias de procuración de justicia. Khal, Simoneau y Chamberland expresaron puntos de vista minoritarios. En comparación, Free Spirits y sitios relacionados proporcionan un foro que aboga desde el interior del propio grupo.

2] Segundo, estos puntos de vista que abogaban fueron escritos para un público literario. No podían alcanzar a aquellas personas que no contaban con la capacidad intelectual requerida. La única excepción fue la aportación de Jean Simoneau y es precisamente por eso que se podía leer la historia de Simoneau en la cárcel y no las de Khal o Chamberland. En contraste, la bandera de Free Spirits proporciona definiciones favorables de la pedofilia para un público mucho más amplio, aunque lo restringe a aquellos más íntimamente preocupados por dichas cuestiones.

3] Los tres defensores tuvieron poco en común. Eran individualistas y se dirigían a su propia profesión de manera independiente uno del otro y no compartían vínculos. Simoneau no sabía de Khal y no tuvo ningún vínculo especial con Chamberland, ni antes ni después de la publicación de *Sortir*. Fue el editor del libro (Jean Basile) quien reunió sus escritos. En comparación, la bandera de Free Spirits proporciona más amplias oportunidades de interacción para "escritores" y otros.

4] Las casas editoriales y los editores escogen lo que publican, en parte, por cuestiones comerciales, y, en parte, morales. Estos costos de transacción no sólo restringen el proceso de comunicación sino que también imponen retrasos. El libro de Simoneau describe eventos que habían ocurrido diez o veinte años antes de la publicación de su relato autobiográfico. En contraste, Free Spirits y los sitios relacionados imponen poca censura o ninguna y permiten que los escritores comuniquen sus puntos de vista actuales sobre cualquier temática.

5] La divulgación pública de un hecho restringe en sí lo que se puede decir. Los tres autores que abogaron por "la innovación moral" en las relaciones sexuales entre adultos y adolescentes obviamente estaban preocupados por las consecuencias de su divulgación y desafío. En cambio, Free Spirits y los sitios relacionados garantizan que las identidades de los participantes seguirán siendo desconocidas para terceros hostiles. Esto, a su vez, aumenta tanto el número de personas dispuestas a comunicar a otros como el número de aquellos dispuestos a escuchar lo que dicen. Son muy pocos los individuos que en cualquier escenario y periodo (por ejemplo, Montreal en 1978) aceptarán expresar puntos de vista favorables resepecto de las relaciones sexuales entre adolescentes y adultos y estarán de acuerdo en que estos puntos de vista sean hechos públicos y que lleven su firma. Free Spirits y los foros relacionados permiten que un grupo mucho más amplio de "defensores" se comuniquen entre sí.

6] La distancia entre aquellas personas cuyos escritos se publican y las que finalmente los leen, es bastante grande. Tal vez los lectores querrán "hablar" con los escritores, pero por lo general se abstienen de hacerlo a menos que alguna circunstancia particular lo posibilite. Aun si lo hacen, es poco probable que esta conversación pudiera impulsar un intercambio significativo porque la interacción se verá restringida por la situación (el papel de "escritor" y el de "lector"). La distancia social entre los individuos sigue existiendo, pero los intercambios interpersonales a través de sitios promotores de la Internet no son demasiado restringidos, debido a su papel público o status social.

7] La mayoría de las publicaciones son altamente individualizadas y cada publicación es vista como una transacción diferente. Puedes leer la novela o el ensayo de un autor dado, pero la lectura de sus demás escritos es un proceso separado. El ensayo de Khal en *Sortir* hizo referencia a un número de otros escritos que promovían la emancipación de las prohibiciones legales y sociales de la edad de consentimiento (en la sección de la "bibliografía"), pero la búsqueda de estos escritos es un asunto separado que el lector debe llevar a cabo si lo desea. Los sitios de Free Spirits están integrados e imponen pocos costos o son gratuitos para el usuario: la organización proporciona un menú que permite a los usuarios vincularse no sólo con grupos chat, grupos de discusión y foros relacionados, sino que también proporciona acceso a bibliotecas en línea (sitios actualizados sobre novelas, ensayos, noticieros, películas, etcétera).

8] El impacto de los puntos de vista promotores por parte de Chamberland, Khal o Simoneau fue, sin duda, muy limitado. Ello no se debe a que pocas personas tuvieron la oportunidad, la capacidad o la motivación de leer sus escritos, sino también porque los individuos en general forman su comportamiento a través de modos interpersonales de intercambio con individuos que pertenecen a algún grupo de referencia común. Esto resulta extremadamente importante cuando las elecciones que se hacen son transcendentes. Una premisa básica de "la teoría de la asociación diferencial" de Sutherland es que los individuos adquieren la motivación de "ofender" o violar las prohibiciones legales sólo a través de contactos personales. Los foros de intercambio de Internet sobre la pedofilia permiten que los participantes tomen parte en conversaciones y discusiones personales. Estos intercambios pueden ser "virtuales", en el sentido de que los participantes no están físicamente presentes, pero no obstante se califican como personales e íntimos.

CONCLUSIONES

Las variaciones en la incidencia conocida y las características de las infracciones de la edad de consentimiento no son medidas de manera apropiada, a menos que uno: *a*] analice por separado la incidencia de infracciones cometidas por pedófilos y hebéfilos y, *b*] busque entender la dinámica diferencial del involucramiento masculino y femenino en ambos tipos de infracción. Esta investigación exploratoria sugiere, por ejemplo, que el grado de organización o la densidad de interacciones entre infractores involucrados en violaciones de este tipo, aumenta como función de la edad de los adolescentes y su sexo. Los hebéfilos que buscan adolescentes varones son el dominio socialmente mejor organizado de las infracciones de la edad de consentimiento.

Documentar el significado de infracciones de la edad del consentimiento a través de los reportes en los medios sobre casos en los que se aplica la ley (procedimiento usual de investigación, por ejemplo, Huges, 1999) no necesariamente proporciona elementos útiles para la comprensión de las variaciones en las tasas de las infracciones de la edad del consentimiento debido al énfasis de los medios en "los peores casos". Aunque un número de ladrones viola a sus víctimas, es dudoso que la documentación de patrones en casos de robo con violación pudiera proporcionar información para explicar las variaciones en la tasa de los robos. Ninguno de los sujetos entrevistados en esta investigación (tomados principalmente de una población de infractores reincidentes graves) caería dentro del grupo de infractores violentos o de "los peores casos". No obstante, es probable que sean representativos de la mayoría de los individuos detenidos en la actualidad y condenados por los organismos de procuración de justicia por violaciones de la edad del consentimiento.

Un argumento distintivo de esta investigación es que las interacciones no instrumentales o simbólicas entre los infractores son más importantes para cierto tipo de infracción (en particular, las violaciones de la edad del consentimiento) que para otras ofensas (crímenes contra la propiedad, por ejemplo). Esto es así porque el compromiso de violar las normas básicas sociales requiere que los infractores potenciales adquieran a través de los contactos personales "definiciones favorables" de su propio comportamiento. Por el momento, la tecnología de Internet ha proporcionado los medios organizados a través de los cuales los excluidos sociales puedan vencer las barreras naturales, legales y sociales. Puesto que las agencias de procuración de justicia persiguen metas prácticas (la detención de individuos) se ha concebido a los sitios de red como una forma de proporcionar nuevas oportunidades instrumentales para que los pedófilos o hebéfilos localicen a jóvenes y cometan (o intenten cometer) ofensas. Sin embargo, la repercusión más significativa y de largo plazo de este nuevo medio masivo de comunicación es que permite que los pedófilos participen en el desarrollo de una subcultura auténtica y que se perciban a sí mismos como perteneciendo a "un movimiento social". La implicación obvia es que un foro estable para contactos íntimos, aunque virtuales, para los pertenecientes al grupo de individuos que normalmente se ven atrapados por un secreto incompartible, tendrá efectos duraderos en el compromiso de aquellos con su atracción y finalmente en la incidencia de las infracciones de la edad de consentimiento.

Las investigaciones sobre las infracciones de la edad de consentimiento han sido emprendidas principalmente por psicólogos y criminólogos que tienen la preocupación práctica de tratar a los individuos, evaluar sus características personales ("rasgos de personalidad") y evaluar el impacto de diversas opciones de "tratamiento". Gran parte de este trabajo involucra un intento organizado por exponerlos a "definiciones desfavorables" de la pedofilia o la hebefilia o proporcionar condicionamiento aversivo y grupos de apoyo y seguimiento. Debido a estas preocupaciones, la investigación sociológica sobre los patrones de las violaciones de la edad del consentimiento y sus variaciones en el tiempo y a través de los países y ciudades, no ha sido considerada como relevante para la política. Además, a pesar de diversas "teorías del aprendizaje", la encapsulación social percibida y real de muchos "infractores sexuales", ha desalentado la investigación sobre las redes sociales de pedófilos y hebéfilos (para las excepciones, véase Hanson y Scott, 1986).

Las oportunidades actuales tanto para las interacciones instrumentales como para las simbólicas entre infractores de la edad de consentimiento pueden cambiar este enfoque actual. La implicación obvia es que: *a*] quizá se deberían canalizar mayores recursos a los programas comunitarios de prevención de la reincidencia y, *b*] que los participantes en programas para la prevención de la reincidencia deberían considerar la posibilidad de aprovechar las oportunidades existentes en Internet para extender su influencia.

En este trabajo he evitado la discusión acerca de las definiciones (argumentos) "favorables" o "desfavorables" de las interacciones sexuales entre adolescentes y adultos y más bien me he concentrado en analizar las interacciones conductuales. Además, me he abstenido de participar en las discusiones en la red y los foros chat y no he emprendido ningún análisis de los sitios pedófilos relevantes. Conforme progresó la investigación, se hizo claro que una investigación sociológica de la subcultura actual de la pedofilia impulsada por la red aumentaría nuestra comprensión de los pedófilos y proporcionaría una estrategia útil para vencer los sesgos inherentes de muestreo autoseleccionado en la investigación convencional. Asimismo, podría evaluar el grado en el que este proceso de socialización (la inclusión de sujetos desviados en un conjunto colectivo de intercambio) afecta no sólo su motivación para actuar sino también las formas en las que lo hacen e inclusive su motivación de dejar o reducir la frecuencia y la gravedad de sus violaciones. Mientras los infractores de la edad de consentimiento interactúan entre sí, podrán aprender nuevos "trucos" o descubrir nuevas "oportunidades" (un "efecto intensificante"). Es posible que ellos mismos definan un nuevo conjunto de normas acerca de las reglas "apropiadas" del cortejo, los ambientes apropiados para dedicarse a la interacción erótica con adolescentes (un "efecto estructurante"). Además, los individuos que cometen infracciones de la edad del consentimiento también podrán darse cuenta de que están persiguiendo un "sueño totalmente imposible". Conforme perseveran, es probable que queden desilusionados con los adolescentes con quienes han interactuado (el tema de la "traición" y el tema asociado de la "no confiabilidad" de los jóvenes eran recurrentes en nuestras entrevistas). También es posible que se queden desilusionados debido a la crueldad o la insensibilidad de otros pedófilos con los cuales realizan intercambios (otro tema recurrente). Conforme intentan poner en práctica su atracción, los costos personales que se imponen a sí mismos y a su grupo personal de contactos (incluyendo a los jóvenes mismos) podrán impulsar un proceso de autorreflexión que les llevará a la abstinencia. He aprendido esto a través de mis conversaciones con uno de los sujetos de este estudio (MC) quien canalizó sus cualidades empresariales y carismáticas a la creación de un grupo de apoyo con el fin de prevenir la reincidencia para individuos atraídos hacia los adolescentes. Aunque esté coordinado por dos psicólogos dedicados (quienes consideran que la "terapia" es básicamente un proceso de autorreflexión no censurado), se debería analizar más estrechamente el impacto de individuos talentosos como MC. La descripción de los infractores de la edad del consentimiento como predadores sin cualidades compensadoras y de quienes operan los organismos de procuración de justicia como benevolentes y desinteresados y el describir a los adolescentes como espectadores inocentes, podría ser una simplificación conveniente. También podría ser conveniente de manera estratégica para propósitos de llevar a cabo cruzadas morales. Procuré no tratar esta cuestión en forma empírica, básicamente porque obtuve un punto de vista sesgado (es decir, el de los infractores a quienes entrevisté). Sin embargo, un esfuerzo útil de investigación podría analizar más de cerca la dinámica que forma la decisión de reportar una ofensa a oficiales de la policía o el involucramiento tanto de los organismos de procuración de justicia como de otros de apoyo al entablar una demanda formal. En esta investigación, traté esta cuestión de manera indirecta. A un nivel agregado, es probable que el imperativo social de la autorrealización y de la autenticidad tengan como efecto lateral un incremento en la prevalencia de individuos motivados para realizar sus atracciones sexuales. También podría darse el caso de que el grupo de jóvenes sexualmente atractivos para adultos y atraídos por ellos ha aumentado. A un nivel micro, nuestro análisis del mercado de la prostitución juvenil sugiere que los grupos fuera del mercado son a menudo impulsadas por los adolescentes. Esto implica que el "problema" real en las infracciones de la edad del consentimiento, en especial de aquellas infracciones que ocurren sin violencia o intimidación, es que ambas partes buscan la relación. El hecho de que los adolescentes busquen tales interacciones *no* implica que deberían permitirse o que las prohibiciones legales sean ilegítimas; sin embargo, sí implica que la imagen del "predador sexual" tiene un valor teórico limitado.

LA EXPLOTACIÓN SEXUAL COMERCIAL DE NIÑOS EN MÉXICO. SITUACIÓN GENERAL DE LA INFANCIA

ELENA AZAOLA

INTRODUCCIÓN

Como ocurre en muchos otros países, la explotación sexual con fines comerciales de niños en México no es un fenómeno nuevo; sin embargo, la mayor parte del tiempo ha pasado inadvertido y hace apenas unos cuantos años —principalmente a raíz del Congreso Mundial de 1996 y de la visita al país de la Relatora de Naciones Unidas sobre el tema en 1997—, que ha comenzado a prestársele cierta atención (Calcetas-Santos, 1998; ECPAT, 2000). De hecho, no hay estadísticas oficiales que informen acerca del número de niños víctimas de explotación sexual y sólo se dispone de unos cuantos estudios realizados por los escasos especialistas que se han interesado en él (EDIAC, 1996; Pérez Duarte, 1998; Azaola, 1998 y 2000; Negrete, 2000; Bautista *et al.*, 2001).

El presente estudio intenta situar el fenómeno dentro de la trama o conjunto de relaciones que conforman el tejido social de las localidades seleccionadas y de los procesos sociales que en ellas tienen lugar. Es evidente que lo que ocurre a los niños se relaciona con los problemas y las carencias que afectan a sus familias y éstos con los procesos sociales más amplios que caracterizan a sus comunidades. Con frecuencia, al escuchar los testimonios de los niños sujetos a explotación, nos parecía que era posible trazar vínculos o visualizar a través de los mismos algunos de los problemas más significativos que enfrentan sus comunidades. Se podían visualizar así, por ejemplo, ciertos efectos de los fenómenos migratorios o bien de las deficiencias de los servicios comunitarios. Y, al lado de estos factores aparecían, desde luego, rasgos particulares de la historia personal o familiar que en cada caso los habían empujado o habían contribuido a hacerlos susceptibles de ser explotados.

El estudio nos permitió identificar una serie de factores que frecuentemente se encuentran asociados con la explotación sexual comercial de niños en México o que la propician. Entre ellos cabe mencionar los siguientes:

- Débil aplicación de las normas.
- Violencia, malos tratos y abusos sexuales en contra de los niños ampliamente difundidos y, con frecuencia, tolerados.
- Estereotipos de edad que favorecen la atracción sexual hacia sujetos etiquetados como dóciles, frágiles y dispuestos a complacer a adultos.
- Estereotipos culturales de género y patrones de belleza que favorecen la atracción sexual hacia mujeres muy jóvenes y menores de edad.
- Deterioro de las condiciones, la calidad y las expectativas de vida para amplios sectores de la población durante los últimos años.
- Migración de miembros de la familia o de la familia completa dentro o fuera del país, con la consiguiente inestabilidad y cambios en los núcleos familiares.
- Alcoholismo en los padres y creciente consumo de drogas entre los hijos.
- Abandono o expulsión de los niños de la familia e incremento del número de niños que viven o trabajan en las calles.
- Niveles bajos de escolaridad.
- Niveles altos de desempleo y subempleo.
- Pérdida del poder adquisitivo de los salarios dentro de la economía formal.
- Incorporación de amplios contingentes al sector informal de la economía.
- Existencia de redes organizadas para el reclutamiento, tráfico y explotación sexual de menores.
- Corrupción de cuerpos policiacos y participación de los mismos en redes del crimen organizado.
- Insuficientes recursos materiales y humanos en las instituciones para brindar atención adecuada y especializada a niños víctimas.

Con el fin de poder montar el escenario en donde la explotación sexual comercial de niños tiene lugar y lograr ubicar en él los factores sociales que la propician, en el inciso siguiente abordaremos un panorama general de la situación de la infancia en nuestro país.

SITUACIÓN GENERAL DE LA INFANCIA EN MÉXICO

Proporcionaremos a continuación, de forma breve, algunos indicadores que permiten caracterizar la situación de la infancia en nuestro país.

MENORES DE EDAD

De acuerdo con el XII Censo General de Población levantado en el año 2000, México cuenta con 97 361 711 habitantes.[1] Los adolescentes de entre 12 y 17 años, grupo de edad en el que se sitúa la mayoría de los niños y niñas víctimas de explotación sexual, son, alrededor de 13 millones.

Mientras que en las zonas urbanas, del total de los jóvenes de entre 15 y 24 años (unos 20 millones), 36% vive en condiciones de pobreza, en las rurales el porcentaje se eleva hasta 70% lo que se traduce en deserción escolar, migración y otros fenómenos que ponen de manifiesto la escasez de oportunidades para este sector.

La migración interna hacia las ciudades es un proceso que continúa. Hoy en día 7 de cada 10 menores vive en zonas urbanas, aunque también 3 de cada 10 reside en localidades pequeñas de menos de 2 500 habitantes. El flujo migratorio hacia los Estados Unidos tampoco ha cesado y se calcula que durante los últimos veinte años más de 6 millones de mexicanos han emigrado a dicho país, a un ritmo de 300 mil anuales durante los últimos años. De hecho, se estima que en Estados Unidos residen alrededor de 20 millones de mexicanos.

Entre los cambios en la composición de las familias que, de diferentes maneras encontramos asociados a la problemática de estudio, cabe referir que uno de cada cinco mexicanos nace de mujeres que tienen entre 12 y 19 años de edad. Asimismo, que casi la quinta par-

---

[1] Todos los datos que aparecen en esta parte proceden de fuentes oficiales. Siempre que ha sido posible, se han cotejado los datos en diversas fuentes. Cuando no se cita otra fuente, los datos provienen tanto del Consejo Nacional de Población (CONAPO) como del Instituto Nacional de Estadística, Geografía e Informática (INEGI) a través de los Censos Generales de Población y Vivienda, los Anuarios Estadísticos, los Conteos y las Encuestas Nacionales de Ingreso y Gasto de los Hogares. Todas las fuentes consultadas se citan en la bibliografía. Cuando no aparecen en ésta y se cita alguna dependencia oficial, indica que los datos se obtuvieron de manera directa en la misma.

te, 19%, de los hogares mexicanos se halla encabezada por mujeres, ya sea por abandono o separación de los padres, y que la participación de la mujer en la economía prácticamente se duplicó entre 1970 y 1998, al pasar de 18 a 35 por ciento.

POBREZA Y DISTRIBUCIÓN DEL INGRESO

América Latina es la región que mayor desigualdad registra en todo el mundo. De acuerdo con el Banco Interamericano de Desarrollo, la distribución del ingreso en América Latina mejoró en los años setenta, registró un considerable deterioro en los ochenta y ha permanecido estancada en los noventa. Esta desigualdad no sólo contribuye a mantener altos niveles de pobreza, sino también a generar tensiones sociales importantes (BID, 1999).

La situación económica en México se caracteriza por la concurrencia simultánea de pobreza, elevada concentración de la riqueza y retroceso en las condiciones de vida que ha tenido lugar durante los últimos 20 años y que se agudizó con la crisis que enfrentó el país en 1994 y la recesión a partir de 2001. Con respecto de la concentración de la riqueza, 40% de la población con ingresos más bajos percibe apenas 12% de los ingresos, mientras que 20% de la población con ingresos más altos percibe 55% del ingreso total (Unicef, 1997).

En 1998, el Banco Mundial estimó que 40% de la población sobrevive en México con un ingreso menor a dos dólares diarios mientras que 15% recibe menos de un dólar al día. Las cifras que el mismo Banco proporcionó para el año 2000 son de que 42.5% de la población subsiste con menos de dos dólares al día mientras que 18% percibe menos de un dólar diario.

El ingreso mensual disponible en 10% de los hogares más pobres del país fue 26% menor en 1998 respecto de 1994, y para el 10% de los hogares más acomodados la reducción fue de 20 por ciento. (INEGI, 1998a).

Por su parte, la Secretaría de Desarrollo Social en México ha señalado que existen en el país 40 millones de pobres (41% de la población) y 26 millones viviendo en condiciones de pobreza extrema (27%). Si bien los niveles más altos de marginación se presentan en las zonas indígenas en donde 82% de la población sufre exclusión, también en las grandes ciudades como México, Guadalajara y Monterrey 43% de sus habitantes vive en condiciones de alta o muy alta marginación (Garza, coord., 2000). Los índices de prevalencia de desnutrición infantil en México son de 38.5% entre los niños menores de 5 años, en general, y de 58.3% entre los niños indígenas (Unicef, 2001). En 1999, el Banco de México señaló que durante los últimos quince años la proporción de habitantes que vive en condiciones de pobreza extrema casi se había duplicado, como lo muestra el siguiente cuadro.

CUADRO 1
POBLACIÓN EN CONDICIONES DE POBREZA EXTREMA EN MÉXICO: 1984-1999

Año	Población total (millones de habitantes)	Población en condiciones de pobreza extrema (millones)	Porcentaje de la población total
1984	71.4	10.7	15%
1992	84.3	13.4	16%
1999	94.5	26.5	28%

Fuente: Banco de México, 1999.

Por lo que se refiere a los ingresos, se calcula que durante los últimos 12 años el salario mínimo ha perdido 45.2% de su poder adquisitivo (Comisión Nacional de Salarios Mínimos, 2000). Al iniciar el año 2001, el salario mínimo es de, aproximadamente, 4 dólares US por día.[2] Asimismo, debe tomarse en cuenta que 69% de los hogares en México tiene un ingreso total inferior a 5 salarios mínimos (20 dólares por día) mientras que, entre ellos, la mitad tiene uno inferior a 3 salarios mínimos (Boltvinik y Hernández, 2000).

DESEMPLEO Y TRABAJO INFANTIL

Las cifras oficiales respecto del desempleo en México son muy bajas y gozan de poca credibilidad; es por ello que en este caso utilizamos

[2] Al tipo de cambio de diez pesos por dólar, vigente en enero del 2001.

las estimaciones que han propuesto diversos estudios de acuerdo con las cuales 15% de la Población Económicamente Activa se encuentra desocupada; 40%, subocupada y 15% no recibe remuneración porque trabaja en unidades familiares de producción (Heredia y Purcell, 1995).

Para otros autores, 47% de la población que en 1996 tenía empleo se encontraba en condiciones críticas de ocupación; es decir, trabajaba menos de 35 horas semanales por razones de mercado o su jornada era mayor pero recibía menos de un salario mínimo o bien trabajaba más de 48 horas a la semana y recibía, cuando más, dos salarios mínimos (Suárez y Zárate, 1998).

Lo anterior ha sido uno de los factores que han contribuido al crecimiento de la economía informal. De acuerdo con cifras oficiales, la economía informal absorbe 28.5% de la población ocupada total; representa 33.5% de la producción; 36% del valor agregado y 32% de las remuneraciones pagadas (INEGI, 2000a).

El empleo en condiciones precarias se ha incrementado durante los últimos años. Así, de todas las personas que se incorporaron a la población ocupada entre 1991 y 1996, 26% de los hombres y 52% de las mujeres recibieron un ingreso menor a un salario mínimo. En 1996 sólo 49% de los asalariados contaba con seguridad social y alguna prestación (Conapo, 1998).

Con respecto del trabajo infantil, se calcula que en el país laboran aproximadamente 3.5 millones de menores de entre 12 y 17 años de edad que representan 27% del total de la población de este grupo de edad. De ellos, 42% trabaja en actividades agrícolas; 23% en el sector de servicios; 17% en el comercio y 14% en la manufactura y 4% en la construcción. Alrededor de la mitad no recibe ingresos porque trabaja en unidades familiares de producción. Esta situación empeora para las mujeres jóvenes que trabajan en actividades agrícolas, entre las cuales tres de cada cuatro no reciben ninguna remuneración (Unifem, 2000). Otros estudios indican que durante los últimos 15 años la tasa de desocupación abierta femenina ha sido 16.4% superior en promedio a la masculina (Grupo de Economistas Asociados, 2000).

De acuerdo con datos del Sistema Nacional para el Desarrollo Integral de la Familia, la mayor parte de los menores que trabajan en el medio urbano, 45%, se concentran en 14 ciudades del país, entre las que se encuentran las siete donde realizamos el estudio sobre explotación sexual que son, además, las que concentran el mayor número de niños víctimas de este tipo de explotación: Distrito Federal, Guadalajara, Acapulco, Cancún, Tijuana, Ciudad Juárez y Tapachula. El restante 55% de los menores de edad que trabajan en el medio urbano se distribuye entre 86 ciudades de la República.

Por otra parte, de acuerdo con el Censo que levantó el DIF en 1997 en 100 ciudades de la República (excepto el Distrito Federal), se encontró a un total de 114 500 menores de 18 años de edad que trabajan o viven en las calles. De éstos: 12% tenía menos de 6 años; 30% eran niñas; 80%, originarios del lugar donde se encontraban trabajando; 95% regresaba a dormir a su casa; 5% vivía en la calle; 8% eran indígenas; 32% no asistía a la escuela; 12% habían sido detenidos por la policía y 5.5% aceptó que consumía drogas. La gran mayoría se dedicaba a la venta de diferentes productos en las calles (DIF - PNUFID - Unicef, 1999).

Por su parte, el II Censo sobre niños de la calle levantado en 1995 en el Distrito Federal, arrojó un total de 13 373 niños, de los cuales 76% eran niños que trabajaban en las calles pero dormían en sus casas y 14% que trabajaban y vivían en las calles. Del total, 68% eran niños y 32% niñas; se observó un incremento mayor en estas últimas respecto del Censo anterior, levantado en 1992.

Por lo que se refiere a la edad, 18% de los niños de la calle que fueron censados tiene entre 0 y 5 años. Ello se debe a que algunos han nacido en la calle pues sus padres son adolescentes que viven ahí; 26% tiene entre 6 y 10 años; 35% entre 11 y 15 años y 23% entre 16 y 18 años. Estos niños sobreviven pidiendo dinero, limpiando parabrisas o vendiendo diversos productos.

Siete de cada diez niños que viven en la calle usan drogas, en su mayoría inhalantes, y seis de cada diez reportaron haber sido detenidos por la policía, ya sea por usar drogas o robar o sólo por vivir o trabajar en las calles. 48% de los niños censados expresaron haber sufrido maltratos físicos o verbales; 29% señaló que los policías les piden dinero y 15% reportó haber sufrido abusos sexuales (Departamento del D.F. — Unicef — DIF, 1996).

En el último conteo que realizaron las autoridades en 1998, se encontró a 14 322 niños trabajando o viviendo en las calles del Distrito Federal (DIF - Unicef, 1998).

Las distintas encuestas realizadas a niños que trabajan en la calle han puesto de manifiesto que, con la disminución de las oportunidades de educación y empleo, un número creciente de niños y jóvenes se ha incorporado durante el último decenio a tareas inseguras o riesgosas —como la recolección de basura y la carga de mercancía pesada— o bien a actividades ilícitas como el robo, la distribución de drogas, la prostitución o la venta de mercancías de contrabando (DDF — Unicef, 1996).

Por su parte, la Comisión Económica para América Latina ha manifestado su preocupación debido a los altos niveles de desocupación que hay entre los jóvenes en México. El empleo informal y el comercio ambulante se abren casi como únicas alternativas para ellos. De hecho, más de la mitad de los puestos laborales habilitados para los jóvenes en el decenio de los noventa están apenas al nivel de subsistencia (CEPAL, 1999).

EDUCACIÓN

De los menores de 6 a 14 años, 92% asiste a la escuela lo que, en números redondos, significa que en 1998 hubo un millón 300 mil niños de 6 a 14 años que no asistieron a la escuela. El origen de la mayoría de estos niños es indígena; radican en comunidades dispersas, sus padres son jornaleros agrícolas o bien están asentados en zonas urbanas y viven en las calles.

De los que ingresaron a la educación básica en 1998, 20% no lograron completarla y sólo 87% de los que concluyeron la primaria, ingresaron en la secundaria. De estos últimos, 22% desertaron antes de poder concluir la secundaria. Asimismo, sólo 47% de los adolescentes de entre 16 y 18 años de edad cursa la educación media superior y 20% de los jóvenes de entre 19 y 23 años asiste a la universidad.

Un informe elaborado en 2001 por el Sistema de Educación Superior, señala que la educación media muestra grandes limitaciones para retener a los estudiantes que aspiran a un nivel superior. Añade que muchos jóvenes abandonan sus estudios por motivos económicos pues requieren incorporarse al mercado de trabajo mientras que los apoyos que se brindan a los estudiantes de bajos recursos son muy escasos.

El cuadro siguiente muestra con mayor detalle la situación de los jóvenes de entre 15 y 19 años según sus actividades.

CUADRO 2
DISTRIBUCIÓN DE LOS JÓVENES DE 15 A 19 AÑOS POR CONDICIÓN DE ACTIVIDAD, SEGÚN ÁREA DE RESIDENCIA Y SEXO EN LA REPÚBLICA MEXICANA, 1995 (POR CIENTO)

Actividad	Áreas Rurales		Áreas urbanas	
	Hombres	Mujeres	Hombres	Mujeres
Sólo estudia	21.9	22.7	43.7	45.5
Sólo trabaja	59.3	22.9	36.6	23.1
Estudia y trabaja	9.6	3.4	10.2	6.3
No estudia ni trabaja	9.2	51.0	9.5	25.1

Fuente: *La situación demográfica en México*, Consejo Nacional de Población, 1998:145.

Del cuadro anterior llama la atención el alto porcentaje de mujeres adolescentes que, tanto en el medio rural como en el urbano, reportan que no estudian ni trabajan, particularmente si se lo compara con el porcentaje de varones que reportan estar en la misma situación. Ello pone en evidencia la diferente posición y las distintas oportunidades que tienen los hombres y las mujeres adolescentes en nuestra sociedad, elemento que conviene tener presente en relación con nuestro tema de estudio.

EMBARAZO ENTRE ADOLESCENTES

De acuerdo con la Secretaría de Salud, durante el año 2000 se reportaron 370 000 casos de embarazo entre adolescentes de la República mexicana.

Si bien la tasa de fecundidad entre mujeres de 15 a 19 años se ha reducido a casi la mitad durante los últimos veinte años, todavía continúa siendo elevada si se toma en cuenta que 14% de los embarazos que ocurrieron en México durante el 2000, corresponden a mujeres menores de 20 años y que dicha proporción se sitúa por encima del promedio mundial de 10 por ciento. (GIRE, 2001).

Los especialistas en salud reproductiva consideran que los embarazos tempranos se encuentran estrechamente relacionados con factores culturales y económicos que inciden sobre el desconocimiento que las adolescentes tienen respecto de la sexualidad y la salud reproductiva lo que, además de los embarazos tempranos, propicia los casos de aborto y de mortalidad materna, así como los de enfermedades de transmisión sexual, en especial entre las adolescentes de los sectores socioeconómicos menos favorecidos.[3] Cabe destacar que la tasa de fecundidad entre mujeres adolescentes es casi diez veces más alta (222 por mil) entre mujeres sin instrucción de localidades rurales que la registrada en zonas urbanas (26 por mil).

De acuerdo con datos proporcionados por Conmujer, los casos de sida entre adolescentes y jóvenes han pasado de representar el 12.3% del total de los casos registrados en 1994, al 41.5% en el año 2000.

Además de los riesgos físicos y las consecuencias psicosociales, según la misma fuente, una proporción alta de las adolescentes embarazadas es de madres solteras que frecuentemente cuentan con bajos niveles de escolaridad, por lo que sus oportunidades de conseguir un empleo son muy escasas o esas mujeres se limitan a desempeñar ocupaciones que les generan muy bajos ingresos.

Una parte de estas adolescentes, como más adelante veremos, encuentra en el trabajo sexual una alternativa que, desde el punto de vista económico, le permite hacer frente a las necesidades de sus hijos.

MALTRATO Y ABUSO SEXUAL A NIÑOS

Desafortunadamente, no hay en México un registro único de los casos de maltrato y abuso sexual a niños ni tampoco se presenta la obligación legal para que las autoridades que conocen estos casos (médicos, maestros, cuidadores) acudan a denunciarlos. Por ello, los datos existentes reflejan apenas una pequeña parte del problema, cuyas dimensiones no es posible precisar, dado que se trata de un fenómeno por excelencia subregistrado (González, Azaola *et al.*, 1993).

Por lo demás, distintas agencias gubernamentales pueden conocer estos casos, principalmente las procuradurías de justicia, así como

---

[3] Datos expuestos en el seminario sobre "Embarazo no planeado en jóvenes", UNAM, octubre 2001.

las oficinas municipales del Sistema para el Desarrollo Integral de la Familia. Mientras que en éste último sí existe un recuento de los casos denunciados a escala nacional, no ocurre lo mismo con las demandas que se presentan ante las procuradurías, de las que sólo se lleva registro en cada estado. Los casos de maltrato reportados por el DIF durante los últimos años aparecen en el cuadro siguiente:

Cuadro 3
Casos de maltrato a menores denunciados en la República mexicana, 1998 y 1999

Tipo	1998	1999
Maltrato físico	8 201	8 162
Abuso sexual	1 018	1 044
Abandono	1 669	1 704
Maltrato emocional	4 218	5 236
Omisión de cuidados	4 565	4 516
Explotación sexual comercial	65	110
Negligencia1	615	2 592
Explotación laboral	181	644
No clasificado	1 626	1 036
Total	23 109	25 046

Fuente: Sistema Nacional para el Desarrollo Integral de la Familia, en Comisión Nacional de Acción en favor de la Infancia, 2000.

Los datos más recientes indican que, durante 2001, se reportaron más de 27 mil casos de maltrato infantil. Asimismo, durante la Consulta infantil y juvenil realizada paralelamente a las elecciones del año 2000, el 28% de los niños de 6 a 9 años y 9% de los de 10 a 13 años refirieron ser tratados con violencia por su familia.

Como puede observarse en el cuadro anterior, son muy pocos los casos de explotación sexual comercial de niños que se reportan al

LA EXPLOTACIÓN SEXUAL COMERCIAL DE NIÑOS EN MÉXICO 151

sistema DIF pues, ya hemos dicho, no existe un registro único de estos casos ni de los de otros tipos de maltrato. Así, por ejemplo, durante 1998, fueron denunciados casi 20 mil casos de violencia familiar tan sólo en la Procuraduría de Justicia del Distrito Federal, entre ellos cerca de 2 mil casos de abusos sexuales en contra de menores. De igual forma, durante el año 2000, la Procuraduría del Distrito Federal reportó que atendió a 7 mil menores de edad que fueron víctimas de distintos tipos de abusos (PGJDF, 2001).

Las últimas cifras dejan en claro que los datos de las distintas agencias gubernamentales son apenas una pequeña muestra de la magnitud real del fenómeno. De este modo, otras estimaciones para el Distrito Federal elaboradas por autoridades de la Secretaría de Salud así como de la Comisión de Derechos Humanos del Distrito Federal, señalan que en uno de cada tres hogares se presentan problemas de violencia intrafamiliar (2001).

Otro indicador del número de niños que ha sufrido las formas más extremas de abusos y abandono lo constituye el del número de niños que vive en albergues en el país y que, de acuerdo con el Sistema Nacional para el Desarrollo Integral de la Familia, eran un total de 150 mil niños en el 2001, de los que sólo 5 mil se hallaban en albergues del DIF y el resto en distintas instituciones, tanto públicas como privadas.

DELINCUENCIA

Durante los últimos años ha habido un incremento notable de la delincuencia en México que, en opinión de algunos especialistas, puede correlacionarse en forma clara con el deterioro de las condiciones y las expectativas de vida de amplios sectores de la población, así como con las deficiencias de las instituciones de justicia (Ruiz Harrell, 1998).

De este modo, entre 1993 y 1998 hubo un incremento promedio anual de 24% en el número de delitos denunciados a escala nacional, mientras que el número de personas en prisión pasó de 94 mil en 1995, a 155 mil en el 2000 y a 166 mil en 2001 (Secretaría de Gobernación, 2000; Secretaría de Seguridad Pública, 2001). No obstante, los índices de impunidad son sumamente elevados ya que de cada 100 delitos denunciados, sólo la mitad alcanzan a ser investigados, en 8 se inicia procedimiento en contra de un posible responsable y únicamente en 3 se llega a una sentencia condenatoria. Es decir, que 97 de cada 100 delitos denunciados quedan impunes (Ruiz Harrell, 1998).

Por lo que se refiere a las infracciones que cometen los menores de 18 años, durante el periodo de 1995 al 2000 han sido sujetos a procedimiento en los Consejos Tutelares para Menores Infractores de todo el país un total de entre 23 000 y 33 000 menores de edad, cada año. Poco más de la mitad han sido acusados por robos y diversas faltas administrativas menores; 8% por consumo o tráfico de drogas y 2% por homicidio. No se encuentran casos de menores acusados de prostitución puesto que ésta no se halla tipificada como delito. En el Distrito Federal, con una población de 8.6 millones de habitantes (y casi 18 millones en la zona metropolitana), durante 1999 ingresaron a las instituciones para menores infractores un total de 2 623 menores: 2 391 hombres y 232 mujeres, todos ellos de entre 11 y 18 años de edad. Los delitos por los que se les acusó, fueron los siguientes: robo 82%; lesiones 5%; delitos sexuales 4%; daños en propiedad ajena 2%; homicidio 2% y delitos relacionados con drogas 1% (Secretaría de Gobernación, 1999).

En cuanto a los delitos que cometen adultos en relación con el tráfico de menores, la Procuraduría General de Justicia de la República informó que, durante el año 2000, le fueron reportados un total de 32 menores de edad sujetos de tráfico que están siendo buscados con la colaboración de autoridades de distintos países. De éstos, nueve desaparecieron en Estados Unidos, uno en Francia y el resto en diferentes estados de la República.

El mismo organismo informó que, entre 1995 y 2001, recibió un total de 1 024 denuncias por robo o desaparición de menores, 372 de ellas durante el último año. De éstas, 222 denuncias correspondieron a niñas y 150 a niños, mientras que durante el mismo año fueron recuperados un total de 184 menores que habían sido robados.

Por su parte, el Sistema Nacional para el Desarrollo Integral de la Familia había informado que hasta 1998 tenía conocimiento de cerca de mil niños reportados como robados en todo el territorio nacional. Señaló que, de éstos, una tercera parte habían sido recuperados.

En el Distrito Federal, de acuerdo con datos proporcionados por la Procuraduría General de Justicia, durante 1999 tuvo conocimiento de 88 niños que fueron robados. De éstos, 40 habían sido sustraídos por familiares, 8 fueron secuestrados y el resto no se encontraron. Asimismo, esta Procuraduría informó que entre 1991 y 1997 le fue notificada la desaparición de un total de 197 niños, de los cuales

LA EXPLOTACIÓN SEXUAL COMERCIAL DE NIÑOS EN MÉXICO   153

64% fueron sustraídos por familiares; 4% secuestrados y 32% fueron robados o desaparecidos.

Por lo que se refiere a la sustracción de menores, el secuestro y la prostitución infantil, las Procuradurías de algunos estados de la frontera norte de la República proporcionaron la siguiente información de los casos que les fueron reportados durante el año 2000.

CUADRO 4
CASOS DE SUSTRACCIÓN, SECUESTRO Y PROSTITUCIÓN DE MENORES DENUNCIADOS ANTE PROCURADURÍAS DE JUSTICIA DE LOS ESTADOS EN LA FRONTERA NORTE DE LA REPÚBLICA, 2000

Estado	Sustracción de menores	Secuestro de menores	Prostitución infantil
Tamaulipas	23	3	10
Coahuila	133	0	1
Chihuahua	14	s/d	0
Nuevo León	306	3	16
Total (4 Estados)	476	6	27

Fuente: Procuraduría General de Justicia de la República, 2000.

De nueva cuenta cabe observar que son muy pocos los casos de prostitución infantil que se denuncian o que son tipificados de esta manera por las autoridades. En cuanto a los casos de corrupción de menores, algunos de los cuales son por abusos o explotación sexual, sabemos que durante el año 2000, fueron denunciados 132 casos en el estado de Nuevo León, 133 en el de Jalisco y 100 en el Distrito Federal, los que abarcan las tres áreas metropolitanas más importantes de la República.[4]

---

[4] El Artículo 201 del Código Penal Federal establece que: Comete el delito de corrupción de menores el que induzca, procure, facilite y obligue a un menor de 18 años de edad o a quien no tenga capacidad para comprender el significado del hecho, a realizar actos de exhibicionismo corporal, lascivos o sexuales, prostitución, ebriedad, consumo de narcóticos, prácticas sexuales o a cometer hechos delictuosos.

Por su parte, la Policía Federal Preventiva informó que, durante 1999, se detectaron cincuenta y un organizaciones criminales que trafican con personas y se pudo identificar a 917 personas responsables de este delito (Policía Federal Preventiva, 2000). De igual forma, son muy pocos los casos de pornografía infantil que han sido denunciados en el país, en parte porque no se contaba con una ley que tipificara expresamente esta conducta y en parte por la falta de denuncias y de interés de las autoridades para perseguir a los responsables de estos casos.

Con respecto de la pornografía infantil, cabe hacer notar que el uso de medios electrónicos no tiene todavía una amplia difusión en el país. El último Censo de 2000 informa que 33.7 millones de personas (35%) disponen de teléfono; 8.6 de computadora (9%) y sólo 3.4 millones (3.5%) tiene acceso a Internet. Asimismo, no tenemos conocimiento de que se hayan denunciado casos de turismo sexual con niños ni de que turistas de cualquier nacionalidad hubieran sido acusados por este delito.

SÍNTESIS

El panorama que se esboza en las páginas anteriores configura un escenario que podemos caracterizar como de deterioro en las condiciones y perspectivas de vida que encuentran frente a sí los niños y adolescentes de nuestra sociedad. Es decir, un escenario en el cual sus posibilidades de alcanzar niveles satisfactorios de bienestar y desarrollo se han visto disminuidas con respecto de las que el país podía ofrecerles a los adolescentes hace 15 o 20 años. Ello tomando como base los indicadores cuantitativos que hemos expuesto en los incisos anteriores y sin que nos sea posible profundizar en el deterioro en términos de la calidad de los servicios que hoy en día encuentran a su alcance.

Es indiscutible, sin embargo, que dicho deterioro en la calidad de los servicios existe y que tiene efectos acumulados sobre la población que tarde o temprano no dejan de manifestarse. En el caso de los niños y adolescentes pensamos, particularmente, en el deterioro que han sufrido los servicios de educación y salud. En cuanto al abandono temprano del sistema de enseñanza, pensamos que, además de la urgencia económica y, consecuentemente, de la necesidad de incorporarse al mercado de trabajo —así sea en actividades dentro del sector informal de la economía— también cuenta la incapacidad de los servicios educativos para retenerlos, para ofrecer opciones que les permitan ingresar en el mercado laboral en mejores condiciones o tan sólo para ofrecer programas que den sentido a las experiencias de los jóvenes, de tal forma que éstos logren completar los ciclos de enseñanza media y superior.

De manera especial, destaca la desigualdad manifiesta en la situación de las mujeres adolescentes quienes, en porcentajes que superan por más de cinco veces en las zonas rurales (51 contra 9.2%) y casi tres en las urbanas (25.1 contra 9.5%), no acuden a la escuela ni tienen algún empleo en comparación con los varones de su mismo grupo de edad (cf. cuadro 2). Estos datos sorprenden, dada la creencia de que la desigualdad entre los géneros se estaría reduciendo en nuestra sociedad, lo que está muy lejos de ocurrir por lo menos para las mujeres de este grupo de edad (15 a 19 años).

Por otra parte, y si bien en números es posible apreciar con facilidad la trayectoria a la baja que muestran distintos indicadores, en términos cualitativos es mucho más difícil poder mostrar los efectos que sobre los niños y adolescentes tiene, por ejemplo, la caída de sus expectativas. Sin embargo, los testimonios que recogimos de los niños explotados no dejan dudas a este respecto. Esperaban o anhelaban una realidad muy distinta de la que hoy los rodea y que ni en sus peores fantasías habían podido imaginar.

En otros términos, la realidad que hoy rodea a los niños y niñas explotados es, por lo menos en parte, el resultado del deterioro en sus condiciones y oportunidades de vida, que se manifiesta en el desgaste del tejido social cuya capacidad para cuidarlos, protegerlos y brindarles seguridad también se ha visto mermada. Analizaremos a continuación la manera en que este conjunto de factores se manifiesta en distintas regiones del país.

LA EXPLOTACIÓN SEXUAL DE NIÑOS EN DOS CIUDADES TURÍSTICAS: CANCÚN Y ACAPULCO

MIQUEL ÁNGEL RUÍZ TORRES

INTRODUCCIÓN

Las actuales ciudades turísticas mexicanas, en especial aquellas cuyo atractivo está basado en las playas y otros espacios naturales o culturales de diversión y descanso situados en la costa, han tenido un origen y un desarrollo particulares y característicos de cada una de ellas.

En el caso de Cancún y Acapulco, claramente los dos principales centros turísticos de la República Mexicana ubicados respectivamente en los estados de Quintana Roo (caribe mexicano) y Guerrero (costa del Pacífico), tuvieron procesos distintos por lo que respecta a su crecimiento y desarrollo urbanístico, a la época de inicio de su actividad como destino turístico, y a la evolución de su oferta y de la naturaleza del público que han atraído a lo largo de diversos decenios, desde el punto de vista de su nacionalidad y de su estrato social.

Pero, sobre todo, una diferencia destaca sobre las demás: Acapulco es un puerto fundado en el siglo XVI como vía de acceso a la Ciudad de México del comercio colonial español con Asia, aunque con previos asentamientos prehispánicos; mientras que Cancún fue una isla del caribe de la península de Yucatán deshabitada hasta el decenio de los setenta del siglo XX, y planificada y desarrollada casi exclusivamente con fines de explotación turística.

Aunque Acapulco empezó a ser destino para los vacacionistas algunos decenios antes, cuando se estableció como parada de los barcos norteamericanos que cubrían la ruta del Pacífico, su desarrollo turístico despegó a partir de los años cuarenta, y experimentó una gran promoción durante el sexenio del presidente Miguel Alemán. Durante los años siguientes y hasta el decenio de los ochenta, precisamente frente al auge de Cancún, Acapulco se mantendría como el principal destino turístico mexicano y uno de los más importantes en el mundo.

Cancún, por su parte, concebido por el Banco de México en 1968 y planificado por el Fondo Nacional de Infraestructura Turística (Infra-

LA EXPLOTACIÓN SEXUAL COMERCIAL DE NIÑOS 157

tur), como parte de la nueva política turística requerida por el presidente Díaz Ordaz, fue construida a partir de 1970 y "presentada" como ciudad vacacional en 1974. En consecuencia, es una ciudad con apenas treinta y dos años de ser concebida, y veintisiete de existencia.

Por lo tanto, ambas ciudades exponen dos tipos, sino opuestos, por lo menos netamente diferentes de construcción urbanística de destinos turísticos dirigidos al ocio y al entretenimiento, hasta representar dos modelos de crecimiento que significativamente han compartido mucho de las agravantes de superpoblación y saturación, de los déficit de infraestructura y servicios, y de los problemas económicos, sociales y familiares que se creía poder evitar utilizando la planificación con la que contó en un principio la ciudad quintanarroense.

Las diferencias y similitudes existentes entre ellas serán útiles para ejemplificar y contrastar bien los procesos de impacto local, regional y nacional del turismo de masas (con la urbanización desmesurada, la instauración de fuertes corrientes migratorias, la desestructuración y reestructuración social y familiar, y la adopción de nuevos estilos tanto de vida como culturales) que creemos que están en la raíz de la facilidad con que se reproduce e incrementa la explotación sexual comercial de niños en las ciudades turísticas.

Así, el interés de efectuar el análisis en estas dos ciudades radica en:

a] reunir las regularidades del fenómeno en dos ciudades turísticas netamente distintas (y al mismo tiempo las más importantes de México) para reconstruir los puntos comunes desde el punto de vista regional, nacional y transnacional.

b] resaltar qué características adopta el fenómeno, dependiendo de factores tales como el tipo y origen de las migraciones, las diferentes transformaciones de las relaciones familiares y genéricas, la existencia de circuitos y redes para el tránsito de los niños y adolescentes en la explotación sexual, y los cambios culturales vinculados con la interacción social con los turistas y sus estilos de vida e ideologías.

EL DESARROLLO DE LAS DOS CIUDADES TURÍSTICAS

Es evidente que las ciudades de Cancún y Acapulco no sólo son diferentes por sus particulares procesos históricos de conformación y desarrollo, sino también por las propias dinámicas demográficas, y las características sociales y culturales de las entidades en que están asentadas: Quintana Roo y Guerrero, donde constituyen los principales núcleos urbanos por encima de las propias capitales estatales (Chetumal y Chilpancingo, respectivamente).

El estado de Guerrero está dividido en siete regiones internas que se corresponden con espacios bastante diferenciados económica, social y culturalmente. Así, la comercial zona norte contrasta con la más empobrecida región indígena de la Montaña, muy distinta a su vez de las dos regiones de costa (Costa Grande y Costa Chica) de población de ascendencia africana, o de la Tierra Caliente, con una economía vinculada con el narcotráfico.

Esta desigualdad territorial se vio acentuada con la formación de núcleos turísticos costeños (sobre todo Acapulco, pero más recientemente Ixtapa-Zihuatanejo) que al mismo tiempo que desencadenaban caóticos procesos de urbanización dispararon fuertes corrientes migratorias de población rural desde el interior del estado, aunque en especial de otros estados, hacia la costa.

Quintana Roo, por su parte, fue territorio hasta el año 1975. Anteriormente, su escasísima población y su nulo desarrollo no habrían propiciado la formación de un estado.

La región norte, vecina al estado de Yucatán y conformada por bosques vírgenes, playas y lagunas en el mar Caribe, se mantuvo prácticamente despoblada hasta que empezó el auge turístico contemporáneo con la llegada de miles de migrantes de otros estados de la República.

Antes de detenernos en nuestro análisis sobre la explotación sexual comercial de niños, algunos datos históricos y estadísticos básicos sobre las dos ciudades turísticas serán importantes para facilitar la comprensión del fenómeno general del turismo sexual y de su impacto en las poblaciones locales.

Hasta el decenio de los cuarenta, Acapulco era un puerto menor cuya atracción turística resultaba insignificante y sólo impactaba en las propias poblaciones de las costas Grande y Chica. Los registros de población son significativos: en 1930 era de poco más de 6 000 habitantes, y diez años más tarde no superaba los 8 000.

Aunque los anteriores gobiernos de la República ya habían observado la necesidad de la planificación urbana de la ciudad, fue con el presidente Miguel Alemán (1946-1952) cuando en realidad se inaugura la modificación de la estructura urbana, que consistió en transformar y adaptar el antiguo pueblo portuario para hacerlo compatible con las exigencias de los inversionistas inmobiliarios y turísticos, y preparar de esa forma la bahía para acoger una incipiente industria turística. A principios del siglo XX, Acapulco sólo contaba con tres hoteles. Para finales de la centuria serán varios centenares. La mayor parte de este auge de construcción turística se dio entre los años cincuenta y los inicios de los ochenta, mismo periodo en el que la población del puerto se septuplicó (de 55 000 a 409 000), principalmente gracias a la migración desde las zonas rurales de otros estados.

Dirigido al turismo internacional durante esos decenios, Acapulco conoció su "edad de oro" al no tener rival en el contexto nacional. Así, en 1970 la ciudad ya recibía a más de un millón de turistas, siendo casi la mitad extranjeros, y en 1980 se alcanzaron los dos millones y medio de visitantes, con más de un millón de ellos internacionales.

Sin embargo, con la creación a finales de los setenta de otros destinos turísticos mexicanos de alto nivel (tales como Cancún), Acapulco no pudo seguir compitiendo en el mercado internacional y hubo de adaptarse a satisfacer la demanda de un turismo nacional que, aunque numeroso, era de un poder adquisitivo cada vez menor. Esto generó la clausura de varios comercios y hoteles, y por extensión, el empobrecimiento de la mayoría de una población establecida en los cinturones de miseria situados fuera de la bahía que, no obstante, seguía emigrando desde las zonas rurales.

En la actualidad, Acapulco parece una ciudad resignada a hospedar al turismo nacional con casi el 80% en 1996, correspondiendo el restante 20% principalmente a las breves temporadas de *spring breakers* (estudiantes norteamericanos) o a algún otro congreso.

De los más de 720 mil habitantes actuales de Acapulco, según el último Censo General de Población 2000, poco más del 48% son hombres, lo que da como resultado uno de los índices de masculinidad más bajos de todo el país: 92.8 (siendo la media nacional de 95.4). Por otra parte, aunque Guerrero tiene la edad media más baja de toda la República (19), la de Acapulco está centrada en la media nacional (22).

POBLACIÓN ESTADO DE GUERRERO, 2000

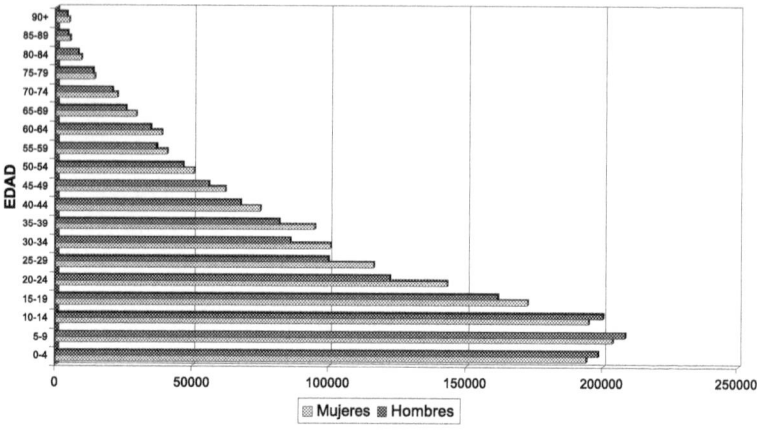

A este respecto, se puede observar que Guerrero registra una pirámide de población típicamente joven, con una alta preponderancia del número de mujeres sobre el de hombres en los grupos de edad comprendidos entre los 15 y los 44 años. Éste es un fenómeno que se explica por la emigración de varones jóvenes y adultos a otros estados del país o a los Estados Unidos.

POBLACIÓN ACAPULCO DE JUÁREZ, 2000

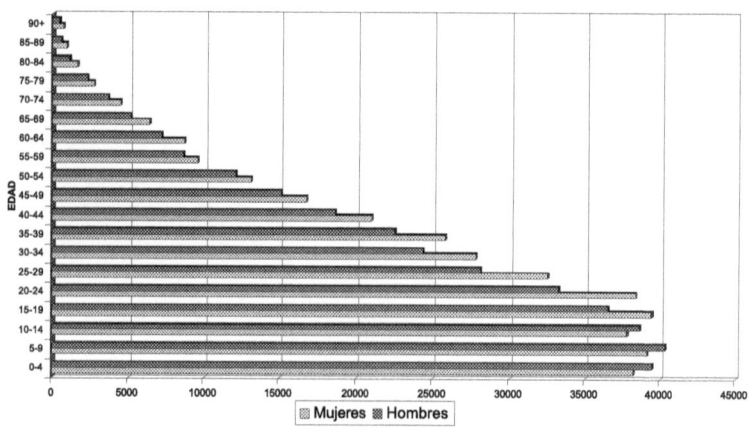

La pirámide de población de Acapulco, por su parte, registra una importante variación respecto de la del estado: aunque de tendencia "joven", los grupos de edad de jóvenes y adultos son más numerosos. No obstante, sigue manteniendo la tendencia predominante de mayor proporción de mujeres sobre los hombres —en algunos casos, como en la población de 20 a 24 años, por más de siete puntos de diferencia.[1] Así, la población de 15 a 29 años en Acapulco supone el 28.8% del total, casi dos puntos por arriba de la media de Guerrero (27%), y a un punto de la nacional (27.9 por ciento).

Los patrones migratorios contemporáneos de Acapulco corresponden a los de una ciudad que en los decenios anteriores recibió casi todo su elevado crecimiento de población debido a su saldo migratorio, pero que en la actualidad se encuentra en proceso de estabilización. Así, en 2000 poco más del 9% de la población del municipio había nacido en otra entidad, mientras que 2.7% residía en 1995 fuera de Guerrero, y un escaso 1% en otro municipio del estado —apenas 0.3 de origen extranjero (1 638). Un decenio antes, en 1990, la proporción era apenas superior, con un 9.9 de nacidos fuera del estado.

Las corrientes migratorias descendieron considerablemente a partir de finales de los ochenta, ya que desde entonces la mayor parte del crecimiento neto de la ciudad se ha debido a su crecimiento natural, con sólo 2% anual en el último decenio —ligeramente superior a la media del estado de Guerrero (1.64), y a la media nacional (1.85).

Sin duda, la afluencia durante decenios de miles de migrantes (sobre todo desde los cincuenta hasta los ochenta) originarios en su mayor parte de otros estados de la República, (primero para construir la zona hotelera de la bahía, y sus zonas residenciales exclusivas, y posteriormente para ocupar los puestos de servicios al turismo) otorgó al puerto de Acapulco características típicas de las ciudades de rápido crecimiento (recordemos: de 700% entre 1950 y 1980): saturación de la estructura urbana, conformación rápida de una zona periférica empobrecida, población con desarraigo social, y patrones normativos familiares y sociales en restructuración.

Pero de todo ello, junto con la predisposición a que se formen zonas urbanas "rojas" o de prostitución que conllevan las ciudades con estos rasgos sociológicos, un dato es relevante: una parte de la migración fue de mujeres solteras (algunas de ellas niñas y adolescentes),

---

[1] Los hombres de 20 a 24 años representan sólo el 46.4 % del total de grupo de edad, mientras que las mujeres son el 53.6 %.

mujeres que llegaban al puerto desde zonas rurales sin ninguna preparación profesional y con pocas posibilidades de encontrar un empleo. Muchas de ellas (además de mujeres casadas que ejercían en colonias alejadas de las suyas de origen) encontraron en la prostitución la mejor opción para conseguir un empleo entre los numerosos bares y centros nocturnos que proliferaron en Acapulco al calor de una demanda turística de servicios sexuales en rápido aumento.

La conformación urbana de la ciudad actual de Acapulco parte de un *a]* pueblo antiguo alrededor del Zócalo (situado en el extremo norte de la Bahía) con su correspondiente puerto y playas (Caleta) con hoteles tradicionales; rodeado por el llamado *b]* "Centro" que ocupa la parte norte del anfiteatro, con colonias ya históricas como El Hueso, La Progreso o La Guinea; *c]* una extensión más o menos planificada de fraccionamientos residenciales y hoteles de alto nivel, a lo largo de la Costera en dirección sur (la llamada "Zona Dorada"); *d]* una zona de fraccionamientos exclusivos y hoteles de "Alto Turismo", en la llamada "Zona Diamante" y Las Brisas; *e]* una urbanización periférica de colonias populares hacia el este fuera del anfiteatro (las Cruces, la Garita, la Sabana, la Zapata, Ciudad Renacimiento); *f]* una urbanización periférica al noroeste fuera del anfiteatro (Mozimba, Pie de la Cuesta).

Los movimientos poblacionales cotidianos de trabajadores de los servicios turísticos u otros, formales e informales (entre los que se cuenta la prostitución, pero también empleados de hoteles, de restaurantes, de bares, taxistas, músicos, etc.) desplazan población desde las zonas *e* y *f* hacia las *a*, *b*, *c* y *d*. O lo que es lo mismo: desde las colonias situadas fuera del llamado "anfiteatro" de la bahía y de la parte superior del mismo, hasta la extensa zona hotelera de su interior.

A pesar de que Acapulco es un puerto histórico y que muchas zonas residenciales y hoteleras se encuentran no muy alejadas de las colonias populares, lo cual facilita cierta integración urbana y por consiguiente de su población, el hecho de que el crecimiento de la ciudad haya superado el límite de la bahía desde el decenio de los setenta, y que gran parte de la población del municipio habita en ellas pero trabaja en la bahía, ha provocado la diferenciación de varios Acapulcos fuertemente contrastados.

Cada día miles de acapulqueños recorren largas rutas de acceso y de regreso de la bahía, muchos de ellos en trabajos sumamente informales, lo que ha provocado la fragmentación de la dispersa área urbana entre una bahía saturada de servicios y degradada, y extensas colonias populares (algunas muy empobrecidas) dependientes en lo absoluto de la primera y con una población cada vez menos posibilitada de encontrar una salida profesional formal en el ya escaso mercado turístico –orientando, recordémoslo, hacia un cliente cada vez con menos poder adquisitivo. Con el colapso progresivo del puerto como destino turístico, y la reducción de la oferta laboral para miles de "periféricos", el caldo de cultivo para la proliferación de empleos que pueden ser tanto informales como ilegales, como la prostitución o el proxenetismo está más que preparado.

Debido al índice más bajo de masculinidad, entre la población femenina en edad reproductiva hay una proporción aproximada de 9 hombres por cada 10 mujeres. O lo que es lo mismo, un índice de feminidad de 113, sin duda uno de los más elevados de todo el país. De entrada, esta proporción nos obliga a pensar en una posible presencia de soltería, o de unión libre en mujeres que mantienen relaciones de pareja con hombres ya casados.

Significativamente, del total de estas adolescentes que tienen o han tenido pareja, solo 24% lo ha hecho en unión libre, mientras que el resto se ha casado por la vía civil o religiosa, lo que confirma (al contrario de lo que pasará en Cancún) cierta resistencia y continuidad de la estructura social familiar frente a los cambios experimentados en el puerto turístico por los fuertes procesos migratorios y los contrastes culturales. Quizás ello se deba a dos razones: la relativa integración social de la actual población acapulqueña (donde sólo 9% nació fuera de la ciudad); y el hecho de que desde hace veinte años la mayoría del turismo es nacional, por lo que se contrastan con valores no muy alejados de los propios (como sí pasará en Cancún).

Dentro del estado de Guerrero, con la segunda media de alfabetización más baja en el contexto nacional (78.35%, 12 puntos por debajo de la media nacional, y sólo mejor que Chiapas), Acapulco tiene el mejor registro de alfabetización de todo el estado, 89.6%, similar a la media nacional.

Por lo que respecta a la educación media y superior, Acapulco se sitúa en el tercer lugar del estado con 33%, más de cinco puntos por encima de la media nacional, y doce de la media de Guerrero. Aunque no posee muchos centros de educación superior, hay algunos orientados hacia el sector de hostelería; aunque debe considerarse la población acapulqueña que estudia una carrera en la relativamente cercana Ciudad de México, o en Chilpancingo.

Como cabría esperar, la ocupación por sectores en Acapulco está monopolizada por los servicios con un 73% (del cual sector terciario, un 26.8% se ocupa en el comercio, y otro 18.9% en la hostelería).

Tampoco hay que desdeñar el 19% dedicado al sector secundario (la mayoría en la construcción), y el escaso, pero significativo 5% de Población Económicamente Activa ocupada en la agricultura y la pesca. En definitiva, Acapulco está relativamente más diversificado que otros puntos turísticos como Cancún, ya que incluso en el sector terciario una gran parte de la población se encuentra ocupada en ramas como transporte, educación o gobierno, no directamente dedicados al turismo —aunque es evidente que toda la estructura ocupacional, en forma directa o indirecta depende del mismo.

Cancún es otra historia. Después de decretarse en 1970 de "utilidad pública" la planeación y el "desarrollo turístico-habitacional" de la isla de Cancún, los primeros trabajadores (los ahora llamados "pioneros") llegaron ese mismo año para construir lo que pretendía ser un polo de desarrollo turístico de importancia estratégica nacional, lo que hasta cierto punto se logró. En 1974 el territorio de Quintana Roo se eleva a la categoría de estado (y un año después Cancún, a la de ciudad) coincidiendo con la llegada de los primeros turistas en otoño del mismo año. A partir de 1975 se inició la campaña de promoción internacional de Cancún, dirigida principalmente al turismo de alto poder adquisitivo, proveniente en su mayor parte de Estados Unidos y Europa.

Para levantar la infraestructura de la ciudad primigenia (el llamado actualmente "Centro", que contó con una adecuada planificación) y seguir edificando hoteles durante los años siguientes, miles de trabajadores de la construcción, en su mayor parte indígenas yucatecos, emigraron a Cancún y muchos de ellos se quedaron a vivir allí. Este proceso de expansión llegaría a su apogeo a finales de los ochenta, cuando se construyeron decenas de hoteles de primer nivel, muchos de ellos de cadenas multinacionales.

Para finales de los noventa, había en Cancún 147 hoteles y 22 139 cuartos de hotel, casi 60% de cinco estrellas. Durante todo este decenio, los turistas hospedados en Cancún por temporada han superado los dos millones, y se ha alcanzado, por ejemplo, en 1997 la cifra de 2 621 269, de los cuales el 79% eran turistas extranjeros.

Pero esta aceleración de la construcción hotelera generó graves problemas sociales, ya que la abundante mano de obra atraída por los altos sueldos relativos no pudo ser asentada en la ciudad de acuerdo a como había sido planificada. En consecuencia, las necesidades de infraestructura urbana, de vivienda, y de servicios de esta población, que casi se quintuplicó entre 1980 y 1990,[2] dejaron muy atrás las previsiones de la planificación del Infratur. Así, por ejemplo, habilitados durante años en campamentos precarios, cuando los obreros decidieron traer a sus familias para asentarse en Cancún, estas demandas hicieron crecer la ciudad por el norte de manera caótica, mediante la creación de las "Regiones" sobre suelo ejidal, carente de equipamiento urbano (hoy llamada "Franja Ejidal").

El municipio de Benito Juárez (más del 95% de cuya población reside en Cancún) tiene en la actualidad 419 815 habitantes (el 48% del total de Quintana Roo) y posee, al contrario que Acapulco, el índice de masculinidad más elevado de la República mexicana: 105.33;[3] con una edad mediana (23 años) ligeramente más alta que la nacional, y casi un punto superior a la del estado de Quintana Roo, todo ello debido todavía al predominio de adultos jóvenes varones emigrantes.

POBLACIÓN ESTADO DE QUINTANA ROO, 2000

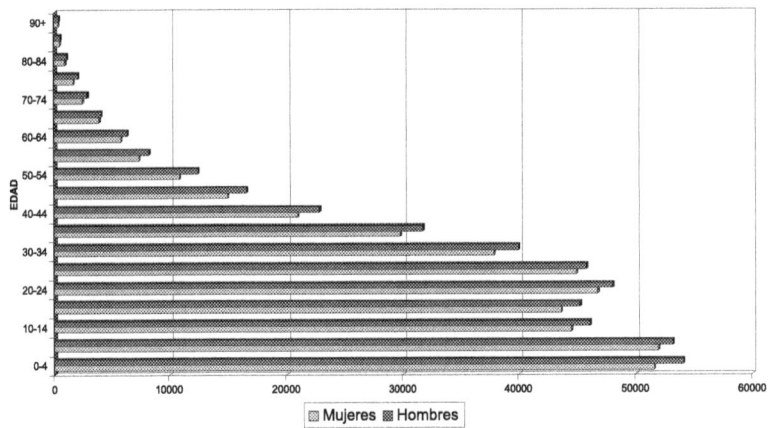

[2] En 1980, la población de Cancún era de 37 190, mientras que diez años después, en 1990, había alcanzado los 176 765 habitantes.
[3] En los últimos veinte años, el índice de masculinidad se ha mantenido constantemente por encima de 105; tuvo un pico en 1990, con un inusitado 110.1. Hay que recordar que la media nacional es de 95.4.

Por grupos de edades, Cancún y, en general, Quintana Roo, arrojan datos anómalos para el conjunto de México, debido a la preponderancia de la población migrante. Así, en Quintana Roo la población de 15 a 29 (32%) se acerca a menos de 3 puntos de la de 0 a 14 (34.4%), siendo que en la media nacional esta última se sitúa 8 puntos por arriba de la primera. El municipio de Benito Juárez todavía posee menos población infantil, con un 33%— 2.6 puntos inferiores a la media nacional —que es equivalente a la de 15 a 29 (32.9%). Pero el dato más anómalo se refiere, sin duda, a la del grupo de edad de 65 años en adelante: 2.3% para el conjunto de Quintana Roo, la proporción más baja de todo el país (justo la mitad de la media nacional); y tan sólo 1.5% en Cancún.

POBLACIÓN BENITO JUÁREZ (CANCÚN), 2000

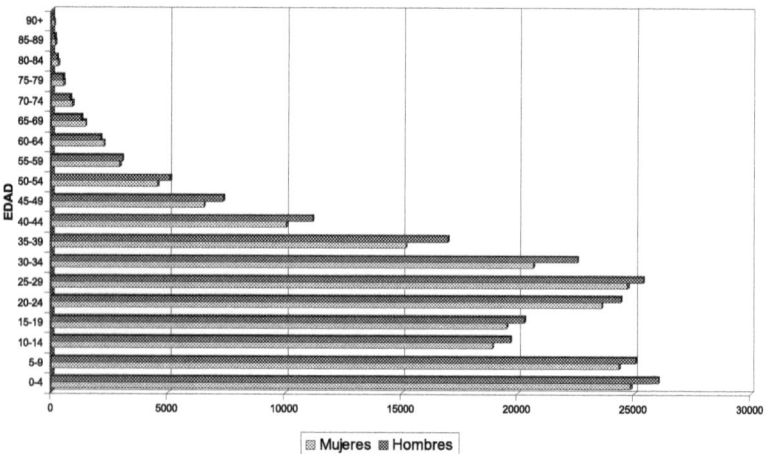

La pirámide de población de Cancún es explícita a este respecto: la mayoría se sitúa entre los grupos de edad de 20 a 34 años, predominantemente hombres. Podemos observar que, a pesar de confirmarse la creencia de los cancunenses de ser una "sociedad sin abuelos" (debido a que los procesos migratorios desarraigaron a las familias extensas ascendentes), tampoco es una sociedad de niños, sino más bien una sociedad de adultos jóvenes (varones): la población de 25 a 39 años supone el 30% de la población, casi ocho puntos superior a

LA EXPLOTACIÓN SEXUAL COMERCIAL DE NIÑOS 167

la media nacional para el mismo grupo de edad (22.2%).[4] Esto, junto con factores familiares y culturales, será una causa coadyuvante en la demanda de la prostitución en general.

En la actualidad, más del 69% de la población cancunense no nació en la localidad. Por otra parte, tres quintas partes de la población son originarias de la península yucateca (Yucatán, Campeche y Quintana Roo) de la cual la mitad es del estado de Yucatán; y sólo la otra mitad (28.3%) del propio estado de Quintana Roo (INEGI, 2000). Diez años antes, en 1990, apenas 20% era originario de la entidad, mientras que casi cuatro quintas partes lo eran del resto del país (INEGI, 1990). Actualmente, en el conjunto del estado de Quintana Roo, todavía más de la mitad de la población nació en otra entidad de la República mexicana —lo que supone un saldo neto migratorio positivo del 52%, el más elevado de todo el país. Desde 1995 hasta el año 2000 más del 23% de la actual población emigró de otros estados de la República a la ciudad de Cancún.

En definitiva, Quintana Roo ha seguido creciendo en población desde 1995 a 4.6 puntos por encima de la media nacional (1.5), aunque a un ritmo inferior que en el decenio de los ochenta —la mayor parte de cuyo crecimiento se debe todavía a la migración que llega a Cancún y no a un crecimiento natural.

El fenómeno migratorio que ha caracterizado el crecimiento de Cancún durante 27 años, lo ha convertido en uno de los lugares de la República con más diversidad (cualitativa y cuantitativamente) de origen de la población, lo que tendrá como consecuencia un hecho que tendrá mucho peso en las prácticas de sexualidad: el desarraigo social y la desestructuración familiar, la falta de una identidad social y cultural definida, y la débil presencia de normas sociales y morales.

Uno de los principales problemas sociales generado es, precisamente, el de la desestructuración familiar y el desarraigo social, y las prácticas de sexualidad que han estado vinculadas a dichas condiciones. Muchos de los trabajadores de la construcción que arribaron a Cancún durante años llegaron solteros o sin su familia (que se había quedado en el lugar de origen), no lograron encontrar pareja o reunir a sus esposas o novias y familias hasta después de meses o años y éste fue un factor socio-cultural (por otra parte, característico de las zonas de "colonización" o de "frontera") que acentuó la demanda de

---

[4] Hay que resaltar que el índice de masculinidad en Quintana Roo para el grupo de edad de 30 a 64 años es en la actualidad de 108.1.

prostitución en el primigenio Cancún, dada la escasez de mujeres solteras en los primeros años (y debido, en parte, a la construcción cultural de la sexualidad masculina que incitaba a llevar a cabo estas prácticas), inaugurando espacios de prostitución o "zonas rojas" que han sobrevivido a lo largo de los años, como el famoso "Crucero". En la actualidad, aunque las condiciones ya no sean exactamente las mismas, los espacios y las prácticas se han reproducido y extendido, como si una vez establecidas sus propias inercias hubieran generado una particular cultura de ejercicio de la sexualidad.

Desde el punto de vista territorial, Cancún está dividido en tres espacios urbanos, tanto física como estructuralmente: la Zona Hotelera, el Centro (o zona de las "supermanzanas"), y la zona de las Regiones (incluyendo la "Franja Ejidal").

La llamada "Zona Hotelera", como su nombre lo indica, contiene la mayoría de los hoteles, muchos de ellos de alto nivel o "Gran Turismo", está urbanizada según un estilo de las zonas turísticas del primer mundo, y cuenta con restricciones y normativas especiales (prohibida la venta ambulante, tolerancia para beber alcohol en la vía pública). La Zona Centro se corresponde con el primer nudo planificado de Cancún para albergar el desarrollo habitacional y comercial, aunque hoy en día es un espacio urbano con una infraestructura desgastada, con poca atracción turística y graves problemas de vialidad. La tercera zona, la de las Regiones, se corresponde con el desarrollo urbano no planificado de asentamientos irregulares, donde vive la población de escasos recursos (la mayoría de cancunenses) y donde se reproducen de manera cotidiana graves problemas sociales (como el hacinamiento y el abuso sexual infantil).

Esta compartimentación territorial se corresponde en gran parte con localizaciones rígidas de los estratos socioeconómicos, lo cual limita las interrelaciones entre ellos, compacta los sectores urbanos como nichos o refugios para cada clase, y predispone a una carencia de convivencia social y de construcción de valores culturales compartidos por la ciudadanía. Para acabar de empeorar las cosas, los fuertes contrastes percibidos por los trabajadores de la zona hotelera entre la pobreza de la región donde habitan y el lujo extremo de los hoteles donde trabajan, son fuente constante de ansiedad social y conflictos de identidad.

Como ocurre en muchas otras ciudades mexicanas, los estratos acomodados (profesionales, gerentes, propietarios) sólo interactúan con los estratos inferiores (obreros, servicio doméstico, trabajadores escasamente cualificados o cualificados pero no promocionados) para llevar a cabo relaciones de producción en su mayor parte explotadoras e injustas. En este contexto es donde Cancún se convierte en caldo de cultivo para la proliferación de trabajos no cualificados, tales como la prostitución de niñas y adolescentes, en que el ingreso económico rápido intenta paliar la pobreza extrema de numerosas familias, o de las niñas recién emigradas de regiones rurales.

En este sentido, los llamados "restaurantes-bar" han proliferado tanto que, a pesar de las disposiciones de 1996 para eliminar la prostitución callejera en la zona Centro, han llegado a ser una de las actividades de servicios más florecientes de Cancún, desplegados sobre todo en la zona de las Regiones y en la Plaza 21 —espacio urbano para "centros nocturnos" de nivel alto, establecido en la práctica como zona de tolerancia fuera del casco urbano.

Otro de los lugares comunes elaborados en el contexto local consiste en que Cancún es una ciudad que, debido al relajamiento de normas sociales y morales que propicia el desarraigo familiar, tiene una alto número de "madres solteras", muchas de las cuales son menores de edad.

De igual forma, otra de las consecuencias de la falta de arraigo social e identidad cultural que se reconocen en los territorios de "frontera" es la falta de unidad de credo religioso, o la convivencia de varias confesiones junto con un alto nivel de ateísmo. Tal es el caso de Cancún. De acuerdo con los datos de los últimos 20 años hay una disminución progresiva de la fe católica de casi cinco puntos por decenio hasta situarse en el 75%, quince puntos por debajo de la media nacional,[5] un aumento hasta el 14% de las bíblicas y evangélicas, y casi una de cada 10 personas que se autodenomina como "no creyente" (siendo que la media nacional es del 3.5%).

El nivel de alfabetización de Cancún, por su condición urbana, por la calidad de la migración, y por su equipamiento educativo, es tan alto como el 95.7%, más de cinco puntos superior a la media nacional (90.5%), y sólo un punto inferior a la más alta del país: el Distrito Federal (97%).

A su vez, la proporción de niños mayores de 5 años con capacidad para leer y escribir en Cancún es del 88%, con escasas diferencias entre niños y niñas, un punto superior a la media nacional. La educación media y superior en la ciudad turística en población mayor de

---

[5] En 1980 85.7 % de católicos, 81.0 % en 1990, 75 % en 2000.

15 años es elevada (34.5%). Este porcentaje se sitúa 5.5 puntos por encima de la media estatal, y 7 puntos superior a la nacional (27.6%), uno de los más elevados del país, después del Distrito Federal (45 por ciento.). Orientada la ciudad de Cancún exclusivamente a la industria del turismo, es evidente que la ocupación por sectores está concentrada casi en su totalidad en el terciario (80.3%), con una mínima industria (11%) y casi nula agricultura (1%), lo cual dificulta las salidas profesionales formales fuera del turismo, y conduce a una hiperterciarización informal de trabajos alrededor del ocio y del entretenimiento, entre los que cabe contar la prostitución.

EL CONCEPTO DE TURISMO SEXUAL: LA FANTASÍA DEL EXOTISMO INICIÁTICO Y EL PREJUICIO SEXUAL

Como una primera aproximación a lo que representa el turismo sexual en las ciudades turísticas mexicanas en general, es necesario resaltar su carácter no exclusivo. Esto significa que su presencia no impide la existencia de otras formas de explotación sexual propias también de las zonas no turísticas.

Por consiguiente, en Cancún y Acapulco se dan casi todas las modalidades posibles de explotación sexual comercial, desde aquellas que son características de las zonas turísticas, hasta las que, sin negar la influencia que en este caso ejerce el fenómeno turístico sobre ellas, predominan en cualquier asentamiento urbano.

Es obvio que los espacios de prostitución de estas ciudades están condicionados por su dependencia del mercado turístico, pero muchos de sus modos de operar son básicamente análogos a los existentes en otras ciudades —por lo que el fenómeno del turismo sexual, en este caso, está contenido o es parte del fenómeno de la explotación sexual comercial en general. No obstante, las características que el fenómeno adopta en Acapulco y Cancún están lo suficientemente dominadas por el efecto del turismo que es imposible analizarlo prescindiendo de él.

Pero otra aclaración importante va en sentido contrario: algunas de las formas de explotación sexual que parecen más idiosincrásicas de las zonas turísticas, como las agencias de edecanes, tampoco son exclusivas de éstas, sino que se pueden dar en cualquier centro urbano cuyas condiciones sean atractivas para este tipo de negocios (condición de capital, celebración de congresos, etcétera).

Para describir con una palabra clave la situación de la prostitución en ambas ciudades, se podría hacer con la de "heterogeneidad". Así, en nuestras dos ciudades hay varios mercados de la prostitución, ejercidos en espacios[6] diversos, adaptados a múltiples demandas por parte de heterogéneos "clientes" o usuarios de los servicios sexuales, mexicanos y de otros países; así como también una gran diversidad en cuanto al origen social, la historia de vida y los perfiles psicológicos de las niñas y mujeres involucradas.

Siendo así, hay que especificar que esta heterogeneidad de las modalidades de prostitución responde a la adaptación a cada una de las demandas existentes, por lo que no todas dan cuenta del tipo de motivación específicamente vinculado con el turismo sexual: así, por ejemplo, innumerables clientes "locales" ocupan casi toda la demanda en muchos espacios de prostitución.

No obstante, al ser ciudades orientadas al servicio turístico, los miles sino millones de visitantes anuales de estos centros de costa tienen un impacto evidente en los modos de vida de los habitantes locales y, por supuesto, en sus prácticas de sexualidad.

Antes que nada, hay que resaltar que la situación de toda persona turista es especialmente excepcional, tanto desde el punto de vista socionormativo, como emocional y cognitivo. Un paseante —a veces en sentido proporcional a la distancia real o estructural que ha recorrido para estar ahí— como parte del atractivo que ejerce el destino turístico, no puede sentir ni experimentar las mismas sensaciones que en su entorno cotidiano, y ello lo obliga a ver la realidad del centro vacacional plagada de las fantasías que por diferentes razones han poblado su imaginación.

Muchas de estas fantasías no son específicamente sexuales, tales como las creencias acerca de las condiciones paradisiacas de las bellezas naturales o la capacidad aumentada del propio organismo para recibir estimulaciones de todo tipo. Pero, en cambio, otras muchas de estas fantasías, como veremos más adelante, son recreaciones de los paraísos eróticos imaginarios que provienen de las culturas occidentales y que sirven, al mismo tiempo, al propósito de afirmar los

---

[6] El concepto de "espacio" que utilizo en todo el texto incluye tanto la vía pública (espacios abiertos), como los establecimientos locales privados y de acceso público (espacios cerrados).

valores normativos (sociales, familiares, de conducta sexual, incluso religiosos o éticos) de sus países originarios.

Usualmente, las personas que salen de vacaciones en la búsqueda de alguna ruptura con su realidad suelen encontrar en sus lugares de destino aquello que andan buscando y que ya traen en sus cabezas (aunque se trate de experiencias grotescas). Y las personas que los reciben, deseosas de conseguir los máximos beneficios económicos de ellos, no se sienten muy contrariados a la hora de confirmar las creencias que aquellos portan junto a su equipaje, aunque las perciban como exageradas o fuera de lugar.

Además, el habitante local, acostumbrado a ver día tras día la ruptura de los límites de sus normas que practican los turistas, acaba creyendo que estas conductas son propias de los países avanzados y por tanto dignas de ser imitadas lo más pronto posible. El hedonismo, la cultura del placer fácil (usualmente vinculado con cierto uso indiscriminado del cuerpo), la vida nocturna, y la promiscuidad sexual, son algunos de los patrones que, a fuerza de cotidianos, se convierten en deseables. Al margen de consideraciones de orden moral, lo que ocurre es que estas prácticas son adoptadas en situación de desigualdad, ya que los habitantes locales tienen que integrarlas en sus experiencias cotidianas y sus propios sistemas normativos, mientras que los turistas no.

Así, las prácticas de ocio y consumo vinculadas con la situación excepcional del turista de estar fuera de las normas sociales, cívicas y religiosas que rigen su vida cotidiana —diríamos que se encuentra flotando en el éxtasis eufórico al que conduce toda condición "carnavalesca" de suspensión de normas— facilita la adopción de estos estilos de vida por parte de los habitantes locales como si fuesen aptos para la vida cotidiana, y esto es especialmente cierto para los turistas internacionales. Esto último se debe a que para que las fantasías ocupen en la mente el lugar de la aburrida vida ordinaria, se necesita cierta condición de "extrañamiento", condición a la que factores objetivos como el clima, la lengua, los modos locales de comunicación, la percepción de la pobreza material, y, por supuesto el fenotipo o aspecto físico, actúan como "estimulantes" facilitadores. Y no menciono los factores culturales más profundos porque por lo general el turista extranjero no se llevará más que una impresión superficial y estereotipada de las diferencias culturales "oficializadas" en el medio turístico, y a menudo teatralizada en los espacios de escenificación (hoteles, restaurantes, salones).

LA EXPLOTACIÓN SEXUAL COMERCIAL DE NIÑOS

La definición consensuada que existe de este fenómeno desde las instancias internacionales que persiguen el turismo sexual infantil es la siguiente: un turista sexual es una persona o unas personas que viajan más allá de sus fronteras nacionales con la intención de involucrarse en actividades sexuales con personas de su país o de otros, incluyendo niños.

Pero es evidente que no todos los turistas que llegan a los destinos vacacionales lo hacen con la intención de mantener contactos sexuales durante su estancia con gente del lugar o por lo menos del mismo país. Muchas personas (parejas de novios, recién casados en luna de miel, matrimonios, grupos de amigos o incluso familias extensas) llegan y la mayor parte de su vida social la realizan en el interior de sus propios grupos. Y esto es cierto tanto para turistas mexicanos como extranjeros.

Aunque los turistas adolescentes (de los dos sexos), los solteros, los que van en grupos de iguales pero en ausencia de sus parejas, las personas mayores que viajan solas, vayan con el propósito explícito o no, es fácil que en algún momento de su estancia vacacional se encuentren con la oportunidad de creer experimentar en propia carne una fantasía que les resulta atractiva y excitante ya desde sus países de origen: la fascinación del erotismo tropical como forma de iniciación sexual —aunque sea una segunda forma de iniciación percibida como más "auténtica"— mediante una práctica sexual que ellos muchas veces entenderán como "ligue" o relación casual "liberal", y que en realidad es una práctica de prostitución bastante bien establecida en sus diversas modalidades.

Y un paso más allá, para algunos de ellos esta fascinación de lo que rompe las normas en materia sexual no será otra que la de mantener relaciones sexuales con niños o niñas y adolescentes "exóticos", personas cuyo acceso sexual en sus lugares de origen sería más problemático o les plantearía incluso fuertes resistencias morales con sus "propios" niños nacionales.

Aunque aquí habrá que distinguir claramente entre las personas que realizan el viaje con el propósito específico de mantener relaciones sexuales con menores (persona a la que llamaré "sexoturista infantil consciente") y buscan en forma activa los espacios o los actores que les pueden ayudar a establecer contactos; y, por otra parte, los turistas que desean tener experiencias sexuales pero no específicamente con menores, y la facilidad de acceso a los mismos y la condición antes aludida de "suspensión de normas" ayuda a que elijan esta opción para sus parejas sexuales (persona que denominaré como "sexoturista infantil casual").

Los de la primera categoría (el sexoturista infantil consciente) podrían entrar en la categoría médico-psiquiátrica de la "pedofilia", ya que algunos de ellos alimentan durante años fantasías sexuales con niños o mantienen contactos con camaradas a través de Internet, antes de decidirse a dar el paso de llevar a cabo el viaje después de haber intercambiado y acumulado la suficiente información. Algunos de los de la segunda categoría (el sexoturista infantil casual) también podrían acomodarse en la noción de "pedófilos", pero tengo que advertir del hecho de no estar muy interesado en la búsqueda de dichos factores psiquiátricos como móviles principales para este tipo de crímenes, sino específicamente en los factores sociales y culturales propiciadores.

Es muy importante resaltar una tercera categoría de actores "clientes": los usuarios locales de servicios sexuales de menores ("sexousuario infantil local"), y que son peculiares porque simplemente no problematizan el evento como ilegal o inmoral, o si lo hacen no lo consideran una práctica grave, debido a condicionantes culturales tales como la manera en que se entiende la edad de consentimiento sexual, las percepciones acerca del cuerpo de los niños (muchas veces de sus propios hijos) o las tradicionales percepciones de género. Aquí, obviamente, se encuentran muchos "clientes" mexicanos locales, algunos indígenas, otros campesinos, otros colonos de áreas urbanas empobrecidas de los propios centros turísticos, y otros actores de origen urbano que, sin embargo, ya se acercan más a las categorías del sexoturista infantil.

La respuesta a por qué incluyo a los actores mexicanos de origen urbano en estas últimas se debe al hecho de que en las grandes ciudades mexicanas, y sobre todo en sus clases medias y acomodadas que utilizan las plazas turísticas, se encuentran más presentes las ideas éticas universalistas acerca del respeto de la niñez, de los derechos humanos, y de la sexualidad no coercitiva o comercial, por lo que su propia conciencia de transgresión alimenta las propias fantasías sexuales que convierten tales prácticas en atractivas, y que, por tanto, los convierte en sexoturistas infantiles.

Todos estos actores sociales pueblan la demanda de la explotación sexual comercial de niños en Acapulco y Cancún, por lo que forman un cuadro de extrema complejidad que es necesario analizar con cuidado para no caer en generalizaciones erróneas. Sobre todo hay que ser consciente de la capacidad de que diversos contextos sociales, prácticas y estilos de vida y cosmovisiones e ideologías, sean simultáneos en un mismo espacio urbano que por definición es sinónimo de la complejidad de sus redes sociales.

Antes de seguir adelante, es necesaria otra aclaración: es muy difícil y poco aconsejable separar el análisis de la explotación sexual de niños y adolescentes del fenómeno general de la prostitución. Aunque existen espacios y modalidades específicos de este tipo comercializado de abuso con menores, la mayoría de prácticas se dan mediante procedimientos y en espacios similares a los de la prostitución en general. Así, en la mayoría de los lugares donde se pueden localizar menores también hay mayores de edad. Y espacios de prostitución reconocidos y tolerados por las autoridades mantienen a menores de edad ejerciendo gracias a las prácticas de ocultación y corrupción.

Además, tampoco hay que olvidar que muchas de las mujeres adultas que ejercen la prostitución empezaron siendo menores de edad, y que su *modus vivendi* en poco o en nada cambia a partir del momento en que se declara su mayoría de edad legal. Por ello, voy a rastrear la explotación sexual comercial en general como la manera más viable de acercamiento a la especificidad de la explotación de menores, sin dejar de resaltar los casos en los que esta última aparece como práctica más encapsulada —aunque de más difícil acceso, debido a su ilegalidad.

Muchas son las reflexiones e interpretaciones que se han desarrollado desde la investigación social acerca de los prejuicios y la percepción deformada de la realidad de los turistas sexuales respecto de las niñas y mujeres prostituidas de los lugares de origen (O'Grady, 1992; Seabrook, 1996; D'Asaro y Foley, 1997; Kane, 1998; Oppermann, 1998; Hugues y Roche, 1999; O'Conell Davidson y Sánchez Taylor, 1995, 1996, 1999;: Bales, 1999), incluyendo aquellas que podemos concluir a simple vista de la observación de ciertos panfletos turísticos y guías de viajes (Cassirer, 1992; Wilson, Lepisto y Livingston, 1998; Barret, 2001; Walker y Ehrlich, 2001) o en cartas testimoniales presumidas desde Internet.

Entre ellas, una constante que es necesario recalcar: los imaginarios y fantasías antes esbozados sobre el exotismo sexual vinculado con el prejuicio de que en las regiones tropicales las mujeres se prostituyen por su propio interés o búsqueda del placer, facilitan la racionalización por parte de los turistas de las prácticas de prostitución de niños dentro del proceso que experimentan de readaptación sociocognitiva a un código de valores en situación de suspenso. Incluso llega a operar la percepción de que, ya que la promiscuidad es una tendencia natural de los lugareños, estas prácticas en nada les perjudican, hasta el punto de pensar que es una manera de ayudar económicamente a estos niños para salir de la miseria en la que se encuentran. La mayoría de las reflexiones críticas sobre las consecuencias de estas deformaciones de la realidad son muy ciertas y, en última instancia, haría falta profundizar en el imaginario cultural de Occidente para entender cómo se articulan y operan. Pero voy a limitarme a repasar en forma sumaria las principales imágenes prejuiciosas que suele cargar consigo el turista sexual —como ya dije, proveniente principalmente de los países del primer mundo, pero también de las áreas urbanas de México.

a] En primer lugar, existe la creencia profundamente arraigada en la tradición de la literatura de viajes —en la actualidad secundada con eficacia por los programas del Discovery Travel y Adventure— de la experiencia del "viaje iniciático": todo viaje realizado con finalidad de búsqueda de aventuras, de ocio o de placer, o de inspiración, tiene que aportar al viajante aspectos existenciales que ayuden a enriquecer su personalidad y experiencia vitales.[7] La vocación del turista por el descubrimiento de formas de sexualidad inusuales, sorprendentes y exacerbadas como experiencia iniciática está implícita en la búsqueda de contactos sexuales con mujeres muy jóvenes o niñas supuestamente promiscuas. Esta vocación pervive alentada por tres principales fuentes de prejuicios que vamos a ver a continuación.

b] La idea de la superioridad económica de Occidente (o de las clases acomodadas mexicanas) que se proyecta sobre una supuesta *superioridad moral* sobre los países (o estratos o etnias o regiones) pobres; todo lo cual permite concebir que la facilidad de llevar a cabo prácticas sexuales inmoderadas se corresponde con este supuesto plano ético en relación de superioridad. Así la noción de la naturalidad de la prostitución en el tercer mundo está arraigada a la idea de la superioridad racial, cultural y moral de Occidente. El turista sigue distin-

[7] La pedante distinción entre el turista masificado y el "viajero" auténtico, me parece muy desacreditada, porque difícilmente ningún itinerario turístico contemporáneo puede alejarse de la práctica del turismo de masas, debido a las específicas relaciones sociales que desencadenan en la población de los destinos, aunque quizás habría que otorgar el beneficio de la duda a los proyectos de "turismo ecológico".

guiendo en su imaginación la oposición que el tradicional discurso occidental de la literatura de viajes hacía entre los "civilizados occidentales" y los "Otros bárbaros" (O'Connell Davidson y Sánchez Taylor, 1999: 43). Así, en estos países, las chicas pueden ser conducidas a la prostitución por parte de sus familiares, padres, hermanos o esposos en busca de modos de supervivencia o enriquecimiento; por lo que los turistas sexuales occidentales se ven a sí mismos como hombres cuya generosidad y humanidad contrasta con las "incivilizadas" conductas de las personas cercanas que rodean a estas mujeres o niñas (*ibid*, 44).

c] Una idea latente de esta facilidad de acceso sexual es la de la *promiscuidad natural* de las personas que habitan las regiones tropicales del tercer mundo, que parecen estar ahí para encajar perfectamente en las fantasías eróticas de los turistas occidentales. Así, según esta noción, las mujeres de estas regiones tienen sexo con los turistas sobre todo por placer, y sólo en forma secundaria aceptan dinero para paliar su situación económica, o porque se encuentran sometidas a las exigencias de sus explotadores. En el centro de esta construcción del "otro prostituta" late una contradicción, la de ser al mismo tiempo alguien cuya más alta ambición es complacer y ser el objeto del deseo de un hombre occidental, y alguien que está al mismo tiempo en una situación económica desesperada y deseosa de hacer "dinero fácil"; lo cual es "claramente inconsistente con la creencia de que las prostitutas del tercer mundo actúan con base en un deseo sexual mutuo" (*ibid*, 46-47).

d] Si las prácticas sexuales de las mujeres de estas regiones encajan con las fantasías eróticas de los turistas, todo parece conducir a la conclusión de que esta propiedad es posible debido al alto nivel de control que los turistas ejercen sobre los "otros" como seres sexuados derivado de las relaciones de poder existentes entre clases económicas, razas, nacionalidades y etnias. Así, estas mujeres se convierten en la *materialización de las fantasías masturbadoras* que sólo son viables análogamente en el mundo de la pornografía: 1] experimentar intimidad sexual sin riesgo de rechazo; 2] evadir los significados sociales que los mantienen encapsulados en su propia edad, clase social, o tipo físico; 3] transgredir las reglas sociales que rigen su vida sexual en sus comunidades, sin consecuencias para su posición social (O'Connell Davidson y Sánchez Taylor, 1999:52-53).

e] Las mujeres prostitutas de las regiones tropicales son *tiernas, cariñosas y sumisas,* cualidades que han perdido las mujeres occidentales desde que arraigaron los logros igualitaristas del feminismo. La sexualidad masculina activa y posesiva, y su contrapartida, la pasividad sexual femenina, empieza a ser un recurso escaso en Occidente, por lo que los propios anuncios de viajes para sexoturismo "son lo suficientemente explícitos acerca de los que venden: docilidad y sumisión" (Lee, en O'Connell Davidson y Sánchez Taylor, 1999). Pero la búsqueda de esta prostituta "afectiva" está atravesada por otra paradoja: al mismo tiempo que se desea la dedicación incondicional de la persona para atender las necesidades afectivas y sexuales del turista, se anhela que esta particular amante no haga reclamos relacionados con su propia vida emocional, que no reivindique las necesidades que cualquiera necesita encontrar en su pareja sexual; y que todo eso lo haga "por placer y no por dinero".

f] Son pocas las veces en que los turistas perciben la influencia que sus propios deseos tienen en la conducta de los sujetos con los que interactúan en búsqueda de contactos sexuales en los destinos turísticos. Al observar en los centros de reunión nocturna a las mujeres y niñas cómo se les acercan, los abordan, se divierten frente a ellos, o bailan con otros turistas, *ellos tienden a ver estas prácticas como secuencias de un escenario "natural"* que refleja su tendencia al hedonismo sexual, y que ellos sólo se limitan a comprobar: "en lugar de ver la relación entre estas escenas y su propia presencia en el destino vacacional, los turistas sexuales tienden a interpretar todo ello como una reivindicación empírica de las suposiciones occidentales de los "pueblos no occidentales viviendo en los placeres idílicos, la inocencia espléndida o en condiciones similares al paraíso —como seres incorruptos puramente sensuales, naturales y simples" (Kempadoo, 1995, en O'Connell Davidson y Sánchez Taylor, 1999). Alteriza al sujeto, fragmentándolo y reduciéndolo a aquellos rasgos que denotan su atribuida identidad sexual, al hacerlo imaginariamente poseedor de una conducta sexual que en su estado natural es espléndida y generosa; esta percepción lo inmuniza de tener consideraciones éticas con los niños o adolescentes prostituidos, ya que al mismo tiempo que se materializa el deseo en un "otro" se dificulta el ser consciente de cómo la conducta de los niños responde al interés de éstos por satisfacer a un cliente y no por su supuesta orientación natural hacia la sexualidad "desbocada".

g] Como consecuencia del punto anterior, muchos turistas, sobre todo extranjeros, llevan a cabo relaciones sexuales con niñas y adolescentes prostituidos *creyendo que han tenido una relación de "ligue"*. Si

LA EXPLOTACIÓN SEXUAL COMERCIAL DE NIÑOS   179

bien no todos, numerosos turistas mantienen contactos con niñas y adolescentes en lugares de ocio y diversión diurna o nocturna creyendo que se trata de formas liberales de "ligue" atribuidas en parte a la ya aludida percepción de la generosidad sexual natural de sus parejas oriundas y, en parte, a la percepción de su propia capacidad aumentada de resultar atractivos y expeditivos en condiciones especiales de "carnavalización" de las normas que los rigen —condiciones que también los conducen a mantener relaciones casuales con otros turistas. Por otra parte, no hay que olvidar que en sus países de origen los turistas están acostumbrados a ver salir a las mujeres en solitario o en grupos sin la tutela que en las culturas más tradicionales necesitan ejercer parejas o familiares, por lo que se les dificulta mucho más identificar la prostitución en este contexto. Por tanto, los turistas no se consideran a sí mismos como usuarios de servicios sexuales, al mismo tiempo que, tal y como profundizaré más adelante, muchas de las niñas y adolescentes tampoco llegan en ningún caso a considerarse como prostitutas. En muchos casos, esta confusión es facilitada por la ambigüedad de las formas de "compensación" o "pago" por los servicios: "la naturaleza informal de las transacciones sexuales en estos destinos vacacionales borra las fronteras de lo que constituye prostitución para las mujeres occidentales así como para los hombres, permitiéndoles creer que las comidas, el metálico, y los regalos que proveen a sus parejas sexuales no representan una forma de pago por los servicios sino una expresión de su propia munificencia" (O'Connell Davidson y Sánchez Taylor, 1999: 49).

h] En el fondo, las nociones latentes de "diferencia" y "otredad" en todas estas relaciones juegan un papel principal en la función de proteger al turista sexual del conocimiento de que están pagando por las atenciones sexuales que recibe. Pero sobre todo, en el caso de los niños, los protegen de barreras éticas, morales o religiosas y los hacen concluir que mantener sexo con ellos *no supone la misma violación moral que hacerlo con niños occidentales de sus propios países.*

i] Por último, en tiempos de explosión social de la pandemia del sida, *lo infantil como "puro" ha pasado a simbolizar cada vez más la salud* al vincularse a la evitación del contacto contaminante. Así, ciertos signos corporales relacionados con la extrema juventud, tales como la falta de vello púbico, la piel tersa y estirada, la ausencia de pecho, la delgadez o el tamaño pequeño, o el gesto infantil, han sido semantizados como valores de "pureza" para pasar a simbolizar la sexualidad no contaminante. Muchos turistas sexuales ya traen este imaginario simbólico en sus mentes incluso antes de experimentar el sentido de transgresión o de viaje iniciático que supone el contacto sexual con mujeres jóvenes o niñas en sus destinos vacacionales. Así, cada vez hay más sexoturistas que buscan el contacto con adolescentes o niñas (o con mujeres más adultas con el aspecto de ellas) con la idea de poder evitar las enfermedades de transmisión sexual (Kane, 1998; Hugues y Roche, 1999; Bales, 1999). Como consecuencia de todo esto, la juventud y la supuesta virginidad de sus parejas casuales son rasgos que cada día incrementan su valor hasta el extremo de hacer de esta demanda el principal atractivo del turista sexual.

No obstante, hay que tener en cuenta que, si bien todo esto concierne al turista sexual, hay multitud de usuarios locales o regionales de los servicios sexuales de niñas y adolescentes (que correspondería con el concepto de "sexousuario infantil local") para los que todas estas representaciones no son ajustadas a su forma de entender estas prácticas. Así, un conjunto de factores socioculturales e ideológicos es identificado (además de los que puedan coincidir del conjunto anterior) para explicar la razón por la que estos usuarios locales coinciden en su demanda por la prostitución infantil —sin que sean secundarios los factores socioeconómicos de las familias de origen de estas niñas que son facilitadores de la oferta:

a] Escasa percepción de la problematización de las relaciones sexuales entre niños y adolescentes y adultos. La niñez y la adolescencia como categorías sociales lograron plausibilidad social en los países occidentales hace relativamente poco tiempo, para ser importadas al resto del mundo como parte integrante de los logros sociales y cívicos de las culturas democráticas. Este éxito en la definición social de la infancia ha permitido en los últimos decenios los importantes logros jurídicos en cuanto a la defensa de los derechos de los niños —materializados en la Convención de los Derechos del Niño de 1989, y en los posteriores congresos contra la Explotación Comercial Sexual de la Infancia de Estocolmo (1996) y Yokohama (2001). Para numerosos actores sociales de las "culturas locales", los estratos sociales y las etnicidades más alejadas estructuralmente de los logros "sociales" de vanguardia, estos argumentos éticos universalistas en favor de la dignidad de los niños y de las mujeres les suenan todavía a música lejana.

b] Por tanto, las imágenes culturales acerca de los papeles genéricos y generacionales tradicionales y las funciones que otorgan estos papeles a cada uno de los actores sociales, mantienen las prácticas de sexualidad separadas y vinculadas con esquemas políticos de actividad/pasividad, dominio/sumisión, posesión/disponibilidad ejercidas sobre mujeres y niños. Identifico tres principales consecuencias con el dominio de estas imágenes:

1] En primer lugar, son precisamente (y coincidiendo con la percepción nostálgica del turista del primer mundo) las mujeres sumisas, disponibles sexualmente, y ajustadas a los ideales de "dulzura" y "pureza" las que son más fuertemente erotizadas y sujetos de atracción sexual.

2] No obstante, como consecuencia de las implicaciones morales y religiosas que recaen sobre la sexualidad activa de las mujeres, una división socialmente aceptada —y que cuenta con siglos de representaciones culturales— entre mujeres "decentes" y mujeres "indecentes o viciosas" separa el ámbito doméstico reproductivo del ámbito del placer sexual.[8] Así, según este esquema ideológico, los hombres en casa sostienen una familia y "veneran" a la madre de sus hijos, y en el bar satisfacen su deseo sexual con mujeres prostitutas.

3] Al descender el umbral de edad sexualizable hasta las edades inmersas en la categoría social de la infancia (hasta la etapa de la emergencia de las formas pubescentes) estos adultos perciben a las niñas y adolescentes de 17 o menos años de edad como mujeres sexualmente accesibles. Son precisamente ellas las mujeres que más se ajustan al imaginario de "pureza virginal", por lo que al buscar contactos sexuales con niñas prostituidas estos hombres están cruzando de manera bastante paradójica tanto el deseo por la extrema juventud idealmente portadora de "pureza" como la satisfacción de prácticas muy erotizadas (no pertinentes al ámbito familiar) con mujeres sexualmente activas, y por tanto no ajustadas a su papel tradicional de género.

Sin embargo, resulta evidente que en el contexto urbano de las ciudades turísticas, los turistas sexuales y los sexousuarios infantiles locales comparten un mismo espacio social (fragmentado y estratificado, pero un mismo espacio), por lo que cabe tener en cuenta los cruzamientos e influencias mutuas entre estilos de vida e ideologías:

---

[8] Aunque esta separación es mucho más compleja, como lo demuestra la existencia de las "casas chicas" o mujeres que mantienen relaciones estables más erotizadas con hombres casados como si se tratara de familias paralelas.

a] En primer lugar, como ya dije, los habitantes locales pueden llegar a creer que las prácticas de sexualidad anómalas o excepcionales que realizan los turistas son cotidianas y deben ser integradas como funcionales. Estos habitantes locales incluyen tanto potenciales usuarios de los espacios de prostitución, como, por supuesto, niñas, niños y adolescentes que realizan prácticas de sexoservicio.

b] El impacto de las prácticas del turismo genera una percepción de abundancia económica, que a su vez crea una cultura del "dinero adquirido con rapidez" asociada a prácticas de despilfarro o de "quemar el dinero" que proveen los múltiples servicios dirigidos al ocio turístico. Bajo este esquema dominante, los trabajos bien remunerados, tales como ciertas modalidades de prostitución, son adoptados con relativa facilidad por niños y adolescentes dada su capacidad abierta para el aprendizaje, en las muchas oportunidades que tienen de interactuar en los espacios de ocio turístico.

c] Los turistas sexuales llegan a su destino y se encuentran con la facilidad de acceso a niños sexualmente explotados, por lo que pueden acabar percibiendo estas prácticas como características y "naturales". Debido a la demanda en ascenso del propio turismo sexual, se acaba por movilizar y dinamizar un mercado sexual (que incluye itinerarios de las niñas y mujeres, espacios de prostitución, y modos de operar) que luego es utilizado por los clientes locales durante las temporadas bajas (aunque los espacios no coincidan en todos los tipos de usuarios, como la diferencia entre los *nightclubs* y las cantinas de colonias populares). Una vez movilizado el mercado, el crecimiento de la demanda y el aumento de la oferta son procesos interdependientes que incrementan una y otra vez el fenómeno. La formación de circuitos de prostitución entre los pueblos o ciudades de origen, los bares o centros nocturnos, y los lugares de temporada, confieren al fenómeno características endémicas y recalcitrantes, lo que constituye la principal salida profesional de muchas mujeres y niñas que deciden dejar sus comunidades de origen.

d] Todo esto genera una verdadera explosión de las formas, los procedimientos y los espacios para el ejercicio de la prostitución, hasta el punto en que la frontera entre el "ligue", el trabajo nocturno y la prostitución para todos los actores implicados (tanto sexoturistas como niñas y adolescentes) se vuelve muy borrosa, y se dificultan los criterios objetivos para identificarla. La prostitución pasa a estar integrada en muchos colectivos de habitantes locales (o que hacen paradas en los centros vacacionales en sus itinerarios) como una de las principales formas de entender las prácticas de sexualidad más viables y adaptadas al medio, sin importar que estas prácticas sigan siendo compatibles con formas tradicionales de familia, matrimonio y religión.

Antes de seguir adelante es necesario hacer un inciso para recordar la importancia del papel que las tendencias a la globalización (económica, cultural, informacional) juegan en la reproducción de las prácticas de sexoturismo infantil. Si bien el inicio de estas actividades no coincide con la sistematización de lo que ha venido a llamarse la "aldea mundial" o la "red global", es evidente que la eclosión de los "paraísos turísticos tropicales" durante la segunda mitad del siglo XX y el aumento del fenómeno de la ESCN guarda una cierta correspondencia. Éstos son los principales factores:

a] La facilidad de acceso para millones de personas pertenecientes a las clases medias de los países occidentales de realizar viajes a destinos turísticos que unos años atrás estaban reservados a las clases más acomodadas. En la actualidad, cualquier obrero de Estados Unidos o de la Unión Europea puede realizar un viaje, por ejemplo, a Cancún, sin demasiadas dificultades. Eso hace que la realización del "sueño" de los paraísos sexuales tropicales esté al alcance de cientos de millones de personas, y por tanto, que la demanda para este tipo de servicios también haya aumentado.

b] Es indudable que la World Wide Web, o la red mundial de Internet, ha creado, literalmente, riquísimas corrientes e intercambios de información que antes tenían que circular por métodos tradicionales, o debido a su carácter ilegal, mediante el simple "boca a boca". Son innumerables los procedimientos actuales para "colgar", o "bajar" información de Internet. No obstante, cabe citar entre las más importantes: [1] los salones de charla (*chat rooms*) especializados en minorías sexuales donde los sexoturistas ya experimentados intercambian información sobre lugares, rutas, proxenetas locales e incluso niñas de los destinos turísticos;[9] [2] las *websites* especializadas que ofrecen servicios sexuales, usualmente con la inter-

---

[9] Aquí también habría que incluir la modalidad donde el adulto se hace pasar por niño en salones de *chat* infantiles con la finalidad de concertar una cita con algún niño. Pero esta modalidad opera poco en los destinos turísticos.

mediación de actores locales; [3] las agencias de viajes propiamente dichas que ofrecen todo tipo de servicios a sus clientes para que puedan "cumplir sus sueños"; [4] las páginas de pornografía infantil que poseen un *guestbook* donde los abonados intercambian fotografías, videos, relatos pedófilos y todo tipo de información sobre cómo localizar a ciertos niños y niñas de los destinos vacacionales. Esto no impide que mucha información todavía circule por los métodos tradicionales del boca o boca o el chisme, en los que sexoturistas relatan con entusiasmo su "viaje iniciático" como plagado de experiencias sexuales "extremas".

c] Las agencias de viajes —verdaderas intermediadoras en la creación de la fantasía paradisíaca del viaje iniciático— como ya he mencionado, ofrecen en algunos de sus paquetes turísticos *tours* para solteros en los que se garantiza la realización de reuniones o *parties* sexuales mencionando la participación de chicas muy jóvenes. Obviamente nunca se menciona la minoría de edad de los participantes, y se toman en cuenta todas las precauciones legales.

d] Cada día es más fácil viajar. Y esto es cierto tanto para los turistas como para los proveedores de servicios, que circulan de destino en destino en busca de las mejores oportunidades laborales. Si esto es así para empleados de la hotelería en general, no lo es menos en el caso del sexoservicio, y más teniendo en cuenta la extremada facilidad con que circula la información en este medio. Así, existe una sorprendente facilidad de movilización de miles de niñas y adolescentes —no sólo a través del corredor continental americano, sino también procedentes de otros lugares del mundo— que acaban en el medio de la prostitución. La relativa transparencia de las fronteras internacionales, así como la movilidad creciente de la población dentro de los estados de la República mexicana, facilita corrientes de información de boca en boca, que hacen introducir y circular a niñas y adolescentes en los circuitos[10] de la prostitución con una rapidez imposible de seguir.

e] Las corrientes de información global, y la facilidad de movilización de poblaciones (a pesar del endurecimiento de los controles migratorios en muchos países) también ayudan a dinamizar las

---

[10] "Circuito de prostitución" no es sinónimo de redes o mafias del crimen organizado: implica también a estos últimos, pero en particular a los itinerarios que las niñas y adolescentes siguen entre los bares y *nightclubs* de los centros turísticos de todo el país, siguiendo la llamada de algún intermediario o proxeneta o por su propia cuenta.

redes mundiales del crimen organizado, en las que, por ejemplo, un europeo puede tener un negocio de prostitución infantil en el Caribe con niñas de varios países americanos y dirigido a clientes norteamericanos.

En este punto es importante —antes de adentrarnos en el análisis más detallado— dar algunos ejemplos significativos para comprobar que en Acapulco y Cancún todos estos procesos y actores vinculados con el sexoturismo están presentes. Así, a la diversidad de prácticas del sexoturismo en general se une la heterogeneidad de respuestas locales en medio de procesos globales que las trascienden.

Durante el mes de abril en Acapulco —así como también en Cancún— y como cada año, miles de adolescentes estadounidenses llegan durante sus vacaciones de Spring Break. En esas fechas, niñas y adolescentes locales (algunas de familias de clase acomodada) en grupos de amigas, se diluyen en los bares de La Condesa o en las Discotecas de la Zona Dorada para establecer contactos con los jóvenes turistas en prácticas sexuales limítrofes entre el ligue y la prostitución. Durante las épocas del año en que predomina el turismo mexicano también lo hacen, aunque quizás de manera más discreta. De todas formas, en las temporadas altas de Semana Santa y Navidad siempre aprovechan para salir.

Hay muchas casas de citas, tanto en Cancún como en Acapulco. Algunas de ellas están orientadas hacia el cliente local, pero muchas están especializadas en ofrecer casi exclusivamente servicios a los sexoturistas a precios elevados. Algunos turistas europeos, al mismo tiempo que están pagando por adelantado, están especificando las características exactas del tipo de mujer o niña que desean.

El empleo de taxista en cualquier ciudad turística es interesante, no sólo porque puede ser un oficio redituable, sino porque da la oportunidad de especializarse en servicios paralelos de provisión de prostitución. Tanto es así que, mientras en Cancún los taxistas de los hoteles son los intermediarios principales con los sexoturistas que desconocen el contexto local; algunos de los que pululan por la zona de la Condesa en Acapulco usan el aparente servicio de taxi como coartada, ya que su verdadero negocio está en ofrecer servicios sexuales de mujeres y niñas a turistas y en recomendarles centros nocturnos donde las pueden encontrar —además de, en algunos casos, proveer de estupefacientes a turistas y sexoservidoras.

En Cancún, la prostitución "legal" está concentrada en el complejo nocturno Plaza 21. Hay varias decenas de *nightclubs* allí, pero todos están dirigidos principalmente al sexoturista extranjero, por lo que sus precios son usualmente inasequibles para el público local. La segregación espacial es tan explícita que los turistas de la zona hotelera que buscan un centro nocturno automáticamente son enviados al Plaza 21, mientras que los usuarios locales prefieren los bares de la avenida López Portillo y sus alrededores. Tal es la especialización en estos centros nocturnos dirigida al sexoservicio a turistas que las mujeres y adolescentes que trabajan no se dirigen a las mesas con clientes mexicanos. En uno de estos bares, una aburrida noche de temporada baja se transformó en una movilización general para atender a seis clientes norteamericanos que entraron. Inmediatamente se desplegaron varias personas alrededor: porteros que los hicieron pasar, bailarinas que iniciaron sus shows, chicas de salón que fueron a su mesa en cuanto se sentaron ellos, meseros, acomodadores, mujeres boleteadoras que les ofrecieron servicios especiales. Mientras tanto, el resto de mesas ocupadas por mexicanos estaban siendo descuidadas. En una ocasión, ante la sola mención de la condición de extranjero europeo del entrevistador, una bailarina cambió totalmente el interés por la plática, siendo que hasta ese momento se había mostrado desinteresada.

Turistas que buscan niñas. En un caso especialmente significativo, una adolescente de 16 años relató una fiesta nocturna organizada en una casa rentada de Acapulco por un grupo de turistas alemanes que la habían contactado en un centro nocturno. Ella, originaria de Ciudad Renacimiento, junto con cuatro niñas más y dos niños varones y los cuatro adultos: baños en la piscina, paseos al mar, alcohol y mariguana indiscriminados, y repetidos contactos sexuales en las numerosas camas con que contaba la casa, prolongó la especie de "orgía" durante más de doce horas de manera ininterrumpida.

Niños al encuentro de los turistas. Un grupo de varones adolescentes travestidos originarios de la Ciudad de México realiza excursiones habituales a los principales centros turísticos del país. Cuando llegan a Acapulco visitan los bares gays de la Condesa, acompañan a un turista inglés que les paga las consumiciones y que se muestra "enamorado" de uno de ellos, y se alojan en hoteles de lujo.

Hasta tal punto estos centros vacacionales llegan a satisfacer la fantasía sexual que en Acapulco hay originalmente turistas que como opción de vida deciden residir en el puerto por temporadas largas o incluso en forma definitiva. De esta manera, su acceso constante a

LA EXPLOTACIÓN SEXUAL COMERCIAL DE NIÑOS 187

los niños está garantizado en los lugares habituales. Nada puede haber más cercano para ellos del "paraíso sexual" de sus fantasías.

Sin duda, los espacios más especializados en el trato al sexoturista son las agencias de viajes, de edecanes, y de modelos, mediante el uso de catálogos y contactos telefónicos relativamente anónimos. En Cancún, los agentes de viajes ofrecen a turistas de alto poder adquisitivo chicas acompañantes o *escorts* para cenar, bailar y, en caso de que se negocie, para contacto sexual en un hotel; en ocasiones las acompañantes se "rentan" por varios días.

E Internet. En Cancún se realizan viajes organizados contactados a través de un *chat room*. Se ofrece un servicio turístico que incluye una "fiesta privada con vírgenes". Antes de que te ofrezcan estos servicios debes intercambiar con el resto del salón virtual para que te tomen confianza; también debes ofrecer algo a cambio, como fotografías y otros servicios. Estos *tours* para visitar Cancún están organizados por extranjeros, alemanes en especial, desde sus propios países de origen, en colaboración con agentes locales.

EVOLUCIÓN DE LAS ZONAS DE PROSTITUCIÓN EN LAS DOS CIUDADES

De acuerdo con la diferente historia de cada ciudad, como ya vimos, las zonas "rojas" o de "tolerancia" también han sufrido evoluciones específicas. No obstante, en un punto coinciden: en la actualidad no es políticamente recomendable autorizar de manera indiscriminada el ejercicio del sexoservicio, por lo que las autoridades, al calor de las denuncias de prostitución infantil, se han aprestado a intentar restringir, prohibir y regular las zonas, y a realizar operativos sanitarios y policiacos.

Hoy en día, Cancún tiene una regulación más rígida, ya que la prostitución está "formalmente" prohibida en toda la ciudad excepto en el complejo Plaza 21. Acapulco, en cambio, cuenta con centros nocturnos por toda la ciudad, aunque en ellos el sexoservicio explícito tampoco está legalmente autorizado, sino sólo en las casas de citas y en la llamada Zona Roja. No obstante, en ambas ciudades la prostitución se ejerce en todas partes y en forma indiscriminada; solamente que con notables procedimientos de tolerancia implícita, de corrupción y falsificación, de disimulo, de ocultación, y de evasión.

Hace tan sólo tres decenios, la zona de tolerancia por excelencia del puerto de Acapulco era la conocida como La Huerta, la actual Zona Roja, situada en el centro de la ciudad. En ella, poco más de una decena de bares ofrecían espectáculos tipo *cabaret*, donde las mujeres acudían a sentarse a las mesas con los clientes, mientras que en unos pequeños bungalos, ubicados en la parte externa, se realizaban los contactos sexuales. Aunque actualmente la Zona Roja sobrevive en condiciones de una fuerte degradación y para usuarios de bajo nivel adquisitivo, los espacios se han multiplicado por toda la ciudad, hasta el punto de que más de alguna autoridad entrevistada reconoce que la zona de prostitución actual es todo Acapulco. Así, a principios del decenio de los ochenta, después de aplicarse el Plan de Acciones Básicas Fidaca para el reordenamiento urbano, se intentó trasladar la Zona Roja fuera del centro histórico, pero lo único que se consiguió fue, a partir de la crisis de 1994, multiplicar las zonas de bares y centros nocturnos hasta diseminarlas por toda la ciudad.

Para el año 2001, las principales zonas de prostitución en Acapulco son: *a*] la tradicional Zona Roja; *b*] La Zonita, ubicada entre la avenida Costera y la Cuauhtémoc; *c*] en plena zona hotelera, en los alrededores de la zona Condesa, donde hay *nightclubs* de alto nivel y están concentrados los bares gays y travestis; *d*] las casas de citas tradicionales, llamadas "Quintas"; *e*] además, en determinadas zonas de Ciudad Renacimiento y en otras colonias periféricas, donde hay numerosos bares, cantinas, discotecas, cantabares, *nightclubs* y *table dance*. En total, más de 200 negocios reconocidos por las autoridades municipales sanitarias como lugares donde, en la práctica, se ejerce la prostitución, aunque en diferentes grados de sistematicidad y explicitación.

El caso de Cancún es de nuevo diferente. En 1996, durante la administración de Miguel Lara, y como consecuencia de la realización de un estudio en que se confirmó la existencia de prostitución de menores en la zona centro, fue dictada una ordenanza municipal para controlar y verificar el funcionamiento de los llamados "giros negros".

A partir de entonces, la prostitución y los espectáculos eróticos fueron prohibidos en toda la ciudad de Cancún y su zona hotelera, y se concentraron en la que empezaba a desarrollarse como Plaza 21 —aunque con ese nombre era anteriormente conocido allí un solitario y famoso prostíbulo. Antes de esa fecha, la zona centro, sobre todo la avenida Yaxchilán, era lugar de concentración de prostitución callejera desde las primeras horas de la tarde, además de los numerosos bares para espectáculos eróticos que había en la zona —por ejemplo, uno en concreto que exponía las fotos de las bailarinas en la calle.

Sobre la vía pública estaban paradas desde señoras de más de 50 años, hasta niñas de 13 o 14 años, y parece ser que esta práctica era bastante explícita y no sancionada. Antes de 1996, por lo general, en cualquier bar de la ciudad era permitida la entrada a niñas que podían hacer un baile y una salida con un cliente por alrededor de 300 pesos. Actualmente, todas las actividades de prostitución, incluyendo, por supuesto, la de menores, se realizan en forma mucho más discreta que entonces, aunque se sigue ejerciendo en los mismos lugares y en los centros nocturnos del centro.

Otra zona tradicional de prostitución que se conserva desde el decenio de los setenta cuando Cancún fue construida, es la conocida como "Crucero": un pequeño parque situado entre las avenidas López Portillo y Tulum, sobre la antigua carretera a Puerto Juárez. Como en los primeros años la principal población de Cancún era masculina, ya que la mayoría eran indígenas yucatecos trabajadores de la construcción, y éstos no habían empezado a trasladar a sus propias familias desde sus lugares de origen, había una pequeña población de mujeres sexoservidoras que habían emigrado de otros estados y que precisamente ejercían en la vía pública sobre la zona del Crucero.

En la actualidad la prostitución en el Crucero, sobre toda la avenida López Portillo, en el mercado del Parián y sus alrededores, y en el complejo conocido como Plaza 2000, está concentrada tanto en los numerosos bares y cantinas existentes como en la vía pública, aunque se llevan a cabo estrategias de ocultación para esquivar la prohibición municipal. Todo este sector de la ciudad es el destino para sexousuarios locales de escaso poder adquisitivo, por ejemplo, trabajadores de la zona hotelera y de la construcción.

Por su parte, la prostitución en la zona hotelera adopta formas más exclusivas y discretas, como las agencias de edecanes o los contactos vía telefónica con casas de citas. Pero usualmente, si no reciben la visita en la habitación de su hotel, los sexoturistas son conducidos a Plaza 21 o al centro de la ciudad a visitar las casas de citas para clientes de alto poder adquisitivo.

LOS ESPACIOS

La prostitución en la vía pública o el ejercicio encubierto

El ejercicio de la prostitución en la vía pública en las ciudades turísticas mexicanas ha experimentado un cambio en los últimos años; en parte, debido a la mayor pretensión de las autoridades de tener control sobre unas prácticas que ellas consideran que podría denotar una imagen menos atractiva para los destinos turísticos. Este control, avalado por unas leyes municipales y estatales más estrictas, se ha traducido en la reubicación y delimitación de las zonas rojas, así como la regulación y prohibición de ejercicio explícito en el área urbana, tanto en la vía pública —artículo 212 de la Ley de Salud de Guerrero[11] y 162 del Bando de Policía de Acapulco,[12] y más restrictivamente el artículo 131 del Bando de Policía de Benito Juárez—[13] como en espacios cerrados —artículo 25 del Reglamento de Centros Nocturnos de Acapulco[14] y el 54 del Bando de Policía de la misma ciudad—,[15] la prohibición explícita de la prostitución para menores —artículo 208 de la Ley de Salud de Guerrero—[16] y la profundización en el control sanitario de las sexoservidoras —artículo 207 de la misma.[17]

Pero eso no conlleva que la prostitución haya desaparecido de las áreas urbanas públicas, sino más bien al contrario: al mismo tiempo que ha aumentado, ha sufrido procesos de disimulo y ocultación en el

---

[11] "Los servicios estatales de salud determinarán, previa opinión de la autoridad municipal, los lugares donde se permita el ejercicio de la prostitución [...] En ningún caso podrán funcionar dentro de las zonas urbanas."

[12] "El ayuntamiento queda facultado para dictar todas las medidas legales que considere convenientes con la finalidad de prevenir y reprimir la prostitución [...] en la vía pública."

[13] "Queda prohibido inducir, permitir o ejercer la prostitución o el comercio carnal en cualquiera de sus formas [...]"

[14] "Los Centros Nocturnos, cabarets, bares, restaurantes-bar [...] que en el ejercicio de sus actividades infrinjan la Ley, la moral y las buenas costumbres, por promover o estimular conductas degeneradas de personal de servicio o de clientes, serán severamente sancionados [...]"

[15] "Los administradores o encargados de los establecimientos [...] están obligados a impedir que en ellos se altere el orden público o se cometan faltas a la moral y las buenas costumbres."

[16] "Queda prohibido el ejercicio de la prostitución a las mujeres menores de edad."

[17] "Toda persona que se dedique a la prostitución deberá obtener de la autoridad sanitaria municipal, tarjeta de control sanitario, la cual se otorgará una vez cumplidos los requisitos [...]"

LA EXPLOTACIÓN SEXUAL COMERCIAL DE NIÑOS 191

que las mismas prácticas se llevan a cabo pero con diferentes procedimientos de exposición y contacto. No es exactamente un proceso de clandestinización, sino de redefinición de sus modalidades, y de las relaciones con los agentes que ejercen alguna relación de poder y que en forma inevitable se encuentran implicados en el fenómeno. Además, como muchas de estas prácticas no están muy bien definidas como prostitución, los actores sociales involucrados pueden ocupar espacios públicos sin denotar la comercialización de los contactos sexuales.

De esta manera, tanto en Cancún como en Acapulco, calles, plazas, zócalos, mercados, paseos, banquetas, playas, se siguen utilizando como lugares donde es posible establecer contactos con personas dedicadas al sexoservicio y clientes potenciales, entre los que también abundan los menores de edad y los sexoturistas infantiles. Así, por ejemplo, el zócalo de Acapulco ha pasado de ser un lugar donde niñas y niños contactaban con clientes de manera directa y explícita en la vía pública "a pleno día", a ser un espacio de relación comercializada más disimulado entre el conjunto de visitantes del zócalo, y que puede operar mediante intermediarios.

En la actualidad, un grupo de niños y adolescentes ejerce en la zona del zócalo durante todo el año estableciendo contactos diarios con clientes sexoturistas y locales —aunque hay ocasiones en que estos contactos se intensifican, como cuando un grupo de varios centenares de gays procedentes de San Diego hicieron una escala en el puerto, en febrero de 2000. Estos niños, en su mayoría no son niños de la calle, sino que viven con sus familias y pasan la mayor parte del tiempo en la calle. Durante una observación de unas tres horas en un piano bar del zócalo, un total de 8 adolescentes, de entre 14 y 18 años, fueron apareciendo y estableciendo relaciones con varias parejas ocasionales, y poco a poco se fueron ausentando. Una entrevista simultánea con uno de ellos aclaró el grado de relativa sistematización existente.

Javier tiene ahora 19 años, pero empezó a trabajar a los 13 juntándose con un grupo de amigos en el zócalo, y ocupando un espacio específico del mismo. El total de todos los niños y adolescentes varones que hay (más algunas niñas), aproximadamente unos veinte, originarios de Acapulco, está segregado en varios grupos y, en conjunto, los chicos no están coordinados o dirigidos por un líder común, aunque todos ellos se conocen y se reconocen como tales. El horario de trabajo está concentrado entre las 7 de la tarde y las 11 de la noche, pero se suele extender hasta la madrugada o hasta la hora en que encuentren algún cliente. A partir de las 11 de la noche y hasta la 6 de la mañana se van trasladando a Condesa, sobre la avenida Costera y los bares gays de la zona. La edad de todos ellos está comprendida entre los 14 y los 20 años, con una mayor presencia de los de 15 a 18. Algunas niñas también pasean por el zócalo y sus alrededores, en espera de establecer contactos, en especial se situan sobre la avenida Costera y esperan algún coche —aunque si se les pregunta directamente esgrimen la excusa de que están repartiendo publicidad. No obstante, estas niñas actúan bajo la vigilancia de amigos o parejas que ejercen como proxenetas. En una observación se pudo comprobar cómo negociaron durante minutos con un coche de clientes potenciales (jóvenes acapulqueños) pero como no acordaron trato alguno, regresaron al centro del zócalo para irse con sus amigos.

En Cancún hay un espacio, el Parque de las Palapas, que a falta de zócalo, ejerce como centro simbólico y de recreo de la ciudad. Aquí, en un extremo del parque, a determinadas horas y en forma muy discreta, es posible encontrar adolescentes y jóvenes de los dos sexos paseando y esperando encontrar clientes.

En la zona de la Condesa de Acapulco, la prostitución está más vinculada con espacios cerrados como bares y *table dance*, de los que hablaré más adelante; pero hay dos lugares donde los acuerdos comerciales se llevan a cabo en el espacio público: la banqueta sobre la Costera de la zona de bares (femenina), y "Las Piedras" de la playa Condesa (masculina).

En el primer caso, un pequeño análisis del uso simbólico del espacio resulta interesante, ya que nos ayuda a distinguir dos subgrupos de prostitución: la zona comprendida entre la banqueta y la entrada a los bares reúne a la gente que va con su grupo de amigos o con su familia; y de la banqueta a la calle, en la angosta franja donde estacionan los taxis, se reúnen las sexoservidoras, los proxenetas que las controlan, los taxistas que las contactan y es el lugar donde se acercan los clientes a preguntar. Según un promotor turístico de la Condesa, cada vez llega un mayor número de mujeres a trabajar como sexoservidoras más o menos explícitas de esta segunda zona, y que en su mayoría son originarias de Acapulco —algunas de ellas son menores de edad, aproximadamente una cuarta parte del total. Pero otras no se detienen en la zona de los taxis, sino que prefieren pasear en grupo y entrar en los bares, contactando ellas mismas con los clientes. Los turistas, en estos casos, tienen dificultades para reconocerse como sexousuarios. A partir de las 9 de la noche y hasta la alta madrugada, todos los días, y en especial en las temporadas altas, hay niñas y jóvenes en la zona. El precio de las mujeres que ejercen en la zona de los taxis es de 500 pesos por una hora, mientras que las otras pueden tener formas más sutiles de cobro. La característica principal de la zona es la fuerte permanencia de las chicas, y la dificultad para distinguir en un primer momento el ocio del sexoservicio. En el caso de las niñas menores que van en grupos de amigas, es más probable que salgan como si fueran a divertirse y discretamente vestidas.

Por su parte, la Playa de la Condesa, y especialmente la zona de Las Piedras, es un lugar tradicional de prostitución gay. Aunque hay también intermediarios sobre la avenida Costera para contactar a los niños con los turistas (tales como taxistas y vendedores), la playa situada frente al hotel Fiesta Americana ha sido desde hace años lugar de encuentro entre sexoturistas y niños y jóvenes que ofrecen sus servicios sexuales paseando sobre la playa como masajistas y vendedores ambulantes —y que ha sido promovidas en revistas y *websites* gays. Pero en el verano de 2001, debido al endurecimiento durante los últimos meses del control de estas prácticas, los contactos habían sido restringidos a la zona conocida como Las Piedras. Aquí, los adolescentes y jóvenes sexoservidores, en su mayoría gays, están situados entre las rocas de la playa a manera de refugio, y esperando que los clientes se acerquen a la zona. Una vez que se acuerdan los contactos, muchos de ellos utilizan este espacio natural para tener relaciones sexuales de todo tipo, a cualquier hora del día. Según el padrón realizado por la Asociación de Homosexuales y Lesbianas de Acapulco, hay alrededor de cincuenta personas, entre varones y transexuales ejerciendo en Las Piedras, aunque nominalmente ninguno de ellos se reconoce como menor de edad, además de que se suelen cambiar el nombre. Otras zonas de prostitución gay en Acapulco en la vía pública son las playas de La Caleta y frente al hotel Copacabana.

En general, como ya dije, todo el centro urbano de Cancún ha experimentado un proceso de enmascaramiento de la prostitución en la vía pública. Cinco o seis años atrás, ésta era utilizada abiertamente como lugar de contacto —como en el caso de un niño que ostentaba una tabla de precios según los servicios. En los numerosos bares que antes proliferaban en esta zona se llegaron a conocer casos como el de una sexoservidora de un bar que prostituía a su hija de 13 años (discapacitada mental) ofreciendo primero bailar con ella a los propios clientes para luego proponerles una tarifa. Pero en la actualidad es en la zona de la avenida López Portillo y sus alrededores (mercado del Parián, Plaza 2000 y el Crucero) donde proliferan bares, cantinas y hoteles, y en cuyo resguardo, y al amparo de porteros y meseros, muchas niñas y jóvenes ejercen la prostitución sobre la vía pública. Intentando evitar el control que se ejerce sobre los bares de esta zona para que no trabajen menores (nominalmente como meseras), las menores de edad merodean alrededor de la puerta; tienen permiso de los meseros para estar ahí, pero si llega una redada o un "operativo" policíaco pueden ser arrestadas por estar ejerciendo en la vía pública, mientras que los bares no son afectados. Pero si no hay problemas y consiguen clientes, las niñas tienen que dar comisión a los gerentes o meseros de los bares (los cuales son en ocasiones sus "novios"). En general, el cuadrante comprendido entre las avenidas López Portillo, Palenque, Chichén Itzá y Tulum es zona de prostitución callejera hasta altas horas de la madrugada en interrelación con la existencia de estos centros nocturnos.

Pero, en Cancún, cuando se trata de niñas que no disponen de este tipo de conexión con los bares, existe una modalidad muy extendida de prostitución que se deriva de la venta de objetos decorativos (tales como cintas para atarse en las muñecas) directamente con los turistas en la zona hotelera –aunque como aquí está prohibida la venta ambulante, las llevan escondidas hasta que se las colocan a los turistas diciendo que son gratis, pero solicitando luego una propina de un dólar. Existen muchos niños, procedentes de familias emigrantes muy pobres, que venden objetos de poco valor en la calle y que así, con un ingreso diario mínimo de cien pesos, constituyen el sustento fundamental de sus padres. Pero si bien de estos niños son pocos los que acaban prostituyéndose, las condiciones en las que se da este intercambio son tan propicias para el establecimiento de acuerdos de intercambio sexual (por tan sólo diez dólares), que puede ser considerada una actividad de riesgo –en particular para niñas adolescentes.

Por ejemplo, una niña de 15 años, entrevistada, vende pulseras a "gringos" en la zona hotelera y declara prostituirse en ocasiones. Actualmente, ella llega al Crucero temprano cada mañana, reúne el dinero suficiente pidiendo a la gente para salir a la zona hotelera a vender pulseras y regresa a las dos o tres de la madrugada. La niña vende y se contacta con los extranjeros de manera oculta ya que, habitualmente, cuando los policías la ven se la llevan y la expulsan de la zona hotelera. En otras ocasiones los taxistas y recepcionistas de hoteles actúan como intermediarios entre los turistas curiosos y las niñas a las que ya tienen identificadas, efectuándose las relaciones sexuales en los mismos hoteles.

LA EXPLOTACIÓN SEXUAL COMERCIAL DE NIÑOS   195

Pero los taxistas son tanto intermediarios como clientes, proxenetas como "novios" de estas niñas. En Acapulco hay una avenida donde niñas adolescentes de 14 y 15 años, originarias de la misma colonia, durante la noche solicitan solas la parada y ofrecen una felación al taxista por 20 pesos, o un contacto coital por 50. Un taxista me confesó que tan sólo tres días antes una niña de 12 años a la que no conocía le ofreció tener sexo sin cobrar nada. Cuando los taxistas son intermediarios, llegan a contactar en el mismo momento del transporte a niñas con clientes. En Cancún, Anabel, una niña de 16 años, me contó cómo en una ocasión un taxi donde ella viajaba levantó a un turista y su conductor, que ya la conocía, actuó como traductor para concertar su cita en el hotel.

Mercados y centros comerciales, como lugares públicos, también son espacios donde se propician estos contactos. En Acapulco una niña de 12 años se prostituía en el mercado central, obedeciendo a su mamá y ofreciendo sexo oral. En la Gran Plaza, sobre avenida Costera, una niña de 11 años que trabaja en la calle, intentó establecer contacto con un entrevistador mediante un comentario eufemístico: "es que yo quería casarme con alguien como tú". En Cancún, Plaza 2000 y sus alrededores también representan un espacio favorable para contactos entre trabajadores de la construcción y de la zona hotelera y sexoservidoras muy jóvenes.

NIÑOS EN SITUACIÓN DE CALLE O LOS MÁS JÓVENES Y ACCESIBLES

Algunos espacios urbanos de Acapulco concentran una relativamente alta población de niños en situación de calle, más de la mitad de la cual proviene de otros estados (principalmente de la Ciudad de México). Así, el Malecón, el propio zócalo, el río Camarón en su parte baja, el mercado central, ciertos sectores de la Costera, la zona de la Diana, entre otros, concentran grupos de niños y adolescentes de número variable y de naturaleza social distinta. Desde hace años, muchos de estos niños han sido el blanco de las preferencias sexuales de los sexoturistas infantiles, en su mayoría varones homosexuales, entre otras situaciones por su facilidad de acceso y la alta vulnerabilidad que padecen —además de ser entre ellos donde pueden mantener contactos sexuales con niños más pequeños, hasta de 6 años. Y estas prácticas con los niños en situación de calle, así como también con los que se prostituyen en la calle pero viven con sus familias, le han dado a Acapulco el lugar que ha ocupado como paraíso sexual en los itinerarios de los sexoturistas infantiles. Actividades sexuales con adultos y sesiones de fotografía y video a cambio de 200 pesos, o simplemente por una comida o una noche en una cama.

Martín estuvo viviendo en las calles de Acapulco durante seis años, a partir de los 8 que escapó de su casa para evitar maltratos y una excesiva disciplina, hasta los 14 cuando regresó y logró encontrar un trabajo estable. Ya desde los 8 años empezó a prostituirse, junto con 3 o 4 niños de su mismo sector (entre los que había uno de 6 años), con turistas norteamericanos. Los extranjeros los llevaban a casas de lujo que tenían rentadas con la promesa de darles dinero, regalos y juegos, y después de ofrecerles de comer mantenían con ellos relaciones sexuales completas.

Dos niños que deambulaban en busca de alimento en la zona del Malecón nos hablaron durante una observación de cómo se da el acercamiento de los hombres. José, de 16 años, y Marcos, de 8, hermanos y originarios de Ecatepec y que supuestamente estaban alquilando un cuarto junto con su hermana mesera hasta que fueron expulsados, relataron cómo hombres mayores de Acapulco que estaban merodeando por el zócalo se acercaron a ellos y les prometieron dinero "si se iban con ellos", aunque el hermano mayor siempre los había rechazado, contó en cambio que otros niños sí lo hacían, y que no necesariamente se encontraban en situación de calle —como el caso de una niña vendedora de golosinas en un puesto que se prostituye con varios adultos.

En otras ocasiones los sexoturistas infantiles logran convencer a grupos enteros de niños de la calle para que acudan a casas rentadas por ellos en busca de intercambio de sexo por especies u alguna otra ayuda. Éste es el caso de una casa de Costa Azul donde niños de la calle de entre 8 y 12 años esperaban en la banqueta la llegada de un hombre adulto, de unos 50 años, que los hacía pasar durante horas para invitarlos a comer, a bañarse, a dormir, y a sostener relaciones sexuales con ellos.

Pero para entender mejor cómo funciona el ejercicio de la prostitución dentro de un grupo de niños de la calle y estructura las relaciones de poder internas, nada mejor que el caso de los Chicos de Radio Aser —llamados así porque ocupaban un terreno propiedad de esta empresa. Compuesto por doce miembros, mitad de ellos adolescentes entre 16 y 19 años, y la otra mitad niños entre 8 y 10 años, uno de ellos se desempeña como líder que en primer lugar acuerda los contactos de los más pequeños con los sexoturistas (o con otros intermediarios), luego recibe el dinero a cambio, y posteriormente lo administra lo que le permite ejercer el poder en el grupo. Por lo general, son sólo los niños varones los que se prostituyen entre ellos. Parece ser que en otros grupos de niños, como los de Malecón o el Río Camarón, la prostitución no está tan controlada por un líder sino que se ejerce de manera individual por algunos miembros. Por ejemplo, Luis, que ha vivido durante años en el zócalo tras ser expulsado siendo niño de su casa por ser homosexual (y que está desvinculado del grupo de muchachos organizados de la zona), se estuvo prostituyendo con turistas durante años sin la participación de intermediarios, pero cuidando de no invadir el espacio del zócalo monopolizado por el grupo de "chavos del *bisnes*". Pero, por lo general, los niños menores de 10 años serán controlados por los jefes de los grupos a los que estén incorporados, dada su vulnerabilidad y dependencia.

CENTROS NOCTURNOS CON ESPECTÁCULOS DE *TABLE DANCE*:
O LAS TÁCITAS CASAS DE CITAS

Como es de imaginar, los centros nocturnos y *nightsclubs* en las ciudades turísticas no están preferentemente orientados al ofrecimiento de servicios sexuales con menores de edad. Al contrario, tienen que estar constantemente dando cuenta y justificando la mayoría de edad de sus trabajadoras, sobre todo aquellos que, por su mayor nivel, reciben más visitas de los controladores de gobierno, tanto los de Reglamento de Espectáculos como los verificadores sanitarios.

De manera directa, el Bando de Policía y Buen Gobierno de Acapulco, en sus artículos 53[18] y 202,[19] y más indirectamente el 134[20]

---

[18] "Queda prohibida la entrada a las cantinas, cervecerías y todo tipo de expendios de bebidas alcohólicas, prostíbulos, centros nocturnos, discotecas, bares, casas de cita [...] a menores de edad. Asimismo, queda prohibido que los menores de edad, presten sus servicios en los establecimientos especificados con anterioridad."
[19] "Se prohíbe la entrada a menores de edad en lugares donde se celebran espectáculos que sean exclusivamente para adultos."
[20] "Cualquier adulto que explote a un menor de edad para trabajar, ya sea de manera lícita o ilícita, o para ejercer la mendicidad o la prostitución, será detenido y canalizado a la autoridad competente."

del de Benito Juárez, prohíben la entrada y el trabajo de los menores de edad en centros nocturnos con espectáculos de *table dance*, ordenanzas que deben ser cumplidas por verificadores municipales. Cuando la Policía Judicial Federal realiza, en coordinación con otros cuerpos, operativos punitivos para aplicar el Código Penal Federal que tipifica ya el delito de ESCN, por lo general, muchos centros nocturnos ya están avisados de antemano (el conocido "pitazo") y desalojan o previenen a sus trabajadores menores de edad.

Por su parte, las leyes de salud de los estados de Guerrero y Quintana Roo, obligan a todos los trabajadores considerados en riesgo a realizarse chequeos de ETS, pero excluyen a los que no demuestren ser mayores de 18 años. En Acapulco, para la expedición de la tarjeta sanitaria (llamada Libreta de Control y Fomento Sanitario) se requiere la mayoría de edad justificada mediante la credencial de elector (no son válidas las actas de nacimiento). No obstante, los controles preventivos que realiza la Dirección Municipal de Salud sólo pueden requerir a los propietarios que sus trabajadores hagan el examen, pero no obligarlos. Los responsables de los negocios pueden negarse sin que ellos tengan competencia para multarlos o cerrarlos (sólo la tiene la Policía Judicial del Estado), por lo que todo depende de la buena voluntad de propietarios y gerentes. Cualquier centro nocturno que tenga menores de edad puede fácilmente, por tanto, negarse a los controles si ve en ellos un riesgo de ser molestado en sus negocios.

Por consiguiente, enfrentados a una demanda de muchachas cada vez más jóvenes por parte de los clientes, que son quienes llenan los locales y dejan su dinero, las estrategias para mantener menores de edad trabajando sin afrontar problemas legales se multiplican cada año. En realidad, no es nada dificultoso lograrlo para aquellos que conocen el medio. Algunas descripciones generales de cómo son estos espacios serán interesantes en el análisis.

La mayoría de los centros nocturnos equipados para espectáculos de *table dance* guardan algunas similitudes. Una gran pista o pasarela central jerarquiza la distribución de todo el espacio, ya que las mesas y butacas están todas dispuestas para tener visibilidad de los espectáculos ofrecidos por las bailarinas —aunque en los de menos nivel se disponen en simples hileras ¡incluso con mobiliario de escuelas de primaria! En la pista central las bailarinas realizan sus "bailes" y *shows* eróticos. En unas pequeñas cabinas encortinadas situadas en una esquina del local, se realizan los bailes eróticos reservados, al ritmo de una canción, donde se permite el frotamiento pero excluyendo el contacto sexual. En Acapulco predomina cierta vocación *voyeurista*, ya que las cabinas acristaladas para el baño e incluso los camerinos para cambiarse están ubicados para que sean totalmente visibles, formando así parte del espectáculo ofrecido a los clientes. Barras americanas, balcones para mesas, escaleras que descienden hasta la pasarela, hoteles adyacentes, son accesorios arquitectónicos que los centros nocturnos más caros suelen incorporar.

Entre las mesas —verdadero espacio simbólico en que se despliega todo el contacto comercializado— los clientes son atendidos por meseras, reciben la visita de las bailarinas sentándose en sus regazos a cambio de "fichas", y se establecen los acuerdos con ellas para hacer salidas. El procedimiento de "fichar" obliga a los clientes a pagar las consumiciones de las bailarinas, logrando ellas un porcentaje de ganancia por cada copa, por lo que están interesadas en seguir en la mesa con los clientes tanto tiempo como éstos acepten seguir pagando sus bebidas. Hay cuatro modalidades de trabajo para las mujeres en el lugar: las bailarinas propiamente dichas, las chicas de salón (sexoservidoras que no bailan), las meseras con charola y las que organizan el pago de las fichas y los bailes. Todas acuden a las llamadas de los clientes. Las de los dos primeros grupos en su mayoría sí establecen contactos sexuales, las meseras pueden hacerlo sí les es solicitado, aunque no es su trabajo prioritario, mientas que las últimas ejercen una función de verificadoras o gerentes. Las menores de edad se pueden encontrar entre los tres primeros grupos.

A pesar de la diversidad de niveles de los centros nocturnos visitados (aproximadamente unos treinta en las dos ciudades), la mayoría tenían trabajadoras menores de edad en una proporción de entre el 10 y el 25% —aunque los innumerables turnos de rotación, la variación según temporadas y el ausentismo, hacen esta cifra muy variable. Las que eran mayores de edad, no obstante, rara vez superaban los 25 años. En ocasiones no había ninguna menor de edad, y en otras se encontraba un grupo de amigas recién llegadas que llenaban el local. Todas las que fueron halladas en los centros nocturnos conocidos como *table dance* eran adolescentes de edades comprendidas entre los 14 y los 17 años. Nunca se localizaron niñas prepúberes.

Las actividades en que se ocupan las bailarinas —en un amplio horario de trabajo que va de las primeras horas de la tarde hasta las 5 o las 6 de la madrugada y por lo general todos los días de la semana— son principalmente cuatro: a] hacer bailes en la pista central de tres canciones con desvestido progresivo (con ropa, con prendas interiores, y con desnudo integro) y según un riguroso turno repartido entre las compañeras; y en ocasiones *shows* eróticos (solas, lésbicos o con hombres clientes) muchas veces creados por ellas, *b*] deambular por el local en espera o en busca de algún contacto; *c*] sentarse con algún cliente para "fichar" copas; y *d*] hacer "bailes privados" o "sexys", "hits" (felación) y "salidas". Las adolescentes menores de edad están incorporadas a todas estas actividades sin distinciones especiales, aunque en algunos centros nocturnos (como un *"show* lésbico teen" a cuatro partes realizado en Plaza 21 en Cancún) los números eróticos con ellas son anunciados como espectáculos cuyo atractivo consiste precisamente en su extrema juventud, o en la recreación de fantasías escolares. En los *nightclubs* gays de Acapulco, adolescentes varones interpretan un *"show* travestido" que constituye uno de los principales atractivos para los clientes. Los procedimientos de aprendizaje de las bailarinas son bastante libres, aunque deben mantener algunas pautas, como rotar sobre la pista y no desprenderse del calzado. Por ejemplo, Sandra de 17 años, apenas llegó a Plaza 21 en Cancún aprendió a bailar viendo a sus compañeras e innovó un espectáculo de regarse el cuerpo con las cervezas de los clientes. O como Ana, de 16 años, que ideó un baile con introducción de velas prendidas en su vagina.

    Las ganancias percibidas por las bailarinas de los *table dance* durante los pocos años que suelen trabajar en ello (entre 4 y 8), pueden llegar a ser exorbitantes. No es raro encontrar menores de edad ganando 4 000 o 5 000 pesos por noche diariamente, realizando una media de ocho bailes privados, veinte fichas, y dos salidas durante unas ocho horas, aparte de su sueldo. Una adolescente entrevistada en Cancún me confesó haber ahorrado 50 000 pesos en dos semanas —aunque depositados a la gerente del bar como medio de sujeción. Cuando se realiza una "salida» con algún cliente para ir a un hotel, se paga una comisión de entre 100 y 400 pesos, dependiendo del lugar; y la media de lo que ellas cobran oscila entre los 800 y los 2 000 pesos, por dos horas de servicio. Otra norma de salida es citarse afuera con los clientes que conocieron en el *nigthclub* para evitarse el pago a la empresa —aunque algunos negocios intentan eludir este problema instalando cuartos adentro para realizar "privados" o conectándose con hoteles "de paso" adyacentes. La frecuencia de "salidas" de las menores entrevistadas es muy variable, desde dos o tres diarias hasta ninguna, ya que la empresa no las exige necesariamente mientras la trabajadora genere ingresos —como cuenta Amanda,

LA EXPLOTACIÓN SEXUAL COMERCIAL DE NIÑOS 201

bailarina en Acapulco, que estuvo más de un año sin tener relaciones sexuales con los clientes cuando empezó a los 14 años.

Para garantizar que los clientes no dejen de llegar al centro nocturno, las empresas se aseguran de tener un flujo constante de bailarinas, lo cual crea circuitos muy dinámicos de éstas entre los diferentes *table dance*, sean o no del mismo propietario, o de diferente nivel, y entre diversas ciudades y pueblos. Además, en "temporada baja" (de septiembre a noviembre y de enero a marzo) muchas bailarinas dejan de trabajar, y son de nuevo contratadas en cuanto asciende la afluencia turística (en diciembre, y de abril a agosto).

Como ya dije, la presencia de niñas adolescentes en los *table dance* llega a ser una constante por la atracción que ejercen para la llegada de clientes.[21] Pero se presentan diversas estrategias para salvar los operativos que se realizan (sanitarios o policíacos); una de ellas es aceptarlas para trabajar como si fueran mayores de edad sin importar que no lo puedan justificar con documentos, ya que en el momento que se prepara un operativo, los gerentes reciben por adelantado el aviso del mismo y evacuan o esconden a estas menores —si no son avisados, pueden llegar a camuflarlas entre el público. Otra modalidad es proporcionarles credenciales de elector o actas de nacimiento falsificadas con el fin de que con estos documentos justifiquen su mayoría de edad.

En Cancún, muchas bailarinas de los centros nocturnos de Plaza 21 y de la zona norte habitan departamentos, hoteles o casas de huéspedes proporcionados por las propias empresas; o, en ocasiones, con especial razón si son menores de edad, dentro de los propios locales. Esto, además de ayudar a localizarlas fácilmente, permite controlar sus movimientos por la ciudad y "acompañarlas" cuando necesitan algún tipo de asistencia sanitaria para evitar que declaren su verdadera edad.

Los acuerdos informales entre las meseras y gerentes de centros nocturnos y los operadores turísticos de la zona hotelera de Cancún para atraer a turistas extranjeros son prácticas habituales. Por ejemplo, Andrés, cuando todavía era menor de edad, además de practicar *piercing* a las bailarinas, trabajaba como "jalador" para conducir a los turistas desde las discotecas de la zona hotelera hasta el Plaza 21 y conectarlos con ciertos *table dance* y ciertas bailarinas (muchas veces

[21] En un operativo realizado por el DIF Quintana Roo en abril de 2000 en ochenta y nueve centros nocturnos y casas de citas, se detectó a 135 menores ejerciendo la prostitución en Cancún (la mayoría procedente de los estados del sureste) y una tercera parte lo hacían en el complejo Plaza 21.

menores que les eran solicitadas por los clientes) con las que ya había acordado una comisión que a veces era más del doble de lo que pagaban los sexoturistas. Muchos de éstos, pasados unos meses, continuaban intercambiando *e-mails* con Andrés y recomendando en chats los mejores lugares para conseguir el mejor y más barato sexo con niñas. Pero en ocasiones los acuerdos se dan también entre diversos negocios de prostitución. Por ejemplo, un *table dance* de Plaza 21 estaba tan conectado a una casa de citas de Cancún que ofrecían servicios especiales a clientes que lo solicitaran.

HOTELES DE PASO Y HOTELES DE CONTRASEÑA

Los hoteles, por razones evidentes, son espacios centrales en el comercio sexual con niños y adolescentes. No obstante, hay que distinguir entre la función de los hoteles como lugares de servicio (predominante) y la función como lugares de contacto (minoritario). En el primer caso, las habitaciones de hoteles son los espacios habituales donde se llevan a cabo los contactos sexuales entre bailarinas de centros nocturnos, meseras, sexoservidoras e incluso niños de la calle, y sus clientes. En este sentido, hay en ambas ciudades toda una geografía de los llamados "hoteles de paso" que ofrecen dos apropiadas horas de alojamiento. Los hoteles, además de la ventaja del anonimato que proporciona al cliente, son preferidos por muchas sexoservidoras porque se sienten más seguras en ellos al conocer a los recepcionistas —y pactar con ellos ciertas comisiones a cambio de una relativa custodia— que yendo a casas particulares donde pueden ser agredidas. En otras ocasiones, los propios hoteles donde están hospedados son los lugares preferidos por los turistas para llevar a cabo sus contactos sexuales con menores, previo pago a los taxistas por la intermediación y a los recepcionistas por permitir el acceso.

Por lo que respecta a la segunda función de los hoteles, en Acapulco se han conocido varios casos de algunos situados en colonias periféricas como la Vacacional, donde después de entrar con una contraseña, sin bajar del coche se tiene acceso en su interior a una especie de repertorio de niñas de entre 12 y 14 años, entre las que se puede elegir para tener relaciones sexuales. Éstos funcionan más bien como "clubes privados" o casas de citas que necesitan conocer previamente al cliente para permitirle la entrada. Parece ser que las niñas, que incluso llegan con el propio uniforme de secundaria, sólo cobran la propina que le quiera dar el cliente (entre 100 y 200 pesos) —además de que éstos ya han pagado al hotel su acceso y las bebidas que consumen.

CASAS DE CITAS, LAS EVIDENTES Y LAS DISIMULADAS

Como en cualquiera de las categorías de espacios que estamos viendo, las casas de citas también son muy diversas, desde las tradicionales que gozan de un reconocimiento oficial y un control sanitario exhaustivo, hasta las que consisten en casas particulares disimuladas y cuyo acceso está limitado a clientes escogidos, preferentemente sexoturistas. Resulta evidente que la prostitución con menores de edad es más susceptible de realizarse en estas últimas —que se confunden con los "hoteles" arriba mencionados— para garantizar su impunidad y continuidad mediante el secretismo y el anonimato.

Acapulco cuenta con varias casas de citas "tradicionales" —como la Quinta Raquel y la Quinta Rebecca— donde, debido a su relativa transparencia y el control de autoridades que admiten, es difícil encontrar la presencia de menores de edad, por lo menos de manera constante y explícita. Son casas grandes estilo "burdel" con salas de recepción y habitaciones, donde las mujeres esperan para recibir a los clientes, y cuyos precios oscilan entre 1 500 y 2 000 pesos. Algunos sexoturistas más conscientes se dirigen directamente a estas casas para tener la opción de elegir entre 30 o 40 mujeres. Hay otras casas de cita en Las Brisas y la zona Diamante para clientes adinerados. En las Torres Gemelas, condominio situado sobre Costera, se conoció el caso de un departamento en que se concertaban citas entre niños y sexoturistas homosexuales. Algunas casas particulares en Acapulco —como una que se encontraba al lado de una dependencia del DIF municipal— rentadas por extranjeros y que retienen a niños en situación de calle o altamente vulnerables, también pueden funcionar en su caso como casas de citas pero en círculos más restringidos de amigos y conocidos. Se supo del caso de una niña que habitaba en una de estas casas y que cobraba 200 pesos por sexo oral o anal, ya que manifestaba "querer llegar virgen al matrimonio".

Cancún también cuenta con un gran número de casas de citas, algunas muy explícitas y otras disimuladas, pero todas con aire clandestino. En una de las visitas realizadas, en una de las primeras se comprobó el ambiente de secretismo en el que operan. Después de llegar en coche y llamar a la puerta, se asoma una adolescente y pregunta quién es, pero ante las sospechas, una señora mayor que ejerce como proxeneta intenta disuadirnos diciendo que las muchachas son sus hijas. A poco de irnos, las puertas se abren y tres chicas salen a la banqueta para esperar clientes.

Algunas de las casas de citas existentes son: *a*] una en la supermanzana 6 donde se prostituyen muchachas indígenas que sirven en casas, dirigida a clientes de bajo poder adquisitivo; *b*] otra en la supermanzana 64, uno de los primeros lugares de prostitución de Cancún, para obreros, peones y albañiles; *c*] otra, en el mercado 23, cuyos contactos se establecen vía telefónica habilitados por recepcionistas de hoteles y taxistas, y dirigidos a sexoturistas; *d*] la casa conocida como del "Gringo", ubicada en una colonia popular y que trabaja con sexoturistas extranjeros también mediante la intermediación de recepcionistas de hoteles y taxistas, que los conectan con niñas y jóvenes cancunenses (estudiantes, empleadas) que a su vez han sido "reclutadas" mediante "enganchadoras"; *e*] una más situada en la Región 94, casa privada de prostitución de varones anunciada en los periódicos. Además, se conoce de otras casas específicamente orientadas a la prostitución con menores mediante contacto telefónico, como una de una zona residencial donde una matrona ejercía como proxeneta sobre niñas de quince años. Vemos, pues, que existen casas de citas tanto para sexoturistas como para clientes locales, estando las primeras más orientadas hacia la prostitución con menores y cuyo enganche se da a través de contactos personalizados.

MESERAS, BARES Y DISCOS O EL CONTACTO AMBIGUO

La característica principal de los centros nocturnos como los *table dance* y las casas de citas es la presencia explícita de servicios de prostitución, reconocidos implícitamente por las autoridades y las propias empresas. La característica de los lugares que vamos a ver a partir de ahora es la de ser espacios donde la prostitución no es formalmente reconocida, ya que se ejerce amparada en otros trabajos o en la simple practica del ocio. Bares, restaurantes-bar, cantabares, discotecas, cantinas y cervecerías, comparten este rasgo.

No obstante, su práctica es también reconocida y "tolerada". Según la dirección Municipal de Salud de Acapulco hay unos doscientos lugares donde esta dependencia está realizando un programa de prevención de enfermedades de transmisión sexual, ciento veinte de los cuales pertenecen a esta categoría no explícita. Otras fuentes llegan a situar el número de estos "giros negros" de la ciudad en varios centenares, aunque es muy difícil precisar la cifra exacta, dado el carácter semiclandestino de muchos de ellos. Lo interesante para este estudio es que es precisamente en estos negocios donde hay más presencia de menores de edad en ambas ciudades, sobre todo en los que están situados en las colonias periféricas de Acapulco y en toda la zona norte de Cancún, aunque se presenta mucha más inestabilidad laboral —propiciada en parte por los circuitos hacia los centros nocturnos de prostitución más explícita donde las menores son "contratadas".

En Acapulco, hay una excepción donde la prostitución sí es formalmente reconocida, amparada por la denominación de este sector de la ciudad como "zona de tolerancia". Se trata de los bares (unos 20) de la conocida como La Zona o Zona Roja, que constituye la tradicional y primera zona de prostitución que existió en el puerto, aunque en la mayoría de ellos las sexoservidoras son mujeres maduras de entre 30 y 50 años. No obstante, uno de estos bares está orientado hacia los adolescentes travestidos, los cuales integran sus particulares circuitos entre la playa condesa, los bares gays y *shows* travestis y la Zona Roja.

Otros espacios donde el ejercicio de la prostitución no es del todo reconocido por las empresas pero resulta bastante explícito y reiterado, son los bares o clubs gays. Tanto en los establecimientos de la zona de la Condesa de Acapulco (como los *shows travestis* y los *chippendale*), como en los bares del centro de Cancún, estos lugares posibilitan el acuerdo de relaciones sexuales comercializadas entre bailarines y clientes, y entre los sexoturistas gays y adolescentes que los frecuentan. En un bar gay de Cancún, se observaron grupitos de adolescentes homosexuales que bailaban en la pequeña pista en espera de entablar contacto con potenciales clientes, uno de ellos, vestido con ropa infantilizada (incluido un osito de peluche en miniatura), como una evidente presentación corporal pedomimética con fines eróticos y de intercambio sexual. Los bares y discos de la zona de la Condesa en el sector playa, como ya vimos, son también espacios donde se realizan contactos entre niñas y adolescentes locales y turistas (en su mayor parte extranjeros), percibidos como ligue por estos últimos y que no están formalmente reconocidas por las empresas donde se llevan a cabo.

En otras discotecas del centro de Acapulco, dirigidas a un público local, no es raro encontrar adolescentes que llevan a cabo prácticas bastante sistemáticas de sexoservicio, como es el caso de una ubicada cerca de la avenida Cuauhtémoc. Aunque es un lugar de entrada libre donde las jóvenes no están supeditadas a ninguna norma laboral, decenas de ellas fueron observadas en espera de establecer contacto con clientes. Dos adolescentes, entrevistadas en un *table dance* adyacente (del mismo propietario), relataron que ellas llegaban a la discoteca y gracias a los contactos que tenían con meseros del *nightclub* a veces eran llamadas para cubrir una demanda de "chicas jóvenes" y no condicionadas a los precios de las bailarinas, ya que por 300 pesos ofrecían cualquier práctica sexual sin condón y para toda la noche. Así, desde las nueve de la noche hasta las cinco de la madrugada todos los días estas chicas hacen salidas con los clientes contactados en la discoteca o canalizados a través de *table dance*. Otros discobares de Acapulco para público local concentran a adolescentes menores de edad muchas de las cuales trabajan en *table dance* o en bares, y aunque acuden principalmente en grupo por motivos de ocio después de su trabajo, también pueden acordar contactos sexuales comercializados con clientes locales.

Una modalidad más de prostitución en espacios de ocio con otro uso formal es la que se da en restaurantes, cafeterías y pubs de la Costera para clientes de alto nivel económico aprovechando los contactos que meseros y gerentes (no necesariamente bajo la anuencia de los propietarios) resuelven entre niños y clientes. En un restaurante de la zona de la Condesa, es posible conseguir contactos con adolescentes de los dos sexos mediante la intermediación de sus meseros que disponen de una lista de teléfonos, de acuerdo con las características físicas y de edad que se prefieran, y según su disponibilidad. En otro bar tipo puf, situado sobre Costa Azul, el propio gerente dispone de una "carta" de niños y niñas donde se puede escoger según el gusto; las relaciones sexuales se llevan a cabo en un hotel adyacente.

Pero es en las colonias periféricas de Acapulco, como ciudad Renacimiento, la Vacacional, la Zapata, la Sabana, o Las Cruces, donde bares y cantinas exponen a niñas como meseras con las que se pueden acordar servicios sexuales, debido en parte a la impunidad que permite la menor presencia de controles de las autoridades municipales para la aplicación del Reglamento de Espectáculos. Estas niñas, de edades a partir de los 12 o 13 años, pero en su mayoría de 14 a 16, provienen de las propias colonias periféricas o incluso están

LA EXPLOTACIÓN SEXUAL COMERCIAL DE NIÑOS

recién emigradas de pueblos del interior del estado de Guerrero (o de otros).[22] Estos establecimientos son, en muchos casos, los lugares en los que las niñas tienen las primeras experiencias de prostitución antes de circular por los diferentes centros nocturnos de la bahía acapulqueña o de otras ciudades, por lo que se establecen como espacios de "iniciación" donde aprenden el estilo de relación socializada que es adecuado para tratar a los clientes en busca de intercambios sexuales comerciales. Con retribuciones por "salidas" muy inferiores a las que después podrán llegar a cobrar, en muchos casos estas niñas tienen que atender los servicios de bebidas en mesa entre unos procedimientos de "fichar" y de baile menos rigurosos o inexistentes —por lo que pueden pasarse noches enteras con un mismo cliente— y unos horarios extensísimos de 12 de la mañana a 12 de la noche.

En una observación realizada a las doce de la noche en una cantina muy precaria de Las Cruces —una zona de parada de autobuses urbanos y de los que comunican hacia los pueblos del municipio, con numerosos puestos de mercado— fueron entrevistadas dos "meseritas" adolescentes de 14 y 17 años, respectivamente. Vigiladas por una señora de mediana edad que era la encargada del lugar, y vestidas como lo haría cualquier muchacha en la calle, servían bebidas alcohólicas a una clientela de hombres sentados a varias mesas de plástico. Una de ellas se acomodó junto a un hombre solitario y mantuvo una amable conversación de primer contacto donde la primera pregunta que él hizo fue: "¿Cuántos años tienes?" "Catorce". En la barra, una niña de unos 13 años platicaba con un adolescente mayor que ella entre un grupo de jóvenes. Según otras fuentes, hace algunos años varios adolescentes gays de la colonia La Sabana se prostituían en la puerta de una cantina subiendo a los coches que se acercaban.

Por su parte, como ya sabemos, Cancún no tiene ninguna "zona de tolerancia" dentro de su área urbana. La "tradicional" avenida Yaxchilán —donde hace pocos años diversos centros nocturnos exhibían variedades eróticas para un mayoritario público local— tiene ya prohibida la presentación de todo espectáculo sexual, como *table dance* y "sexo en vivo" y, por supuesto, el ejercicio de la prostitución, y por tanto, quedaron restringidos en la actualidad a espectáculos

---

[22] En las zonas rurales del estado de Guerrero todavía se llevan a cabo prácticas de venta de niñas por parte de familias de campesinos a hombres adultos, a precios que oscilan de los 1 000 a los 5 000 pesos, o incluso por otros bienes. No obstante, la finalidad es más para casamiento o unión libre, que no para integrarlas a la prostitución —aunque también existen casos en este sentido.

light. No obstante, en los bares de la zona centro, la Jurisdicción Sanitaria núm. 2 a la cual le corresponden los controles preventivos de ETS, realiza todavía verificaciones en campo, en las cuales se explica a los dueños de los riesgos de cierre de locales si se localizan sexoservidoras en sus negocios. Pero, en la actualidad, todos estos bares y restaurantes-bar siguen funcionando como espacios de contacto más o menos solapado para el comercio sexual —hasta el punto de que algunos de ellos dependen de esto para su subsistencia. En la avenida Yaxchilán se realizó una observación en un bar donde dos menores adolescentes recién llegadas del estado de Campeche por su propio pie habían sido invitadas por el *dj*, y donde, de manera un poco ambigua o quizás ingenua por su parte, eran solicitadas a sus mesas, por clientes varones deseosos de entablar un acuerdo sexual comercial.

Pero es la zona norte de Cancún en las conocidas como "regiones" donde han proliferado en los últimos años el mayor número de bares nuevos, junto a otros más antiguos que todavía conservan las pistas de *table dance* de la época permisiva. En ellos, centenares de jóvenes y adolescentes, muchas de ellas emigradas de otros estados del sudeste (Yucatán, Chiapas, Veracruz, Tabasco y Oaxaca) o incluso centroamericanas, trabajan formalmente como meseras o "chicas de compañía". Pero, además, "fichan" con los clientes en la mesa y realizan salidas de corta duración en los numerosos hoteles baratos presentes en la zona (ya que no cuentan con cuartos en su interior) —y todo ello siendo del conocimiento de todas las autoridades encargadas de la verificación. Con sueldos de 30 o 40 pesos diarios, sin ser necesariamente obligadas a ello o inducidas por los propietarios, las salidas negociadas con los parroquianos *in situ* les pueden llegar a proporcionar ingresos diarios veinte veces superiores. Sus clientes son muy heterogéneos, pero la mayoría son varones y cancunenses que realizan "rondas" de grupos de amigos por varios bares, excluyendo casi completamente a los turistas —siendo que se encuentra más cerca de la zona hotelera que de Plaza 21.

En una entrevista realizada en un bar cerca de la avenida López Portillo a Laura, una niña mesera de 15 años, hija a su vez de una sexoservidora, mientras estaba "fichando" en la mesa y relatando las diversas relaciones casuales remuneradas que habían surgido de su trabajo en el bar, parecía adaptar su discurso a la prohibición existente, ya que aseguraba que "no sale con clientes" y que "sólo trabaja de mesera" —aunque en el mismo rato unos muchachos de otra mesa le ofrecieron un ramo de flores para convencerla de "salir" con uno

LA EXPLOTACIÓN SEXUAL COMERCIAL DE NIÑOS   209

de ellos. Ésta será una característica que profundizaré más adelante: en el sexoservicio no explícito, tanto niñas como clientes recurren a una relación ambigua de "ligue comercializado" en el que figuras culturalmente dominantes como el cortejo y la seducción, o el "noviazgo", mediante los cuales se definen los papeles genéricos tradicionales, tienen un peso importante a la hora de entablar y acordar los contactos sexuales —ya que de esa manera, por una parte, las niñas logran "revalorizarse" si actúan dentro del lenguaje simbólico que permite a las mujeres ejercer una sexualidad "respetable" y, por la otra, los hombres utilizan este lenguaje para eufemizar unas relaciones comercializadas en unos espacios ambiguos que no lo deberían permitir y con unas niñas que, dada su inmadurez, todavía se sienten confusas o indefinidas en el proceso de adopción del estilo de vida que impone el sexoservicio. Es difícil creer que ninguna de ellas reconozca prostituirse, incluso las llamadas "chicas de compañía" que formalmente sólo acompañan a la mesa y bailan con los clientes. En otro bar sobre la avenida López Portillo, otra adolescente dedicada a hacer bailes inicialmente se sintió confusa frente a la pregunta sobre su trabajo, pero después aceptó que por 500 pesos (más 150 al bar) no tenía problemas en ir a un hotel cercano. En otro bar sobre la misma avenida y que es el último en cerrar a las cuatro de la mañana —que además está estrechamente conectado con un *table dance* del Plaza 21 ya que son los mismos dueños— van llegando las meseras que no han logrado concertar una salida y que esperan poder hacerlo con los últimos clientes. Algunas de sus "chicas de compañía" adolescentes habían sido rescatadas de la cárcel del último operativo policíaco y esperaban ser canalizadas hacia un *nightclub* del kilómetro 21.

LAS ESTÉTICAS O LA NECESARIA CONFIANZA

La ciudad de Cancún se distingue por el elevado número de estéticas y salones de belleza que presentan sus calles, debido al requerimiento que los hoteles hacen a sus miles de trabajadores en cuanto a su cuidada presentación personal. De los centenares que hay, algunas de éstos, además de los servicios explícitos que se anuncian, ofrecen sexoservicio facilitando el contacto a clientes de cierta confianza. En una estética situada en la región 94, los hombres acuden a un corte de pelo pero también pueden solicitar un servicio de "masaje";

la cita y los encuentros sexuales se realizan en algún hotel. Usualmente, no se pide este servicio en forma directa, sino que es necesario establecer con anterioridad cierta confianza con el trabajador intermediario, o hacer el contacto vía telefónica dando el aval de una persona conocida. En Acapulco también hay registros de estéticas en la zona centro que llegan a mostrar un catálogo fotográfico a los clientes de las mujeres disponibles (con precios de entre 800 y 1 000 pesos), aunque en gran medida se trata de prostitución de adultos.

LOS ANUNCIOS, LAS PASARELAS Y EL CELULAR O LAS MASAJISTAS, LOS MODELOS Y LAS EDECANES

"Aca-Hot. Siente el verdadero calor de Acapulco con nuevas chicas que sólo estarán esta temporada, las más fogosas y duritas. Aprovéchate de nosotras. 18-20 años". Los servicios sexuales convenidos mediante anuncios y contactos por teléfono han experimentado un gran incremento en los últimos años, en parte gracias a la generalización del uso de celular, pero principalmente a causa de las dificultades crecientes para ejercer el sexoservicio en la vía pública. Como explicó un psicólogo de un grupo focal: "las chavas prefieren quedarse en sus casas que andar en bares o en la calle, y esperan hasta recibir la llamada de la persona que tiene su nombre y su teléfono en un archivo". Casas de masaje, salones de relajación, damas de compañía y edecanes, comparten esa devoción por el anonimato que proporciona el anuncio en el periódico y el contacto telefónico, así como la desterritorialización que ofrece, ya que no son necesarios espacios centralizados en domicilios para coordinar, por ejemplo, una agencia de edecanes. De preferencia, este tipo de servicios son utilizados por clientes económicamente acomodados y están dirigidos en especial a los sexoturistas —siendo prueba de ello que muchos anuncios están escritos en inglés— y, además, ofrecen mensajes directos que apelan a la juventud extrema de las mujeres —aunque siempre respetando el límite legal de los 18 años. No obstante, como se pudo comprobar, una llamada solicitando directamente menores de edad suele conllevar la ruptura de la comunicación, ya que, habiendo comprobado sobre el terreno que algunas de las supuestas chicas de 18 años que anuncian son menores de edad, siempre habrá estrategias de ocultación o simulación.

Algunos de estos anuncios, como los que predominan en Cancún, son de agencias muy bien organizadas y que disponen de varias decenas de sexoservidoras y sexoservidores dispuestos a ofrecer *shows* privados y realizar sexo en grupo, con un cierto nivel de instrucción y preparados para contactar con el turista norteamericano prevaleciente: "*Angel Skin, Massage.* Hotel y domicilio. Espectaculares bellezas. No acepte imitaciones. Personal femenino y masculino. Nuestro prestigio es el tuyo. *English spoken*". Pero otros anuncios, como los que predominan en el periódico *Novedades de Acapulco*, han sido creados por muchachas que disponen de un celular y de cierta "protección" durante los contactos ofrecida por la vigilancia discreta de un proxeneta en el lugar de la cita: "chiquita, preciosa, muy jovencita, 18 años, delgadita, chaparrita, y cachonda"; o bien: "Bárbara, 18 años, la niña más dulce e irresistible, tierna, sólo para ti, iniciándose". Las referencias a la niñez y a los valores simbólicos de la inocencia y la pureza son evidentes. Los precios, entre 400 y 1 000 pesos por dos horas. Algunos de los anuncios que aparecen en Acapulco son de las mismas jóvenes que pasean en la banqueta de La Condesa cargando siempre un celular. En una conversación con una de ellas, se comprobó la atención a una llamada de un cliente en el mismo momento.

Según información relatada por una ex edecán de Cancún, la mecánica tradicional de las agencias de *escorts* o acompañantes era la siguiente. El anuncio en periódico, la tarjeta personal de presentación, y el teléfono de contacto eran las herramientas básicas del negocio. Las chicas, siendo menores de edad, ingresaban en la empresa —cuya oficina permanecía oculta en el interior de un negocio de artesanías— mediante la firma de un contrato por escrito de trabajo de edecanes o damas de compañía en el cual se especificaba que la duración del mismo era por cinco años, pero que si las contratantes consumían drogas se reducía a dos años. Aparentemente el servicio que ofrecían era solamente el de acompañar; pero las llamadas que recibían siempre eran para contactar clientes que querían tener relaciones sexuales con ellas. Ellas no tocaban el dinero, sino que era depositado a una cuenta corriente a nombre de la empresa. Se cobraba de 100 a 200 dólares por servicio, la mitad de lo cual era para ellas. Las relaciones sexuales se llevaban a cabo en hoteles, y a veces ellas acompañaban a los clientes a las discotecas. Hay constancia de que esta empresa seguía existiendo en 2000.

Las "damas de compañía" también llevan a sus clientes a los *nightclubs*. En un *table dance* de Plaza 21 de Cancún, durante una observación, un turista extranjero entró acompañado desde fuera por dos adolescentes edecanes, con edades calculadas de 15 y 18 años. Ellas casi no hablaron con el hombre (que observaba el lugar con aire vagamente sorprendido) mientras que sí platicaban y bromeaban entre ellas, señalando a las chicas que estaban practicando el baile sobre la pasarela. Se mostraban muy familiarizadas con el entorno, hasta tal punto que fue una de ellas la que negoció con los meseros el pago de la cuenta. Luego se levantaron poniéndose de acuerdo entre ellas e invitaron a su acompañante a salir. Preguntando a una sexoservidora del lugar, afirmó conocerlas y confirmó que eran acompañantes de las que se anuncian en las agencias de edecanes.

En Cancún, y en menor medida en Acapulco, las agencias de edecanes son muy utilizadas porque sirven al propósito de acompañar a todo aquel asistente a un congreso que llega con la intención de pasear acompañado y de hacer sexoturismo. Y Cancún es un centro internacional de congresos y convenciones. Alrededor de ellos, una industria floreciente de agencias de modelos y edecanes ha surgido con fuerza, dentro de las varias funciones que pueden ejercer (recepción de congresistas, promoción de productos mediante la pasarela, subastas, atención a clientes). Usualmente, la exclusividad del contacto en el hotel a clientes muy ricos, y por varios días a tiempo completo y en todo lugar, hacen alcanzar a estos servicios cifras de más de 2 000 dólares, siendo las más "cotizadas" las adolescentes.

En Cancún, las conocidas escuelas de modelo o de "modelaje" que son suplidas por decenas de adolescentes locales con sueños de fama y éxito económico, crean redes legales organizadoras de pasarela en todo el país para exposición de productos de belleza o de moda. Pero a la vez que se realizan las actividades públicas formales, las y los modelos, muchos de ellos menores de edad, establecen relaciones con algunos clientes para llevar a cabo servicios extra en privado. Conocemos al respecto el caso de un niño homosexual que empezó a trabajar como modelo a los 15 años en una agencia, y a los pocos meses ya había iniciado actividades de sexoservicio con los propios clientes, en su mayoría cancunenses adinerados, que acudían a presenciar los pases de modelos en pasarelas privadas previa invitación personal —con unos precios de 75 a 150 dólares por una hora. En otros casos, con clientes todavía más elitistas, las tarifas son más elevadas y se ingresan también directamente a una cuenta corriente— cuyos titulares a veces son los padres del adolescente.

PRODUCCIÓN DE PORNOGRAFÍA EN ESCOLARES, NIÑOS EN SITUACIÓN
DE CALLE, SEXOSERVIDORES Y MODELOS

En agosto de 1995 fue ampliamente difundido por la prensa el caso de la muerte, en su casa de Acapulco, de un productor estadounidense de películas pornográficas infantiles con niños acapulqueños, Anthony Frank. En su residencia fueron encontrados, según la policía, cuatrocientos pornovideos que ya habían sido comercializados en todo el mundo, y siguiendo sus conexiones en Estados Unidos, fue detenido su socio en San Diego con varios *masters* de video con niños de entre 7 y 11 años. Otro norteamericano residente en Acapulco, Dennis Carl Blandin, fue capturado un año después, acusado de formar parte de la red de pornografía infantil de Frank.

La producción de pornografía con niños en las ciudades turísticas mexicanas es una práctica que, aunque sospechada desde hace años, y detectada en Internet, ha sido ya ampliamente demostrada. Niños de la calle, adolescentes que se prostituyen en el zócalo y La Condesa, niños de escuelas secundarias, y muchachos de agencias de modelos cancunenses nos han relatado estas prácticas.

El caso de las escuelas es quizás el menos confirmado. Muchos profesores admiten la existencia de prostitución en el entorno de las escuelas secundarias de Acapulco, mediante la transmisión oral entre los niños que conocen de amigas que trabajan en *table dance*, o de conocidos que les proponen fotografiarse desnudos a cambio de dinero. Una comunicadora social en Cancún relató que en sus clases de secundaria había localizado a una niña que estaba trabajando en centros nocturnos y que ello era del conocimiento de todos sus compañeros. Como veremos, esta modalidad de enganche a través de la información transmitida entre amigas es muy importante en el contexto de los centros turísticos. A este respecto, es muy fácil que la información circule con libertad entre los niños, y también es concebible que en la etapa de la pubertad, cuando se inician los deseos sexuales, estas experiencias, percibidas por ellos como "travesuras", sean tomadas como definidoras de una identidad sociosexual en formación, tanto en niños de bajos recursos económicos como en clases medias acomodadas.

La estrategia de enganchar a los niños a través del contacto que realizan otros niños como intermediarios —la llamada técnica de la "bola de nieve"— era la manera en que operaba una casa particular en Cancún donde se elaboraba pornografía infantil con niños de 10 a 16 años a cambio de una baja remuneración. Había dos ventajas: lograr entusiasmar y convencer a los niños entre ellos en un plano de igualdad no coercitiva, y evitar los riesgos de enganchar a los menores directamente por parte de adultos que habrían llegado expuestos hasta sus espacios (escuela, parques).

Los casos de pornografía infantil mejor documentados son los de los niños en situación de calle que son enganchados por sexoturistas para ser filmados y fotografiados en sus casas. El ya citado caso de Martín, que llegó a ser entrevistado hace pocos años por un periodista inglés que vio la película, es revelador. Aunque en un principio negaba haber sido filmado para pornografía en sus contactos sexuales con turistas norteamericanos entre sus 8 y 12 años, posteriormente reconoció que "bueno, puede que alguna vez que haya ido con estos tipos me filmaran sin que yo me diera cuenta, con una cámara oculta, con una cámara metida en una caja". También de los niños travestidos que se prostituyen en Las Piedras de la playa Condesa, contamos con un relato. Marcos, actualmente un adolescente de 19 años, empezó a los 13 a trabajar en el sexoservicio con sexoturistas gays. En una ocasión, durante uno de los primeros encuentros que realizaba en los hoteles, un estadounidense le tomó unas fotografías alegando que le gustaba mucho ver su cuerpo. Posteriormente, un joven amigo del niño le advirtió que su imagen estaba expuesta en Internet e incluso le abrió ante él la página *de red* para que lo viera: "y me quedo yo: ¡ese soy yo! Le digo 'esas fotos yo las conozco. Un señor me las tomaba'". Pero me quedé muy sorprendido porque él me decía que era para él, que no la iba a mostrar a nadie ¡Entonces yo me quedo traumado cuando las veo!"

En el caso de los adolescentes que actúan como modelos, una vez que han sido introducidos en los circuitos de prostitución donde los clientes de pasarelas los seleccionan, las propuestas para filmar películas pornográficas no son extrañas. A un niño modelo de 16 años le plantearon hacer un *casting* en la zona hotelera de Cancún para participar en una filmación ofreciéndole 5 500 dólares por 10 minutos de cinta si era seleccionado (quizás unas dos o tres horas de trabajo), aunque después de consultarlo con una psicóloga del DIF no aceptó.

LA EXPLOTACIÓN SEXUAL COMERCIAL DE NIÑOS

LOS ACTORES Y LOS PROCESOS

Abuso, pobreza, abandono: los antecedentes de los niños y niñas

Las biografías de los niños, sin desmerecer el peso determinante de los factores socioestructurales, deben estar presentes en el momento de intentar comprender qué factores ayudan a propiciar el fenómeno de la explotación sexual comercial infantil —sin descuidar, por supuesto, el "factor demanda" de estos servicios por parte de los hombres sexousuarios. No voy a profundizar en este tema por falta de espacio, pero sí va a ser importante recordar que los antecedentes de pobreza extrema, de violencia y coerción, de abuso sexual, de expulsión familiar, de abandono de las parejas, de embarazos no deseados en condición de soltería, entre otros, están íntimamente involucrados en el fenómeno de estudio.

Uno de los antecedentes familiares que suele invocarse como causa de la prostitución infantil es el abuso sexual en la familia por parte de padrastros, e incluso padres —aunque la existencia de casos en los que las niñas no fueron abusadas nos obliga a considerar otros precedentes. Es el caso de Anabel, adolescente sexoservidora de bares de la zona norte de Cancún, a la que uno de sus últimos padrastros la estuvo acosando cuando era niña, hasta el punto en que su madre (adicta a la cocaína) le propuso que se "acostara con su marido" porque como no era su papá "no había nada malo en ello". En otro caso, el abuso psicológico infligido por una madre sexoservidora a Silvia, una bailarina de 17 años, originaria de Iztapalapa, que actuaba en Plaza 21 y cuya progenitora la mantuvo encerrada en un internado para no verla durante meses —aunque siempre le enviaba dinero— precipitó que a los 13 años huyera con el que sería su futuro "padrote".

Otro antecedente típico es el abandono por parte de la pareja, tanto o más joven que ellas, ante la necesidad de mantener a un bebé. Juana, originaria de Morelos, de 16 años y recién llegada a Plaza 21, se casó a los 14 años con un muchacho de su pueblo con el que tuvo una hija. Pero tras descubrir que él mantenía otras relaciones lo abandonó y regresó con su familia. A partir de entonces su situación económica se deterioró todavía más, ya que dejó de tener ingresos y su familia le dijo que no podía hacerse cargo de las dos. Todavía más complicadas son las rupturas violentas con la familia y con la pareja que se conjugaron en el caso de Amanda, bailarina de Acapulco. A los 14 años entró a trabajar en un *table dance* por recomendación de una amiga de la secundaria. Cuando su familia se enteró, la expulsó de la casa y le dijo: "olvídate de que tienes familia, olvídate de todo y ¡ojalá te mueras!". Después de haber abusado de las drogas mientras siguió trabajando dos años en el *table dance* (siendo todavía menor), a los 16 años conoció a un cliente con el que se fue a vivir, dejando su trabajo, y quedando embarazada un año después, para ser abandonada por él pocos meses antes de que naciera su hijo. La resolución de criar a su bebé hizo cambiar su decisión de dejar el sexoservicio y eso la obligó a regresar al trabajo nocturno. Éste es un elemento omnipresente en muchas adolescentes sexoservidoras: la prostitución como solución a la maternidad. La necesidad de mantener un hijo, fruto de una relación separada y en condiciones de falta de oportunidades laborales es el argumento de mayor peso a la hora de aceptar el trabajo.

Y, por supuesto, la pobreza extrema y la situación de ser el único sustento económico de la familia, también son factores determinantes. Marcos, sexoservidor gay en Las Piedras, empezó a prostituirse a los 13 años para evitar ver trabajar a su mamá hasta quedar exhausta y aun así sin poder alimentar a sus siete hijos —aunque la manera como entró en contacto con los otros chicos del lugar fue casi casual. A partir de entonces, con sus ingresos de varios miles de pesos semanales —algunos enviados por sexoturistas desde sus países de origen— mantuvo a toda su familia: "yo le daba dinero cuando empecé a bajar a la Condesa. Entonces me dice: '¿de dónde sacas el dinero?' 'No, que estoy trabajando'. No podía decirles que me prostituía", aunque asegura que su mamá siempre lo supo. En el caso de las niñas vendedoras de pulseras en la zona hotelera de Cancún, todavía es más evidente. Los ingresos diarios de estas niñas que, si normalmente suponen 300 pesos, en el caso de que se prostituyan pueden alcanzar los 1 000 pesos diarios, lo que multiplica por algunas decenas los ingresos de sus propios padres, llegando a ser en ocasiones estos últimos los que les ofrecen protección en la vía pública cuando están vendiendo o acordando contactos sexuales.

Pero no hay que descartar los casos conocidos de adolescentes de clase media que deciden prostituirse con sexoturistas en la zona hotelera de Cancún o en La Condesa acapulqueña —o de los chicos del zócalo del puerto que gastan en una noche de disco todo lo que han ganado horas antes— para poder afrontar gastos personales vinculados con la cultura del ocio y el consumo que, como dijimos, es hegemónica en estos centros turísticos.

EL ENGANCHE Y LA INICIACIÓN: AMIGAS, PATRONES Y "PADROTES"

Conocemos en general las causas propiciatorias del fenómeno de la ESCN, pero ¿cuáles son los mecanismos específicos en los que niñas, niños y adolescentes acaban siendo involucrados en prostitución en estas ciudades turísticas, mecanismos que simplificaré con la poco precisa palabra "enganche"? Identifico dos procedimientos principales en este proceso: *a*] la circulación de la información entre grupos de iguales de las niñas; *b*] la inducción o coerción por parte de familiares, novios, esposos, patrones, "padrotes" o personas que poseen algún grado de autoridad sobre los menores y con los que llegan a compartir espacios. Estos procedimientos se dan, además, en el contexto de una situación de alta vulnerabilidad propiciada por un entorno que provoca "desamparo aprendido" —en la familia, en la escuela, en la calle o entre unas instituciones sociales deficientes—, un gran desamparo frente a los abusos de poder, y una elevada desinformación respecto de las consecuencias a mediano y largo plazo de sus actos. Asimismo, una vez iniciada la integración en el proceso, los propios círculos sociales y hábitos aprendidos reproducen los circuitos reincidentes de prostitución de los que las niñas y mujeres difícilmente se saben, se pueden o se quieren desprender.

Uno de los principales lugares comunes que hay acerca de la prostitución de menores de edad es aquel que asegura que toda niña y adolescente que se halle involucrada lo ha de estar porque los proxenetas han aplicado siempre coerción, agresión e incluso rapto y encierro para introducirlas y mantenerlas en el negocio.

Es indudable que las relaciones de poder en plano de desigualdad son inherentes a toda relación entre menores y adultos (y entre ambos géneros) y que grados diferentes de coerción y maltrato siempre están presentes tanto en las causas del abandono familiar, en los métodos que usan los "padrotes" para convencerlas y mantenerlas, como en las relaciones cotidianas con clientes. Pero afirmar que las menores (sobre todo las que ya se encuentran en la adolescencia) carecen de toda capacidad de agencia en todo momento y que no pueden tomar decisiones por su cuenta, sería un reduccionismo empobrecedor que no ayudaría a reconocer la complejidad del fenómeno.

Está tan documentado que muchas niñas y adolescentes llegan a tener como una motivación principal para introducirse en los bares y *table dance* el conocimiento que les proporcionan grupos de iguales y los efectos de los agravios comparativos entre niñas, que el hecho de que en el mismo proceso sean objeto de coerción, hostigamiento y maltrato por parte de adultos no invalida el peso que han tenido las propias iniciativas. Hay que tener en cuenta, no obstante, que la toma de decisiones de las niñas parte ya condicionada por los factores estructurales de la sociedad, pero dada la complejidad de toda relación social es perfectamente compatible un itinerario decidido y recorrido por las propias niñas entre un entorno de merodeadores que tratan de sacar partido de su situación vulnerable.

Han sido muchas las menores entrevistadas en ambas ciudades, trabajadoras de clubes nocturnos y bares, que han reconocido haber llegado por primera vez pidiendo trabajo después de haber sido informadas por amigas, compañeras de la secundaria que ya están trabajando, y familiares en grupos de iguales en sus colonias o pueblos. La eficacia de este método es evidente: nada más válido para reconocer como interesante una práctica que ser contada y estimulada por los propios sujetos con los que las niñas más interaccionan y se reconocen: otras niñas. No hay que subestimar el caso de las niñas que son parientes, y por supuesto entre hermanas, ya que las comparaciones dentro de una misma familia entre una niña que genera ingresos en un hogar pobre y otra que no lo hace pueden llegar a ser determinantes a la hora de la toma de decisiones. Además, una vez involucradas, son los grupos de iguales los que van instruyendo poco a poco a las nuevas sobre cómo hacer las cosas bien y evitar algunos riesgos. En el caso de las muchachas que llegan de lejos, de otros estados, los contactos con amigas que las motivaron son básicos para el bien de su propósito en un medio inicialmente hostil.

A veces, el trabajo de mesera o bailarina ofrece una salida inmediata a una situación de rechazo o huida de la familia, y la información sólo precipita la decisión. En el caso de un *table dance* de Acapulco, varias niñas que llegaron a trabajar ahí habiendo escapado de su casa fueron localizadas después por sus padres, quienes llegaron a acusar al local de rapto de menores. En Cancún, dos niñas veracruzanas de 13 años huidas de su casa y que habían ejercido la prostitución varios meses en Mérida, fueron llamadas por una amiga que trabajaba en Plaza 21 y que les había prometido muchas ganancias. Pero también, algunas de las muchachas que llegan a la ciudad turística a emplearse como servicio doméstico, después de sufrir abusos laborales sistemáticos, y de conocer a través de amigas con las que conviven de la existencia de estos empleos mejor remunerados, deciden buscar trabajo en los bares de la zona norte.

El agravio comparativo entre grupos de iguales es un elemento imprescindible del análisis pero de necesaria matización, ya que en el fondo implica cierto grado de coerción basado en la capacidad de poder de los clientes de pagar estos servicios a niñas sin recursos, y en la incapacidad de éstas para encontrar empleos alternativos. Adolescentes originarias de zonas rurales, que marcharon meses atrás a trabajar en bares y centros nocturnos, y que regresan junto con amigas y parientes de su pueblo con buena ropa, joyas, dinero, se convierten en catalizadoras irresistibles para que sus iguales sigan sus pasos; pero la existencia de la demanda de estos servicios siempre es fundamental en el fenómeno, como lo veremos al hablar de los clientes.

Es obvio que estas niñas que regresan en forma temporal a su pueblo o colonia no están dentro del núcleo duro de un negocio de prostitución local, interesada en ampliar y diversificar sus elencos. Pero pueden, no obstante, ser requeridas por los gerentes a que inviten a amigas prometiéndoles el trabajo que ellas tienen. Esto tendrá consecuencias en el concepto tan manido de redes organizadas: sí existen pero, excepto contados casos, no están centralizadas y son dispersas, llegando en ocasiones a hacer que sus enganchadoras sean sus propias trabajadoras, reduciendo la necesidad de intermediarios dedicados a tiempo completo —como sí pasa en el caso de los padrotes profesionales. Como las redes en pequeña escala, además, están protegidas por los gobiernos locales, se cuenta con una relativa inmunidad para que las niñas sean "contratadas" para trabajar en estos lugares, sin correr los riesgos de implicarse con enganchadores directos de menores de edad.

La mujer o adolescente enganchadora del grupo de iguales es una figura interesante y compleja, ya que en la mayor parte de los casos puede estar actuando con pleno convencimiento de estar ayudando a las niñas y no de estar abusando de su confianza. No obstante, en otros, como en el de las compañías de edecanes, las enganchadoras actúan con pleno conocimiento de colaborar con un negocio: les hablan de un trabajo y les muestran en forma provocativa los beneficios materiales de los que ellas gozan, prometiéndoles que tendrán lo mismo si aceptan. Obviamente, hay algunos casos muy ambiguos donde la sincera motivación de ayudar a una amiga se mezcla con intereses de caer bien a los padrotes y gerentes y obtener ventajas sobre las otras. Una amistad espontánea con aparentes iguales puede desembocar en un argumento de autoridad cuando el sujeto enganchador es conocedor del medio. Éste es el caso de un promotor turístico adolescente de La Condesa que en una discoteca informó a dos niñas de 15 y 17 años de Sinaloa (que se habían conocido durante un viaje en "*ride*" hacia el sur que decidieron solas por diversión) acerca de dónde podían trabajar y cuánto dinero ganarían. Después de conversar sobre sus previos trabajos nocturnos en discos de Mazatlán, "el tema surgió: 'aquí en Acapulco hay también muchos lugares así, uno que otro, pero sí los hay'. Y me dijeron ellas: 'bueno, y ¿qué tal? ¿Cuánto pagan?' Bueno, les empecé así a dar información. Y una de ellas dijo: 'oye ¿por qué no nos consigues trabajo?'"

El caso de los niños varones es similar en esencia. Los chicos que deambulan todos los días por el zócalo de Acapulco informan en pocos días a los nuevos del lugar a qué se dedican y qué beneficios obtienen. Javier llegó desde los 8 años y, a los 13, decidió imitar a sus amigos y hacer salidas con extranjeros. En la Playa de Las Piedras, Marcos a la misma edad recaló casualmente en el lugar un día que paseaba y sus futuros compañeros le hablaron de que le interesaba a un cliente: "dice que le gustas. Y que te paga 3 000 pesos". "Entonces agarré y le digo: 'Pero ¿qué voy a hacer? Por que yo no sabía'". Aceptó, le pagó y se fueron. Cuando meses después ya estaba integrado en el grupo, fue uno de los miembros de éste quien le comentó sobre la posibilidad de trasladarse temporalmente a La Zona para el sexoservicio travesti —además de otros destinos de temporada como Puerto Escondido, y Puerto Vallarta.

Por otra parte, en el caso de la inducción y coerción por parte de personas con algún grado de autoridad, obviamente está implicada una mayor relación de poder menos sutil, aunque se conocen grados muy variables en que se da esta presión sobre las niñas alrededor de la figura del "padrote" o la "madrota", en la que no profundizaré aquí.

En primer lugar existe lo que llamo la "seudorrelación de iguales", en los que una aparente camaradería esconde intenciones de explotación. Tal es el caso típico de los amigos leales, o los novios que prometen "amor eterno" a las niñas, y que con el tiempo se convierten en proxenetas explotadores encargados de establecer los contactos, de asegurar el negocio y de llevarse todas las ganancias. Ana, actual trabajadora de Plaza 21, salió de su pueblo coahuilense a los 15 años con un amigo que le propuso irse juntos para ganar dinero y que la estuvo conduciendo por diferentes bares de diferentes estados de la República. Convertido al poco en pareja de la niña, el joven se creyó con el derecho de no sólo presentarla en los bares sino de gestionarle las relaciones públicas y los contactos. En el caso de Silvia, otra bailarina originaria del Distrito Federal, a la edad de 14 años tuvo que sufrir un encierro físico reiterado en su departamento por parte de su novio-padrote cuando estaba embarazada de 9 meses, siempre y cuando no estuviera trabajando en el *nightclub*. En el caso de los adolescentes que llegan a los bares gays de Acapulco, también bajo una engañosa aproximación de ligue entre iguales se esconden ofrecimientos al sexoservicio que, como en el caso de un adolescente acapulqueño, fue invitado después de unas copas a un departamento: "y que te parece si nos vamos, te invito a las Torres Gemelas". En otros casos menos dirigidos al interés comercial, después de ser invitados a fiestas, una vez en los departamentos, les son ofrecidas sustancias como alcohol y drogas para poder ser apremiados a tener reciprocidad con los anfitriones.

En segundo lugar, por supuesto, la presión o conminación por parte de las propias madres es determinante. Éste es el caso de Laura, una mesera de Cancún, cuya madre le estuvo explicando la labor de sexoservicio y los ambientes que la rodeaban desde muy niña, y a los 14 años la animó a aceptar un trabajo en un bar.

En tercer lugar, existe la figura de la señora enganchadora que se traslada al campo para ofrecer trabajo de servicio doméstico, hospedaje y educación a niñas de pueblos rurales de entre 10 y 14 años. Sin embargo, una vez en la ciudad, las niñas son abusadas y sometidas a la autoridad de los adultos de la familia y acaban, o escapando para trabajar de meseras por su cuenta, o en algunos casos, siendo abusadas sexualmente o incluso prostituidas en la misma casa de acogida. Otras veces la enganchadora utiliza los mismos discursos pero dentro de una situación más instrumental donde actúa como intermediaria de algunos centros nocturnos —haciéndose pasar por pariente si es localizada por alguna institución como el DIF. No obstante, lo usual es que la niña o la adolescente abandone a su familia y la comunidad de origen por su propia cuenta.

En cuarto lugar, en ocasiones son los propios gerentes o propietarios de los bares los que salen al encuentro de menores de edad principalmente en discotecas. Es el caso de Sandra, adolescente de Monterrey que fue contactada en su ciudad natal para trabajar como bailarina en Plaza 21, junto con cinco de sus amigas, siendo trasladadas en avión en primera clase con todos los gastos pagados. Frente a la duda de la niña por ser menor de edad el propietario le respondió que no había problema pues era posible falsificar una credencial de elector.

Una vez que las niñas son convencidas para iniciar el trabajo en un bar o un centro nocturno, novios, amigos, gerentes, propietarios, enganchadoras, meseros y padrotes orquestan alrededor de ellas toda una serie de estrategias para convencerlas de que ejercer el sexoservicio será lo mejor —en ocasiones usando la apelación emocional al favor personal provisional para salir de un supuesto apuro; en otras, dando plena libertad de elección a ellas después de mostrar las ventajas como trampa retórica de que así tienen control sobre la situación. Pero una vez que deciden dar el paso de hacer un sexoservicio, el proceso es cada vez más difícil de invertir. Ganando más dinero que incluso las compañeras adultas, y 10 o 20 veces el que podrían conseguir en otro tipo de trabajo; habituadas pronto a un nivel de ingreso donde al mismo tiempo que se ganan exorbitantes sumas se van gastando, y en muchos casos dependientes de proveedores de drogas entre las camarillas de iguales, o de novios y "padrotes"; e inmiscuidas en tormentosas relaciones de pareja donde siempre hay un gradiente de explotación presente a cambio de lograr cierta seguridad; mirar, digo, al modo de vida anterior cuando su identidad adulta está siendo consolidada en el sexoservicio es casi imposible.

Con la finalidad de romper con las rutinas de su vida cotidiana anterior, el proxeneta sabe que, durante las primeras semanas o meses, tiene que proveer a la niña con regalos, joyas, ropa y muestras exacerbadas de afecto y atención, con el propósito de hacerles creer que ésta es una situación excepcional de su vida en la que hay implicadas personas alrededor a las que tienen que responder por su ayuda prestada. Sandra, la adolescente regiomontana, contaba durante una extensa plática cómo el gerente del *nightclub* que la había "jalado" desde su ciudad la había llevado a pasear a las grutas de Valladolid (Yucatán), mientras mostraba orgullosa las joyas de oro que él le había regalado. Por otra parte, involucrarlas desde el comienzo con un modo de vida ostentoso y opulento con un alto consumo de enseres y pertrechos, y viajecitos, convierte la renuncia al sexoservicio en algo muy difícil, una vez que se ha alardeado de las pruebas materiales del "éxito". Por fin, como demostró la antropología de Marcel Mauss hace casi un siglo, todo acto de dar es siempre esperar recibir a cambio, por lo que en la misma medida del valor material de los regalos se espera recibir de las niñas.

Por otra parte, los aspectos emocionales juegan un papel capital en todo el procedimiento de convencimiento e iniciación. Las niñas son tratadas de tal manera que aprenden a creer que sus supuestos "novios" dependen de ellas tanto emocional como económicamente, y que ellas están obligadas con ellos por una fidelidad radicalizada en tanto que el fantasma de la infidelidad siempre está presente en este trabajo, por lo que todo sacrificio llega a ser poco para alimentar la solidaridad comprometida y siempre amenazada. En este punto hay que recalcar que el uso de este "enganche emocional" es igual o más importante que todos los factores económicos juntos.

La movilidad de las niñas y adolescentes, que se trasladan de un bar a un *table dance*, de un propietario a otro, de una ciudad a otra, a veces a miles de kilómetros, cada pocas semanas o meses, no responde sólo a la lógica de buscar las temporadas altas. Con ello se logra un factor que favorece la sujeción a novios y padrotes: el desarraigo de las comunidades locales que permitirían el establecimiento de relaciones alternativas y la posibilidad de conocer otros modos de vida. Pero estos circuitos de prostitución, de las que todas las menores en alguna medida participan, no tiene que hacernos pensar en una paranoica red perfectamente organizada de tráfico o "trata de blancas": intereses personales de las niñas, llamadas de mejores trabajos, ganas de divertirse, invitaciones de clientes, hábiles enganchadoras, la necesidad de desaparecer de un lugar, recomendaciones de amigas, solicitudes de empresarios, intereses de novios-proxenetas, o a veces hasta un simple despecho amoroso, forman un cúmulo complejo que hacen de los permanentes ires y venires una peculiaridad intrínseca al fenómeno.

Ahora, para ejemplificar el proceso en el que un gerente de un *table dance* de Acapulco trata con una muchacha en busca de trabajo de mesera, expongo una extensa cita extraída de una entrevista con un experimentado gerente, proxeneta y "novio" de numerosas bailarinas a lo largo de los años. Es importante llamar la atención en algunos aspectos discursivos: *a*] cómo insiste una y otra vez en el interés comercial de la empresa; *b*] cómo deposita el énfasis emocional en la capacidad de ellas para decidir lo que es mejor para su vida y en la oportunidad de superación personal que supone el "ascenso" al eufemístico empleo de "bailarina"; *c*] cómo el proceso de conversión al sexoservicio es un proceso gradual plagado de perífrasis y juegos de lenguaje:

Por lo general en todos los negocios al entrar ¡siempre! Es raro el negocio que no tenga ahí: "se solicitan meseras" o "se solicitan bailarinas". Entonces por eso. Muchas veces por curiosidad ellas llegaban. Yo las entrevistaba. Llegaban: "oye, vengo buscando al encargado de aquí". "Soy yo ¿para qué asunto?" "No, que quiero saber cuánto pagan de bailarina." "¿Tiene experiencia

usted?" "Pues no." "Más que nada cuál es el ramo que usted viene pidiendo."
"No, pues de mesera." "Adelante, ¿cuántos años tienes?" "Ah, pues tengo…"
"No, dígame la edad que tiene. El trabajo ya es suyo, dígame la edad que
tiene exactamente, no veinte años. Quiero su edad exacta." "Tengo 15 años."
"¿Alguna vez ha trabajado en esto?" "No." "¿De qué trabajaba anteriormente
usted?" "Nunca he trabajado y quiero trabajar porque mi mamá y mi papá se
separaron." La verdad me inventaba también ella, aunque lo entendía. "No,
pues el trabajo es tuyo. Yo te voy a enseñar o te voy a poner una persona que
te enseñe" (…) Yo le facilitaba todo, pues. "Hora de entrada en el turno de
la noche es a las siete de la noche, se sale a las cinco de la mañana, turno de
la tarde se entra a las cuatro de la tarde y se sale a las dos de la mañana".
Entonces ya le decía: "¿Alguna vez has trabajado en algún otro lugar?" "No."
"OK, perfecto". Agarraba yo y llenaba tres envases de refresco, las sodas, las
llenaba con agua, agarraba y las ponía tres en cada lado de una charola
redonda: "mira, para empezar, pues vas a agarrar la charola así. Ahora para
que tú puedas enseñarte a atender una mesa". Ése era el primer paso. O sea,
iniciaban como meseras. Y muchas veces, uno como trabajador ahí ya le ve
las piernitas a la muchacha. Y ya llevaban una o dos semanas, dejaba uno
pasar el tiempo y a base de lo que ellas me dijeran: "no, sabes qué, pues
necesito dinero para comprar esto y esto". A base de lo que ellas me dijeran
a mí ya les aventaba yo mi verbo, dice aquél, mi terapia les hacía: "oiga, al
rato venga, quiero hablar con usted". O sea, no en privado, no nada, ahí en
frente de todo el mundo. "Estoy viendo que trabaja muy bien, es muy atenta
¿no le gustaría ganar más dinero? O sea, no es nada malo ¿Le gustaría tener
más entradas, más ingresos, más dinero?" "Pues sí." "Ahí le va ¿no le gustaría
ser bailarina?" "¡Ah, pero que yo no sé…!" "Usted nada más dígame: ¿le
gustaría o no le gustaría bailar?" "Ay, que me da pena." "Por eso le digo ¿le
gustaría o no le gustaría?" "No, pues sí." "¿Quiere bailar?" "No, pues sí."
"Véngase para acá." Agarraba una de las muchachas de confianza que yo
sabía que era su compañera: "préstale un vestido, va a bailar la muchacha".
Ya la subía yo con el DJ: "facilítale música." "Véngase usted." Ya la bajaba yo
a la barra, le enseñaba yo la barra: "¿qué te quieres tomar? Para que agarres
valor. ¿Quieres que te recete algo? Un tequila doble". Se subían a bailar. Ya
bailaban y conforme iba pasando el tiempo otra bailarina… Y con el tiempo
yo les decía: "mira, hay una parte importante que debes tomar en cuenta" y
para prevenirlas yo debía ponerlas sobre aviso a ellas. "Mira, este lugar no es
un salón de belleza, aquí vienes expuesta a todo. Nada más que no te agre-
dan, que no te golpeen, que no te jaloneen porque entonces entramos nosotros. Simple y sencillamente, si es para conveniencia tuya. Si es conveniencia para el negocio, pues adelante. Ahora, lo otro: aquí muchas veces el
cliente […] usted está acostumbrada a que le tiren piropos en la calle, aquí
el cliente es más agresivo porque ya tiene alcohol en las venas, es más agresivo, es más desbocado, te habla directo y derecho, vulgarmente. Entonces,

muchas veces el cliente, usted como nueva, le van a decir: "siéntate conmigo, tómate una copa conmigo ¿Qué le vas a decir tu?" "Ay, pero yo no tomo." "¿Qué le va a decir usted?" "No, pues no sé." "Bueno, si no sabe yo le voy a decir. Si usted quiere fichar, adelante. La ficha es así: se sirve la primera copa derecha, el puro vino, lo que te pida o lo que pidas tú. Se te sirve derecha. Y ahí tú: "salud", brindando con el cliente" ¡Hasta para enseñarle a fichar uno estaba ahí con ellas platicando! "No te gusta que te agarre el cliente, porque muchas veces el cliente les agarra las piernas. Hay que agarrar una cosa muy tranquila, hay que ser más inteligente que el cliente. Si tiene la mano acá, llegas tú (hace gesto de apartar la mano): "¿Cuántos años tienes?". Y básicamente ya te lo quitaste de encima. Ahora, la parte monetaria para ti es: si tu fichas vas a ganar más dinero, vas a tener más entradas de dinero. Ahora lo otro. Si haces salidas ¿no sabes lo que es una salida?" "No, pues no." "Es básicamente hacer el amor con un cliente." "Ay, pero que..." "Por eso, no le estoy diciendo para que se ponga en ese plan. Total, muchas veces como el cliente ve que trabaja aquí y no sabe que usted es nueva te van a decir: "¿cuánto me cobras por ir a culear, o cuánto me cobras por ir acá?" Vulgarmente, porque el cliente es vulgar. Entonces para que usted no lo vaya a cachetear, o no le vaya a decir unas malas palabras, pues al cliente hay que tratarlo lo mejor ¿no?" "Ah, pues sí." "Pues yo la pongo sobre aviso. Ahora dígame usted ¿está dispuesta a hacer salidas? Una cosa muy importante. Aquí no se les obliga a hacer nada. Si usted quiere hacerlo, adelante. Si no lo quiere hacer, también."

LOS CLIENTES Y EL SEXOTURISMO: LOS FASCINADOS, LOS ABURRIDOS, LOS VIOLENTOS, LOS ENAMORADOS

Burócratas locales, ejecutivos de hoteles, albañiles, licenciados, narcotraficantes, adolescentes, turistas extranjeros, o extranjeros residentes, es tanta la diversidad social, de clase, de edad y profesional que existe entre los hombres usuarios de los servicios sexuales de niños y adolescentes en las ciudades turísticas que voy a intentar agruparlos según la organización en dos criterios: *a*] la condición de local o de turista; *b*] la condición de usuario consciente y premeditado o casual y ocasional, según lo expuse más arriba.

Los clientes, tanto los del sexoservicio en la vía pública o en locales cerrados, responden a una infinidad de motivaciones a la hora de acercarse a una o un menor de edad. Desde el cumplimiento de una fantasía sexual, el ocio con el grupo masculino de iguales, la necesidad de "asistencia" psicológica frente a una crisis emocional, hasta la búsqueda de un chivo expiatorio para un problema relacional o de poder. Siendo así, algunos quieren que las niñas sean pasivas, otros que tomen la iniciativa o los sometan, otros que sean divertidas y no les cuestionen, otros que estén a su lado y disponibles en todo momento, algunos más quieren ejercer formas de violencia con niños que en su contexto social estaría vetadas, y otros, van sencillamente buscando pareja. Por consiguiente, los usuarios del sexoservicio con niñas, niños y adolescentes, al contrario de otro lugar común muy extendido, son de todas las edades: desde niños del grupo de iguales, hasta ancianos, con una predominancia de los de 30 a 50 años —aunque, a pesar de algunos casos de mujeres, predominan abrumadoramente los hombres. Además, los clientes también son de todas las orientaciones sexuales, heterosexuales, homosexuales, bisexuales, lesbianas, por no hablar de las específicamente comprendidas en los "trastornos sexuales", en los que no me voy a extender, y entre los que la "pedofilia" no sería necesariamente el único.

En primer lugar, tenemos al sexousuario infantil local, el cual no busca niñas explícitamente para el cumplimiento de una fantasía sexual, sino que en su contexto cultural los contactos con niñas a partir de su pubertad pueden ser una práctica no censurada o no vista de igual manera que desde los discursos de los derechos humanos universales sobre la niñez; o que incluso puede llegar a percibirse como algo deseable, loable y otorgador de estatus o posición social entre los grupos de iguales. En este conjunto están, por supuesto, los propios varones adolescentes, que llegan a ser usuarios desde el momento que disponen del dinero y tienen acceso a los centros nocturnos y bares. Muchas observaciones en *table dance* confirmaron la presencia de menores de edad como clientes junto con niñas menores de edad como bailarinas. A veces, los propios papás de los muchachos los traen hasta los clubes nocturnos cuando cumplen 15 años como rito iniciático de "hombría", como fue el caso de Andrés, joven cancunense que dispuso de la opción de elegir entre todas las bailarinas como cortesía y en deferencia por la amistad de su papá con el propietario.

Por lo general las niñas menores de edad que trabajan en centros nocturnos sienten ambivalencia hacia los varones de su misma edad. A algunas les gusta más estar con ellos y ser invitadas por grupos de amigos a discotecas, pero desde el punto de vista del negocio son mucho más rentables los adultos, que les pagan fichas, bailes y salidas. Otras prefieren sólo hombres mayores para garantizarse el pago

LA EXPLOTACIÓN SEXUAL COMERCIAL DE NIÑOS

de los servicios y algunas gratificaciones, además de asegurar la distancia que implica la menor empatía generacional. Ante esto, algunos adolescentes les pagan las fichas a las propias niñas con las que llegan a tener relaciones de pareja más estables; o pueden gozar del privilegio de estar en la mesa con ellas sin pagar en los horarios bajos ya que fueron ellos los que las animaron a trabajar contactándolas con algún amigo gerente. En una observación, dos adolescentes, ella de 15 años, él de unos 17 o 18, se acariciaban en una mesa hasta que la mesera vino a advertirles que ella ya debía ponerse a trabajar.

También en el sexoservicio de la vía pública, los grupos de amigos de jóvenes contratan a las niñas como parte de una diversión comunitaria que debe ser compartida. En una observación en el zócalo se comprobó una ardua negociación frustrada entre dos niñas de 15 años y cuatro muchachos "fresas" que bajaron de un coche deportivo.

La llegada de clientes locales a los bares y centros nocturnos, usualmente los de estrato económico de medio a bajo, se incrementa durante los periodos de pago de quincenas, momento también que aprovechan para realizar más contactos sexuales comerciales con menores, ya que suelen ser más cotizadas. En las "colonias populares" de ambas ciudades, el hacer uso de los servicios sexuales con niñas —o incluso la extendida práctica del abuso sexual en la familia, de la que no voy a hablar— se restringe al hecho de que son las que están más cercanas al formar parte de su propio entorno social —sin importar su edad, ya que esto no es problematizado hasta que los discursos universalistas penetran en las concepciones más tradicionales. En los bares de las colonias periféricas de Acapulco, los clientes ven tan lógico que "mesera es igual a prostituta" en forma independiente de su edad, que preguntan a las niñas sin ambages cuánto cobran por una "salida". Una "meserita" adolescente entrevistada en Las Cruces, y que había dejado el sexoservicio, expresó cómo se enojaba cada vez que se lo preguntaban, cosa que ocurría todos los días. Mientras tanto, una de sus compañeras, de 14 años, platicaba con un hombre adulto, aparentemente acapulqueño, en una mesa vecina junto a la calle y a viva voz, qué edad tenía y porqué estaba trabajando allí, con la misma tranquilidad que si hubiera estado realizando una conversación sobre música. En este sector de la ciudad rara vez llegan turistas, y está claro que el tema predominante que comparten las niñas y estos adultos en estos espacios son los encuentros sexuales comerciales que pueden acordar, bien directamente o bien con un uso eufemístico del cortejo.

Un tipo de cliente local muy vinculado a la región guerrerense es el narcotraficante, que aprovecha sus bajadas al puerto para compartir con aquellos con los que tiene negocios o con sus "chalanes", momentos de ocio en los *table dance*. Pero es muy claro que sus motivaciones van más allá de lo sexual. Al repartir a las bailarinas entre sus socios en la misma mesa donde consume botellas de Buchana's por 3 000 pesos, es obvio que está llevando a cabo una relación de poder y una afirmación de su estatus frente a los negociantes o con sus jerarquizados, para lo cual las niñas pueden ser, precisamente por ser más cotizadas, las más significativas para este intercambio. Como explicó un gerente: "luego me hablaba: ¿usted es el que manda aquí? Quiero a esa muchacha aquí, a ésta la quiero aquí, y a ésta la quiero acá para mi compa". En otras ocasiones, grupos de amigos organizan fiestas sexuales en despedidas de solteros para lo cual contratan a un grupo de bailarinas que han sido seleccionadas en el *nightclub* de entre todo el elenco. Por 2 000 pesos por chica, el gerente es el intermediario que suele llevarse un porcentaje: "es que es una despedida de soltero y queremos que a ese cabrón lo ejecuten bien, no importa, pagado". "Ahora yo quiero que venga usted conmigo, se tome una copa y quiero que vea a todas las chicas." Ahí tenía hasta 25 muchachas yo, treinta muchachas, de todos los calibres "Ésta, ésta, ésta, ésta, cuatro" "Perfecto ¿son de su agrado?" "Sí." "Se paga tanto a casa, y todo se le paga por adelantado a ella. Si fallan viene con nosotros." Pero, por lo general, los clientes mexicanos hacen poco consumo en los *table dance* considerados más caros tanto en Cancún como en Acapulco, hasta el punto que los espectáculos eróticos y la llegada de bailarinas que completan circuitos por todo el país, coinciden con la mayor afluencia de los sexoturistas extranjeros.

En segundo lugar estarían los sexousuarios infantiles locales conscientes o premeditados; o sea, aquellos acapulqueños o de la región guerrerense que ya han desarrollado una atracción sexual por los prepúberes y adolescentes hasta el punto de reconocerlo y buscarlos explícitamente. Un psicólogo de Acapulco refirió el caso de un señor de 60 años que durante una plática jovial lo animó a visitar un "hotel de niñas" que él conocía porque decía que "solamente le gustaban las niñas" las que "estuvieran duritas" (de piel tersa y carne firme), hasta el punto de confesarle que en ocasiones marchaba a los pueblos del estado del Guerrero a buscar espacios donde las niñas se prostituyen sin los controles que hacen estas prácticas más caras y arriesgadas en ambiente urbano —lo cual basta para recordarnos la

LA EXPLOTACIÓN SEXUAL COMERCIAL DE NIÑOS

presencia de la prostitución infantil en localidades rurales de México. Otros usuarios locales, clientes habituales de *table dance*, llegan a estos espacios buscando específicamente a las más jóvenes, aunque rara vez harían una solicitud explícita a los gerentes o meseros de que "quieren niñas". En cambio, frecuentan cada día los *nightclubs* con la intención de convertirse en clientes habituales de las que cumplen sus fantasías sexuales pedofílicas o efebofílicas, y así pueden entablar una relación más próxima que puede desembocar en un noviazgo fuera de los bares. Otros clientes son mucho más expeditivos, ya que solamente se asoman al bar, ocupan quince minutos una mesa, toman una copa, observan, escogen a la más joven y contratan con ella una salida sin pasar por toda la escenificación que opera en un *table dance* (plática, ficha, baile, salida) —además de la incomodidad que puede representar para algunos clientes conscientes ser vistos con niñas ostensiblemente menores. En este contexto, en el que las más jóvenes son catalizadores seguros de clientela, es lógico que los propietarios de los negocios estén tan interesados en mantener menores de edad trabajando aun cuando tengan que asumir los posibles riesgos que corren.

Una tercera categoría sería la de sexoturistas infantiles casuales u ocasionales, en especial extranjeros —aunque también procedentes de clases acomodadas urbanas mexicanas— que, como ya dije, se trata de los que desean tener experiencias sexuales pero no específicamente con menores, y que, sin embargo, mantienen relaciones con ellos dada la facilidad de acceso a los mismos y la fascinación de la fantasía erótica exótica, además de la condición de "suspensión de normas" del turista.

En todos los centros nocturnos donde trabajan menores de edad realizando las mismas actividades que las bailarinas que son adultas, hay inherente un "contexto facilitador" para los contactos adultos-niñas. Viendo bailar y hacer desnudos en público a adolescentes dispuestas a visitar las mesas y acompañar a los clientes, el sexoturista no se ve en la necesidad de cuestionar una actividad que parece cotidiana y aceptada en estos espacios, y tiene la opción de dejarse llevar sin mucha participación activa en este involucramiento. Como mucho, tal y como lo relató un trabajador de un *nightclub*, expresará al mesero su preferencia por las morenas latinas, cosa que los gerentes ya conocen a la hora de contratar a las chicas. Mientras tanto, sigue oyendo insistir al DJ en la facilidad del acceso: "eso que están viendo en pista es algo de lo que es el fascinante baile en mesa. Cualquiera de esas nenas puede estar contigo […]"

Por otra parte, en la relación del sexoturista extranjero con las bailarinas, siempre existe una diferencia de trato por parte de éstas, ya que los consideran clientes privilegiados por su supuesto alto poder adquisitivo y la inversión económica y simbólica que puede llegar a significar –además de los componentes xenofílicos que siempre están presentes en el caso de turistas blancos de países occidentales. En este contexto, en el que las bailarinas muestran un mayor interés por el contacto con el sexoturista y llegan a preguntarle por sus asuntos personales y emocionales, el cliente puede representarse la imagen de una relación más allá de lo estrictamente comercial –y más aún si es sexousuario en su país de origen, donde la relación con las sexoservidoras carece de muchas dimensiones personales.

Tanto es así que muchos turistas extranjeros que visitan áreas de ocio, como los bares y discotecas de La Condesa, y que contactan con grupos de adolescentes que están buscando una relación comercial, pueden regresar a sus países de origen con el convencimiento que tuvieron una "aventura" o "ligue" —ya que los elementos inherentes al cortejo y la seducción han estado presentes, y la forma de pago ha podido ser sutil, además de que para ellos es usual ver grupos de amigas saliendo en la noche en lugares de ocio. Como lo explicaba un promotor de la zona, el aspecto comercial suele estar presente en estas relaciones: "y la mayoría piensa que es un ligue, la mayoría. Yo te digo esto porque yo tengo amigas que trabajan, y a veces les platico y les he preguntado y me han dicho: 'No, pues tú sabes que a los extranjeros les gustan las latinas y ¡pues que paguen!' Pero algún caso es por el hecho de tener nada más el gusto, de que les guste esa persona y ya, y no les cobran, pero por lo regular siempre les cobran […]".

Otro aspecto que, a la vez que crea la confusión entre ligue y acuerdo comercial, ayuda a fascinar al sexoturista occidental es, además de encontrar los bares repletos de "morenas latinas" que satisfacen sus fantasías de hombres occidentales, el de la actitud cariñosa o de proximidad emocional que las menores de edad pueden expresar en sus contactos, de acuerdo con un modelo de papeles genéricos tradicionales que está en transformación en los países occidentales, y que muchos hombres echan de menos. A diferencia de la relación casual con la mujer occidental, la actitud de las menores con poca experiencia que se implican en muchos aspectos emocionales, o más allá, las estrategias de las que ya han aprendido que comportarse como una niña puede parecer irresistible a muchos turistas sexuales, ayuda a que el sexoturista no consciente llegue a ser usuario infantil ocasional —como cuando en un *table dance* de Acapulco, una niña de 15 años me pedía que le comprara una muñeca para su colección a una vendedora específicamente dedicada a ello dentro del local que paseaba con un cesto de "fetiches infantiles". La fascinación que el sexoturista extranjero puede llegar a experimentar involucra tanto la satisfacción del ideal erótico de razas morenas "tropicales", con la escenificación de las cualidades genéricas atribuidas a lo femenino y fuertemente erotizadas que la conducta y los gestos de las niñas expresan.

Desde la perspectiva de las niñas, parece ser que hay una relación entre la falta de experiencia en trabajar en estos espacios y una mayor sinceridad en cuanto a los gestos de aproximación con el cliente, unos gestos que convierten en más "profesionales" con el tiempo o que de plano desaparecen. Por ejemplo, a estas niñas recién llegadas, a diferencia de las adultas, no les importa besarse en la boca con los clientes, mostrando una especie de ingenuidad de ser más cariñosas para agradar más y convencer del trato, gesto que puede llegar a intrigar, aturdir y deslumbrar al cliente extranjero. Sin embargo, estos gestos también se usan a temprana edad como un recurso calculado, ya que se llevan a cabo al mismo tiempo que cierta frialdad en la postura, cierta frialdad en el cálculo de los movimientos que realizan. Una correlación parece evidente: a menor edad de inicio de las niñas, mayor habilidad posterior para fichar y encandilar con fantasías pedofílicas; a mayor edad de inicio, menor habilidad para tratar aspectos pedomiméticos atractivos a ciertos clientes.

Por fin, una cuarta y última categoría es la de los sexoturistas infantiles conscientes, que buscan expresamente establecer contactos con niños en los espacios adecuados. Un método espontáneo pero efectivo es el que usa el sexoturista infantil de corta estancia: preguntar a recepcionistas de hotel y taxistas sobre "chicas jóvenes". Es el caso que experimentó Anabel, mesera de Cancún, cuando después de subir a un taxi acordó un contacto sexual con otro pasajero con la ayuda del taxista, el cual se llevaría a cabo en el cuarto del hotel del turista; en otras ocasiones, estos demandantes son conducidos a Plaza 21 o canalizados a casas de citas.

Pero donde el sexoservicio con niños es ejercido más con turistas sexuales conscientes de su preferencia, es en el caso de la prostitución gay que se da en el centro y la Condesa de Acapulco. Principalmente de origen norteamericano y europeo, hombres de edad mediana y madura frecuentan los centros nocturnos gays de *chippendale* y *show* travestido, la playa de Las Piedras y la plaza del zócalo, y los espacios de los niños de la calle, con la intención explícita de contactar con niños mediante los procesos de enganche y contacto ya descritos. Por lo general, estos niños desconfían bastante de los clientes de los que se conoce su propensión a ser tiránicos y violentos, sobre todo con los pequeños que gozan de menos protección como son los que están en situación de calle (hay que recordar que excepto los niños más chicos, los menores varones no suelen ser controlados por ningún proxeneta, dada la independencia socialmente reconocida que les confiere su pertenencia al género masculino). Pero también hay que resaltar que, en muchos casos, con estos contactos se da inicio a relaciones de amistad y noviazgo prolongado que llegan a tener tintes cercanos a la tutoría protectora. Niños de la calle involucrados en pornografía han descrito los episodios de agresión y exposición a actos forzados a los que se vieron sometidos en sus visitas a las casas de los explotadores. En el caso de Marcos, él relató una experiencia con un sexoturista extranjero habitual en Acapulco que pagaba a los niños a cambio de dejarse golpear para su gratificación sexual. En casos extremos se puede llegar al asesinato, como ocurrió a mitad de los noventa con un amigo de Marcos que fue llevado a una zona rural, atado, amordazado, y asfixiado con una bolsa de plástico por un sexoturista infantil norteamericano que había ofrecido una buena cantidad por tomarles fotos a la víctima y a otro niño que logró escapar.

En la Condesa también es conocido el paseo constante de hombres maduros solitarios por la zona de los bares para escudriñar la zona en busca de chicas muy jóvenes con las que poder contactar, no siendo infrecuente verlos después con ellas en discos o en la playa. Se trata de extranjeros de clase media, de 40 a 60 años, que viajan solos desde otro país con el único propósito de hacer turismo sexual con niñas.

Algunos de estos sexoturistas quedan tan fascinados con la libertad que ofrece el puerto de Acapulco para llevar a cabo sus actividades, que deciden establecer aquí su residencia permanente o provisional. Se sabe de alemanes que rentan casas donde organizan *parties* con niños a los que invitan a tomar drogas; de norteamericanos que residen aquí durante meses mientras filman pornografía, o de otros que bajan cada noche al zócalo durante temporadas de estancia para encontrarse con sus amantes. Algunos de ellos residen tanto tiempo en estos sitios que acaban por tener un perfecto conocimiento de los modos locales de contacto, de los intermediarios, de los espacios adecuados, y de la justa medida de lo que deben ofrecer al niño para no abrumarlo y tenerlo al mismo tiempo dependiente —ropa, comida, regalos, paseos.

Un turista inglés de unos 55 años fue localizado en un *chippendale* de Acapulco con una "corte" de tres adolescentes travestidos originarios de la Ciudad de México, con los que bailaba, tomaba copas, bromeaba y se abrazaba. Según contó uno de los muchachos, el británico era "novio" de otro de sus compañeros, un chico rubio y delgado de unos 17 años. Vivía en la Ciudad de México, pero también tenía una casa en Acapulco donde pasaba algunas temporadas con varios de sus amantes. Estas relaciones, no obstante, implican menos dependencia, ya que estos adolescentes disponen de movilidad para establecer a su antojo rutas a lo largo de ciudades turísticas mexicanas, donde van conociendo y estableciendo contactos con turistas homosexuales preferentemente extranjeros europeos para las futuras visitas o para planear futuros viajes a otros destinos.

Al visitar un *table dance*, sorprende la dinámica comercial que inunda el lugar: las chicas se mueven de mesa en mesa abrazando y besando a los clientes motivadas sólo por el imperativo de estar con quien se encuentre dispuesto a pagar las fichas o los servicios. Asimismo, a estos hombres no les importa que ellas se marchen de su lado para atender a otro cliente siempre y cuando consideren que han estado el tiempo proporcional a las fichas. Está claro: esto es sexoservicio. Pero la cosa no es tan sencilla. Ellas constantemente necesitan protegerse de la implicación emocional mediante procedimientos de distanciamiento, como son el negar los contactos externos con clientes (que por otra parte les prohíben los gerentes), o el no fijarse en la belleza o el atractivo de los clientes sino en valorar su disponibilidad económica; de hecho, desde esta perspectiva, los guapos no interesan porque están acostumbrados a no dar demasiado para cumplir sus objetivos. Es más, según relató una bailarina de Plaza 21, en algunas ocasiones llegan a reprimirse la expresión del placer sexual durante los contactos para no sentirse vulnerables ante los clientes. Ante la insistencia de ciertos hombres de acordar una cita en la ciudad, las respuestas frecuentes suelen ser el no disponer de tiempo, o concertarlas pero no presentarse o dar datos falsos. Según me relató una bailarina: "tengo muchos pretendientes. Muchos clientes o gente que anda por aquí me dan su número de teléfono, me piden el mío, o quieren quedar conmigo, pero yo nunca les hablo. Ahora que te fuiste al baño, vino uno a pedirme el teléfono para que le hable. A ése ya lo conozco, fue el que manejaba el auto cuando fui un día con un cliente. Pero yo hice como que no lo conocía y le dije 'No tengo teléfono, pero aunque lo tuviera no te lo iba a dar'. 'Bueno, bueno, está bien', me dijo." Aun así, las citas internas que se pactan dentro del local gozan de un grado alto de seriedad, hasta el punto de que las jóvenes se muestran enojadas o traicionadas si el cliente se va con otra compañera.

Pero, no obstante, las citas externas al bar se dan, y las implicaciones emocionales con los clientes suceden. Se sabe de muchos casos de parejas y matrimonios que se conocieron en un centro nocturno como cliente y como bailarina menor de edad, así como de niños de la Condesa emparejados con sexoturistas durante años en los países de origen de los segundos. Se conocen casos que confirman que los clientes no se amilanan a la hora de proponer una cohabitación con una menor, hasta el punto de ofrecerles todos los pagos de departamento y un sueldo mensual a cambio de estar disponibles para cualquier ocasión: "es que mira, ¿cuánto ganas aquí?" "Tanto." "Mira, te voy a abrir una cuenta en el banco, te voy a mandar tanto tal fecha, pero te voy a decir una cosa, yo soy casado y yo viajo mucho." En Plaza 21, Jazmine, una bailarina novata de 15 años, originaria de Yucatán, nos confesó estar intentando desprenderse de un hombre de unos 45 años que, rosa roja en mano, luchaba por convencerla para llevarla a vivir a un departamento de su propiedad con una asignación mensual. Nunca regresó con él, se fue con otro cliente.

Pero con una regularidad similar de visitas permanentes, de regalos, de uso de servicios, de declaraciones de amor, muchos clientes logran emparejarse con bailarinas o, en el caso de los más adinerados, tenerlas como "queridas" simultáneamente a su esposa formal —lo que es conocido como la "casa chica". Todas las bailarinas, y más aún las menores de edad, tienen uno o varios clientes que las visitan con cierta periodicidad y con los cuales ellas se sienten obligadas a mostrar cierta deferencia y dedicación especial. "Es que él es un cliente que me visita casi todos los días, que ya conozco y que tengo que estar con él" dijo una de ellas cuando se levantó a atender una mesa. Al contar con un cliente asiduo con el que día a día se comparten referentes y se intercambian valores emocionalmente significativos se puede ir formalizando algún tipo de confianza entre ellos que con el tiempo podría dar lugar a una relación externa a ese

LA EXPLOTACIÓN SEXUAL COMERCIAL DE NIÑOS 235

sitio. Hay que subrayar en este punto que el cortejo, la seducción, los enamoramientos y los despechos nunca son totalmente ajenos a las relaciones comercializadas, y tanto clientes como sexoservidoras viven emociones paralelas a sus papeles asignados.

Muchas niñas se comunican con los clientes según un código de relaciones genéricas, reconocidos por ambas partes, y que las hace acumular recursos simbólicos a la hora de iniciar la negociación del intercambio: "muchos clientes me quieren enamorar, me traen regalos, ramos de flores, me insisten; yo siempre les digo que no". Al presentar elementos discursivos que en la representación genérica tradicional se asocian con la mujer de acceso difícil y por tanto "decente", se vuelven más "cotizadas", Laura, por ejemplo, una meserita de la López Portillo en Cancún, logra acumular, en la medida de sus posibilidades, capital simbólico para poder pedir más a cambio de su consentimiento sexual, aunque difícilmente estos mecanismos son racionalizados, ya que actúan en el sentido de un *habitus* o patrón de conducta inconsciente. Con este actuar, las relaciones casuales se van convirtiendo en "noviazgos" en razón de este principio del don, por lo que Diana tenía en el momento de la entrevista tres novios, cada uno de los cuales creía ser el único: "hay que saber hacer para que no se enteren" "¿todos creen que eres la única?" "Sí", contestó, mientras seguía con salidas en el bar.

Cuando los contactos traspasan cierto límite de lo que se considera la función inherente a una relación comercial, las invitaciones para huir en compañía, noviazgos y casamientos, empiezan a llover —usualmente de lado del hombre adulto. Amanda, bailarina acapulqueña, confiesa haber recibido muchas invitaciones desde los 15 años para casarse e ir a vivir a otro país: "qué chilango americanista de Estados Unidos: 'vámonos, vámonos, te llevo, vámonos, vente'.'¿Te decían eso?' 'Sí, el inglés un poquito lo entendía; 'cásate conmigo' '¿Te lo decían en serio?' '¡Sí! Sí, me mandaba a buscarme y escribían cartas a mi casa."

En estas invitaciones por parte de estos hombres late siempre una motivación "redentora" que combina el poder, la compasión y, quizás, el amor. Piensan, empapados de una cosmovisión católico-cristiana de la sexualidad, que al sacar de trabajar a una sexoservidora obtendrán una fidelidad y compromiso automáticos basados en la capacidad purificadora de la "salvación" de un modo de vida degradante" y "vicioso". Así, son muchos los casos de clientes, en ocasiones narcotraficantes, que se casan con bailarinas y las "sacan de trabajar". Ellos les prometen mantener el mismo nivel de ingresos de su modo de vida anterior, pero estas relaciones acaban pronto en ruptura, debido a las contradicciones acumuladas entre los estilos de vida y los ideales —sobre todo si ellas iniciaron el sexoservicio siendo niñas— y regresan de nuevo al *nightclub*. Por ejemplo, Amanda se casó siendo menor de edad con un cliente del que se separó poco después de nacer su hijo. Pero cuando todavía vivían juntos ella siguió manteniendo contactos con clientes antiguos en hoteles de la Costera: "No. Yo dejaba a mi hijo en mi casa. Llamaban ellos, yo contestaba al teléfono y me decían: 'acabo de llegar, estoy en el hotel Ritz ¿vienes?' 'Sí, voy para allá'. Me acostaba con ellos, me daban un dinero, luego lo guardaba y regresaba. Cualquier pretexto le ponía yo a él, que iba a un mandado, a ver a mis amigas. Y así era siempre." Con este dinero, Amanda decía proporcionar a su hijo los regalos que su esposo no le podía ofrecer: "el cumpleaños de un año de mi hijo salió de mí, todo salió de mi dinero, de lo que yo hacía a espaldas de él. Y el cumpleaños de dos años de mi hijo también, gracias a las amistades que yo tenía. Unos me regalaron esto, otros me regalaron lo otro. Unos el pastel, otros la piñata."

En el caso de los sexoturistas clientes de los "chavos de bienes" del zócalo de Acapulco, relaciones cuasi amistosas llegan hasta el punto de formalizarse en relaciones de pareja más o menos estables que se prolongan durante meses, e incluso en ocasiones durante años. Se da el caso de parejas de turistas con niños que siguen prostituyéndose en el zócalo y que reciben la visita anual —durante el periodo de vacaciones, sobre todo en Navidad— de "gringos" que viven en su país, que tienen a su familia, a sus hijos, y que en estos viajes llegan solos, rentan un departamento y los convidan a vivir a su casa. Durante este periodo mantienen numerosas relaciones sexuales, que ya no son pagadas tal cual por servicio, sino que son contraprestadas a cambio de otros bienes o, simplemente, motivadas por el afecto que implica toda relación más o menos regular. Marcos, "chavo de Las Piedras", llegó a llevar a la casa de sus papás a un señor suizo que lo ayudaba económicamente y al que presentó a su mamá como un amigo. Esto nos recuerda de nuevo que el tipo de relación comercializada implica aspectos eróticos y afectivos que hacen que no sea diferente en absoluto de las relaciones generales no comercializadas, en especial cuando hay una constancia y una fidelidad.

CONCLUSIONES

Las dos principales ciudades turísticas mexicanas siguen siendo en la actualidad centros urbanos que ejercen una fuerte atracción sobre poblaciones rurales de diversos estados de la República, así como en poblaciones urbanas de la Ciudad de México y de otras zonas metropolitanas, además de personas de otros países que deciden establecerse en ellas. Todas esperan encontrar más oportunidades para sus particulares proyectos de vida, desde profesionales medios o campesinos empobrecidos sin otra opción, hasta sexoturistas infantiles fascinados con la libertad de movimientos que todavía se respira en ellas.

Aunque dirigidas en la actualidad a diferentes consumidores de la industria del turismo, siguen estando condicionadas por los particulares estilos de vida que se construyen entre el contacto entre turistas y habitantes locales, en cuyo contexto las prácticas comercializadas de explotación sexual de menores de edad siguen siendo bastante cotidianas, toleradas e incluso promocionadas por varios actores sociales.

Hay una serie de rasgos comunes identificados en las manifestaciones que la ESCN adopta en las dos ciudades:

a] La prostitución en general, entendida como una práctica habitual en la que se expresan el deseo y el placer (masculinos) en espacios separados del ámbito familiar, forma junto con las particulares relaciones de género predominantes en México un sistema de sexualidad que segrega y construye espacios específicos, y otorga papeles sociales muy definidos a ciertos individuos.

b] Por consiguiente, la prostitución en las ciudades turísticas, a pesar de contar con la especificidad que otorga su especialización en el sexoturismo, no es independiente de los factores económicos, sociales y culturales que predominan en todo México, desde los pueblos hasta otras ciudades, ya que está vinculada con la pobreza extrema y la falta de oportunidades, con prácticas de dominación en las relaciones de género e intergeneracionales, y con el abuso sexual infantil en familias disfuncionales expulsoras de niños, y en general, con todas las formas de abuso de poder.

c] Como resultado de la penetración de las instancias que defienden los derechos humanos básicos de niños y mujeres, las actuales leyes municipales y estatales han incorporado artículos que prohíben la ESCN, pero estas leyes están lejos de aplicarse en forma adecuada ya que se enfrentan a un contexto cultural donde las relaciones niños-adultos no son censuradas, y donde los agentes encargados de hacerlas valer carecen de la preparación, la sensibilidad y a veces la voluntad para combatirlas.

d] En las zonas periféricas suburbanas de las dos ciudades, conformadas en su mayor parte por población de origen rural, hay más presencia de prostitución de niños en bares con poco o ningún control legal, debido en parte a la permisividad, tolerancia e incluso demanda entre las poblaciones de estas colonias que mantienen una percepción tradicional de las relaciones de género e intergeneracionales.

e] No obstante, en las zonas urbanas de más presencia turística, donde sí hay controles de sanidad y de espectáculos, la legalidad permite que haya formas de paralegalidad y corrupción que a largo plazo alientan más el comercio al hacerlo clandestino, donde negocios de alto nivel que generan muchos beneficios con la ESCN gozan de protección de los gobiernos municipales para evitar los controles o para ser avisados con antelación.

f] Debido a la demanda de sexoturistas infantiles y sexousuarios locales, hay complejos y diversificados circuitos de prostitución en toda la geografía nacional en los que niñas y adolescentes se mueven con gran rapidez siguiendo su propia iniciativa, las invitaciones de enganchadores, o las coacciones e intimidaciones de los proxenetas; o incluso inmersos en redes del crimen organizado que actúan con impunidad en sus particulares negocios de tráfico de personas.

g] Cancún y Acapulco siguen siendo plazas turísticas que ejercen atracción sobre sexoturistas de todo el mundo, facilitados por la red global y la facilidad de las comunicaciones entre las comunidades de minorías sexuales, como la pedofilia, así como el acceso de millones de trabajadores del primer mundo al turismo de masas.

h] Por un particular efecto perverso, la demanda de servicios sexuales de niños por parte de los sexoturistas de otros países, otorga una nueva dimensión a las prácticas tradicionales de relaciones intergeneracionales y de prostitución infantil, y a la vez que crea conciencia de crimen hacia las mismas, genera una creciente demanda de niños y niñas al ser clandestinizadas y, por tanto, más cotizadas. Actualmente consideramos que hay entre ochocientos y mil niñas, niños y adolescentes prostituidos en el puerto de Acapulco, incluyendo a los que están de paso por temporadas. En Cancún estimamos que son entre seiscientos y setecientos.

LA EXPLOTACIÓN SEXUAL COMERCIAL DE NIÑOS 239

Por último, es necesario recordar que en un contexto mundial de turismo internacional en alza (a pesar del relativo freno posterior al 11 de septiembre), las dos plazas turísticas mexicanas de este estudio se han adaptado a las demandas específicas y a los circuitos mundiales del sexoturismo. Así, Cancún se está diversificando desde su principal cobertura al sexoservicio de alto nivel dirigido a turistas, mientras Acapulco se sigue especializando en el sexoturismo gay, en pornografía y en la demanda de sexousuarios infantiles mexicanos.

LA EXPLOTACIÓN SEXUAL DE NIÑOS EN LAS FRONTERAS

ELENA AZAOLA

FRONTERA NORTE

El fenómeno migratorio

La República mexicana comparte con Estados Unidos poco más de 3 mil kilómetros de frontera, siendo ésta la línea divisoria terrestre más grande que separa a países del Norte y el Sur en el mundo, así como la más transitada. Baste decir que más de 800 mil personas, atraviesan legalmente, en promedio, la frontera cada día. Algunos especialistas la han definido como el punto de encuentro más extenso y dramático entre un sistema que refuerza la aplicación de la ley y otro que lo evade (Andreas, 2000). El alto perfil del despliegue de fuerzas a lo largo de la línea fronteriza norteamericana durante los últimos años, según este autor, tiene menos que ver con el intento de desalentar los cruces ilegales y más con reconstruir la imagen de la frontera y reafirmar de manera simbólica la autoridad estatal sobre el territorio.

De cualquier forma, no cabe duda que vivir en una zona con estas características produce efectos numerosos y complejos tanto para las familias y los adolescentes que residen en ella, como para aquellos que se establecen de manera cíclica o temporal o que la utilizan como lugar de tránsito. De hecho, la migración internacional es un fenómeno que tiene efectos múltiples y diversos tanto en el país de origen como en el de destino, los cuales abarcan prácticamente todos los aspectos de la vida social y económica de las naciones involucradas (INEGI, 2000b). La migración es, además, un catalizador de los procesos de cambio.

A lo largo de nuestra frontera se ubican 36 municipios de los cuales sólo 18 se encuentran integrados por localidades urbanas importantes que, sin embargo, concentran 96% del total de la población fronteriza. Los seis municipios más poblados: Ciudad Juárez, Tijuana, Mexicali, Matamoros, Reynosa y Nuevo Laredo representan 78% de la población fronteriza, y sólo los tres mayores, Ciudad Juárez, Tijuana y Mexicali abarcan a poco más de la mitad (56%) de la población (Coubés, 2000). Lo anterior habla de los procesos de concentración de población que han tenido lugar durante los últimos decenios en la frontera norte, tanto como consecuencia de la migración/deportación hacia/desde el exterior, así como de la llegada de importantes contingentes provenientes de distintos estados de la República que buscan un empleo en la industria maquiladora. No obstante, el incentivo más importante para emigrar al otro lado lo constituye el salario. En promedio, los trabajadores mexicanos ganan ligeramente más por un día de trabajo que los norteamericanos por una hora (Gibbs, 2001).

De acuerdo con el Censo General de Población levantado en el año 2000, Tijuana cuenta con una población total de 1 210 820 habitantes de los cuales 50.85% nació en otra entidad o municipio, mientras que Ciudad Juárez cuenta con una población de 1 218 817 habitantes de los que 34.58% nació en otra entidad (INEGI, 2000; INEGI, 2001).

Hasta hace unos cuantos años, por Tijuana atravesaba la mitad de los trabajadores provenientes de todo el país que deseaba emigrar. Hoy en día los puntos de cruce se han diversificado, si bien Tijuana continúa siendo el lugar hacia donde se canaliza a casi 40% de los deportados. Así, mientras que en 1998 fueron detenidos y deportados un total de 1 514 565 de trabajadores indocumentados, durante el primer semestre de 1999 fueron deportados por Baja California un total aproximado de 280 000 indocumentados. Esto significa que, en promedio, cada día fueron deportados 1 555 inmigrantes (Cornelius, 2001). En otros puntos de cruce, por ejemplo en el estado de Arizona, 2 500 indocumentados fueron deportados diariamente en promedio durante los primeros meses de 2000, es decir, un promedio de 75 mil deportados al mes. En el 2000 fueron deportados un total de 1 643 679 indocumentados (Cornelius, 2001).

Como resulta evidente, se trata de contingentes tan numerosos y constantes que cualquiera que sea su destino final, no dejan de ejercer una importante influencia sobre la comunidad local. En el caso de Ciudad Juárez, por ejemplo, tan sólo durante 1999 tuvo que albergar a 100 mil indocumentados que fueron repatriados, de acuerdo con datos de la oficina del alcalde, lo que quiere decir que la ciudad debió recibir casi a 300 migrantes por día, en promedio durante dicho periodo, cantidad que permaneció más o menos constante a lo largo de 2000.

Por lo que se refiere a Tijuana, la tasa de crecimiento durante el periodo intercensal de 1990 a 1995, fue de 5.98%, porcentaje que casi triplica el promedio nacional de 2.04% (Garza coord., 2000). Cada semana llegan a Tijuana entre dos y tres mil personas provenientes de distintas entidades de la República. De éstos, según el Servicio de Inmigración y Naturalización, alrededor de mil logran cruzar la frontera. El resto se queda deambulando por las calles de la ciudad en espera de una nueva oportunidad para cruzar o busca un empleo con el fin de lograr reunir los 1 500 dólares que cobra el pollero por atravesarlos. Se calcula, así, que llegan a la ciudad 200 personas cada día, 75 mil al año, muchas de las cuales, de acuerdo con los servicios de Protección Civil Municipal, se asientan sobre laderas propensas a deslaves, zonas inestables y cañadas que antes fueron cauces de ríos, por lo que viven en condiciones de riesgo.

La migración mexicana hacia Estados Unidos ha tenido un aumento considerable durante los últimos decenios. En los años sesenta salieron entre 260 y 290 mil personas del país; en los setenta el saldo fue de entre 1.2 y 1.5 millones; en los ochenta de entre 2.1 y 2.6 millones en tanto que en los noventa fue de 3 millones, es decir, un promedio anual de 300 mil personas durante el último decenio. En total, la comunidad mexicana en Estados Unidos llega a 21.5 millones de personas de las que alrededor de 9.5 millones nacieron en México y 3.5 millones son indocumentados. Esto significa que uno de cada seis mexicanos vive hoy en día en Estados Unidos (Rodríguez, 2001; Conapo, 1998).

Visto el fenómeno desde Estados Unidos, el número de inmigrantes se incrementó en forma notoria durante los años 90, alcanzando un nivel récord de un millón de inmigrantes al año durante el 2000, sin contar los que ingresan de manera ilegal. La composición de los inmigrantes también se modificó, ya que antes de 1965 tres cuartas partes de los inmigrantes provenían de Europa debido a las cuotas que favorecían a dicha región. Hoy en día más del 60% de los inmigrantes provienen de Asia, África, Medio Oriente y Latinoamérica y sólo 15% de Europa. Los hispánicos, de acuerdo con el Censo de 2000, habrían pasado a ser la primera minoría, superando ligeramente a los afroamericanos. De los 281 millones de habitantes que arrojó el Censo, 35 son de origen hispánico, y la población actual está compuesta por: 69.2% blancos; 12.6% hispánicos; 12% afroamericanos y 3.7% asiáticos (Swerdlow, 2001).

La preocupación que por distintos factores comenzó a manifestarse en Estados Unidos debido al creciente flujo migratorio, contribuyó al establecimiento de políticas de sellamiento de la frontera.

Como consecuencia de estas políticas impuestas desde 1994, el paso se ha desviado hacia zonas más peligrosas y ha provocado la muerte de cientos de migrantes. Asimismo, estas políticas han propiciado que se incremente la contratación de polleros y los abusos de todo tipo que éstos cometen contra los migrantes. De este modo, en la zona que comprende la Operación Guardián, entre San Diego y Yuma, han muerto 605 migrantes entre 1995 y 2000. En el estado de Arizona, donde se ha puesto en marcha la Operación Salvaguarda, han muerto 170. Y, en el estado de Texas, donde se lleva a cabo la Operación Río Grande, han muerto 664. Ello quiere decir que entre 1995 y 2000 han muerto, por lo menos, 1 439 migrantes aunque también hay un número importante de desaparecidos (Villaseñor, 2001).

No obstante lo anterior, y como lo ha señalado recientemente Wayne Cornelius, "a pesar de los nuevos riesgos que enfrentan, no hay evidencia de que los posibles migrantes ilegales estén siendo disuadidos de dejar sus comunidades para ir a la frontera. Y una vez ahí, la mayoría de los inmigrantes no se rinden después del primero, segundo, tercero, cuarto o incluso quinto arresto" (2001:14).

Por su parte, el Consejo Nacional de Población, Conapo, en un informe que elaboró sobre migración en 2001, señala que 60% de quienes intentan atravesar la frontera lo hacen por primera vez y utilizan los servicios de polleros. La Patrulla Fronteriza estima que, tan sólo en Tijuana, operan entre 300 y 400 bandas de polleros. A tal grado se ha incrementado la necesidad de hacer uso de estos servicios, que se calcula que las ganancias anuales de los polleros son del orden de 7 mil millones de dólares; es decir, una cifra más alta que la que llega al país por concepto de remesas. Éstas últimas se estimaron en un total de 6.5 millones de dólares durante 2000, y se sabe que alrededor de 1.3 millones de hogares en el país dependen en forma total o parcial de estos recursos.

En resumen, el fenómeno migratorio es el resultado de las asimetrías estructurales y profundas que separan a nuestro país de los Estados Unidos, al mismo tiempo que es el producto "de la creciente integración e interdependencia económica, de los intensos intercambios y densas relaciones entre los dos países motivado por la aspiración —muy humana— de buscar mejores condiciones de vida" (Alba, 1999:36). Este autor subraya que, cuando las asimetrías entre los países son muy amplias y los contactos internacionales muy densos, ni el comercio ni el capital pueden sustituir en forma fácil la movilidad del trabajo (*ibid*).

MUJERES Y NIÑOS MIGRANTES

Como lo han mostrado distintos estudios llevados a cabo sobre el fenómeno migratorio en el país, a grandes rasgos es posible señalar que durante los decenios de 1940 a 1970, la mayor parte de la migración se producía al interior del país con dirección del campo hacia las ciudades. La mayoría de los migrantes eran hombres jóvenes, con bajos niveles de escolaridad, que buscaban colocarse en la industria de la construcción o en diversas actividades dentro del sector informal. Durante el decenio de los ochenta se inicia el flujo masivo de migrantes hacia Estados Unidos, sobre todo a partir de la entrada en vigor de la Inmigration Reform and Control Act, de 1986, que promovió la amnistía de los trabajadores indocumentados con lo que legalizó la estancia de alrededor de dos millones de trabajadores mexicanos en Estados Unidos (Durand citado por Arias, 2000).[1]

En aquel momento lo más frecuente es que las mujeres se quedaran a cargo de la familia, lo que les permitió participar de manera más activa en actividades productivas en su región, desplazarse con mayor libertad dentro de la misma y asumir un papel más independiente con respecto de los varones (Arias, 2000). El costo, sin embargo, fue que los varones no siempre regresaban y que a menudo los hijos perdían al padre, en el mejor de los casos, por largas temporadas. El contacto con la cultura y el modo de vida que habían aprendido y traían consigo los migrantes cuando regresaban, también introducía cambios importantes en las familias y las localidades.

Durante la primera etapa, la mayoría de los hombres jóvenes que atravesaban la frontera provenía de las zonas rurales de los estados expulsores tradicionales: Guanajuato, Jalisco, Michoacán, Zacatecas y Sinaloa. En las etapas siguientes fueron incorporándose contingentes más numerosos de jóvenes con niveles educativos más altos y provenientes de las zonas urbanas también afectadas por las sucesivas crisis económicas y el desempleo. Así, y junto con jóvenes provenientes del Distrito Federal, el estado de México, Hidalgo y Querétaro, también comenzaron a incrementarse los que llegaban de los estados del sur: Oaxaca, Veracruz, Guerrero y Chiapas.

---

[1] Más datos sobre migración pueden consultarse en la base de datos del *Mexican Migration Proyect*, que han venido realizando de manera conjunta las Universidades de Pennsylvania y de Guadalajara, a cargo de los investigadores Douglas Massey y Jorge Durand <http://lexis.pop.upenn.edu/mexmig/welcome.html>

Hacia finales de los ochenta, un mayor número de mujeres y de menores de edad comenzó a migrar hacia los Estados Unidos. En un primer momento, el motivo principal era reunirse con su familia. Más tarde, mujeres más jóvenes y menores de edad con niveles de escolaridad más altos, comenzaron a migrar por motivos económicos. Si durante la primera etapa la mayoría de las mujeres que migraba eran casadas y la mayor proporción correspondía al grupo de edad de entre 35 y 39 años, durante el último decenio cada vez han emigrado más mujeres jóvenes y solteras (Arias, 2000).

Así, por ejemplo, durante el periodo de 1992 a 1997, el volumen de migrantes jóvenes a Estados Unidos representó el 5% de la población nacional de entre 15 y 29 años de edad en ese último año. Tres cuartas partes de los migrantes fueron hombres (75.2%) y una cuarta parte (24.8%) mujeres. La mayor parte de los migrantes jóvenes procede de localidades con menos de 15 mil habitantes y conforme aumenta la edad tienden a ser originarios de localidades urbanas. Entre los adolescentes que emigran, más mujeres (46.2%) que hombres (33.1%) proceden de localidades urbanas. Asimismo, entre 1995 y 2000, el 70% de los emigrantes fueron jóvenes de entre 15 y 29 años (INEGI, 2000b).

La mitad de los varones jóvenes que emigran proviene de los estados de Jalisco, Guanajuato, Michoacán, México, Guerrero y San Luis Potosí. En el caso de las mujeres, poco más de la mitad de las migrantes es originaria de Jalisco, Guanajuato, Guerrero, Durango, Michoacán, Chihuahua y México (INEGI, 2000b).

Como bien señala Arias, este conjunto de datos permite dar cuenta de la manera en que se construyen socialmente las diferencias en los papeles que se asignan al hombre y a la mujer, tanto en lo que toca a sus responsabilidades al interior de la familia, como en cuanto a las oportunidades que encuentran para desarrollarse en el terreno laboral. Las mujeres, apunta, han tenido que ser las migrantes más adaptables para adecuarse a las necesidades cambiantes de la familia, sin que sus desplazamientos e ingresos representaran siempre un beneficio para ellas (2000:19).

También los datos de la Encuesta sobre Migración en la Frontera Norte para el periodo 1998-2000, realizada por el Conapo, dan cuenta de la creciente participación femenina entre los migrantes. Apuntan que, en promedio, 112 mil mujeres fueron detenidas y deportadas anualmente a México durante el periodo. Asimismo, que la migración femenina tiene nuevas características: la mayoría son solteras, jóvenes y con escolaridad más alta con respecto de la de los varones migrantes. De este modo, 42% tiene entre 12 y 24 años; 57% cursó al menos el primer grado de secundaria y 56% son solteras. Dos tercios de las mujeres iban acompañadas y 18% llevaba consigo a niñas y niños.

En cuanto a los menores de edad, durante el decenio de 1990 a 2000, fueron repatriados un total de 267 545 menores según las cifras proporcionadas por once consulados mexicanos de las principales ciudades fronterizas. Cabe hacer notar que más de la mitad, 58%, fueron repatriados a través de El Paso, la ciudad gemela de Ciudad Juárez (Comisión Nacional de Acción a favor de la Infancia, 2000).

A través de los distintos puntos de cruce del estado de Baja California, durante 1999 fueron deportados un promedio de 427 menores de edad al mes. De ellos, 90% eran varones de entre 15 y 17 años y 60% eran menores trabajadores que habían desempeñado diversas actividades. La mayoría provenía de los estados de Michoacán, Jalisco, Guanajuato, Oaxaca, Sinaloa y estados del centro de la República (DIF-INM-Conapo-Unicef, 1999).

Poco más de un tercio de los adolescentes llegan a las localidades fronterizas solos; 39% acompañados de amigos y 25% de familiares. Casi tres cuartas partes arriban con la intención de cruzar la frontera para conseguir un trabajo y 69% proviene de zonas urbanas (*ibid*). Cabe destacar que los más vulnerables y susceptibles de ser captados para el comercio sexual, son aquellos menores, varones o mujeres, que llegan e intentan atravesar la frontera solos, ya que muchas veces fracasan en su intento y son captados por reclutadores (Azaola, 2000).

Otro de los factores que, como hemos dicho, convirtió a la región fronteriza en un polo de atracción, fue el crecimiento constante de la oferta de empleos de la industria maquiladora durante los últimos veinticinco años, que comenzó a declinar de manera notoria a principios de 2001. Baste considerar que, para 1998, en números redondos, del total de 900 mil trabajadores empleados en la industria maquiladora en el país, 600 mil trabajaban en municipios fronterizos y casi la tercera parte de ellos en Ciudad Juárez. De hecho, Chihuahua cuenta con el número más alto de personas ocupadas en la industria maquiladora de exportación en el país, seguido por Baja California (INEGI, 1999).

En efecto, el empleo intensivo de mano de obra femenina en las maquiladoras es uno de los rasgos que ha caracterizado al crecimiento de este sector en Ciudad Juárez durante los tres últimos decenios que, al mismo tiempo, ha provocado profundos cambios en la familia y en la sociedad local. La preferencia de estas empresas por las mujeres jóvenes y menores de edad se explica porque se las considera una mano de obra más dócil, menos conocedora de sus derechos y menos proclive a reclamarlos, así como más apta para tolerar el trabajo minucioso y tedioso que ahí se realiza durante duras jornadas, todo lo cual, aunado a los bajos salarios que se les pagan, incrementa la tasa de rendimiento y las ventajas competitivas para las más de 250 empresas extranjeras de este ramo que operan en la localidad (Azaola, 2000). De ahí que, al analizar los bajos salarios y las condiciones de marginalidad en que estas trabajadoras prestan sus servicios, algunos especialistas hayan señalado que las empresas maquiladoras no parecen estar contribuyendo al pago del costo total del mantenimiento y la reproducción de las obreras (Barajas y Rodríguez, s/f).

No obstante lo anterior, la industria maquiladora ha atraído importantes contingentes de mujeres jóvenes y menores de edad que no encuentran mejores opciones en sus lugares de origen. Una parte de ellas, sin embargo, termina prestando servicios sexuales en la localidad, sobre todo cuando se dan cuenta de que, tras largas jornadas, no alcanzan a satisfacer sus necesidades con los 400 o 600 pesos semanales que les pagan, en especial cuando tienen hijos. De este modo, la mayor parte de las menores que están involucradas en el comercio sexual, son adolescentes que trabajan o han trabajado en las maquilas y que tienen necesidad de completar o mejorar su ingreso.

Es preciso señalar que, el incremento de la participación femenina en los flujos migratorios tanto hacia los estados del norte del país como hacia Estados Unidos, no ha pasado inadvertido y ha sido motivo de numerosos estudios durante los últimos años. Entre ellos cabe referir los de González, Ruiz, Velasco y Woo *comps.*, 1995; Velasco 1996; Bustamante *et al.*, 1997; Bronfman *et al.*, 1999; Senado de la República, 1999; Mummert, 1999; Poggio y Woo, 2000; Barrera y Oemichen *eds.*, 2000 y Villaseñor, 2001.

Llama la atención, sin embargo, que hasta ahora no se hayan emprendido estudios que se ocuparan de las mujeres y las niñas víctimas de explotación sexual en la zona fronteriza, a pesar de que se trata de un fenómeno que se relaciona estrechamente y de distintas maneras con la migración. Es como si se tratara de una realidad que, no obstante que se halla a la vista en todas las ciudades fronterizas, fuera preferible no ver o sobre la cual no se quisiera saber.

VIOLENCIA Y DROGAS

La existencia de límites para poder dar trámite y digerir procesos de cambio acelerados como los que han experimentado las ciudades fronterizas durante los últimos años, se hace presente en síntomas tales como los altos índices de violencia y de consumo de drogas que muestran la erosión del tejido social o la imposibilidad de que éste pueda regenerarse o autoconstruirse de manera espontánea. No es necesario más que abrir los periódicos locales en un día cualquiera y volverlo a hacer tantas veces como se quiera para asegurarse de que no ha sido una casualidad la que invariablemente nos coloca frente a hechos terribles de violencia que nos hacen pensar en la dificultad que para la sociedad local —así como para cualquiera—, representa el verse enfrentado de manera cotidiana con tales hechos.

Algunos datos y ejemplos bastan para ilustrar lo que intentamos puntualizar con el propósito de hacer visibles algunos de los factores que contribuyen de manera decisiva a crear las condiciones sociales que hacen posible la explotación sexual de niñas, niños y adolescentes en las ciudades fronterizas.

En lo que se refiere al consumo de drogas, de acuerdo con datos del Consejo Nacional de las Adicciones, 5.27% de la población urbana del país, en promedio, ha consumido drogas al menos una vez en la vida, habiéndose observado un incremento de 35% en el consumo entre 1993 y 1998. El consumo es más elevado en las principales zonas urbanas, con un promedio de 7.5% en la Ciudad de México y la de Guadalajara, y alcanza su nivel más alto en las zonas fronterizas: Tijuana con 14.7% y Ciudad Juárez con 9.2%, porcentajes que casi triplican y duplican, respectivamente, el promedio nacional. En el caso de las dos últimas, ello implica que unas 120 mil personas han consumido drogas en cada localidad. El índice más alto de consumo en el ámbito nacional lo posee Tijuana donde una encuesta reciente corroboró que más de 8% de los hombres en la localidad había utilizado drogas ilegales durante los 30 días previos al levantamiento de la misma en marzo de 2000 (Zarembo, 2000).

La edad promedio en el inicio del consumo, de acuerdo con el mismo organismo, se redujo de 13 años en 1989 a 10 en 1999. Los más vulnerables son los niños que viven lejos de su familia o que trabajan. En particular, se ha incrementado el consumo de cocaína. Si en 1976 se reportó un índice de consumo de esta sustancia en 0.33% de la población, en el 2000 el 4.2% reportó que la consumía.

LA EXPLOTACIÓN SEXUAL DE NIÑOS EN LAS FRONTERAS

La violencia es uno de los síntomas más graves y visibles de la descomposición social en las ciudades fronterizas. Lo es a tal grado que en Ciudad Juárez constituye la segunda causa de muerte sólo precedida por la diabetes (Bowden, 1999). Entre los ejemplos más dramáticos, aunque no los únicos, se sitúa la ejecución en esta ciudad de cerca de 300 personas entre 1993 y 2000 y la de 61, durante 2001. La mayoría de estos casos se vincula con el tráfico de drogas y la competencia por el control de los mercados. Pero, sin duda, los asesinatos de poco más de 300 mujeres en Ciudad Juárez entre 1993 y 2002 constituyen la manifestación más extrema y dolorosa de la violencia ya que sus víctimas son mujeres jóvenes o menores de edad que, indefensas, han sido violadas y mutiladas y cuyos cuerpos han sido arrojados a la intemperie a las orillas de la ciudad.

Entre los casos de las adolescentes asesinadas, está el de Sagrario, de 17 años, muerta en abril de 1998. Su cuerpo fue identificado dos semanas después y hasta ahora las autoridades no han encontrado a los responsables ni han explicado a su familia las circunstancias en que murió. En el 2000 ocurrieron 27 asesinatos de mujeres y 24 más, de enero a octubre de 2001. Una de ellas, Lilia, de 15 años, salió de su casa para ir a comprar unos zapatos en el centro de la ciudad y no se supo más de ella. La mayoría de las jóvenes asesinadas son menores de 20 años que trabajaban en la industria maquiladora.[2]

En noviembre de 2001, volvieron a encontrarse más cuerpos. Eran los de tres jóvenes, de entre 15 y 20 años, asesinadas en diferentes momentos y que se encontraron en un terreno al norte de la ciudad, en una zona comercial cercana a empresas maquiladoras. Al día siguiente se hallaron otros cinco cuerpos. Uno de ellos era el de Claudia, quien había sido reportada como desaparecida un mes atrás. El último día en que se la vio fue cuando no la dejaron entrar en su trabajo en la maquiladora por llegar cinco minutos tarde. Una diputada del estado explicó que "estos crímenes no se han investigado a fondo porque las víctimas son en su mayoría mujeres pobres, con lazos familiares endebles, que viven solas con sus hijos o que son migrantes, además de que existe mucha corrupción en el aparato de justicia".[3]

En Tijuana también son frecuentes las ejecuciones pues se reportan entre 10 y 15 cada mes y a este hecho se le relaciona con el narcotráfico. Asimismo, y de acuerdo con datos proporcionados por el

---

[2] *La Jornada*, 7-VI-2000.
[3] *El Universal*, 7-XI-2001; *La Jornada*, 8-XI-2001.

Primer Informe de Gobierno en 2001, Tijuana cuenta con el más elevado índice de hechos delictivos denunciados en la República: 50 delitos por cada mil habitantes, es decir, poco más del doble de los que se denuncian en el Distrito Federal (22 por mil habitantes). Algunos otros ejemplos de casos de violencia que se han reportado en contra de menores de edad en Ciudad Juárez, son lo siguientes. En julio de 2001 la familia de un niño de 13 años, originario del estado de Veracruz, denunció a dos hombres jóvenes de Ciudad Juárez, uno de ellos pasante de abogado, que durante dos meses mantuvieron cautivo al niño sometiéndolo a torturas y abusos sexuales. El niño mostró señales de violencia, como pinchazos de agujas en piernas y brazos, moretones en la cara y órganos genitales, que le provocaron para que se sometiera a actos sexuales. En el lugar donde detuvieron a los agresores encontraron videos y revistas pornográficas.[4]

Otro caso fue el de cinco mujeres adolescentes que habían sido reportadas como desaparecidas y fueron encontradas en un hotel de Ciudad Juárez donde habían permanecido secuestradas durante una semana por cuatro choferes del transporte público que abusaron de ellas y las alcoholizaron.[5]

La Procuraduría del Menor y la Familia de Ciudad Juárez, por su parte, considera que los casos de violencia y malos tratos a niños son más frecuentes, proporcionalmente, en ésta que en otras ciudades de la República. Aun tomando en cuenta que sólo se reportan los casos más graves, informó que de enero a octubre de 2000 llegaron al conocimiento de dicha Procuraduría un total de 1 153 denuncias, de las cuales 996 lograron comprobarse. En la mitad de los casos, los padres consumían habitualmente alcohol o drogas. En 493 casos hubo omisión de cuidados; 200 fueron por maltrato físico, 48 por abuso sexual, 61 por abandono, 13 por corrupción de menores, 61 por maltrato emocional, 39 por explotación, 5 por tráfico de infantes y 2 por secuestro.

Volviendo a abrir los periódicos un día cualquiera en Ciudad Juárez, encontramos que, al lado de la noticia de la desaparición de una joven estudiante de 17 años y de un niño de 9 que fue visto por última vez a la puerta de su casa, se informa de un segundo caso de crueldad en contra de niños que había sido reportado en los tres últimos días. En este caso se trataba de una niña de un año de edad

---

[4] *El Universal*, 31-VII-2001.
[5] *La Jornada*, 30-XI-2000.

LA EXPLOTACIÓN SEXUAL DE NIÑOS EN LAS FRONTERAS 251

que perdió la vida después de haber sido violada, golpeada y mordida por su padre.[6]

Otro caso fue dado a conocer por la madre de una niña de 14 años que denunció que su hija era invitada por un grupo de niños de entre 11 y 14 años quienes utilizan una vivienda abandonada como picadero. Informó que ahí se reúnen con frecuencia los niños para inhalar sustancias tóxicas, inyectarse y "rendir culto al rey de las tinieblas". Los vecinos señalaron que el lugar les produce temor porque su puerta se halla señalada con una estrella de cinco picos que se utiliza en los ritos satánicos y en la pared hay una la imagen de un diablo, pintado de rojo y fumando una pipa. Un niño de 8 años explicó que allí se inyectan en el brazo y pintan una estrella a la que le echan sal y le encienden velas.[7]

Otro más, informa del asesinato de la esposa de uno de los jefes del *cártel de Juárez*. Se dice que la mujer fue *levantada* por los ocupantes de una camioneta y que su cadáver mostraba signos de haber sido torturada. Su hermana había sido reportada como desaparecida un año atrás. Su cuñado fue asesinado en un restaurante cuando se inició la guerra por el control de la plaza y, el mismo día en que mataron a la esposa del jefe del cártel, se encontraron otros dos cuerpos en distintos sitios de la ciudad que todavía no habían sido identificados.[8]

La prensa local también informó que, en agosto de 2001, se realizaron diversos operativos en Ciudad Juárez en contra de 300 sexoservidores homosexuales. Algunos días después, la prensa daba cuenta del asesinato de varios homosexuales que trabajaban en distintos bares de la ciudad.[9]

Otro problema reportado de manera frecuente por la prensa es el incremento en el número de niños utilizados como "burros", es decir, para trasladar una carga de droga al otro lado de la frontera. Mientras que en 1993 siete niños fueron utilizados como burros, para 1997 lo fueron 83; 99 en 1998; 148 en 1999 y poco más de 200 en el 2000. Es decir, que el número de niños utilizados de esta manera se multiplicó por veintiocho en siete años.[10] También se ha incrementado el número de niños cada vez más pequeños detenidos por distribuir drogas en la localidad. Recientemente 12 niños menores de 10 años de edad se

[6] *El Norte*, 7-XI-2000.
[7] *El Norte*, 11-X-1999.
[8] *La Jornada*, 12-III-2000.
[9] *El Norte*, VIII-2001.
[10] *Frontera*, 8-XI-2000.

encontraban detenidos en la Escuela de Mejoramiento Social de Ciudad Juárez por vender heroína, mariguana y cocaína en las colonias populares.[11]

En Tijuana, en enero de 2000, en menos de una semana 11 jóvenes fueron asesinados en las calles de la ciudad. Primero habían sido secuestrados y después brutalmente asesinados en lo que en el nivel local se interpretó como "la guerra" entre grupos de narcotraficantes que esta vez había sido lanzada en contra de sus hijos.[12]

Estos jóvenes, conocidos en la localidad como narcojuniors o narquillos, son adolescentes de entre 15 y 20 años a quienes un comandante de la policía local definió como "los nuevos cerebros de un batallón de 20 mil gatilleros y burreros que intentan conservar la plaza". "Quieren superar a sus antecesores, —dijo—, y tal vez lo logren: vienen más locos." Para describir a Tijuana el comandante explicó: "aquí todo se vale". En la localidad hay más de 3 mil picaderos; esto es, se calcula que por lo menos hay tres picaderos y un centro de distribución de drogas en cada una de las 1 100 colonias de la ciudad.[13]

Aunque los ejemplos, lamentablemente, podrían continuar, tal vez no es necesario. Lo que he querido mostrar al citar estos ejemplos es, con otras palabras, que las sociedades fronterizas se enfrentan a una realidad que les ha hecho incorporar a su vocabulario cotidiano términos tales como *picaderos, narcoejecuciones, rituales narcosatánicos, cárteles, secuestros, desapariciones, levantamientos, violaciones, mutilaciones*, etc., así como las imágenes que corresponden a estos términos y que en forma continua aparecen en su entorno sin que les sea posible eludirlas o dejar de estar expuestos a lo que significan.

SÍNTESIS

El hecho de que diariamente lleguen a las ciudades fronterizas cientos de migrantes que intentan atravesar la frontera provenientes tanto de nuestro país como de otros, y que se ubiquen en la localidad sólo para poder estar al acecho de las condiciones más propicias para

---

[11] *La Jornada*, 28-X-2001.
[12] *Diario de la Mañana*, 30-I-2000.
[13] Almazán, Alejandro. 2001. "Tijuana. Coto de narcos, lenones, sicarios y toda laya de delincuentes." Reportaje Especial, *El Universal*, 14-X-2001.

LA EXPLOTACIÓN SEXUAL DE NIÑOS EN LAS FRONTERAS 253

cruzarla, por un lado, así como el hecho de que cada día sean devueltos en cada ciudad fronteriza cientos de indocumentados, por el otro, genera un grado importante de inestabilidad en las zonas fronterizas que son utilizadas como lugares de tránsito, zonas de paso en las que, sin habérselo propuesto, muchas personas terminan estableciéndose sólo porque no lograron cruzar o porque quedan allí a la espera de tener más éxito en posteriores intentos.

Los efectos que para los habitantes de las ciudades fronterizas tiene el residir en estos lugares de tránsito, son numerosos. Ellos viven en una comunidad en permanente construcción-reconstrucción-movimiento. En una comunidad que no puede terminar de consolidarse, que crece sin parar a un ritmo vertiginoso y que, por tanto, tampoco puede completar el proceso de conocer-aceptar-asimilar a los recién llegados.

Los migrantes, además, ejercen una gran presión sobre los servicios comunitarios, siempre insuficientes para poder satisfacer una demanda que crece cada día. Los servicios de salud, vivienda, educación, infraestructura, etc., se ven, de este modo, permanentemente rebasados, desbordados.

Algunos habitantes de las ciudades fronterizas hacen manifiesta su sensación de estar invadidos de manera continua y ello ha comenzado a expresarse incluso en *mensajes* de radio en los que en forma directa se dice a los migrantes que allí no encontrarán trabajo, que deben regresar a sus lugares de origen.

La inestabilidad que caracteriza a estas comunidades va de la mano con la anomia, es decir, la pérdida, el no reconocimiento de la existencia de valores comunes, de valores en los que todos puedan reconocerse. Con excepción de quienes han nacido en la localidad, entre los habitantes de las ciudades fronterizas no hay, no puede haber, una historia compartida, una historia común que los aglutine, los identifique. Como conjunto, no pueden remitirse a un origen ni, quizás, a un destino en común. Se trata, en este sentido, de una amalgama forzada o transitoria más que de una comunidad, o bien de un agrupamiento que no termina de cuajar en una comunidad.[14]

Es en un ambiente como el antes descrito en el que cabe situar las condiciones que propician, promueven y facilitan la explotación sexual de niños. Los altos índices de violencia y de consumo de dro-

---

[14] Procuramos en esta parte elaborar una síntesis que recupera lo que las personas entrevistadas en la localidad nos expusieron.

gas no son sino otras formas de expresión de la anomia, de la inestabilidad y la desarticulación social a la que nos hemos referido. Síntomas todos ellos de la misma descomposición del tejido social, de la falta de cohesión entre los integrantes, algunas veces transitorios, de la localidad. Nos referimos a contingentes numerosos que, en muchos casos, no han elegido a las ciudades fronterizas como su destino, sino que han llegado ahí dejando atrás de manera involuntaria sus orígenes, porque no les queda otra alternativa.

Se trata de un escenario que se caracteriza, en suma, por la existencia de lazos comunitarios muy débiles, un ambiente de extrañamiento, de no reconocimiento de factores en común, elementos todos ellos con los que difícilmente es posible construir una comunidad con un alto grado de cohesión social, de solidaridad. Ambiente en el que prevalece la anomia, es decir, la ruptura del orden formal y el predominio de un orden informal cuyos límites se recorren siempre hacia la violencia, hacia la eliminación de los otros, o bien hacia formas de autoviolencia como es el consumo de drogas.

En un ambiente como éste, es difícil pensar en la construcción de redes sólidas de protección para los niños y los jóvenes. Todo cambia de un día al otro: el paisaje, los vecinos, las reglas no escritas de convivencia. Difícil, también, que los jóvenes y los niños se sustraigan a un ambiente así o no se vean afectados por el mismo.

Como lo muestran las historias de vida de los niños víctimas de explotación sexual que abordaremos en el inciso siguiente, muchos de los niños que radican en la comunidad forman parte de familias cuyos miembros han tenido que disgregarse: unos han logrado atravesar la frontera, otros han quedado en sus lugares de origen y otros más se mudaron a la localidad con la esperanza de poder cruzar la línea fronteriza. Mientras tanto, cada cual ha ido tejiendo una historia distinta, a veces sin que logren volver a reunirse. En muchos casos cada uno ha establecido nuevos lazos que dan lugar a familias recompuestas.

En el caso de las mujeres, como también lo veremos en dichas historias, muchas han llegado solas, con el tiempo han hecho pareja, han tenido hijos y con frecuencia han vuelto a quedar solas en un ciclo de vida que se repite de manera asombrosa. Baste señalar como ejemplo que 55.7% de los niños que nacieron durante 2001 en Ciudad Juárez fueron registrados como hijos de madres solteras.[15] Así, y mientras ellas trabajan, a menudo los hijos se quedan solos, con el

---

[15] La cifra proviene del Registro Civil del municipio de Juárez.

tiempo salen a la calle, se reúnen con los muchachos de la colonia y, muchas veces, comienzan a consumir drogas en otro ciclo que también se repite con cierta regularidad. No es éste un fenómeno nuevo ni desconocido, sino característico de la modernidad en los países de América Latina (PNUD, 1998). En todas partes sus efectos han sido semejantes: incremento en el número de niños en la calle, en el consumo de drogas y en los índices delictivos (Bergman, 2001). Cada vez queda más claro que es de estos grupos de adolescentes dispuestos a cualquier cosa, porque tienen poco que perder, que los delincuentes reclutan en sus huestes, incluyendo a los que enganchan para explotarlos sexualmente. Ello pone al descubierto las deficiencias de los sistemas que rigen a nuestros países para incorporar a los jóvenes y ofrecerles mejores oportunidades de vida.

En el caso de las ciudades fronterizas, otro factor que se suma a los anteriores es la existencia de una demanda constante de servicios sexuales a menores de edad, sobre todo por parte de norteamericanos, asiáticos y mexiconorteamericanos que atraviesan la frontera con este propósito, en especial los fines de semana.

Influyen las ventajas competitivas que, por así decir, ofrece nuestro país con respecto del vecino en cuanto a la débil capacidad o voluntad para aplicar las normas, que contrasta con los rígidos controles que se imponen a los jóvenes del otro lado, sobre todo en cuanto al consumo de alcohol. Es en este sentido que, como lo han expresado algunos especialistas, las ciudades fronterizas se distinguen por ser los puntos de contacto más dramáticos entre un sistema que refuerza la aplicación de la ley y otro que lo evade (Andreas, 2000). O, podría ser, entre sistemas bien articulados para obtener ventajas de las debilidades y fortalezas de cada uno, sin importar que en este caso sean los menores de edad quienes se vean afectados por las desventajas.

LA EXPLOTACIÓN SEXUAL DE NIÑOS EN CIUDAD JUÁREZ Y TIJUANA

Historia de los centros de diversión para turistas en la frontera norte

Desde sus inicios tanto la historia de Tijuana como la de Ciudad Juárez han estado marcadas por el vínculo que las une de manera indisoluble a lo que ocurre del otro lado de la frontera. En el caso de Tijuana, desde los primeros decenios del siglo XX, cuando apenas era una pequeña comunidad, su vocación fue definida como la de un lugar para "el desahogo espiritual y orgánico de (los) estadunidenses que venían a reforzar el estoicismo que les permitiera sobrellevar la campaña moralista" (Valenzuela citado por Barrón 1995:29). Esta campaña había establecido una serie de prohibiciones entre las que se encontraban, desde el box y las carreras de caballos hasta los juegos de azar, los centros nocturnos y la prostitución, actividades que cómodamente se desplazaron hacia Tijuana y en torno de las cuales la ciudad creció y se desarrolló, no sin que de tanto en tanto se la condenara y estigmatizara, como lo han mostrado numerosas producciones literarias y cinematográficas.

Poco después, durante los años veinte y hasta mediados de los treinta, con la aprobación de la Ley Volstead, que prohibió la elaboración y venta de bebidas alcohólicas en Estados Unidos, el comercio, el consumo y la fabricación de las mismas constituyó una de las principales actividades económicas tanto de Tijuana y de Ciudad Juárez como de otras ciudades fronterizas. Vale decir que la mayoría de los propietarios de los negocios donde dicho comercio se realizaba, eran norteamericanos, quienes concentraban la mayor parte de los beneficios (Barrón, 1995).

En los decenios siguientes, Tijuana y Ciudad Juárez continuaron y continúan sujetas a los ciclos y vaivenes impuestos por la economía y las políticas migratorias estadounidenses, a partir de los cuales se adoptan las decisiones de abrir-cerrar o dosificar el paso en una y otra dirección tanto de trabajadores mexicanos como de turistas norteamericanos. Fue el caso, por ejemplo, de la clausura de los casinos y las casas de juego en Tijuana cuando los norteamericanos abandonaron las reservas morales respecto de esta clase de negocios y resolvieron crear sitios como Las Vegas. Las fuentes de empleo que habían surgido para satisfacer las necesidades de diversión y transgresión de los estadunidenses, se vieron afectadas como también ocurrió con motivo del incremento de la inmigración china a finales de los años veinte que dio lugar a expresiones de protesta (Valenzuela, citado por Barrón, 1995:38). En otros momentos fueron las guerras las que jugaron un papel decisivo para aumentar o reducir el flujo de visitantes a los centros de diversión, ya que los militares y los marinos siempre han sido una parte importante de la clientela de dichos negocios tanto en Tijuana como en Ciudad Juárez.

También datan de los años veinte los primeros intentos que se conocen por organizar a las trabajadoras sexuales en Tijuana. En aquel momento se hablaba de tres grupos: las "platicadoras" que eran las que trabajaban en la vía pública, las "entretenedoras" que se empleaban en establecimientos y las "horizontales" que se localizaban en su línea de cuartos o cuarterías para ofrecer sus servicios. Se menciona también que las prostitutas que trabajaban en los cabarets o en los grandes casinos propiedad de norteamericanos, eran por lo general extranjeras que se dedicaban a atender a los turistas, ya que las cantinas cuyos propietarios eran mexicanos no tenían este servicio (Murrieta, citado por Barrón, 1995:41).

Otro periodo de auge para la prostitución tanto en Tijuana como en Ciudad Juárez, fue el de los años cuarenta y cincuenta. En éste se crearon una serie de establecimientos que, sobre todo, estaban destinados a los militares norteamericanos. Por otra parte, y si bien existen testimonios de que las mujeres se iniciaban en la prostitución siendo adolescentes, no hemos encontrado referencias históricas acerca de la participación de niñas y niños en esta actividad en las ciudades fronterizas. Ello no quiere decir que no hubiera niñas/os involucrados en dicha actividad sino que las fuentes históricas que consultamos no lo refieren, tal vez porque los parámetros con respecto de la edad eran distintos a los que operan hoy en día.

La explotación sexual de niños y adolescentes en Ciudad Juárez

De acuerdo con los datos obtenidos en la oficina de Ecología y Protección Civil de Ciudad Juárez, hay en la localidad más de mil establecimientos donde se pueden vender o consumir bebidas alcohólicas.[16] Cerca de quinientos se encuentran clasificados como bares, casas de baile, centros nocturnos o discotecas, los que se hallan sujetos a la Ley de Alcoholes y son regularmente inspeccionados por la Dirección de Comercio del Municipio. La mayoría cuenta con licencias vigentes, aunque también existen establecimientos que tienen licencias viejas, no cuentan con éstas o que pretenden operar de manera clandestina.

Las licencias para autorizar la venta o el consumo de alcohol son uno de los objetos más cotizados en la localidad, en especial porque no se expiden fácilmente. El precio varía entre 25 y 40 mil dólares,

---

[16] Con el propósito de proteger la identidad de los informantes, no se proporcionan los nombres de las personas entrevistadas. En el caso de los niños y adolescentes víctimas de explotación sexual, se emplean nombres ficticios.

dependiendo del tipo de licencia, la antigüedad o las sanciones que se hubieran impuesto al establecimiento. La más frecuente de las violaciones al reglamento es por permitir el acceso y el consumo de bebidas alcohólicas a menores de edad. La mayor parte de las licencias se hallan en manos de las compañías cerveceras por lo que son éstas las que pueden o no comerciar con las mismas. Como la Presidencia Municipal es la que tiene la facultad de expedirlas y los lugares de consumo de bebidas alcohólicas son un buen negocio, los datos obtenidos indican que las licencias se conceden por relaciones de amistad o afinidad política con las autoridades en turno.

Por su parte, funcionarios del Departamento de Inspección de la Dirección de Comercio Municipal, señalaron que, a primera vista, es posible que muchas de las chicas que trabajan en los centros nocturnos sean menores de edad, pero que como inspectores nada pueden hacer porque ellas y los que operan dichos centros presentan credenciales de identidad en las que aparecen como mayores de edad, si bien también saben o presumen que muchos de estos documentos son falsos. Asimismo explicaron que buena parte de los clientes que acuden a estos lugares son ciudadanos norteamericanos, en su mayoría adolescentes que cruzan la frontera con el fin de divertirse.

Los mismos funcionarios señalaron que tienen a su cargo la inspección de 493 bares y centros nocturnos en donde se permite el consumo de bebidas alcohólicas. Hay conflictos de competencias y facultades entre el gobierno del Estado y el del Municipio respecto del control y la inspección de los centros nocturnos. Así, por ejemplo, de acuerdo con los funcionarios entrevistados, el Departamento de Inspección Municipal solicitó que se revocara la licencia a veintitrés establecimientos pero el gobierno del Estado no ha atendido su solicitud. En cambio, este último ha clausurado ciento treinta establecimientos sin el acuerdo del gobierno Municipal.

En 38% de las casi 6 mil inspecciones realizadas por el Departamento de Inspección Municipal durante los dos últimos dos años (1999-2000), se detectó la presencia de menores de edad en centros nocturnos y en 43% del total de estos casos se logró demostrar que eran menores. Además de las casas de baile y cantinas, dicho Departamento también realiza inspecciones en cinco Moteles o *Drive Inn's* donde hay chicas que ofrecen servicios sexuales. Asimismo lo hace en veinte casas de masaje que se encuentran registradas, si bien refiere que en este rubro son muchos más los establecimientos donde se prestan servicios sexuales de manera encubierta y que operan sin

LA EXPLOTACIÓN SEXUAL DE NIÑOS EN LAS FRONTERAS 259

registro. Muchos de estos negocios ofrecen sus servicios a domicilio durante las veinticuatro horas. Diversas fuentes coinciden en que alrededor de 15% de las y los jóvenes que prestan estos servicios en casas de masaje, son menores de edad. También se ha encontrado que en estos negocios se venden drogas. Así, en las veinte casas de masaje inspeccionadas durante los dos últimos años se encontraron ochenta violaciones a los reglamentos, la más frecuente es la tipificada como "actos inmorales".

Con respecto de la participación de menores de edad, los funcionarios del Departamento de Inspección refirieron que hay muchas chicas jóvenes que vienen del sur del país a laborar en las maquilas pero que se dan cuenta que pueden ganar más en los salones de baile o en casas de masaje y se van a trabajar allí. Las zonas donde hay un mayor número de menores entre las trabajadoras sexuales, son: el Callejón de la Paz, donde operan varias cantinas al lado de casas de huéspedes; la calle Francisco Villa y la de Borunda en el cruce con Ignacio de la Peña, esta última es una zona de prostitución masculina donde también hay menores que ofrecen sus servicios. En los salones de baile, aunque las chicas sólo cobran por bailar una pieza, aprovechan para promover sus servicios sexuales. Otras chicas se promueven mientras bailan en las discotecas e incluso ofrecen descuentos a quienes trabajan en bares y distribuyen volantes. También hay menores de edad que pueden contactarse a través de taxistas o en casas de citas. Hay, asimismo, mujeres adultas que se dedican a la prostitución y que comercializan a sus hijos e hijas. La participación de menores de edad en estas actividades, se relaciona también con el incremento en el consumo de drogas y la falta de instituciones que les brinden una atención adecuada.

Por su parte, de la oficina del Alcalde obtuvimos la estimación de que en Ciudad Juárez alrededor de 5 mil personas prestan servicios sexuales. De aquí que, de ser apropiados los distintos cálculos que nos fueron proporcionados (incluyendo los nuestros obtenidos de diversas fuentes primarias y secundarias), en el sentido de que por lo menos 15% de quienes prestan servicios sexuales son menores de edad, tendríamos que alrededor de setecientos cincuenta menores de 18 años estarían siendo explotados.

De acuerdo con una encuesta que levantó hace poco una organización no gubernamental que desde hace diez años ha venido trabajando con sexoservidoras de la localidad, 60% de ellas ha tenido como último empleo la maquila mientras que otras continúan trabajando de tiempo parcial como obreras. De este modo, hay chicas que trabajan en la maquila y complementan sus ingresos con lo que obtienen en salones de baile. Aunque algunas lo hacen, no todas ellas se prostituyen. Las principales zonas de prostitución son las de la calle Mariscal y la de la Paz. Allí, la mayor parte de las mujeres que se ocupan son jóvenes y también hay algunas que son menores de edad.

De acuerdo con la misma organización, el Ayuntamiento dejó de regular la prostitución desde 1983 en que se desmanteló lo que antes habían sido los servicios de Sanidad Municipal. Después se puso en marcha un programa no obligatorio para que las mujeres acudieran a los servicios de salud, sin embargo también éste dejó de operar en 1996. Existen dos tipos de sexoservidoras en la localidad: las que se conocen como *cautivas*, que son las que tienen un patrón que las explota, y las *libres*. Una buena parte de estas últimas se vinieron de Torreón cuando ahí decidieron eliminar las llamadas zonas de tolerancia. Las *cautivas* son las que trabajan en establecimientos que están registrados y sujetos a inspección. También hay establecimientos que se consideran *semicautivos* que son en los que las chicas bailan y les pagan por pieza pero que si deciden prostituirse, lo hacen por su cuenta. En el caso de las *cautivas* el que se queda con la mayor parte de las ganancias es el dueño del establecimiento donde se prostituyen.

La prostitución en los callejones, en cambio, es la llamada *callejera* en donde hay mujeres jóvenes y también hay menores de edad varones que se prostituyen con personas homosexuales. En estos callejones abundan los adictos intravenosos así como las mujeres que han sido traídas de otros estados para ser prostituidas, muchas de las cuales terminan haciéndose adictas a la heroína. Lo que ha prevalecido, en opinión de los integrantes de la organización no gubernamental, es: "el cohecho, la corrupción y la sistemática violación de los derechos humanos de las trabajadoras sexuales de la localidad". También refieren que la mayor parte de los establecimientos que cuentan con registro, acatan las disposiciones oficiales para no entrar en conflicto con las autoridades. Ello quiere decir que en estos establecimientos no ocupan abiertamente a menores de edad sino, en todo caso, a adolescentes que se hacen pasar, mediante documentos de identidad falsos, por adultas. Las niñas de la calle son las que se inician en la prostitución más temprano y fuera del control oficial, a diferencia de lo que ocurre adentro de los establecimientos registrados y sujetos a inspección.

Los puntos donde se encuentran niñas y niños de la calle que se prostituyen, son: el Puente Negro, la zona Centro, el ex cine Coliseo, el callejón de Carreño, el monumento a Benito Juárez, el área de Pronaf y la calle Vicente Guerrero. Los menores varones pueden ofrecer sus servicios en forma directa o bien ser solicitados a través de intermediarios por personas homosexuales tanto de la localidad como de El Paso, Texas. Los intermediarios suelen ubicar a los niños en parques, lotes baldíos y sitios de diversión para niños. Algunas mujeres adultas que se dedican a la prostitución también actúan como intermediarias para ubicar niños y niñas, según les soliciten los clientes. En ocasiones los intermediarios pueden recibir 200 dólares por llevar a los niños, mientras que estos últimos sólo reciben veinte.

En la zona de la Mariscal predominan las mujeres adultas que se prostituyen en establecimientos. En la zona del mercado, en cambio, se puede encontrar a chicas más jóvenes que, en su mayoría, han sido traídas de los estados del sur. Los hombres que las traen y las controlan tienen a tres o cuatro chicas trabajando para ellos. Las chicas se vienen porque se enamoran de quien las trae. Las que vienen del sur son las más vulnerables a ser explotadas de esta manera por los padrotes, aunque también hay jóvenes de la localidad que son explotadas por su pareja. A las del sur las dejan durante un tiempo en la localidad y luego las llevan a otra ciudad. Son chicas muy pobres. También hay otras chicas que han sido vendidas a los explotadores por su familia. Según refieren los integrantes de la organización entrevistados, existe una especie de tradición oral que se transmite entre las chicas que llegan a la localidad para ser explotadas, pues se observa que ellas saben muy bien a dónde pueden llegar a vivir y a dónde no serán admitidas.

De acuerdo con la misma organización, en el callejón Carreño, uno en los que se realiza la prostitución *callejera*, hay un gran número de picaderos debido a que desde hace tres años ha habido un incremento sustantivo en el consumo tanto de cocaína como de heroína. Diversos testimonios destacan el papel que la policía ha desempeñado, no sólo por no combatir de manera eficiente este problema, sino por tomar parte en el comercio y la distribución de drogas. Las mujeres adultas que ejercen la prostitución en la zona, también señalan que en forma frecuente son extorsionadas por policías quienes se quedan con buena parte de sus ganancias y a los que temen más que a los delincuentes.

A manera de conclusión, una de las integrantes de esta organización que entrevistamos, refirió: "el dilema que se presenta a las ciudades fronterizas que, como Ciudad Juárez, surgieron de la noche a la mañana, es si lo único que les tocará ver de la película es el capitalismo depredador o si tendrán la posibilidad de acceder a los efectos civilizatorios de dicho sistema cuya principal finalidad en la frontera ha sido instalar las industrias maquiladoras con el propósito de frenar la migración de los pobres hacia los Estados Unidos". Hasta ahora, opina, "las ciudades fronterizas sólo han sido el basurero de los norteamericanos".

Por su parte, una de las Regidoras del Ayuntamiento informó que uno de los factores que influye de manera decisiva en la explotación sexual de niños en la localidad es la deserción escolar. En muchas colonias populares de reciente creación, no existen escuelas o los niños las abandonan porque tienen que ir a trabajar. Sus madres trabajan doble turno en la maquila mientras ellos se quedan solos. Esto propicia que haya personas que tienen toda la facilidad para reclutar a esos niños ya sea para vender drogas, prostituirse o dedicarse a la organización de fiestas, pues no hay nadie que se lo impida. Otros niños comienzan a distribuir drogas en sus escuelas. También en los bares y centros nocturnos trabajan menores a los que se oculta cuando las autoridades llegan a realizar alguna inspección.

En Ciudad Juárez, de acuerdo con la Regidora, existen tres tipos de prostitución en los que participan menores de edad: la que contratan los dueños de los centros nocturnos que operan como lenones y donde tienen a jóvenes cautivas que pueden ser mayores de edad o bien chicas de 15 a 17 años que alteran documentos de identidad. Los que las contratan son grupos organizados y se han dado casos de chicas que han desaparecido de estos establecimientos. El segundo tipo es el de la prostitución libre que se ofrece en la calle. Allí trabajan muchachitas que no están cautivas y que también pueden tener un empleo en las maquilas. Algunas de estas chicas son lesbianas "porque tienen coraje ante una sociedad tan desigual en oportunidades". Dentro de este grupo se encuentran también los adolescentes varones que se prostituyen con los clientes de bares gay. El tercer tipo es el que se da en establecimientos clandestinos como pueden ser las salas de masaje. En términos generales, las chicas del primer grupo pertenecen a un nivel socioeconómico medio; las del segundo, al bajo y las del tercero, a uno alto. Mientras que las del nivel más bajo pueden recibir 50 pesos por sus servicios, las del más alto pueden llegar a percibir hasta tres mil.

La misma informante refirió que en los bares hay mucha complicidad por parte de las autoridades pues cuando encuentran a menores, clausuran el establecimiento, pero éste se puede volver a abrir con sólo pagar la multa correspondiente. En este medio, dijo, existe mucha corrupción e impunidad. También señaló que "en algunas zonas marginadas los niños enfrentan todo tipo de situaciones que no se denuncian porque ni siquiera las autoridades entran allí". Son zonas donde prevalece la violencia, la inseguridad, la deserción escolar y no se cuenta con los servicios mínimos para brindar atención y protección a los niños y jóvenes que allí habitan.

En cuanto al tráfico o venta de niños, la Regidora señaló que éste es el destino de muchos de los niños y niñas que han sido reportados como "desaparecidos". Tan sólo en los últimos dos meses de 2000, cuatro niños habían sido robados en centros comerciales de la localidad. Otro caso fue el de cuarenta niños que en 1998 fueron encontrados en una casa de la Colonia Infonavit, quienes iban a ser trasladados a Estados Unidos para darlos en adopción o explotarlos. También como Regidora ha tenido conocimiento de niñas que han traído de Chiapas para prostituirlas.

Por su parte, la Procuraduría General de Justicia de la República, informó que, durante el año 2000, Ciudad Juárez ocupó el primer lugar en la República por el número de casos de tráfico de niños, con un total de cincuenta casos denunciados. Nuevo Laredo, otra ciudad fronteriza, ocupó el segundo lugar con 36 casos.

En cuanto a los delitos sexuales que se cometen en la localidad, en la agencia a cargo de la investigación de esta clase de delitos, nos fueron referidos diversos casos de corrupción a menores, varios de ellos cometidos por adultos que ofrecen drogas a menores de edad a cambio de actos sexuales. Asimismo, han tenido conocimiento de casos de pornografía pero no han descubierto a grupos organizados para llevar a cabo estas actividades, sólo a individuos. Por otro lado, entre las cerca de 900 víctimas del delito de violación reportadas entre 1996 y 1999, el 60% corresponde a menores de 10 años de edad.

Uno de los casos de pornografía que conocimos a través de las autoridades de la Procuraduría del Menor y la Familia que entrevistamos, fue el del Tepanécatl, conocido así por ser éste el apellido del agresor. El caso fue denunciado por la madre de dos adolescentes en contra de un hombre de 50 años, quien había abusado de sus hijas. El Tepanécatl trabajaba como gerente de una empresa de televisión por cable en la localidad y residía muy cerca de la línea fronteriza. Se lo acusó de haber abusado sexualmente a por lo menos siete adolescentes, de entre 15 y 17 años, a quienes fotografió y videograbó con el propósito de comerciar con estas imágenes a cambio de las cuales proporcionaba drogas (mariguana, psicotrópicos y cocaína) a las menores. El Tepanécatl intentó defenderse mostrando las cartas que las chicas le habían escrito y argumentando que ellas acudían de manera voluntaria a su casa. También pretendió utilizar en su descargo que el agente que lo detuvo en su casa le pidió a una de las chicas que se desnudara. Una de ellas explicó que era adicta a las drogas y a veces se prostituía porque no tenía trabajo.[17] Dijo que el acusado se dedicaba a buscarla a ella y a sus amigas hasta que conseguía que fueran a su casa y que, en ocasiones, también las llevaba de viaje fuera de la ciudad. Otra de las niñas, que era sordomuda, explicó a través de un intérprete que el agresor también las obligaba a sostener relaciones homosexuales para fotografiarlas. En el lugar se encontraron decenas de fotografías que el agresor había tomado a chicas de diferentes entidades del país. Una de las líneas de investigación apuntaba a que dichas imágenes serían vendidas a un comprador norteamericano.

Un caso similar había ocurrido en la localidad en 1997 cuando un médico había abusado de varios niños de entre 9 y 16 años a quienes reclutó en la calle a través de terceros que también abusaron de los niños. Este caso se tenía muy presente porque se temía que las niñas se negaran a colaborar como había ocurrido con los niños que no quisieron levantar cargos en contra del doctor pues decían que éste los había tratado bien.

En cuanto a la entrevista que se llevó a cabo con funcionarios del Instituto Nacional de Migración en la línea fronteriza, refirieron que, en promedio, durante el año 2000 recibieron cada mes a 300 menores de edad que fueron repatriados. Lo más frecuente es que no logren entrevistar a estos niños, en especial a los mayores de 12 años, pues casi siempre, en cuanto son devueltos por las autoridades norteamericanas, se echan a correr ya que lo que pretenden es quedarse por ahí para volver a cruzar. Les preocupan, de manera especial, los menores varones que están siendo utilizados por los polleros como guías para atravesar migrantes, ya que a menudo les pagan con dro-

---

[17] Cabe mencionar que recientemente se discutió una propuesta de reforma al artículo 240 del Código Penal del estado mediante la cual se establecía que no se impondría sanción al violador en el caso de que se comprobara que la víctima, siendo mayor de 12 años de edad, se dedicara a la prostitución. Aunque esta propuesta, por fortuna, no se aprobó, muestra sin embargo el sentir de algunos grupos en la localidad.

gas. También, los adolescentes de la localidad que con frecuencia van a El Paso a prostituirse.

Las autoridades de Migración refirieron haber tenido conocimiento de varios casos de tráfico que pudieron detectar al encontrar niños a quienes personas ajenas a su familia intentaban trasladar fuera del país. De igual manera han encontrado niños que eran llevados para elaborar material pornográfico, como es el caso de dos niños, de 8 y 6 años de edad, que iban con un pollero. Ellos venían del estado de México y los detuvieron por no tener documentos. Más tarde los niños explicaron que el señor los llevaba para hacer películas en Estados Unidos. Otro caso fue el de tres hermanos de San Luis Potosí, de 10, 14 y 17 años, a quienes también llevaban con falsas promesas. A otra señora la detuvieron cuando intentaba atravesar a 5 niños que habían sido robados en Monterrey. Todos estos casos habían ocurrido en las semanas previas a la entrevista, que tuvo lugar en diciembre de 2000, si bien las autoridades no podían señalar el número total de casos que habían ocurrido durante el año, ya que no llevan estadísticas a este respecto.

Las mismas autoridades señalaron que algunos jóvenes mexicanos que ejercían la prostitución han sido repatriados desde Los Ángeles y San Francisco, después de haber sido infectados por el sida. Refirieron también el caso de una niña de 12 años, originaria de Guadalajara, que cruzó la frontera para ir a buscar a su papá y meses después fue repatriada desde un hospital porque había contraído sífilis. Otro caso fue el de tres niños a quienes repatriaron porque con frecuencia atravesaban la frontera con el propósito de prostituirse. Asimismo han recibido a indígenas que son devueltos desde El Paso porque llevan a sus hijos a vender o a prostituirse en las calles.

Por su parte, la directora de un albergue para menores migrantes, explicó que la institución recibe cada día a un promedio de tres adolescentes repatriados de entre 12 y 17 años, noventa al mes, a los que intenta poner en contacto con su familia y devolver a sus lugares de origen. Señaló que los muchachos refieren que se van a la frontera porque no tienen otra alternativa. También explicó que ahora reciben tres veces más muchachos que cuando abrieron en 1996. Así, y mientras que la institución recibió en Ciudad Juárez a 1 000 adolescentes durante el transcurso del 2000, en Tijuana recibió a más de 3 mil. Algunos de estos muchachos fueron utilizados por polleros para atravesar drogas.

Por lo que se refiere a los servicios de salud, algunos médicos que entrevistamos refirieron que han encontrado casos de adolescentes de entre 12 y 18 años que han contraído sida pero que mucha de la información respecto de estos casos la desconocen ya que estos pacientes se amparan en el derecho de reservarse cierta información. Así, cerca de la mitad se ha negado a responder a preguntas relativas a su preferencia sexual, a sus contactos sexuales o al uso de drogas. Según los médicos, estos menores se niegan a responder tanto porque se los ha estigmatizado como por el temor a las consecuencias legales de sus actos. Inclusive se niegan a informar acerca de su lugar de origen. En cuanto a las chicas, muchas de ellas trabajan en salas de masaje. Ellas también se niegan a proporcionar ciertos datos, en especial, respecto de abortos. Algunos médicos opinan que debería volverse al sistema de control sanitario que antes se realizaba con las trabajadoras sexuales si bien otros opinan que exigir las tarjetas de control no modifica por sí mismo las condiciones de salud.

De entre los testimonios que recogimos de niñas y niños víctimas de explotación sexual en Ciudad Juárez, seleccionamos tres fragmentos. Los dos primeros corresponden a dos adolescentes que fueron retiradas de la prostitución por la coordinadora de una casa hogar, donde hoy viven, que les ofreció protección. El tercero corresponde a una chica que continúa siendo explotada por un grupo organizado que recluta chicas en viarias entidades y las obliga a prostituirse empleando golpes y amenazas. En este último caso, la chica refirió que había intentado obtener apoyo por parte de diversas instituciones para poder seguir estudiando y conseguir un empleo, pero que no se lo habían otorgado.

ARACELI es una chica de 14 años que nació en Ciudad Juárez. Ella dice que también su madre es de allí y que no sabe dónde nació su padre. Ella relata: "La última vez que vi a mi papá, era obrero. Mi mamá era prostituta. Tengo una media hermana y un hermano pero se los quitaron a mi mamá porque ella no es apta; está enfermita de la cabeza. A mi mamá ya no le preocupa ni ella misma [...] no puede. Mi papá le pegaba muy feo a mi mamá, con palos, con lo que hallaba. Mi mamá me iba a vender cuando nací. Desde el primer día en que nací he andado con tíos, tías, de una casa a otra y a los 11 años tuve un problema con mi papá porque abusaba de mí. Me fui entonces de mi casa con una amiga porque ella me dijo que se quería escapar conmigo y su mamá me ayudó a denunciar a mi papá. Después estuve tres meses en el DIF y luego me fui con una tía pero me golpeaba y me decían que yo tenía la culpa, que no me le debía acercar a nadie. Luego con un primo probé la cocaína y como estaba muy cara teníamos que ir con un chavo para que me prostituyera. Mi primo me llevó con otros primos, con varios tíos y se encelaban porque decían que aunque estaba yo chica, ya iba a embarnecer. Yo me quería matar, me corté con un cuchillo y por eso me enviaron para acá. Cuando vine aquí, llegué drogada. Andaba con muchos chavos, por eso sentía bien feo."

ELISA tiene 18 años. Ella nació en Jiménez, Chihuahua, y dice: "Me vine a trabajar desde los 14 años y mis hermanos y mi mamá se quedaron en Jiménez. Primero estuve en Torreón con una amiga que me metió a la prostitución. Allí duré como dos años y me vine para acá porque me junté con un muchacho. La mayoría de las chicas que están trabajando aquí en la prostitución lo hacen por necesidad y muchas vienen de Torreón. Antes de que me metiera a trabajar en esto me empecé a juntar con los del barrio y ellos me empezaron a invitar drogas. Primero me dieron Resistol, luego mariguana, pastillas, hasta que el muchacho con el que andaba me comenzó a inyectar. Él no trabajaba y al principio me trataba bien, pero ya después, mal. Tenía que trabajar para él. Donde vivíamos todo el tiempo había hombres drogados. Un día que él me golpeó, lo detuvieron y por eso me vine a Ciudad Juárez."

VANESA tiene 15 años y es originaria del estado de Oaxaca. Ella relata: "Mi mamá me dio con una señora allá en Oaxaca. La señora me trataba muy mal, me levantaba a las tres de la mañana para hacer los mandados y limpiar la casa. Yo tenía como 5 años por eso ya no me acuerdo muy bien. Ella vivía en Salina Cruz. Ya no volví a ver a mi familia y la señora me corrió porque me levantaba tarde. Duré con ella como 6 años. Tenía entonces 11 años y comencé a vagar en la calle con los amigos. Luego me vine para acá con unos señores que me trajeron y con unas amigas mías. Los señores dijeron que nos iban a traer a trabajar. Estos señores son de Puebla y hasta la fecha nos tienen trabajando. Cada señor tiene dos morras trabajando para él. Las traen de Puebla, de Veracruz, de varias partes. Una de ellas desapareció. El padrote vino, la amenazó y después ya no apareció. A ellos nadie los denuncia porque nos tienen amenazadas. Las muchachas que conozco son como diez que trabajan para estos padrotes allí por el mercado. Yo entraba a las cantinas y por eso se enojaba él. Un tiempo me salí de trabajar pero me vino a buscar una muchacha que trabaja también para él y me dijo que me regresara. Ellos nos golpean bien feo por eso nadie los quiere denunciar. Las muchachas no quieren denunciar porque creen que les pueden hacer algo."

LOS NIÑOS, LOS EXPLOTADORES Y LOS CLIENTES

En resumen, como hemos dicho antes, en Ciudad Juárez se reconocen diferentes grupos o categorías de chicas sujetas a explotación sexual. Las que corresponden al estrato social más bajo, son conocidas como *callejeras*. Le siguen las *semicautivas* que trabajan en salones de baile y cobran por pieza pero que, si se prostituyen, lo hacen por su cuenta. Las *cautivas* se prostituyen, en cambio, para un establecimiento o persona determinados a los que no son libres de abandonar por su cuenta. Por último, se hallan las que se emplean en salas de masaje que son las que pertenecen al estrato social más alto. Mientras que en el último grupo la mayor parte de las chicas provienen de la localidad, en los otros las hay que vienen o son traídas de diferentes estados así como chicas locales. También se nos informó que algunos centros nocturnos contratan en forma temporal a chicas extranjeras, sobre todo norteamericanas y cubanas, para bailar en espectáculos.

Por lo que se refiere a los muchachos, hay también los que se prostituyen en la calle y los que trabajan en establecimientos como centros nocturnos, casas de prostitución o salas de masaje. Sin embargo, a los muchachos no se los explota de la misma manera, es decir, no se los considera *cautivos* ni se los retiene en contra de su voluntad mediante golpes y amenazas, y si bien cuando trabajan en establecimientos éstos se quedan con una parte de sus ganancias, no existe nadie que decida completamente sobre éstas como les ocurre con frecuencia a las chicas. Vale agregar que, aun las *callejeras*, a las que se considera *libres*, muchas veces son explotadas por padrotes que fungen como su pareja, a quien deben entregar todo el producto de su trabajo que a menudo intercambian por drogas. Nada semejante ocurre con los chicos.

A todos estos grupos corresponden formas diversas de reclutamiento y aproximación a las chicas y chicos que serán explotados, así como distintos tipos de explotadores, clientes, intermediarios y enganchadores. Sin pretender hacer un recuento exhaustivo, los dueños de bares, centros nocturnos, casas de prostitución o salas de masaje, si bien obtienen la mayor parte de las ganancias, casi nunca operan los establecimientos en forma directa sino a través de administradores, gerentes, prestanombres o representantes. De las ganancias que por prestar servicios sexuales se obtienen en estos establecimientos, se benefician no sólo los dueños sino también meseros, cantineros, anunciadores, vigilantes, promotores, representantes, etcétera.

Hay ocasiones en que los explotadores reclutan directamente a sus víctimas, como en el caso de los padrotes, y otras en que lo hacen a través de intermediarios. En algunos casos se emplea a mujeres adultas prostitutas para que lleven a niños/as con determinados clientes que se los solicitan o bien los induzcan a trabajar para algún establecimiento. En otras, los enganchadores ubican a las adolescentes en zonas rurales apartadas y les ofrecen trasladarlas a la frontera con falsas promesas de trabajo. Una vez que han llegado ahí las entregan a ciertos bares en donde las prostituyen y las obligan a permanecer mediante golpes y amenazas. En otras más, quienes actúan como padrotes las seducen y las convencen de trabajar para ellos empleando formas de coacción más o menos veladas.

Una vez ingresadas en el negocio, se emplean diversos procedimientos para retenerlas. Por una parte, se les vigila constantemente a fin de controlar todos sus movimientos y evitar que tomen contacto con familiares o con personas que pudieran persuadirlas de abandonar su trabajo. Por otra, se las induce al consumo de drogas y se les hace saber que su suministro depende de su permanencia en el sitio de trabajo o también de que lleven a otras chicas que acepten trabajar ahí. Los golpes y las amenazas de muerte para ellas y sus familiares son el último recurso al que no pueden resistirse pues han podido comprobar que no se trata sólo de palabras. Esto también explica que no se atrevan a denunciar y que muy pocas intenten escapar. El hecho de que se emplee la palabra *cautivas* no es gratuito ni carece de significado: describe su situación como una en la que, literalmente, están privadas de su libertad.

A menudo los explotadores conocen bien la manera de aproximarse y someter a sus víctimas puesto que han vivido en el medio, a veces por generaciones, y han podido perfeccionar sus procedimientos. Alrededor de ellos existen redes amplias de protección y complicidad que protegen y aseguran el funcionamiento de sus negocios. Se trata de redes de crimen en pequeña o en mayor escala que tienen nexos con quienes operan el tráfico de drogas, así como de personas en la localidad. En algunos casos se trata de explotadores que sólo operan en el nivel local pero, en otros, forman parte de redes que les permiten moverse de una ciudad a otra o inclusive a través de las fronteras tanto al norte como al sur del país (véase el inciso relativo a la frontera sur).

La mayor parte de los explotadores son hombres adultos mexicanos. En menor proporción, existen también mujeres que operan como reclutadoras o dueñas de establecimientos que explotan a chicas. Hay también explotadores norteamericanos que llegan a las ciudades fronterizas para elaborar material pornográfico con los niños que prostituyen.

Una extensa red de intermediarios se beneficia con la explotación de los niños en las ciudades fronterizas; se trata, por un lado, de quienes los reclutan, los enganchan o inclusive los "compran" para luego "venderlos" o colocarlos en los sitios de trabajo. Por otro, como dijimos, de los dueños o administradores de estos sitios y de las personas que ahí trabajan. Pero también debe contarse a los taxistas que promueven estos lugares y conducen a los clientes, a los administradores, recepcionistas y conserjes de hoteles y moteles y hasta los policías e inspectores que extorsionan a las chicas o a los dueños de los establecimientos. También encontramos casos en que policías o militares son explotadores.

Por lo que se refiere a los clientes, en su gran mayoría son hombres que provienen tanto de la localidad como de diferentes entidades del país y de El Paso. Los norteamericanos son sobre todo jóvenes que cruzan la frontera para divertirse y consumir drogas y alcohol, aunque también llegan personas homosexuales de todas las edades que buscan en forma expresa relacionarse con jóvenes o niños. También llegan militares de la base de Fort Bliss que se halla en El Paso. Los clientes, tanto mexicanos como extranjeros, son de todas las edades, estratos sociales, ocupaciones y preferencias sexuales. Según su capacidad económica, se dirigen a los distintos tipos de establecimientos o buscan a niños de la calle.

En la mayoría de los casos, no se trata de clientes que busquen expresamente a niños/as o a menores de edad, sino que se convierten en abusadores situacionales u oportunistas en la medida en que se identifican con los valores y patrones culturales que les hacen atractivos a los y las más jóvenes, según su preferencia sexual, sin importar si éstos tienen 14 o 20 años de edad. En este sentido se adaptan a las circunstancias y a quienes encuentran a su disposición y dentro de sus posibilidades de pago, sin formularse juicios acerca de la edad o de la capacidad que puedan tener los/as menores, dadas sus circunstancias, para actuar con libertad. Ello no quita que haya otros clientes con un interés específico y focalizado sobre menores de cierto grupo de edad o con determinadas características; tampoco, que los adolescentes varones acudan expresamente a donde personas homosexuales que buscan relacionarse con niños y jóvenes los ubiquen.

LA EXPLOTACIÓN SEXUAL DE NIÑOS EN TIJUANA

*Welcome to Tijuana:
tequila, sexo y mariguana.*[18]

Los bares y centros nocturnos en Tijuana, conocidos en la localidad como *antros* o *congales*, no son sólo espacios a los que la población acude de tanto en tanto para romper la rutina cotidiana impuesta por el trabajo u otras actividades, sino sitios donde tiene lugar buena parte de la vida cotidiana, la actividad económica y social de una porción de la sociedad local cuyos ingresos y empleos dependen, de manera directa o indirecta, de las actividades que en ellos se realizan.

Tradicionalmente estas actividades se han llevado a cabo sobre todo en las zonas Centro y Norte, aunque en años recientes se han añadido otras como Otay, La Mesa, el Florido y Rosarito, donde el número de bares y *table dance* se ha incrementado de manera notable. Inclusive en la calle Revolución, *la Revu*, donde se ubican los centros nocturnos más conocidos, se han abierto nuevos bares. En el callejón Coahuila, donde se encuentran chicas que traen de todas partes de la República a las que llaman *las paraditas*, también se ha incrementado el número de establecimientos donde se las prostituye.

Con respecto de los muchachos, en la localidad a los que se prostituyen les llaman *chirujos*. Los lugares donde ellos se ubican para esperar a sus clientes, son: el parque Teniente Guerrero, la Plaza Santa Cecilia, la Zona Norte y el Centro de la ciudad. Sus clientes son norteamericanos o mexicoamericanos que vienen los fines de semana y rentan una habitación en algún hotel o bien le pagan un cuarto al muchacho durante el mes y lo visitan los fines de semana. Al parque Teniente Guerrero acuden los clientes en sus autos, principalmente los miércoles. A los norteamericanos de mayor edad que establecen una relación relativamente más estable con los muchachos les llaman *chenchos*, figura a la que se identifica como la de un "protector" a quien en Estados Unidos dan el nombre de *sugar-dady*.

Según lo pudimos comprobar, y lo refieren los testimonios que más adelante citamos, en varios de los establecimientos de la zona Centro, la mayor parte de las chicas que en ellos trabajan realizando espectáculos nudistas y prostituyéndose, son menores de entre 14 y 17 años de edad. Ello a pesar de que las autoridades realizan inspecciones continuas para verificar que no se emplee a menores en estos

---

[18] Citado por Almazán, *op.cit*; 2001.

sitios, cuestión que se reduce a exigir que las chicas cuenten con la tarjeta que les expiden los servicios de salud del Municipio.

Una buena parte de las chicas que trabajan como *bailarinas* en estos espectáculos son migrantes, aunque también hay chicas que nacieron y crecieron en la localidad. Las *bailarinas* tienen un estatus más alto que las *paraditas* pues mientras que estas últimas ofrecen sus servicios en la calle y pueden cobrar desde 50 pesos, las primeras cobran 300 pesos por jornada más lo que obtengan de los clientes como propinas o por los servicios sexuales que les presten en los *privados* con los que cuentan los centros nocturnos. A los *table dance* de la zona Centro acuden sobre todo turistas norteamericanos mientras que a los de la zona Norte asiste en especial la clase trabajadora local o bien turistas, pero de menos recursos que los primeros. La prostitución de más alto nivel, en cambio, es la que se realiza por cita en las casas de masaje.

La presencia continua, sobre todo de jóvenes norteamericanos, ha preocupado a las autoridades del otro lado de la frontera, en particular por el número de accidentes de tránsito que muchas veces provocan al regresar alcoholizados. Ello ha motivado la realización de diferentes estudios para corroborar el número de jóvenes que atraviesan, los lugares que visitan y el número y tipo de infracciones que cometen de uno y otro lado de la frontera. De acuerdo con estos estudios, en el periodo de 1998 al 2000, un promedio de 8 mil jóvenes estadunidenses cruzaron la frontera hacia Tijuana durante cada noche de los fines de semana (Romano *et al.*, 2000; Johnson, 2000). Los autores atribuyen este flujo a que en nuestro país los menores *de facto* pueden ingresar en los centros nocturnos y consumir bebidas alcohólicas, además de que hay un bajo nivel de aplicación de las leyes y que el alcohol es más barato.

Mediante la aplicación de diversas encuestas, los estudios revelaron que 10% de los que visitan Tijuana son militares o marinos que tienen su base en el área de San Diego y que el número de norteamericanos detenidos en México por conducir en estado de ebriedad o por otras faltas menores, descendió entre 1998 y el 2000. Sin embargo, 88% de las más de 4 mil infracciones cometidas por norteamericanos durante ese periodo, fueron por faltas relacionadas con el consumo de alcohol. También se menciona que los norteamericanos acuden con mayor frecuencia a los bares donde se realizan *shows eróticos* y son menos propensos que los mexicanos a contratar servicios sexuales en la calle. La encuesta reveló, asimismo, que los bares a los que acuden con mayor frecuencia los norteamericanos, son propiedad de ciudadanos o residentes de ese país (Romano *et al.*, 2000; Johnson, 2000).

Por otro lado, en la entrevista que realizamos a la coordinadora de un albergue que desde hace varios años presta servicios y refugio a mujeres prostituidas y a sus hijos, explicó que el tema de los explotadores es el más difícil de abordar con las mujeres. Señaló que a muchas de ellas las traen con engaños un grupo de padrotes que opera en la región cercana a Toluca, estado de México, y que capta a niñas de 12 o 14 años a quienes promete llevar al norte para hacerlas "artistas". Ellos le dan dinero a su familia, especialmente si ésta enfrenta situaciones de urgencia, a fin de que confíen en sus promesas. Como les dan por adelantado entre 300 y 500 dólares, las presionan para que, una vez que comienzan a trabajar, les entreguen la mitad de sus ganancias más 200 o 300 dólares que les cobran por la ropa que les dan. Todas estas deudas se las van acumulando hasta que ellas se dan cuenta que es demasiado y comienzan a protestar. Entonces empiezan a golpearlas o las privan de alimentos para demostrarles quién tiene el control.

Al poco tiempo, las chicas comienzan a deteriorase y ellas mismas dejan de comer como un síntoma en que se manifiesta su decepción y su baja estima. En un principio les dicen que se van a casar con ellas, las tratan muy bien y durante dos meses hasta les compran regalos y perfumes. Después les dan su ropa y las ponen a trabajar. A otras chicas las consiguen en la cárcel. Las buscan allí y les dicen que las van a sacar y las van a ayudar, pero luego que las sacan, las comienzan a prostituir. Las chicas que traen de fuera nunca habían hecho eso; no tienen idea del trabajo que vienen a realizar. Cada padrote suele tener entre 4 y 7 chicas trabajando para él. Ellos son capaces hasta de matar para proteger su negocio. La coordinadora refirió el caso de una niña a la que asesinaron. Primero estuvo trabajando para ellos, pero luego decidió colaborar con la policía y logró identificar a dos sujetos que estaban muy involucrados en traer chicas y en el tráfico de drogas y por eso la mataron. A otra chica le arrojaron una botella de ácido y, a una tercera, que también había colaborado en la denuncia, el albergue tuvo que enviarla fuera de la ciudad para protegerla. Agregó que también a través de las chicas ha conocido de varios casos de policías que son padrotes.

Respecto de las chicas, explicó que muchas son madres solteras y, aun así, el padrote les pide que tengan un hijo con él "para probarle que lo aman". Algunas regresan al sur a dejar a sus niños con su familia, otras los tienen con ellas en el hotel donde trabajan. Explicó que, por ello, la organización en la que colabora brinda apoyo a los niños pues muchas veces éstos andan en la calle durante la noche mientras sus madres se ocupan. Hay niños que salen a la calle desde los 7 u 8 años y ya después se acostumbran a vivir allí y ya no quieren regresar. Cuando les dan dinero se lo gastan en juegos electrónicos en lugar de comprar comida, pues no hay nadie que los cuide. Algunos de estos niños comienzan a prostituirse desde esa edad y no es poco frecuente que los hermanos más grandes enseñen a los más pequeños. *"Para ellos es normal, no conocen otra cosa, han nacido y crecido en ese ambiente."* Por último, explicó que también el albergue ha dado apoyo a personas homosexuales que se prostituyen así como a otros que han adquirido el sida pues todos ellos, dijo, son personas muy desprotegidas que sufren todo tipo de rechazos. Y agregó: *"he aprendido que muchas veces el violador también fue violado".*

En una entrevista con los médicos que tienen a su cargo expedir las tarjetas de salubridad, explicaron que el principal objetivo de este programa es la prevención de enfermedades de transmisión sexual y que la forma en que lo llevan a cabo es "a través de una invitación obligada", ya que hay inspectores que recorren los establecimientos y si encuentran trabajadoras sexuales que no tienen la tarjeta, los pueden clausurar. Señalan que su labor es, en general, mal vista por la comunidad pues se los ve como si extendieran *"un permiso para poder ejercer la prostitución".* Asimismo, dijeron, otra idea falsa que circula con frecuencia es que, protegiendo a las trabajadoras sexuales, todos estarán a salvo.

Los médicos explicaron que, mientras la atención se centra en las sexoservidoras, se descuida mucho a los menores, siendo que cada día hay más niñas y niños que se prostituyen. Un dato indicativo a este respecto es que, durante el año 2000, se reportaron en el estado 2 317 casos de niñas y niños de entre 10 y 14 años que presentaron enfermedades venéreas. En opinión de los médicos, el incremento en el número de niños explotados se debe a la inestabilidad que hay en sus casas y a la falta de interés que existe en la familia hacia ellos, "lo que les hace sentir que mientras todos les cierran las puertas, incluyendo las universidades, hay otros que se las abren, aunque sea para hacer negocio con ellos". También opinaron que seguramente habría más hombres en este trabajo si hubiera más mujeres que se lo solicitaran. Además, dijeron, a las chicas las inducen desde los 14 años por lo que las manipulan de manera más fácil y una vez que las han prostituido, es difícil que las acepten en cualquier lado: "nadie las quiere cerca de su casa".

De las jóvenes que solicitan la tarjeta sanitaria, 90% viene de otra entidad y 45% dice que su familia no sabe en qué trabaja. Los médicos señalan que no todas las chicas que la solicitan son de bajo nivel socioeconómico sino que también acuden estudiantes que llegan para hacer dinero durante una temporada y luego regresan a sus lugares de origen. También hay chicas que trabajan concertando citas a través de Internet o de un celular, pero ellas no acuden a los servicios públicos de sanidad ni cuentan con tarjeta, porque nadie se la solicita.

El personal de salud indicó que, en los centros nocturnos más costosos, hay chicas que vienen de Estados Unidos, Brasil o la Argentina, aunque son muy pocas. En otros sitios de menos nivel hay muchas chicas centroamericanas que han llegado con la intención de reunir dinero para después atravesar la frontera. En cuanto a los dueños de los bares y de las salas de masaje, son personas que, por lo regular, se ocultan y operan sus negocios a través de terceros. Se trata casi siempre de personas que tienen poder e influencia en la localidad, pues estos negocios son muy redituables y las licencias para operarlos no se conceden fácilmente, además de que siempre actúan violando las normas y negociando con las autoridades para que les permitan hacerlo a cambio de cuotas o multas. Explicaron que muchas de las chicas que trabajan en estos establecimientos tienen 13 o 14 años pero que ello ocurre porque conviene a ambas partes: "los propietarios obtienen ganancias y las chicas trabajan allí porque se sienten más protegidas que trabajando por su cuenta".

Por su parte, una psicóloga que trabaja para un organismo civil que lleva a cabo programas de salud sexual y reproductiva entre sexoservidoras, refirió algunos datos sobre las chicas que trabajan en casas de masaje. Señaló que algunas de ellas son estudiantes y menores de edad, de alto nivel socioeconómico, que pueden ser bilingües y llegar a cobrar hasta 3 mil pesos por sus servicios. Estas chicas se emplean en casas de masaje y estéticas que se encuentran en Otay, a unos pasos de la línea fronteriza, a donde llegan turistas norteamericanos a buscarlas. A ellas se les pide que estén disponibles en una sala de recepción para que, cuando llegue el cliente, tenga la posibilidad de elegir. Por otro lado, refirió que la prostitución también es frecuente entre las chicas que trabajan en las maquiladoras, algunas de las cuales son menores de edad.

Funcionarios del Consejo Tutelar señalaron, por su parte, que los casos de niños y niñas que han sido prostituidos son frecuentes entre los 300 menores que, a finales de 2001, se hallaban internos en la institución. No siempre quienes los explotan son ajenos a su familia pues también han encontrado casos de niñas que se prostituían para ayudar a sus padres a solventar los gastos familiares. La mayoría de las niñas se inicia entre los 11 y los 13 años. A menudo se las remite al Consejo Tutelar por infracciones al bando de policía y buen gobierno como son: vagancia, consumo de bebidas alcohólicas o drogas. Una tercera parte de las niñas que ingresan han sido prostituidas. En su mayoría, no son de la localidad por lo que su familia no las visita; aunque sí hay chicas de la localidad entre las cuales el nivel de reincidencia es más elevado: las envían con su familia y al poco tiempo vuelven a ingresar. En la gran mayoría de los casos, los niños víctimas de explotación sexual tienen problemas de consumo de drogas y no es raro que en su familia haya otras personas que también han sido sexualmente explotadas.

Otros datos relativos al año 2000 proporcionados por el personal del Consejo Tutelar indican que, del total de los hombres adultos acusados de lenocinio, 10% ha prostituido a menores. Y, del total de menores infractores, 12% se ha prostituido por lo menos de manera ocasional. En algunos casos han podido comprobar que los niños que han sido prostituidos desde pequeños, después inician una carrera delictiva a la que van sumando delitos cada vez más graves, sobre todo, el robo y el tráfico de drogas.

Los funcionarios del Consejo entrevistados estiman que una cuarta parte de quienes se prostituyen en Tijuana son menores de edad. Dado que a las niñas las inician entre los 11 y los 13 años, cuando tienen 18 los explotadores consideran que ya están "viejas". "Ellos siempre buscan niñas nuevas." Al Consejo también han ingresado niños víctimas de pornografía. Entre ellos, un grupo de niños de la calle con quienes un japonés elaboró material de pornografía y zoofilia. Este grupo de explotadores tenía a los niños secuestrados en varios ranchos y se había llevado a varias niñas a Japón. También ha habido norteamericanos que han venido a elaborar este tipo de material. Ellos alquilan residencias en Rosarito a donde llevan a los niños. No siempre estos últimos han aceptado rendir testimonio en estos casos. También ha ocurrido que los explotadores se hacen pasar por familiares de los niños internos con el fin de obtener su libertad, o bien han intentado sobornar a los guardias para llevarse a los niños antes de que éstos los denuncien.

También refirieron que existe un gran rechazo por parte de la sociedad local hacia los chicos y chicas que han sido prostituidos. "Generalmente, no se les quiere brindar una segunda oportunidad." Muchas veces sus padres son personas que tienen problemas con las drogas y su nivel de escolaridad suele ser muy bajo. En ocasiones, sobre todo a las chicas, se les lleva a las prisiones para adultos pues se han hecho pasar por tales para que les proporcionen su tarjeta de salubridad. En estos casos es frecuente que los dueños de los establecimientos acudan a pagar la multa para que las chicas salgan y puedan continuar trabajando. La población de las chicas que trabajan en los bares es sumamente inestable. A ellas las tienen un tiempo allí pero luego las llevan a otras ciudades de la República.

La prostitución en las niñas, de acuerdo con los mismos funcionarios, es menos oculta que en los varones. A esta última se le estigmatiza aún más y también se utiliza más a niños para elaborar material pornográfico que a niñas. Ellos calculan, por último, que, de los 8 mil niños/as y adolescentes que viven o trabajan en las calles en Tijuana, aproximadamente 600 se prostituyen. Una cifra semejante es la de quienes trabajan en bares, centros nocturnos, hoteles o casas de masaje, por lo que estiman que, en total, unos 1 200 niños/as y adolescentes son víctimas de explotación sexual en la localidad. Esta cifra coincide aproximadamente con el cálculo de 1 000 niños/as que nosotros elaboramos tomando en cuenta y cruzando los datos de todas las fuentes consultadas.

Cabe aquí hacer notar por nuestra parte que, si bien de manera formal los menores de edad no se hallan internos en el Consejo Tutelar por ejercer la prostitución, en los hechos sí se les priva de su libertad con diferentes pretextos, como son las infracciones al bando de policía y buen gobierno, que, como vimos en los párrafos anteriores, esconden o minimizan el trato y la atención que deberían recibir en su condición de víctimas de explotación sexual. A ello contribuye que no hay instituciones ni programas públicos o privados que brinden la atención especializada que estos niños y niñas requieren, razón por la cual se los envía, en forma indebida, al Consejo Tutelar. Inclusive el personal de éste hizo referencia a los conflictos que enfrentan cuando solicitan que otras instituciones atiendan a los menores prostituidos "ninguna institución los quiere recibir porque temen que contaminen al resto de su población".

ENTREVISTAS CON LOS CHICOS Y LAS CHICAS

Las entrevistas que realizamos con chicas y chicos que están siendo explotados, dan cuenta de la manera como han ingresado en el comercio sexual, de las condiciones en que viven y prestan sus servicios, así como de la forma en que se miran a ellos mismos, al ambiente que los rodea y en que se sitúan frente a sus circunstancias. Reproduzco por ello algunos fragmentos de 5 entrevistas que realicé a chicas y 5 a chicos que, en su mayoría, tuvieron lugar en las habitaciones de los hoteles donde ellos viven. Al concluir las entrevistas haremos un análisis de su contenido.[19]

ALÍN es una chica originaria de Mazatlán que tiene 17 años y que, al igual que dos de sus hermanas, de 16 y 19 años de edad, trabaja como bailarina en un centro nocturno desde donde también se contrata para prestar servicios sexuales. Cada una trabaja en un sitio distinto pero rentan habitaciones en un mismo hotel de la zona Centro en donde viven. Su madre también radica en Tijuana y las visita en forma frecuente pues por lo menos una vez a la semana llega al hotel para pedirles dinero.

Ella relata: "Nosotros somos siete hermanas y un varón; en total somos ocho. Yo me vine a vivir para acá porque mi mamá fue por mí. Ella atiende un puesto de jugos y vive con mi hermano, su esposo y mis dos hijos que tienen cuatro y dos años de edad. A mis niños los visito cada semana. Mi papá se quedó a vivir en Mazatlán. Ellos se separaron cuando yo tenía 13 años y primero se vino mi mamá para acá y ya luego fue por nosotras."

"Bueno, en realidad el señor con el que vivíamos en Mazatlán tampoco es mi papá pero él fue quien me crió. Él trabajaba en el campo y ya no quiso que fuéramos a la escuela porque quería que le ayudáramos a cortar madera. Él me trataba muy mal, me pegaba con lo que encontraba: con cables, con la escoba, con lo que fuera. Me corría de la casa porque no me quería; decía que yo no era su hija. Mi hermana me dice que yo no soy hija de mi papá ni soy su hermana y eso me hace sentir muy mal. También a mi mamá la trataba bien mal, por eso se vino para acá. Mi papá se quedó encerrado porque lo

---

[19] Agradezco el apoyo que Elena Vilaboa, Teresa Bautista, Elisa Macías, Carlos Godoy y Hugo Arellano, del DIF Tijuana, brindaron para que pudiera realizar las entrevistas. Sin el trabajo previo que ellos realizaron con los chicos y chicas, dichas entrevistas no habrían podido llevarse a cabo.

acusaron por haber violado a otra de mis hermanas que ahorita tiene 15 años. A él le dieron 18 años de cárcel.

"Yo tenía 13 años cuando quedé embarazada. El papá de mi niño era un militar que trabajaba en un campo de tiro cerca de donde yo vivía. Yo me quería casar con él pero mi papá no me dejó. De mi segundo niño salí embarazada ya estando aquí. Mi hermana mayor fue la que me dijo que viniera a trabajar en los hoteles. Yo tenía 14 o 15 años y ella ya tenía tiempo trabajando aquí. Ella me dijo que se ganaba bien. A mí al principio me daba pena trabajar en los bares. Comencé a tener problema con las drogas; usaba cristal, pastillas, pegamento y mota... Mi hermana más chica también trabaja en bares. Ella es muy rebelde, no me hace caso, usa de todo, sobre todo, píldoras.

"En Ensenada también trabajé en bares con mis hermanas. Allá nos daban tarjeta de Salubridad pero luego cerraron el bar. Aquí también dan tarjeta pero ya no hemos ido a que nos revisen... En Sinaloa hay muchas muchachas que se quieren venir para acá porque les gusta venir a trabajar en los bares. A veces hasta les mandan dinero de los bares para que se animen a venir a trabajar. Otras se vienen solas. Donde yo trabajo, de cada diez, cuatro somos menores de edad. En los bares casi la mayoría son menores de edad. No nos piden papeles. Cuando llegan los del reglamento, piden las credenciales pero el dueño paga y ya con eso no hay problema.

"Aquí hay un muchacho que me quiere llevar, quiere que me case con él. Él es policía y quiere que me vaya a vivir con él a Nayarit. Él trae su camioneta Explorer [...] A mí lo que me gustaría es estudiar pero no puedo porque ando trabajando. Me dicen que me meta a estudiar computación, pero no puedo porque ando bien desvelada. Entro a trabajar a las 8 de la noche y salgo a las 7 de la mañana. A veces trabajo dos turnos, desde las 12 hasta las 8 y de allí hasta las 7. En cada turno hago como 4 bailes. Me gusta mucho bailar, no me gusta que me vean desnuda, pero así es mi trabajo [...] Cuando van conocidos, me da pena, no quiero ni bailar.

"En los bares me tratan bien, nunca he tenido problemas. Me pagan 300 pesos cada noche que bailo, más las fichas de las bebidas y los dólares que me ponen los clientes. La mayoría de los clientes son chinos que vienen de América. Ellos nos llevan a pasear a las playas o a comer y nos pagan bien; nos tratan bien. A veces vienen y se quedan tres días, luego se van y a la semana o a las dos semanas regresan [...] No todos los clientes son así. A una chica, nomás porque no se dejó que le pusieran un dólar, un muchacho le quebró una botella en la cabeza. También tenemos problema con el muchacho que nos anuncia porque le gusta agarrarnos el dinero; nos los saca de la bolsa y ya nos quedamos sin el dinero de las fichas.

"Uno se enseña a bailar viendo a las compañeras, nadie más nos enseña. El bar donde trabajo lo acaban de arreglar: lo hicieron más grande, le pusieron más pistas para baile y construyeron unos privados. Entrar a los privados con nosotros le cuesta 25 dólares al cliente por cada canción. Ahí sí nos pueden tocar pero mientras bailamos en la pista, no. A mí no me gusta ir a los privados, me da mucho miedo pues hasta te pueden golpear. A una muchacha la mató un gabacho en un hotel nomás porque ella no quiso darle otra media hora. "Me gustaría ya no estar aquí. Me gustaría una vida más buena para mis niños. Me gustaría encontrar otro trabajo en que me pagaran bien o pudiera estudiar. Aquí sí gano bien pero ya no me está gustando. Cuando estén grandes mis niños no quiero que vayan a decir que dónde estoy trabajando. Mi mamá nos dijo que mejor trabajáramos en el bar a que estuviéramos drogándonos en la calle. Nos dijo que no quería que anduviéramos dando lástima en la calle."

VIOLETA, tiene 14 años y, al momento de la entrevista, hacía apenas unas cuantas semanas que había comenzado a prostituirse. Ella y otras seis chicas trabajan para un señor que las promueve en los bares entre los turistas norteamericanos. Ella dijo: "Yo nací aquí en Tijuana aunque mi familia es de Sinaloa. Mi mamá se vino desde los 16 años y aquí se juntó con mi papá. Él tenía un puesto de tacos y ella le ayudaba. Yo nací cuando ella se vino para acá. Tengo dos hermanos que viven allá en Sinaloa."

"Yo he usado drogas: mariguana, cristal, píldoras, éxtasis y chemo. Antes iba a la escuela pero ya no voy. Me salí de mi casa y de la escuela. Me salí porque mi mamá se juntó con mi padrastro y yo quería que estuviera con mi papá pero ella no quiso. Cuando me salí me vine para acá con todas las morras. Aquí fue que empecé a consumir la droga. En los bares no trabajo porque no me dejan entrar, a mí me consiguen los clientes y los traen aquí al hotel. Ellos vienen del otro lado; son chinos, a veces, y, a veces, americanos. Aunque te traten bien, te sientes mal porque sabes que lo haces por dinero, pero a todo se acostumbra uno [...] al principio sentía más feo. Aquí también hay otra chica que hace lo mismo y tiene 13 años.

"Hay un muchacho de aquí de Tijuana que nos consigue los clientes. Él tiene 38 años y se dedica a conseguir clientes americanos. Él se

LA EXPLOTACIÓN SEXUAL DE NIÑOS EN LAS FRONTERAS 281

queda con una parte del dinero y nos trae los clientes para acá. Somos seis morras, la más chica tiene 13 años y la más grande 16. Todas se salieron de su casa. En bares hay muchas más. Cuando llega el cliente, él escoge con quién se va entre las chicas que estamos trabajando con él. De esto todo me hace sentir mal, no me gusta. Nomás es el dinero lo que necesito, lo demás no me gusta.

"Yo probé todas estas drogas por mi soledad, porque me da tristeza hacer lo que hago, porque no está conmigo mi mamá, porque siento un vacío, una soledad muy grande. Lo que más quisiera hacer es cambiar de vida pero necesitaría apoyo. No quiero ir con mi mamá porque nos peleamos muy feo. Yo creo que no me sentiría a gusto pidiendo ayuda, yo quiero hacer las cosas por mí misma."

DORA tiene 13 años; ella nació en Tijuana y es la más pequeña de un grupo de seis chicas que se prostituyen por su cuenta en un hotel donde cada una renta una habitación en la que vive. Ella relata: "Mi papá vino de Mexicali y mi mamá de León, pero ya hace muchos años que viven aquí. Ellos se separaron cuando yo tenía 3 años. Tengo cuatro hermanos, yo soy la segunda. Nomás yo ando aquí, llegué por mis amigos. Yo hice hasta el primer año de la secundaria pero ya no continué porque me enfermé. Me dolía mucho la cabeza."

"Mi mamá trabajaba en un hotel, estuvo un tiempo sola pero luego se fue otra vez con mi papá. Él es plomero. Yo me salí de mi casa hace seis meses. Me salí porque tenía muchos problemas: mi papá no me dejaba ver a mi mamá y cuando dijo que nos regresábamos otra vez a la casa, yo ya no quise ir. Mis papás no se llevaban bien porque él toma mucho. Yo ya no quiero ir porque allá va a ser otra vez lo mismo. Conocí a Violeta y ella me dijo que si me quería venir para acá y me vine. Ella y yo vivimos en el mismo cuarto, pagamos 50 dólares a la semana. La comida la compra cada quien cuando tiene dinero. Violeta y yo casi siempre andamos juntas. A mis amigas les gusta que yo me vaya con ellas, por eso me voy. De drogas, las he usado todas: chemo, píldora, cristal, mariguana, éxtasis […] todas.

"Yo tengo poco tiempo haciendo eso de conseguir clientes. Nos los consigue un muchacho y nosotras vamos al hotel donde vayan los clientes. Los clientes que tengo son señores que vienen de San Diego. Uno tiene 19 años, otro 30 y otro 35. Nunca me han maltratado, van a lo que van, me dan mi dinero y ya […]. Me siento mal por hacer este trabajo, nunca pensé que llegaría a esto, siempre tuve otra cosa en mente. Nos lleva a esto los problemas que tenemos en la casa

o también porque nos gusta andar en la calle. A mí me gustaría ser doctora. Mi papá me dijo que quería que yo fuera doctora porque se le murió una hermana de sida y nadie pudo hacer nada por ella [...]
"Tuvimos problemas con unos de la PGR porque no les hicimos caso y no nos quisimos subir a su carro. Nos subimos en otro y por eso ayer nos levantaron y ya nos dijeron que no nos quieren ver por aquí. Los de la PGR querían que les dijera quién vende la droga pero yo les dije que ¿por qué les tengo yo qué decir?... Además, no es delito que me suba yo a otro carro y no al de ellos pero eso les molestó. Aquí si tú acusas a un policía porque te quiso forzar a tener relaciones, no hay quién te tome la denuncia.

"No me gusta agarrar dinero que me den mis papás, pienso que también lo ocupan ellos, por eso no me gusta. Yo quiero hacerlo por mí misma. Yo no les echo la culpa a ellos pero en diferente forma ellos me hicieron sufrir demasiado y por eso me tuve que ir y me fui."

PRISCILA, una de las hermanas de Alín, tiene 16 años y es otra de las chicas que trabaja bailando y prestando servicios sexuales en un bar. Ella también vive en el cuarto de un hotel de la zona Centro. Sobre su trabajo, relata: "Tengo que ir a trabajar cada noche para poder pagar el cuarto. Me cobran 150 pesos al día y yo gano 300 pesos por la variedad cada noche más los dólares que me pongan de propina. Los mejores días son los viernes y sábados. Tengo un año y medio trabajando en diferentes bares. Me voy cambiando de un bar a otro, conozco muchos bares, los conozco todos. En todos los bares hay menores hasta de 13 o 14 años, aunque ellas dicen que tienen 19. De todos modos nos dan la credencial. Nos piden acta de nacimiento y credencial de elector, pero a mí me dieron la credencial cuando cumplí 17 años."

"Mi pareja es oficial de la policía, me dice que me vaya con él aunque mi mamá no quiere porque le dijeron que me había pegado. Él es de Los Mochis, Sinaloa, me quiere mucho. Él no entra a los bares porque no le gusta, él me quiere sacar de allí. Yo a él ya tengo cuatro años que lo conozco. Él estuvo casado, luego se separó y luego se volvió a casar. Yo me quiero ir con él porque ya me enfadé de estar aquí; ya no quiero ir a trabajar. Tengo otro cliente que también me quiere llevar. Él vive en América y dice que me sacaría mis papeles para que pueda ir con él. Él siempre me da 100 dólares o 50 y me compra ropa. No sé qué hacer, si irme para allá o quedarme con el oficial. El cliente ha venido aquí al hotel y también ha ayudado a mi hermana porque dice que es su cuñada chiquita.

"Siempre he deseado un hijo porque dicen que cuando la mujer tiene un hijo es cuando madura más. Un hijo le da a uno muchas experiencias; la hace a uno ser mujer de verdad. Dicen que un hijo es lo mejor que hay en la vida. Pero, si yo tuviera un hijo, me iría para el sur con mi abuelita, mis tíos y mis primos. Yo no quisiera que mi hijo anduviera aquí. Tijuana es la perdición: hay mucha prostitución, sida, y ya pasé muchas experiencias con la drogadicción.

"Cuando trabajaba en Ensenada me hacían análisis cada ocho días para el sida. A las paraditas también les hacen sus análisis pero a nosotras las que trabajamos en los bares no nos los hacen porque no sabemos a dónde ir. A veces voy con un amigo que es brujo y que me da lavados vaginales; se siente muy fresco. Hasta ahora no he tenido infecciones muy fuertes. Siempre me he cuidado porque aquí hay mucha gente que tiene sida.

"Aquí como las personas vienen del sur y de muchas partes llegan a lo más fácil, a la prostitución, como le ocurrió a mi hermana. A mí me trajo una muchacha y me entregó con un muchacho a los 12 años para que tuviera relaciones pero me escapé porque yo era señorita. El muchacho me agarró pero le di una patada y me salí. Cuando me vine para la Revu tenía yo 13 años y nadie me creía que yo era señorita; nadie lo creía. Aquí empecé a andar en la calle y a usar chemo, píldoras, cristal. A los 16 años un militar abusó de mí. Me tapó la boca, me puso una pistola y me dijo que me dejaba o me mataba. Yo nunca dije nada."

HERNÁN es un muchacho que ya cumplió los 18 años pero que, desde pequeño, sobrevive en la calle, tanto con lo que obtiene prostituyéndose, como del robo y de la venta de drogas. Ahora vive en la habitación de un hotel donde también habitan otros muchachos y muchachas que se prostituyen. Debido a que conoce bien el medio y tiene más experiencia que otros, actúa como jefe de un grupo de muchachos a quienes les surte drogas lo que, sin embargo, no impide que en ocasiones ellos lo despojen de su dinero o de los objetos que ha robado. Hernán se salió de su casa siendo pequeño porque su padre, que es policía, abandonó a su madre y él esperaba que al irse a la calle su padre se preocupara y decidiera regresar. Ello no ocurrió y sólo años más tarde el padre le explicó que no podía regresar porque tenía otra familia. Tampoco Hernán regresó. Varias veces ha sido detenido por robo, aunque por poco tiempo, pues ser hijo de un policía le ha servido para ser puesto en libertad.

Sobre su historia, relata: "Mi mamá es de Morelia, yo estaba chiquito cuando nos venimos a Tijuana. Ella trabaja en un restaurante. Mi papá se fue de la casa cuando mi mamá estaba embarazada y no volvió. Hace poco que me lo encontré y me dijo que iba a ir a la casa pero no fue. Tengo seis hermanos. Yo me salí de mi casa desde los 9 años porque me gustó la vagancia y la droga. Como a los 11 años comencé a usar drogas: chemo, mota, cristal, coca, piedra y píldoras. Me empecé a juntar con la gente del centro porque allí trabajaba mi mamá. Nosotros decimos que nos salimos porque nos golpeaban en nuestra casa, pero en la calle hay más golpes que en la casa. Yo he intentado regresar a mi casa pero no aguanto [...] se te hace hábito vivir aquí. La calle es como la droga, se te hace costumbre, se hace maña. Ahora pienso que, si hubiera podido escoger, hubiera preferido quedarme en la casa."

"Prostituirse es la mejor manera de ganar dinero fácil. Todos los que andan conmigo lo hacen. De cien niños que están en la calle quizás uno no lo ha hecho. Casi todos andamos afuera desde la misma edad. Los clientes son turistas que vienen del otro lado y que nos pagan de 50 dólares para arriba. Ellos son de todas las edades pero casi siempre son mayores de 24 años. Me da asco cuando me acuerdo. Me siento mal porque me doy cuenta que todo lo he hecho en vano por la necesidad de sobrevivir.

"Algunos clientes me decían que me fuera a vivir con ellos y de momento me iba por agarrar la feria. Eso era cuando estaba más morrillo. Ahora los tumbo: les doy su cerveza, le pongo dos pastillas, los dejo allí y me llevo su cartera [...] pero antes, ¡qué iba a poder hacer eso!, estaba más morrillo. La calle te quita la timidez, te hace ser una persona que no eres. Si allí me quedo, quién sabe qué va a ser de mí [...] No hay libertad en la calle, uno piensa que la hay pero cuando uno empieza a comprender, es demasiado tarde. Yo no veo qué pinche libertad puede haber en la calle si todo el tiempo tiene uno que andarse cuidando de que no te lleve la policía y tienes que estar a la defensiva, cuidándote de todos. Tienes libertad nomás para vivir el día y estar preocupado de qué vas a comer [...] eso no es libertad. Todos mis amigos más grandes se quedaron en la cárcel o están muertos. Allá en la calle todo el tiempo nos pasan cosas, otro amigo murió de sida: que descanse en paz. Muchos han muerto por sobredosis. No sé de ninguno que se haya ido para su casa y se haya quedado allí. Los que van se quedan por un tiempo y vuelven a regresar.

"La vida en la calle no es grata, si te dejas, te trata de lo peor. Aquí uno no tiene amigos, no tiene a nadie en quien pueda confiar plenamente. Cuando confías en alguien, te jode, es por la misma loquera de sobrevivir. Prefieren joderse unos a otros que arriesgarse, siendo que aquí hay muchas formas de agarrar dinero vendiendo droga a los turistas. A mí me robaron dos celulares que tenía en mi cuarto. Se acostumbra uno. Entre nosotros todo el tiempo estamos así: unos contra otros, unos contra otros. Desde morro uno empieza a agarrar el rollo: si te dejas, te humillan, si te portas bien, eres pendejo, y eso mismo hace que desde chico andes a la defensiva, a que no te dejes de nada porque si te dejas, ya valiste gorro. Aquí es como los animales en la selva: el más fuerte es el que va sobreviviendo. Los problemas no son con otras personas sino entre nosotros. Todos nos conocemos desde chicos y también nos protegemos unos a otros. Aunque estemos enojados, si uno está en peligro, nos ayudamos unos con otros.

"Si te encierran para que dejes la droga, es peor, en todos mis amigos he visto eso, adentro te vuelves más y más drogadicto. Muchos de mis amigos están en centros de rehabilitación o en manicomios. De todos los que andamos aquí yo pienso que aquí nos vamos a quedar. Si somos 40, yo creo que sólo unos tres van a tener la suerte de poder salir; los demás aquí nos vamos a quedar. Esto te jala porque es como un imán bien poderoso que te atrapa.

"A las morras que se prostituyen yo las veo normal. Si ellas hacen su feria así, yo no las veo feo, me llevo bien con ellas. Yo pienso que es igual que nosotros, aunque sean mujeres, ni modo que lo hicieran por gusto. Hasta es peor para ellas porque tienen que estar soportando borrachos. Cuando no andamos en friega, cotorreamos con las morras, pero a la hora que cada quien sale a conseguir su feria, ellas se van por su lado y nosotros por el nuestro. Ellas hacen sus tranzas y nosotros las nuestras. A mí no me gusta jalar con las morras porque luego, si asaltamos a los clientes y caen los chingadazos, luego les tocan a ellas. Sobre todo los filipinos, esos no se dejan, se te voltean y te ponen una [...] que por eso no me gusta jalar con las morras. Los policías, mientras les traigas dinero, no te hacen nada. Hasta te ponen el trabajo: si ya te conocen que eres malandrín, te van y te dicen cuánto trae tal persona para que te lo tumbes. Ellos se quedan por allí mientras lo asaltas para que te moches y les des su tajada."

MIGUEL tiene 15 años y fue deportado por las autoridades norteamericanas después de haber sido detenido numerosas veces en San Diego por atravesar la frontera de manera ilegal. Desde pequeño vivía en la calle y cruzaba la frontera para ir a robar en los almacenes del otro lado y también para prostituirse con los clientes que buscan a los niños en el parque Balboa.

Sobre su historia, relata: "Yo soy de aquí de Tijuana y algunos de mis hermanos también. Mi mamá no sé de dónde es porque nunca me lo ha dicho. Apenas fui al segundo de primaria porque ya tengo rato que dejé a mi familia, desde los 8 años. Me salí porque no quería estar encerrado. Mi mamá va a veces a vender cacahuates en el Centro. Mi papá es muy estricto, es muy enojón, no sé en qué trabaja. Un tiempo estuve viviendo en la línea con los polleros y con la gente que está allí para pasar al otro lado, y de tanta cruzada que di, tuve problemas. Me llevaron al Juvenil y luego me deportaron.[20] Yo me iba para el otro lado a robar en las tiendas y así me la llevaba. Me cambiaba de ropa en las tiendas y luego me salía."

"Como me quedaba en la calle, ese señor que abusó de mí me quería mandar. Después me detuvo la migra y me enseñó todo mi récord y me dijo que si volvía a Estados Unidos me iban a agarrar. Para uno es muy difícil si uno es menor y no tiene papeles o si está uno 'quemado' con la migra. Yo ya me acostumbré, me cruzaba así por las orillitas y me saltaba y me quedaba bien callado. Ya luego los de la migra nos dejaban pasar diario a varios amigos y a mí. Ellos andaban malabareando en la calle. Estuve también en Los Ángeles un mes pero allí no tenía nada qué hacer porque allí hay puros latinos. Luego fue que me encontré con el señor que me abusó y, como yo no tenía dinero, por eso lo hice. Después me dijo que él tenía una amiga y que me iba a pagar para que yo tuviera relaciones con ella y él pudiera ver. Me llevó a su casa con ella y me puso películas pornográficas y lo hice y luego me volvió a dejar en el centro de San Diego. Ahí me quedaba a dormir en la calle. Luego tuve una infección sexual muy fuerte y fue cuando la policía me detuvo y me curó, sólo que la policía dijo que no me iba a entregar a la migra y sí me entregó. Me sentí bien feo de estar en la cárcel porque no estaba yo impuesto a estar encerrado."

JAVIER es un chico de 14 años a quien entrevisté en un albergue de Tijuana. Él había sido enviado ahí por autoridades norteamericanas que lo deportaron después de que había logrado escapar de una pareja que lo había llevado a Estados Unidos para prostituirlo. Como

---

[20] Se refiere al Juvenile Hall, la institución a la que son llevados en San Diego los menores que tienen problemas con la justicia.

era un niño que había tomado hormonas para afeminar su cuerpo, era objeto de burlas y agresiones por parte de los compañeros del albergue, por lo que los encargados pensaban que no podría permanecer por mucho tiempo ahí. Por otro lado, autoridades norteamericanas del Departamento de Justicia lo reclamaban para que testificara en contra de quienes lo habían explotado. Considerando el peso de los acontecimientos que narraba, Javier contaba su historia con una facilidad sorprendente lo que hacía pensar que todavía no podía tomar plena conciencia de lo que le había ocurrido. Su relato es el siguiente:

"Yo soy de Guadalajara, no conozco Tijuana. Trabajaba en el aeropuerto de Guadalajara, en una lonchería, y unas personas que llegaron allí me ofrecieron trabajo, me dijeron que me fuera con ellos para el otro lado. Me fui y ahí me vestía de mujer, me prostituían, me pegaban y hacían que asaltara a los clientes, por eso me escapé. Los que me llevaron eran un muchacho americano y una mujer mexicana. Yo me salí de mi casa para ayudar a mi mamá y acepté irme del otro lado porque los dólares valen más (que el peso) y también porque se le vienen a uno muchas ideas a la cabeza. En Estados Unidos duré dos o tres meses. Estuve en Los Ángeles, Santa Bárbara y Nueva York. Me prostituían con viejos, bailaba en cabarets."

"Yo desde que estaba en Guadalajara me vestía de mujer e iba a las discos. Yo traía el pelo largo y me veía más grande vestida de mujer. Tenía 12 años cuando empecé a ir a las discos, me llevaban amigas, yo iba en sexto año. Luego me salí de la escuela por andar siguiendo el dinero. En Estados Unidos andábamos una semana en cada lugar. Estuvimos también en Santa Mónica y en muchas partes. Iban con nosotros más muchachos y muchachas, todos eran de México, iban porque querían, no por obligación. A veces me tocaba asaltar viejos. Un día nos llevamos la mochila llena de dólares que traía un señor. Me escapé y me agarró la migración, por suerte estaba yo en San Ysidro. Me escapé y creyeron que era niña y me llevaron a la Garita de Otay y a la semana tuve que decir la verdad porque me sentía afligido, porque era más malo no decirlo.

"Mi mamá está muy preocupada, muy triste. De aquí no sé a dónde me vayan a mandar porque las personas que me llevaron son peligrosas, por eso me quieren llevar del otro lado para que testifique. Yo pienso que está bien para que pueda estudiar y no quede en lo mismo. A mí me llevaban a bares, les enseñaban a los señores mis fotos y me iba con los que me escogían a hoteles.

"Lo que estoy viviendo aquí son humillaciones y maltrato por parte de los menores [...] me dicen homosexual, me echan caca en la cara, me orinan [...] Como son niños de la calle, ya ve lo que les hacen las drogas. Yo también usé: tomé pastillas, cocaína y píldoras anticonceptivas como hormonas. También anduve vestido de mujer en México, en un bar de la Zona Rosa, y luego me fui a Acapulco vestido de mujer. Había otros menores pero yo me fui por mi cuenta. En cambio, cuando me llevaron los señores, me trataban a puros patadones cuando no quería prostituirme; me quitaban todo mi dinero, nunca me quedé con nada. Me daba miedo, por eso no pude escapar."
"Es bien triste que haya tantos niños prostituyéndose. Me gustaría trabajar o de cortar el pelo o de doctor, pero yo no sé por qué siempre me ha dado por vestirme de mujer. He tratado muchas veces de cambiar pero ya no puedo y si ya no puedo es porque el destino me hizo así. Me siento mal porque ya no quiero ir con mi mamá, me da vergüenza porque yo pensé que iba a triunfar ¡y ya ve qué triunfo! [...] Yo quería ayudar a mi mamá porque mi papá es dueño de una fábrica pero no nos ayuda en nada. Él no nos ayuda porque tiene otra señora y porque le valemos [...] Yo nunca he hablado con él pero si le importáramos, ya nos estaría buscando."

JERÓMINO tiene 17 años y nació en Tijuana. Su madre vino de Sonora y su padre, de Manzanillo. Tiene dos hermanos. Sobre su historia, relata: "Mis papás se separaron cuando yo tenía 4 años. Me acuerdo cuando mi mamá empezó la relación con otro. Él me pegaba, me insultaba y me empecé a salir a la calle cuando tenía 7 años. También a mis hermanos les pegaba, los regañaba, nos dejaba encerrados en el cuarto. También a mi mamá le daba. Él tomaba mucho. Mis hermanas se quedaron en la casa y él abusó de una de ellas, por eso ahorita está en la cárcel desde hace 5 años. Él trabajaba haciendo tabiques en Otay. Mi mamá ahora está del otro lado, trabaja en Sacramento haciendo limpieza en casas. Desde que me salí hasta ahorita me empecé a juntar con los chavos de la Zona Centro. Usaba drogas: cristal, coca, píldoras, mota y resistol. Antes usaba más el resistol, ahora la mota. Primero empecé a robar y como me agarraba la policía, empecé a pensar mejor las cosas y entonces me puse a vender droga y después empecé a prostituirme."
"A los 12 años empecé a prostituirme en la Plaza Santa Cecilia y todavía sigo allí. Ahorita vivo en el Centro, en unos departamentos. Rento un cuarto y de vez en cuando llevo amigos a vivir conmigo. Entre dos amigos rentamos el cuarto. Sacamos dinero de la prostitu-

ción, de vender drogas y de conseguir cosas robadas de las casas que se puedan vender rápido. Los clientes que vienen a Santa Cecilia son filipinos, negros, americanos, la mayoría no son mexicanos. Vienen y se van y vuelven a venir o a veces vienen más seguido. Todo tiene un tiempo; vienen cuando pueden. La mayoría viene cada semana o cada dos semanas. A ellos también les vendemos drogas. Lo que más usan es el cristal o la mota. Nunca me han agarrado con mucha droga, nomás con poquita y como es para mi uso, no me detienen."

"Al principio yo no conocía la prostitución, ya después fui conociendo más las calles y fui conociendo eso. Me platicaron unos amigos y luego me fui con ellos, me llevaron droga y luego fui empezando a saber que prostituyéndote agarras más dinero pero, así como agarras, lo vas gastando más fácilmente. También es más doloroso porque cuando lo haces por gusto, es diferente que por necesidad. Es que cuando uno se levanta, tiene hambre. No me ha gustado la vida que he vivido pero ya qué, ya la he vivido. A veces me recuerdo todo lo que pasa en las calles y me digo: nunca vamos a poder salir de aquí."

ENRIQUE es un muchacho que tiene 18 años pero que, desde los 14, se salió de su casa y comenzó a prostituirse. Él nació en Colima pero dice: "Desde morrillo, me viene a vivir aquí con mis papás. Mi papá tiene un negocio de camiones grandes; mi mamá no trabaja, es ama de casa. Tengo un hermano más chico que está con ellos y que estudia. Yo me salí de mi casa desde los 14 años. Me vine solo para acá, me quedaba a dormir en el Bordo y luego en el parque Teniente. Allí empecé a prostituirme. Yo lo veo normal, cualquiera lo hace. Quisiera que hubiera sido diferente y no como estoy ahorita: valiendo gorro en la calle. Tengo sida [...] me salen unas pinches manchas por todo el cuerpo.

"Mi madre no es mi madre, es mi madrastra. Me golpeaba mucho, me ponía a hacer quehaceres, siempre me ofendía, me decía malas palabras. Cuando quería algo de mí, me hablaba con cariño y cuando no, me insultaba. Cuando me dijeron que ella no era mi mamá, ya lo entendí [...] Cada vez fueron avanzando más los golpes que me daba. Yo huí de mi casa sólo por eso. A un niño, como lo enseñes, así va a ser. A mí me pegaban hasta porque me asomaba a la ventana. Por culpa de ellos aquí estoy valiendo gorro.

"La vida la tengo que ver como es, como venga. Yo no sé nada, yo ya no siento nada. Creo que no sé lo que es dolor, ya no sé ni cuándo tengo hambre. Aquí no hay ayuda, siempre hay que dar algo a cambio de algo y yo no quiero dar lástima."

ALMA es una chica de 17 años, que se vino de Ensenada porque su hermana está aquí. Ella trabaja bailando en un bar y vive en la habitación de un hotel en el que también vive su hermana. Es el administrador quien las prostituye a ambas. Ella dice: "Yo vine hace apenas dos meses, mi familia se quedó en Ensenada. Ya me habían dicho que aquí podía uno agarrar dinero. Tengo dos hermanos y un hijo que se quedaron con mis papás. Ellos no saben en qué estoy trabajando. No he podido ir a verlos porque me robaron todo mi dinero. No sé si fue aquí en el hotel o en el bar; la verdad es que no me di cuenta porque estaba borracha."

"Estudié hasta sexto año pero me salí porque ya no quise estudiar; era bien burra para las matemáticas. Ya no quise ir a la secundaria. Mi papá es velador, mi mamá, ama de casa. Él era antes policía, pero se salió. Ya me habían dicho mis amigas que aquí había dinero. Cuando llegué nos metimos a un bar y ahí conseguimos trabajo. Nos tratan bien, no hemos tenido problemas. Nos pagan por bailar y aparte las propinas: por bailar son 300 pesos toda la noche más un dólar si alguien nos saca a bailar. Por ir al privado son 100 pesos. Si vas al cuarto, debes usar condón. Un cliente me dio 80 pesos, otro 100. Otros me dicen que vaya por 40 o 50 y entonces no voy. Sólo si me dan de 80 para arriba, voy, si no, mejor me quedo sentada. Los policías que han ido no me han dicho nada ni me han pedido mi credencial.

"En veces quisiera irme pero, por todo lo que hay aquí, no es fácil. Te detiene eso de tomar, bailar y ganar dinero. También mi hermana está aquí. Antes vivía con un tipo que la golpeaba. Según me dice, con el que vive ahora, que es quien administra el hotel, no la golpea. Antes de venirme, me iba a casar con un señor, pero me puso los cuernos. Por eso me vine aquí a las discos a relajarme y a olvidar todo. Cuando me metí con él, desapareció, por eso me sentí mal porque vi que sólo quería eso. Si supiera que estoy aquí, creo que se sentiría mal. Yo me junté con un muchacho desde los 15 años y luego empecé a agarrar las drogas. Fue por la decepción de que me dejó el papá de mi hijo y yo me quería morir. Él era mariguano y fumaba cristal. Me entró tanto odio que me tatué y empecé a usar drogas: thiner, mota, heroína, cristal, cocaína. Después volví a mi casa y ya después fue que conocí al señor con el que me iba a casar.

"Mi hermana lloraba de ver cómo le ponía yo a las drogas, pero me propuse y salí adelante. Me dijo que ella nunca se iba a drogar pero llegó aquí y luego, luego, agarró las drogas. Cuando la vi así, me salí a comprar drogas otra vez y le dije: 'así me querías volver a ver,

¿verdad?' Ella le empezó a poner a las drogas porque su compañero la golpeaba y la drogaba y la llevaba a los bares para prostituirla. Yo creo que él la empezó a enviciar para ponerse de padrote porque comenzó a agarrarle su dinero. Él le traía todos los días su hamburguesa o su hot dog y su licuado. Él también me quiso agarrar a mí para prostituirme pero le dije que a mí no me iba a hacer tonta y le llamé a la policía. La policía tardó más en llevárselo que él en regresar porque, según me dijo, tiene amigos que lo protegen.

"Yo hasta ahorita no he tenido padrote pero quiero aprender quiénes son los padrotes. Es que aquí todos te piden: que préstame un dólar, que préstame tanto, todos te quieren padrotear. Te dicen que te quieren y te enamoran. Yo a veces no sé si creerles porque hay varios que me dicen que me quieren. Cuando no tengo ganas de ir al cuarto, les digo que no, o si acaso tengo sexo, siempre es con condón y sólo por 15 minutos. Nomás que me inviten a tomar y ya. Con la coca te pones tranquila y te duermes, al menos a mí me da esa reacción. Puedes comer bien y dormir bien pero a cada rato estás queriéndola y deseándola. El cristal, en cambio, te pone agresiva y a mí me hace que me ponga más abierta y sincera con los clientes. Hasta les digo 'yo soy nueva aquí en la prostitución' y nomás se ríen [...]."

CONCLUSIONES

Intentaré recuperar brevemente algunos de los elementos que considero más significativos de las entrevistas anteriores, en especial aquellos que son comunes a todas o a varias de las historias de vida que las chicas y chicos relataron.

Tratando de enfocar la mirada sobre el conjunto, considero que el primer elemento que podemos destacar es el hecho de que la vulnerabilidad de los niños y su exclusión no se iniciaron cuando ellos empezaron a ser sexualmente explotados. Pienso, más bien, que la situación que podríamos caracterizar como de vulnerabilidad primaria habría propiciado o sentado las condiciones sobre las que más tarde se confirmó su exclusión o se produjo, por así decir, su situación de vulnerabilidad secundaria.

Lo que intento subrayar es el hecho de que estos niños, desde muy pequeños, sufrieron graves carencias que los colocaron en una situación de desventaja, la que muy probablemente contribuyó a que fueran captados y reclutados para el comercio sexual. Se trataría, más bien, de un conjunto de desventajas que, según podemos leer en sus relatos, se habrían ido sumando o encadenando, e incluso potenciando unos a otros, llegando al extremo de dejar a los niños sin elementos, sin puntos de apoyo tanto en sí mismos como en su entorno más próximo y en su comunidad, que les permitieran enfrentar su situación de otra manera. Es decir, algunos de estos niños sufrieron rechazos, privaciones, abusos, humillaciones, o todo a la vez y de manera tan continua como severa, que no sólo los despojaron de los recursos materiales necesarios para subsistir, sino que también los dejaron desposeídos de los vínculos y del soporte afectivo, social y comunitario que requerían para poder hacer frente a situaciones particularmente difíciles como son el poder resistirse a las ofertas técnicamente probadas, eficaces y seductoras que emplean padrotes y reclutadores.

De tal manera fueron los niños privados de dichos bienes, de dichos elementos, que su capacidad para defenderse, para echar mano de recursos acumulados, quedó prácticamente anulada, inutilizada después de haber vivido dentro de un contexto donde carecieron de los elementos mínimos que les hubieran permitido comprobar que su vida era valiosa, importante, o que tenía algún sentido para quienes los rodeaban y que, además, en caso de que éstos por alguna circunstancia les fallaran o no pudieran cumplir con su papel, habría autoridades, instituciones o representantes diversos de una comunidad que de seguro respondería por ellos. Nada de esto ocurrió. No encontraron el respaldo en su núcleo más próximo y, fuera de éste, sólo hallaron el rechazo, el silencio, la ausencia de toda respuesta, lo que les permitió confirmar lo que ya antes habían aprendido: que su vida no tenía valor y que no habría nadie que respondería por ellos, circunstancias que los explotadores saben utilizar muy bien en su favor.

En algunos casos los niños habían sufrido abusos sexuales por parte de familiares o de otras personas en su entorno, sin encontrar que alguien tratara de evitarlo o los protegiera, por lo que no es extraño que se plantearan, que si de todos modos eran cosas que no podrían rehuir o que tendrían que soportar, al menos podrían hacerlo procurando obtener alguna ventaja. En otros casos los niños fueron claros en señalar que prostituirse es la única manera que han encontrado para no tener que dormir en la calle, para poder pagar la renta de un techo.

LA EXPLOTACIÓN SEXUAL DE NIÑOS EN LAS FRONTERAS

En casi todos los casos encontramos como un antecedente al que los niños confieren un valor significativo, la separación de los padres. Sin embargo, y a diferencia del enfoque tradicional que considera a la desintegración de la familia *per se* como uno de los factores de riesgo más importantes, no considero que la separación en sí misma sea la que hubiera colocado a los niños en una situación de desventaja. A mi modo de ver, se trata, más bien, del tipo de separación que tuvo lugar, del valor agregado que, por así decir, tuvieron separaciones acompañadas de golpes, insultos, humillaciones o bien de silencios y abandonos en medio de los cuales se disolvió la pareja sin que mediara explicación alguna. Son este tipo de separaciones las que produjeron severos daños sobre los niños. Fue la forma desafortunada y violenta en la que los padres encararon la separación, más que ésta misma, la que ocasionó a los niños tanto daño y tanto dolor.

En algunos casos los niños tomaron la calle como una medida extrema con la que intentaban llamar la atención, pues pensaron que de este modo sus padres se volverían a reunir o dejarían de combatir. En otros, tomaron la calle huyendo de una situación que les parecía literalmente insoportable, insufrible. Sin duda esto agravó su vulnerabilidad, los colocó en un riesgo mayor y los puso en circunstancias que facilitaron que después fueran explotados. En otros casos, la urgencia de obtener recursos no parecía tan grande como la necesidad de obtenerlos por ellos mismos, de no depender de lo que podrían darles sus padres o incluso de no aceptar lo que pudieran darles si esto implicaba que ellos se privaran de algo.

Otro factor que se repite y que de manera indudable resulta una pieza importante dentro del conjunto, es la falta del padre o de quien, más allá de la persona, ejerciera debidamente su función; esto es, de alguien que se preocupara por los hijos y por su trayectoria, que estableciera límites que fuesen respetados, en fin, que tendiera con ellos un lazo significativo. La ausencia de padre o de quien ejerciera su función, sumada a la presencia de madres que tendrían más responsabilidades de las que podrían asumir, deja a estos niños en una débil posición. A menudo sus madres tienen que multiplicarse y están tan extenuadas que no alcanzan o no atinan a proteger a sus hijos lo que en buena parte se debe a la falta de apoyo por parte del padre así como al hecho de que ambos han tenido más hijos de los que podían cuidar y hacer crecer.

Que existe una situación de vulnerabilidad primaria que se origina en la familia queda de manifiesto en algunos casos en que, como se observa en el relato de los chicos/as, son varios los hermanos/as que han sido explotados y, por tanto, quienes han tenido que sufrir una segunda forma de exclusión o de vulnerabilidad secundaria. Que en otros casos un chico o chica salga de la familia y sea explotado para proteger de esta manera a sus hermanos o hermanas, no hace sino demostrar que todos han estado expuestos a condiciones de vulnerabilidad primaria, si bien en estos casos algunos deben exponerse para proteger a otros de formas más extremas de abuso. Algunos también señalan que no encontraron la manera de sobrevivir dentro de su familia, puesto que convivir ahí les parecía intolerable, si bien al salirse se dan cuenta que quedaron expuestos a nuevas y más severas formas de abuso y exclusión.

Como quedó claro en los relatos, la droga es un problema de prácticamente todos los chicos y chicas explotados que, una vez más, remite tanto a sus condiciones de vulnerabilidad primaria como a las que son propias de los espacios donde se les explota y donde son vulnerados de manera secundaria. Si bien, por un lado, sorprende y alarma que los chicos y chicas hayan consumido drogas de todo tipo en cantidades considerables, por otro, este hecho nos habla del medio social en el que se desenvuelven y que pone todo esto a su alcance, al mismo tiempo que nos habla del tamaño de su desesperación y de que las drogas son el único recurso que han encontrado para poder tolerar y sobrellevar tantos abusos, tanta soledad, tanto dolor, tanta desprotección.

Otro elemento que encontramos en común en sus relatos y que vale la pena destacar es la abrumadora presencia de policías, pero no como protectores o guardianes del orden y de la ley, sino como padrotes, extorsionadores, violadores o padres que los abandonan. Ello nos habla, una vez más, del ambiente de desprotección e inseguridad en el que viven los chicos y chicas y de condiciones de vulnerabilidad secundaria que no hacen sino arraigar, confirmar y reproducir las condiciones de vulnerabilidad originaria en las que crecieron.

Es indudable que todo lo anterior sienta las bases sobre las cuales, las niñas, sobre todo, son susceptibles a creer en las promesas y los engaños de los explotadores, en buena parte porque están dispuestas a confiar y a pagar cualquier precio a cambio de que alguien les ofrezca compañía y protección. La mayoría de las veces, la situación en la que se encuentran les impide percatarse, cosa que sólo logran mucho más tarde, de que el costo es excesivo, las promesas son falsas y que ellas no han sido más que el instrumento que permite al otro obtener las ventajas económicas que desde un principio buscaba.

Vale la pena destacar que otro de los elementos que las entrevistas muestran en común es que ni uno solo de los chicos y chicas que entrevistamos dijeron que les gustara lo que hacen. Todos, sin excepción, expresaron sentimientos de vergüenza, dolor, pena, asco y, consecuentemente, de desvalorización de su propia imagen. Aun las chicas que tienen poco tiempo de ser prostituidas, anhelan otro tipo de vida, les gustaría tener otras oportunidades, quisieran poder estudiar y llegar a ser profesionales. Para otros chicos ha pasado demasiado tiempo, ya no se permiten soñar, han perdido la esperanza de salir de allí y tienen casi la certeza de que morirán en la calle, en la cárcel o infectados de sida. Piensan que ya no podrán reincorporarse a la sociedad, que no se ajustarían a las normas que impone convivir en una comunidad; que permanecerán excluidos. Ellos viven al margen, con una tristeza profunda, acallando su desesperación, adormeciéndola con las drogas. Se han vuelto más violentos y no confían en nadie porque de nadie han recibido confianza. Tienen muy pocas reglas, entre ellas, sobrevivir, al costo que sea.

En lo que se refiere a la posición social que ellos y sus padres ocupan o los sectores a los que pertenecen, en casi todos los casos forman parte del sector informal de la economía o se hallan subempleados, por lo que carecen de registros y no tienen acceso al sistema de bienestar social. Sus padres y madres son vendedores, cortan leña o desempeñan diversos oficios casi siempre al margen del sector formal de la economía. Muchos de ellos dejaron con desesperación el campo y vinieron al norte buscando mejores oportunidades. Casi todos los chicos entrevistados llegaron a Tijuana siendo pequeños y, desde entonces, no han podido ubicarse sino en los márgenes, como excluidos de la sociedad.

La sociedad local, por lo menos a través de la mirada de los niños, permanece insensible a sus sufrimientos. No hay nadie que preste atención mientras su vida transcurre de bar en bar, de explotador en explotador. A pesar de que algunos chicos y chicas han sido sometidos de manera continua a formas extremas de denigración, no han encontrado sino falta de interés y de apoyo para poder modificar su situación.[21] Vale la pena agregar que los norteamericanos que acu-

---

[21] Lo anterior no pretende negar o desconocer que algunas instituciones al nivel local se esfuerzan por brindar atención a niños y adolescentes. Entre ellas cabe mencionar al DIF, YMCA, la Casa Emmanuel o MERAC. Sin embargo en esta parte no nos corresponde referirnos a su trabajo pues sólo comentamos el contenido de algunas entrevistas.

den a divertirse a los sitios donde los chicos y chicas son explotados, o que son dueños de estos establecimientos, tienen también, sin duda, una parte de responsabilidad.

FRONTERA SUR

Migración y grupos de población flotante

La frontera sur de la República mexicana tiene una extensión de 176 kilómetros que dividen a nuestro país de Belice y 962 que lo separan de Guatemala. De los 14 municipios del estado de Chiapas que colindan con Guatemala, sólo en tres hay aduanas o pasos fronterizos reconocidos de manera oficial que se encuentran, del lado mexicano, en Ciudad Cuauhtémoc, Talismán y Ciudad Hidalgo. Sin embargo, hay numerosos sitios y rutas de paso no oficiales que son utilizados en forma cotidiana por habitantes locales, migrantes y transmigrantes para atravesar la línea fronteriza, entre los que destaca el uso de cámaras de llanta en el río Suchiate (Ruiz Torres, 2000).

Si bien distintos autores se han referido para caracterizar a la región que abarca porciones importantes de territorio de uno y otro lado de la frontera, al área cultural maya a la que pertenecieron en el pasado, Ruiz Torres sostiene la tesis de que, habiendo existido dicho *continuum* cultural, no son sus efectos los que hoy en día observamos sino, más bien, los del orden impuesto por los Estados-nación a partir de la relativamente reciente delimitación de las fronteras, que ocurrió hace poco más de cien años, así como de los estrechos vínculos familiares, sociales y económicos generados entonces y a partir de los cuales deben analizarse los intensos flujos migratorios contemporáneos (2000:18-19).

Habiendo sido una zona muy poco poblada, en poco más de un siglo la región fronteriza del Soconusco pasó a ser una de las más densamente pobladas del estado que, de acuerdo con el Censo de Población de 2000, cuenta con una población de 663 544 habitantes. Contribuyó a ello el establecimiento de las fincas cafetaleras y la demanda de mano de obra que éstas propiciaron desde finales del siglo XIX, así como la construcción del ferrocarril que vinculó a la región con el centro de la República. Sin embargo, es durante los últimos veinticinco años que los flujos migratorios desde Centroamérica se incrementaron y se volvieron más complejos tanto como resultado de los conflictos armados en el área, como del debilitamiento de sus economías y de los desastres naturales ocurridos durante el último decenio, lo que provocó la salida de contingentes cada vez más numerosos (*ibid:* 45, 67).

Todos esos grupos ya no sólo buscan un empleo temporal en las fincas de la región, como había ocurrido siempre, sino que cada vez más intentan ingresar en el territorio nacional con el propósito de dirigirse hacia Estados Unidos. De este modo, y si bien no se cuenta con cifras definitivas, se estima que a finales de los noventa, cruzaron cada año la frontera sur entre 200 y 250 mil personas, en su mayoría centroamericanos que buscaban establecerse en México o Estados Unidos. De éstos, alrededor de 70 mil atravesaron la frontera cada año para emplearse temporalmente en los campos de cultivo (Sin Fronteras, 1999:17, Ruiz Torres, 2000). Los servicios de inmigración estadunidenses han informado, por su parte, que cerca de 150 mil centroamericanos que intentaron atravesar la frontera desde nuestro territorio, fueron detenidos cada año durante el mismo periodo (1998-2000).

Asimismo, de acuerdo con los datos proporcionados por el Instituto Nacional de Migración, durante 1999 fueron expulsadas un total de 72 290 personas en la zona fronteriza del estado de Chiapas, si bien debe tomarse en cuenta que existen flujos importantes de población que no quedan registrados. De cualquier forma, dicha cifra equivale a la expulsión diaria de un promedio de 198 personas. Del total, el Instituto informó que 31 647 (43%) fueron guatemaltecos; 26 001 (36%) hondureños; 13 627 (19%) salvadoreños y sólo el 2% restante de alguna otra nacionalidad. Vale le pena señalar que las niñas que se encuentran en situación de explotación sexual en la región pertenecen, en proporciones semejantes, a las mismas nacionalidades.

Durante 2001 el Instituto Nacional de Migración informó que cada día aseguró a un promedio de 414 extranjeros indocumentados, 151 110 al año, 53% de ellos, es decir 80 088, en el estado de Chiapas.

Otro de los factores que ha sido ampliamente documentado (Venet, 1999; Sin Fronteras, 1999; Ruiz 2001a; Ruiz 2001b) es el de las continuas y graves violaciones de derechos que sufren los centroamericanos que cruzan de manera ilegal nuestras fronteras. Por ejemplo, en un informe que recientemente presentó al Senado de la República, el Grupo Beta Sur señaló que tiene identificados 45 puntos de incidencia criminal en un área de alrededor de 360 kilómetros del estado de Chiapas, en 8 de los cuales se producen incidentes con mayor frecuencia e intensidad. De acuerdo con este Grupo, 51% de las quejas presentadas por centroamericanos son relativas a actos cometidos por agentes de la autoridad de diferentes corporaciones mientras que 49% son atribuidas a bandas de delincuentes comunes. Estas últimas actúan con extremada violencia y en un entorno donde es fácil ser presa de una emboscada por la necesidad de evadir los puntos de inspección y control migratorios (Venet, 1999). Las violaciones que con mayor frecuencia sufren los indocumentados tanto por parte de delincuentes comunes como de autoridades, son: asalto, robo, abusos sexuales, extorsión, intimidación, abusos de autoridad y denegación de justicia.

El Grupo Beta Sur informó también que durante 1999 atendió a un total de 22 160 migrantes que buscaron asistencia social, jurídica o la protección después de haber sido víctimas de algún delito. En el mismo año documentaron veintitrés decesos de inmigrantes, la mayoría de los cuales perecieron ahogados o bien al intentar subirse a un tren en marcha, si bien fueron muchos más los que por la misma razón sufrieron graves lesiones. Por su parte, la oficina en Tapachula de la Comisión Nacional de Derechos Humanos refirió que, entre septiembre de 2001 y febrero de 2002, recibió 450 quejas, 2.5 en promedio al día, que presentaron extranjeros indocumentados por abusos y violación de derechos cometidos por distintas autoridades en la zona fronteriza.

La Casa Hogar para el Inmigrante de Tapachula también nos informó que, durante el primer semestre del 2000, recibió cada semana un promedio de cincuenta migrantes adultos y menores, curenta y nueve de los cuales eran centroamericanos que les solicitaron ayuda porque los habían robado al llegar a nuestro país. Asimismo, reportaron que han recibido a algunas menores de edad que estaban siendo prostituidas y que huyeron de lugares de trabajo en la región donde las tenían cautivas sin proporcionarles alimentos.

Además de los abusos antes mencionados es muy frecuente que las mujeres que cruzan la frontera sean víctimas de abusos sexuales. Especialmente vulnerables son las niñas y adolescentes que se encuentran trabajando en los bares a lo largo de toda la franja fronteriza pues, a su condición de inmigrantes ilegales se suma la que les prohíbe trabajar en dichos sitios, no obstante que muchas veces han sido llevadas mediante coerción o engaños, como veremos más adelante.

Por lo que se refiere a la actividad económica, los municipios fronterizos del sur del estado tienen entre sus actividades principales las plantaciones de café, mango, caña y plátano. Aun en el municipio de Tapachula, cuya cabecera es la segunda ciudad por el número de sus habitantes en la entidad, 27% de la Población Económicamente Activa se encuentra ocupada en actividades del sector primario. La mano de obra que labora en estas plantaciones, y que en su mayoría procede de Centroamérica, principalmente de Guatemala, constituye un contingente importante de población flotante del cual dependen otras actividades, entre ellas el comercio sexual que también se halla sujeto a las altas y bajas del calendario agrícola.

Así, por ejemplo, durante 1999, las autoridades de migración autorizaron 79 253 permisos de trabajo en labores agrícolas tan sólo en cinco ciudades fronterizas de la región: Talismán, Ciudad Hidalgo, Unión Juárez, Mazapa y Ciudad Cuauhtémoc. El peso relativo que esta población tiene en la zona salta a la vista si se considera, por ejemplo, el caso de Ciudad Hidalgo donde se concedieron 21 479 de tales permisos, siendo que su población es de 22 000 habitantes.

Al tránsito fronterizo continuo por parte de trabajadores temporales, migrantes y transmigrantes se agrega la presencia de otros grupos que hacen todavía más compleja la composición social de la región. Destacan entre ellos la gran cantidad de traileros que circulan por las angostas calles de Ciudad Hidalgo y que cada día atraviesan la frontera hacia o desde Tecún Umán, la ciudad guatemalteca al otro lado del puente. Ambas ciudades se ubican en la ruta por la que circula la mayor parte de los productos que son objeto de comercio entre México y Centroamérica. De hecho, el paso entre Ciudad Hidalgo y Tecún Umán es el más importante de la frontera México-Guatemala, tanto por el volumen de las mercancías que circulan como por el de migrantes legales o indocumentados que por ahí atraviesan (Ruiz Torres, 2000: 77, 80). Baste considerar que, de acuerdo con el Instituto Nacional de Migración, durante los últimos meses de 2001 se deportó por el puente fronterizo de esta ciudad a un promedio diario de 666 personas, 97% de las cuales provenían de Centroamérica.

Se calcula, asimismo, que cada día atraviesan por Ciudad Hidalgo cerca de 300 trailers cuyos conductores suelen permanecer durante varios días en la localidad, siendo ésta una de las principales poblaciones flotantes a las que el comercio sexual busca captar y complacer. Sin embargo, al mismo tiempo, los traileros son vistos con recelo por los dueños de los bares y los llamados centros botaneros, ya que en ocasiones ofrecen a las chicas trasladarlas a la frontera norte a cambio de sus servicios sexuales durante el trayecto con lo que ellas abandonan su lugar de trabajo en la localidad.

Además de los traileros hay en la zona fronteriza otros grupos de población flotante que acuden con frecuencia a los bares y centros botaneros donde mujeres adultas y menores de edad prestan servicios sexuales. Entre ellos se encuentran los *polleros* que ofrecen sus servicios para trasladar a los indocumentados hasta Estados Unidos. También los militares que se hallan en la región y tienen un cuartel a las afueras de Ciudad Hidalgo y los marineros que cuentan con una base naval en Puerto Madero, a unos cuantos kilómetros de dicha ciudad. Asimismo, una parte de los tricicleros que son inmigrantes y que, con sus bicicletas acondicionadas para trasladar pasajeros, realizan la mayor parte del transporte en la zona. Estos últimos son un grupo importante ya que, debido a la falta de otras fuentes de empleo, cerca de una cuarta parte de la Población Económicamente Activa que radica en Ciudad Hidalgo son tricileros. Baste decir que existen 10 sindicatos que cuentan con un total de más de 2 mil miembros.

Todos los grupos mencionados: trabajadores agrícolas temporales, migrantes indocumentados, *polleros*, traileros, visitantes ocasionales, militares, marineros y una parte de los tricicleros, se caracterizan por ser poblaciones casi exclusivamente masculinas que se encuentran de paso en la región, que carecen de familia, que no pertenecen ni tienen interés en pertenecer a la sociedad local, es decir, que lo único que los asemeja es su situación de desarraigo. Esta situación es la que hemos identificado como una de las que genera un clima propicio para la explotación sexual de menores de edad.

LAS MUJERES Y LAS NIÑAS

La población de mujeres y niñas del estado de Chiapas, y más aún la de las inmigrantes centroamericanas que radican en dicha entidad, vive en condiciones de desventaja con respecto de la que tienen las niñas y mujeres de otras entidades del país. Algunos datos resultan indicativos de esta realidad. Por ejemplo, el estado de Chiapas tiene la tasa de fecundidad más alta del país, 3.7%, mientras que la tasa promedio nacional es de 2.8%. Asimismo, un menor porcentaje de mujeres en dicho estado conoce métodos anticonceptivos y sólo 53% los utiliza, siendo éste el porcentaje más bajo en el país. De igual modo, el porcentaje de población femenina de 12 a 14 años que se encuentra casada o en unión libre es el más alto del país, 1.7%, así como el de niñas de esa edad que han tenido uno o más hijos. En Tapachula, por ejemplo, de las 13 589 adolescentes que en 1990 te-

LA EXPLOTACIÓN SEXUAL DE NIÑOS EN LAS FRONTERAS 301

nían entre 15 y 19 años, 1 722, es decir el 13%, había tenido por lo menos un hijo (INEGI, 1997; INEGI, 1999).

Por lo que toca al nivel de escolaridad, en el estado de Chiapas 74% de los niños de 6 a 14 años leen y escriben y 86% asiste a la escuela. Sin embargo, entre los varones de 15 a 24 años sólo 28% continúan estudiando. Entre las niñas, 72% leen y escriben y 83% de las que tienen entre 6 y 15 años asisten a la escuela, pero después de esa edad, sólo 20 de cada 100 continúan estudiando. Es por ello que entre la población femenina de 15 años y más casi 60% ha quedado sin instrucción o con la primaria incompleta, lo que se va a traducir en que más del 32% de las mujeres en la entidad sean analfabetas, en comparación con el 19.2% de los varones, siendo el porcentaje de analfabetismo femenino más alto que existe en el país (INEGI, 1999).

A diferencia de lo que ocurría antes del decenio de los noventa, durante los últimos años cada vez ha sido más frecuente que mujeres adultas y menores de edad de la región, así como de diferentes países de Centroamérica, busquen atravesar solas el territorio nacional para emigrar hacia Estados Unidos. En ocasiones intentan reunirse con familiares que ya están más o menos establecidos y, en otras, van sobre todo en busca de un empleo. Así, por ejemplo, de acuerdo con datos del Instituto Nacional de Migración, durante 1999 un total de 1 575 personas fueron deportadas de México y Estados Unidos y conducidas al Suchiate; de ellas 530, la tercera parte, eran mujeres, la mitad de las cuales eran menores de edad.

Por otro lado, cabe también referir algunas prácticas que si bien ocurren en otras regiones del país, en los estados del sur, principalmente en Guerrero, Oaxaca y Chiapas, tienen lugar con mayor frecuencia, lo que coloca a las mujeres de estas entidades en situación de desventaja con respecto de la de otras. Es el caso de la "venta" de adolescentes que se realiza de manera más o menos encubierta por costumbres tradicionales con el propósito de concertar su matrimonio con su consentimiento o sin él, pero que en otras ocasiones tiene lugar, en especial en la región de uno y otro lado de la frontera sur a la que nos hemos venido refiriendo, con el propósito de venderlas a los bares donde las explotan sexualmente como veremos en el inciso siguiente.[22]

---

[22] Un reportaje reciente informaba de los precios que podían pagarse para obtener a una mujer en matrimonio en la mixteca oaxaqueña: entre 15 y 20 mil pesos si se trata de una niña de 15 años o menos; 10 mil pesos si tiene entre 16 y 20 años y "nada" si es mayor de 20 años (*Crónica*, 24-04-01).

Vale la pena también agregar que en los testimonios que recabamos fue frecuente que nos refirieran que las chicas de la región suelen iniciar su vida sexual a los 12 o 13 años y que no es poco común que se considere que una chica está lista para casarse y procrear una familia a los 14 o 15 años. Esto tiene que ver con una especie de creencia socialmente compartida en el sentido de que el clima tropical hace que las mujeres maduren más pronto.

LA EXPLOTACIÓN SEXUAL DE NIÑAS Y ADOLESCENTES EN LA REGIÓN

Diversos estudios llevados a cabo durante los últimos diez años en los municipios mexicanos fronterizos de la región del Soconusco que hacen frontera con Guatemala, en particular en los de Tapachula, Cacahoatán y Suchiate (y en menor medida en los de Unión Juárez, Tuxtla Chico, Metapa y Frontera Hidalgo), han documentado ampliamente el fenómeno de la explotación sexual de menores de edad que tiene lugar, con rasgos muy semejantes, a un lado y otro de la línea fronteriza.[23]

Se trata de bares en donde hay prostitución de mujeres adultas y en los que casi siempre es posible encontrar algunas que son menores de edad. Estas menores constituyen, en promedio y de acuerdo con las evidencias que recabamos, una quinta parte con respecto de las adultas y son en su mayoría adolescentes de entre 13 y hasta 17 años aunque también hay niñas más pequeñas, desde los 10 años. Las chicas son empleadas como meseras si bien su función consiste en acompañar y beber con los clientes, por lo que reciben una pequeña comisión por las bebidas que se consumen, así como también

---

[23] Entre ellos cabe destacar un estudio inédito llevado a cabo en 1994 por Laura Girón y otros especialistas del sector salud en Ciudad Hidalgo que contiene entrevistas a los diferentes grupos involucrados en el fenómeno; las entrevistas realizadas a 20 "trabajadoras de bar" en 1997 por Teresa Camas y su análisis posterior efectuado en 2001 por Javier Camas en un estudio que próximamente será publicado; el realizado en varios países de Centroamérica, publicado por ECPAT y Casa Alianza en 2001, y la parte relativa en dicho estudio a la frontera sur de México que realizó Norma Negrete; el reporte inédito de la vista realizada a la región durante el verano del 2000 por Bruce Harris, Director para Latinoamérica de Casa Alianza; el informe inédito de una investigación realizada en 2000 por PRONICE sobre la explotación sexual de niñas en Guatemala y el estudio realizado por nosotros y publicado por Unicef, DIF y CIESAS en el 2000.

ofrecen sus servicios sexuales que casi siempre prestan en habitaciones contiguas al bar en las que ellas mismas habitan.

El tipo de establecimientos varía, pues algunos se encuentran mejor acondicionados que otros, pero también cambia el régimen de mayor o menor libertad que tienen las chicas para abandonar sus lugares de trabajo. Asimismo hay chicas que también se encuentran prestando esta clase de servicios no sólo en bares sino en lugares que se conocen como centros botaneros o bien en hoteles, pensiones, centros nocturnos, cantinas o *table dance*. Es decir que existe una gran diversidad de sitios en la región donde hay chicas que están siendo explotadas. Ello ocurre en diferentes ciudades y pueblos de la zona fronteriza pero principalmente en Tapachula, Ciudad Hidalgo, Cacahoatán y Puerto Madero.

En Tapachula, ciudad que cuenta con de 270 mil habitantes, existe la llamada zona de tolerancia que, desde hace diez años, las autoridades municipales resolvieron situar a las afueras de la ciudad. Esta zona, conocida como *Las Huacas*, a la que se identifica como un lugar inseguro y desagradable, la integran unos quince bares que cuentan con habitaciones contiguas en donde se prostituyen alrededor de doscientas mujeres adultas y unas treinta menores de edad, la mayor parte de las cuales (90% según diversos testimonios) son centroamericanas.

Las mujeres y adolescentes que trabajan en estos bares tienen grandes restricciones para abandonar sus sitios de trabajo y sólo con autorización expresa de los dueños y ajustándose estrictamente a los horarios de los permisos que les conceden, pueden hacerlo por unas horas. Antes de ello deben dejar un depósito que los dueños les hacen sentir que deben cubrir si quieren asegurarse de que a su regreso tendrán empleo. Este sistema, al que las chicas se refieren como de "pagar caja" es el mismo que se utiliza en toda la región tanto de uno como de otro lado de la línea fronteriza. Se trata de un régimen que algunos habitantes de la zona en forma abierta denominan como de semicautiverio, el cual es ampliamente aceptado como una costumbre que ni siquiera las autoridades que entrevistamos pusieron en cuestión o describieron como una costumbre que contraviene, y de manera grave, el orden jurídico vigente.

Así, por ejemplo, un funcionario de la oficina de salud del municipio que se encarga de expedir las licencias para los establecimientos donde se expenden bebidas alcohólicas, expresó su punto de vista sobre el régimen de encierro: "En Las Huacas hay quince establecimientos y ocho en Puerto Madero específicamente como lugares en que tienen cautivas a las sexoservidoras. Esto es para que no pululen por toda la ciudad porque así es mejor [...] y aunque definitivamente hay otras sexoservidoras que buscan libertad y son como avecillas que no quieren estar en un lugar, salud pública se opone porque no las puede controlar." Sin embargo el funcionario expresó su preocupación porque se obligue a las chicas a consumir alcohol como parte de su trabajo. Insistió en que "lo más conveniente es mantenerlas confinadas pero sólo para el sexoservicio, sin que esto se conjugue con el alcohol porque resulta muy grave para su salud; les produce un gran deterioro físico y mental". Es decir que, de acuerdo con este testimonio, las autoridades de salud del municipio no sólo no cuestionan el régimen de semicautiverio o de restricción indebida de la libertad de movimiento, sino que hasta lo encuentran conveniente para los fines de control sanitario.

Una mujer que entrevistaron Camas y Camas, explica el sistema de trabajo en los bares de la zona de Las Huacas. "Allí, en Las Huacas, es ¡bien duro! [...] la señora a mí me corrió de ese lugar [...] Yo le trabajaba muy bien todo el tiempo a ella; nunca me iba sin pedirle permiso y sin nada; pero un día lunes me fui a Puerto Madero, me le fui a pasear; a bañarme; pero, con la misma, a las 2 de la tarde yo ya estaba de regreso. Cuando yo llegué ya había llegado ella y mi cuarto ya lo habían abierto, me habían sacado mis cosas y me dijo: si quieres entrar vas a pagar 500 pesos de multa y si no ¡te me largas! Vine y dije yo: 'Está bien, me voy a ir'. Y me vine a trabajar con su hermana, con la dueña de El Tropezón [...] Ahí yo tomaba mucho porque ellos me obligaban a tomar y a que fichara, pues; si yo tomaba un refresco me regañaban y yo no quería tomar porque yo no podía tomar, y como no estaba acostumbrada a tomar, yo ya borracha, me dormía y ya que me dormía, al siguiente día me estaban cobrando 200 pesos de caja; total de que yo ganaba sólo pa' pagar caja, sólo pa' pagar caja [...]" (2001:72).

A Las Huacas se le considera una zona de prostitución insegura y de bajo nivel comparada con otros sitios que existen en Tapachula fuera de la llamada zona de tolerancia. Es decir, que en otras partes de la ciudad se encuentran dispersos bares, hoteles, cantinas y sitios de *table dance* donde también es posible encontrar adolescentes que prestan servicios sexuales. En relación con varones, sólo tuvimos conocimiento de unos cuantos que realizan espectáculos travestí en algunos bares de la ciudad donde toman contacto con clientes que los prostituyen. Hay también un bar de este tipo en Cacahoatán.

Por lo que nos informó una adolescente de origen hondureño que entrevistamos en un albergue, algunas de las chicas que llegan a Tapachula desde pueblos vecinos o desde Centroamérica y trabajan en centros nocturnos, viven en una especie de casa de asistencia en donde un señor les renta un cuarto y les vende comida. Esta chica que vivía antes en esa casa y trabajaba en un bar, explicó que ellas consideran a este señor como un "padre" o una figura protectora, ya que les permite trabajar en dichos sitios sin que las denuncie a cambio del pago que ellas le hacen por el hospedaje y la comida.

En otro caso, dos niñas centroamericanas, de 10 y 12 años de edad, estaban siendo prostituidas en un cuartel establecido por militares a las afueras de Ciudad Hidalgo. Según diversos testimonios, el número de niñas y adolescentes prostituidas alrededor de los cuarteles se ha incrementado no sólo en esta región sino en otras del estado donde ha crecido de manera significativa la presencia de militares y el periodo en que permanecen estacionados en dichas zonas.

Existe, por otro lado, un grupo como de unas 40 niñas que proviene tanto de municipios vecinos como de Centroamérica y que ofrece sus servicios en los parques y plazas del centro de Tapachula. Estas niñas, que en su mayoría tienen entre 13 y 16 años, vienen muchas veces cargando a sus hijos a los que dejan con alguna compañera mientras se ocupan en uno de los pequeños hoteles de alrededor en los que suelen hospedarse los indocumentados. A menudo la policía y las autoridades de salubridad las detienen, pero a los pocos días regresan a ofrecer sus servicios al mismo lugar.

Según lo explicó una funcionaria de la oficina de Salud Pública que ha intentado aproximarse a estas niñas: "tenemos un problema tremendo con la prostitución infantil y no sabemos qué hacer [...] es un grupo como de unas cuarenta niñas que vienen de pueblitos cercanos, otras de Centroamérica, tienen 13, 14 años y están en la vía pública a las once o doce de la noche [...] esto es nuevo, antes no ocurría [...] Estas niñas vienen muy pobres y traen un gran resentimiento [...] es un coraje que traen contra todo. Yo trato de levantarlas, me las llevo a la cárcel municipal, pero ellas me dicen ¿de qué voy a mantener a mis hijos? [...] tienen 15 años y traen dos hijos cargando [...] me piden que me muera [...] Ellas llegan al parque a la media noche, no me dicen de dónde vienen, vienen como en pandillas, las apoya la señora que vende elotes, el taxista, la que vende fruta [...] las levanto, las suelto y a los pocos días vuelven a regresar [...] Ellas tienen una realidad, tienen que comer [...] yo les puedo hablar muy bonito pero llegan a su casa y el niño no tiene leche, no tiene qué comer." No obstante lo anterior, y con excepción de estas niñas que se ubican en plazas y lugares públicos, en Tapachula no se identifica a los niños y niñas que vivan o trabajen en la calle como un sector relacionado con la explotación sexual. Inclusive, como hemos dicho, y a diferencia de lo que ocurre en otras ciudades de la República, prácticamente no tuvimos conocimiento de menores de edad varones que se prostituyan, salvo los pocos que trabajan en bares gay.

En cambio, hay unos diez de los cuarenta hoteles que se han establecido en la ciudad durante los últimos años, que ofrecen servicios sexuales de mujeres jóvenes y menores de edad. En buena medida estos hoteles se han establecido para responder a la demanda de dichos servicios así como para albergar a contingentes de migrantes y otros que se encuentran de paso en la ciudad. En algunos casos nos fue referido que las chicas también están casi cautivas, en este caso por parte de los dueños de los hoteles que actúan en complicidad con agentes de Migración. Son estos últimos quienes las llevan ahí, en algunos casos, o bien, en otros, reciben cuotas por parte de los dueños para que permitan que las chicas permanezcan laborando, ya que no cuentan con documentos migratorios.

Según algunas personas que ven con frecuencia a las chicas y conocen los hoteles donde se emplean en la localidad, a ellas las llaman las "comegalletas" porque, dada su condición de semicautivas, se alimentan casi exclusivamente de esta clase de productos cuyos empaques abundan en sus cuartos. Esta expresión la utilizan también en forma local de manera peyorativa para referirse a las mujeres centroamericanas que llegan a la región con recursos tan limitados que sólo les alcanzan para comprar galletas.

Algunas de las chicas centroamericanas que trabajan en estos lugares lo hacen porque fueron asaltadas o bien cayeron en manos de enganchadores quienes las ofrecieron mediante un pago, es decir las "vendieron" —según la expresión que ellas mismas nos refirieron— a los dueños de los bares, siendo que su intención era cruzar el territorio para dirigirse a Estados Unidos. Su deseo es quedarse trabajando ahí por un tiempo, reunir dinero y volverlo a intentar, aunque pocas veces tienen la oportunidad de hacerlo. Además, su situación de indocumentadas las deja en una frágil posición pues cada vez que hay redadas por parte de la policía o de los agentes de Migración, corren el riesgo de ser detenidas y deportadas. Lo que ocurre con mayor frecuencia es que los dueños de los bares arreglan el pago de una cuota, ya sea anual o por chica centroamericana que trabaja en su establecimiento, a fin de que les permitan de manera extraoficial que laboren ahí sin que se las deporte. Cuando ello no ocurre, son las chicas las que resultan extorsionadas o bien deportadas, lo que no impide que al poco tiempo puedan volver a cruzar la frontera y regresar a su sitio de trabajo.

En realidad su condición de extranjeras que carecen de documentos migratorios y de autorización para trabajar en el país se utiliza para justificar el tipo de régimen que se ejerce en estos establecimientos y que se caracteriza por mantener a las chicas en aislamiento, sin que casi se les permita abandonar sus sitios de trabajo. Este tipo de régimen puede también observarse en Cacahoatán, que cuenta con su zona de tolerancia conocida como "La Atlántida", donde se prostituyen unas 200 mujeres tanto adultas como menores de edad. También en Puerto Madero, donde está la zona conocida como «El Pijuyal», o bien en Talismán y hasta en localidades más pequeñas como Metapa, entre otras de la región.

En el caso del Pijuyal, que nosotros no visitamos, el estudio de Negrete (2001) reportó que la actividad de los bares y de las chicas que en ellos se prostituyen depende del calendario anual de la pesca por lo que durante siete meses, de septiembre a marzo, trabajan a plena capacidad mientras que el resto del año disminuye mucho la actividad lo que hace que la mayor parte de ellas regresen a sus lugares de origen y sólo queden unas cuantas que continúan trabajando. No todas las mujeres y menores que trabajan en esta zona asisten a los controles sanitarios pues algunas, a las que localmente denominan "piratas" o "ruleteras", los evaden siendo también a las que se considera más renuentes para exigir a los clientes el uso del condón.

De acuerdo con el mismo estudio, en la zona de tolerancia de La Atlántida, hay varios establecimientos donde se prostituyen adultas y menores de edad. En el más conocido de ellos las chicas realizan espectáculos nudistas. En total se calcula que en la zona de la Atlántida trabajan unas 150 mujeres y que unas 30 de ellas son menores de edad.

También en esta zona se da el régimen de encierro que antes hemos descrito. A las chicas que trabajan en los bares, no se les permite llegar después de la una de la tarde; a esa hora tienen que concentrarse en la zona de tolerancia y ya no pueden desplazarse a otros sitios. En Ciudad Hidalgo es importante hacer notar que este sistema se encuentra legitimado por un Reglamento expedido por las autoridades del Municipio el cual señala expresamente en su artículo 5 que: "las meseras deberán permanecer en el interior del negocio y la persona que se encuentre fuera será consignada a la Comandancia Municipal." El hecho de que no sólo son meseras queda claro en el mismo Reglamento que regula el funcionamiento de los giros rojos el cual estipula que "los dueños de los negocios se comprometen a mantener limpio el lugar, con camas en buenas condiciones y a proporcionar un cuarto a cada mesera". También señala que "las meseras que se encuentren en el establecimiento sin su tarjeta de revisión correspondiente, serán multadas y también el dueño del establecimiento" (Artículos 2 y 11 del Reglamento expedido por el Ayuntamiento Municipal de Suchiate, 1999-2001).

Según nos explicaron las autoridades municipales que entrevistamos, la disposición relativa a que las chicas no pueden abandonar sus sitios de trabajo, tiene como objetivo evitar que las chicas "provoquen escándalo en la comunidad". Se trata, en realidad, de una forma de legitimar el régimen al que las sujetan los bares que las explotan. Esto mismo quedó de manifiesto en una entrevista que tuvimos con algunos dueños de bares así como con autoridades en la que abiertamente expusieron que, dado que los dueños realizan una inversión al traer las chicas, es decir que deben pagar por ellas a quien se las trae, tienen la expectativa y el derecho a recuperar su inversión mediante el trabajo de ellas. Algunos dueños de bar fueron más explícitos a este respecto y se quejaron porque las chicas no les rendían lo suficiente. Asimismo, estuvieron inconformes con ciertos sitios clandestinos o pensiones a las que llegan los traileros como los responsables de una competencia desleal ya que ofrecen lo que calificaron como "prostitución anónima", en la que se desempeñan menores de edad sin que cubran las cuotas que a ellos les exige el Ayuntamiento y sin que obliguen a las chicas a acudir regularmente al Centro de Salud y cubran los costos por los estudios que les practican.

Según lo expresó el presidente de la sociedad de propietarios de bares y restaurantes de Ciudad Hidalgo: «nosotros estamos debidamente controlados por la Dirección de Alcoholes, por Conasida, por Migración y procuramos cumplir con todos los Reglamentos. El sector salud nos ha exigido bastante fuerte que cumplamos con las normas, por tanto es más seguro contraer una enfermedad en los establecimientos clandestinos que en los bares[...] pero se dan casos de damitas que prefieren prostituirse en cuartos, en pensiones, porque ahí están los traileros y no se lleva ningún control[...] Incluso hay más clandestinas que registradas y para mi eso es tener sexo anónimo con menores."

Las autoridades municipales, por su parte, señalaron que no cuentan con datos para estimar el número de establecimientos clandestinos, aunque saben que supera con mucho al de los veinte bares que cuentan con registro y se someten a los controles sanitarios. Asimismo refirieron que en las pensiones se encuentran laborando niñas más pequeñas, desde los 10 o 12 años, situación que, según señalaron, no pueden evitar puesto que formalmente estos establecimientos no se hallan registrados y, siendo así, no tienen la facultad para inspeccionarlos.

Entre los factores que propician, de acuerdo con los entrevistados, que surjan establecimientos que se hallan al margen del control municipal, se encuentran: el interés de lucro por parte de los dueños, quienes consideran que las licencias y contribuciones son demasiado elevadas, así como el interés de los clientes por obtener tarifas más reducidas. También para las mujeres y las chicas que trabajan en estos sitios, el cobro que les hacen por los exámenes médicos (unos 250 pesos a la semana) les parece excesivo, de manera que, si pueden, lo evaden aunque ello ponga en riesgo su salud como, en efecto, ocurre.

De hecho, como en muchos casos, las niñas fueron traídas a los bares con engaños, no estaban preparadas para asumir los riesgos de su nueva ocupación, por lo que no son poco frecuentes los embarazos y los abortos pues no siempre tienen acceso a la atención médica oportuna que requieren. Quizá por ello existe un número relativamente alto de mujeres y menores que trabajan en el medio y han resultado infectadas por el VIH/sida. En Ciudad Hidalgo nos informaron que durante 1999 encontraron once casos mientras que Camas y Camas refieren que durante 2001 se reportaron veintidós nuevos casos de VIH y 43 de sida en la región (2001: 77). Según las autoridades sanitarias, si una chica centroamericana resulta infectada, se le prohíbe trabajar en los bares de la zona y se la envía de regreso a su país. Sin embargo, esto no asegura que reciba la atención que requiere ni tampoco que no pueda volver a ingresar en el país ya que, la mayoría de las veces, los datos que proporcionan para las tarjetas de sanidad no revelan su verdadera identidad.

Por otra parte, una de las situaciones que preocupan a los dueños de los bares es que los traileros se lleven a las chicas con la promesa de trasladarlas a la frontera norte. Uno de ellos, expresó: «algunas jóvenes se quedan aquí pero a otras los traileros les calientan la cabeza y se las llevan para el norte [...] a las más guapas se las llevan y a las feas nos las dejan aquí". Sin embargo, al preguntarle si les era difícil conseguir chicas que quisieran trabajar en sus bares, contestó: "No; hay personas que se dedican a engancharlas, van a tal lado y las traen por 300 o 500 pesos y al rato la chica tiene que pagar esa cantidad." De hecho, el sistema de endeudamiento es uno de los recursos más efectivos que los dueños utilizan para retener a las chicas. Otro de los testimonios recabados por Camas y Camas es elocuente a este respecto. Una de las mujeres que entrevistaron en la zona de Las Huacas, refirió: "[...] en otros establecimientos como éste de enfrente [...] tienen a las muchachas muy dominadas; no las dejan salir; tienen miedo de que se les vayan porque les deben [...] pues los señores les0 venden cosas a las muchachas: ropa, zapatos, alhajas, y se los van descontando de su fichas, y así las mujeres están bien endeudadas; por eso no les gusta que platiquen con nadie, y cuando quieren ir a pasear o a hacer algo al centro las mandan acompañadas, siempre las andan cuidando, y si van solas las multan o les quitan el trabajo, les sacan sus cosas a la calle o las despiden así nomás y no las dejan sacar nada. A veces hay algunas que se quieren ir y si lo sabe el dueño nomás las andan vigilando y mandan a alguien para detenerlas. A unas mujeres hasta de la combi las han bajado cuando se quieren ir y les inventan cualquier problema: que si les robó o cualquier cosa, todo para que la policía la detenga y no se les vaya" (2001:79).

Sobre la "venta" de chicas a los bares hay otros testimonios que también han documentado la existencia de esta práctica. Uno de ellos es el informe que rindió Bruce Harris, director de Casa Alianza para América Latina, después de la visita que realizó a los bares de la región en agosto de 2000 con el propósito de conocer la situación en ellos de las niñas centroamericanas. Él relata que, para conocer la disposición de los dueños para "comprar" menores de edad, tomó contacto con el administrador de uno de los bares de Cacahoatán. Apunta que en su oficina había una gran cantidad de armas que, según le explicó el entrevistado, eran necesarias para la seguridad del lugar "dada la gran cantidad de dinero que allí se maneja".

Enseguida, el director de Casa Alianza reporta: "Le expliqué que tenía tres niñas hondureñas, dos de 14 años y una de 13, que necesitaba colocar porque no las habían querido en Ciudad Hidalgo por lo mala que estaba la temporada. Me preguntó si sabían hacer de todo y que cuánto quería por ellas. Después de regatear quedamos en 200 dólares americanos por cada una, después de que las viera y les diera el visto bueno. [Posteriormente] me explicó que él las contrata por un año y quieran o no ellas deben de permanecer con ellos un año. Les dan comida y cuarto por 70 pesos al mes que deben pagar las niñas de su trabajo; el 70% de las ganancias que reciben por las cervezas que los clientes las invitan es para el bar. Quedamos en vernos la mañana siguiente en Tapachula para que viera a las niñas" (Harris, 2000:7).

Harris también refiere que el administrador se quejó por los cobros ilegales que le hacían los agentes de Migración, si bien señaló que ya había llegado a un acuerdo con ellos "para darles únicamente 100 mil pesos mexicanos al año en la época de diciembre, con tal de que no lo molestaran durante todo el año" (*ibid*).

Con respecto a las mujeres que encontró trabajando en los bares de Las Huacas, de las que estimó que un 20% eran menores de edad, apunta que "han sido llevadas a estos lugares por los coyotes o polleros que las negocian por 100 dólares americanos como mínimo". Y agrega que ahí "las niñas viven en condiciones deplorables, los cuartos son sucios y con mal olor [...]" (Harris, 2000:8).

Según explicaron los dueños de los bares que, por nuestra parte, entrevistamos en Ciudad Hidalgo, es frecuente que entre ellos intercambien a las chicas con el fin de ofrecer a los clientes "diversidad". "Las más jóvenes —dijeron— son más cotizadas por lo que se cambian por dos o tres de las más gastadas". Cabe agregar que, si bien a nosotros nos sorprendió este tipo de señalamientos, pronunciados dentro del contexto de una reunión de dueños de bar convocada a petición nuestra por las autoridades municipales, quedaba claro que para el resto de los participantes se trataba de reglas de mercado que conocen y comparten y dentro de las cuales las chicas son percibidas como productos que es posible comprar, vender o intercambiar.

En otro caso que hace dos años se conoció en Tecún Umán, cinco menores de edad hondureñas y salvadoreñas habían sido vendidas y obligadas a trabajar en un bar donde las mantuvieron secuestradas y fueron severamente maltratadas. Este caso, uno de los pocos que ha sido denunciado y llevado a juicio debido a la intervención de un grupo de religiosas que brindan atención a mujeres prostituidas, fue bastante conocido en la región, donde también se mencionan casos de menores de edad mexicanas que han sido llevadas en condiciones semejantes para ser explotadas en Guatemala.

Una de las religiosas que atendió el caso anterior y a quien entrevistamos en Tecún Umán, explicó: "aquí [en la región] hay una variante: no hay padrotes sino dueños y dueñas de bares. Ellos determinan qué hacer con la muchacha. Hay una red de traficantes que se las vende y, si las vendió ahí, no se pueden ir para otro lado. Hay enganchadores que las van endeudando y tienen que comprar su libertad porque su deuda va creciendo y creciendo. La dueña del bar dice: 'no se puede ir porque me debe tal y cual [...]' A veces las vende su familia; a veces, el enganchador y otras veces ellas van a buscar trabajo, empiezan como meseras y terminan enganchadas [...] es un sistema de endeudamiento."

Otros testimonios que apuntan en la misma dirección son los obtenidos en las entrevistas que levantaron Camas y Camas (2001). Una mujer de origen salvadoreño que estaba trabajando en un bar y a la que ellos entrevistaron en Tapachula, explicó lo siguiente refiriéndose a la dueña de otro bar para la que había trabajado: "Ella se dedica a vender muchachitas a los clientes, son muchachitas menores de edad. La señora les dice que les va a dar comida y casa y con eso las engaña, les dice que les va a dar escuela y así, a algunas les da, pero también las tiene de meseras. Tiene centroamericanas y tiene mexicanas. Los clientes le piden a las muchachas y se las llevan, las violan y luego las dejan y eso no sólo se lo voy a decir yo. Aquí, en Tapachula, ya se regó que Doña A. vende menores de edad y no sólo menores de edad, ella vende de toda clase de mujeres. A mí, por ejemplo, me vendieron con ella; porque ella también compra y tiene gente que ya la conoce que le lleva a las muchachas. Algunas muchachitas se las traen de Huixtla o de otras partes y luego allí en la revisión dice que son sus sobrinas. Cuando llega la policía, dice que son sus sobrinas para que no se las lleven. Pero a mí me pasó una experiencia con esa señora. Yo la conocí, trabajé con ella porque un señor me llevó. '¡Uuuuy, ya no quiero acordarme de ese señor!, porque él me vendió con esa señora".[24]

Más adelante la mujer explicó: "Cuando yo vine de Estados Unidos, yo no tenía trabajo ni dónde pasar la noche. Yo todo el dinero que gané en Estados Unidos lo mandé para mi casa, a mí no me quedó nada. Entonces llegué un día ahí por [....] Yo llegué con él y le pedí posada y él me dijo que sí, que me esperara un rato que tenía que salir y se fue [...] Cuando él regresó me dijo que esa señora me iba a dar casa y comida y si quería yo trabajar, también. Y pues yo me alegré y le dije: '¡Dónde está esa señora!', y él me dijo: 'no te preocupes, aquí va a venir.' Y sí, pues, al rato que llega la señora por mí y me ofreció el sol, la luna y las estrellas y me dijo que me iba a pagar

---

[24] Evitamos transcribir los nombres que los autores registran.

trescientos pesos por meserear y la comida; y hasta ahorita estoy yo esperando que me pague, me quedó debiendo mi dinero. Pero fue allí donde yo me di cuenta de todo lo que hacía la señora con las menores de edad y los clientes que llegaban a comprarlas. Y yo vi, cuando ese señor me llevó con la señora, vi cuando esa señora le pagó cien pesos, nada más por haberle avisado de mí. Doña A., ella sólo está viendo por dónde cobrárselas a uno: que si se quiebra un vaso cuando uno lo está lavando, que si se pierde un vaso de cerveza, ya cuando le toca el pago a una ya se lo descuenta a una todo. A mí me dijo que no me iba a pagar nada, que ya estaba saldada la cuenta con todo lo que se le había perdido.

"Por ejemplo aquí, en el bar de Doña N. hay dos menores de edad, la K. tiene 12 años, ella todavía es señorita, no se ha acostado con nadie, ¡ah, pero cómo le gusta tomar! Ella siempre está bien bola y más que ayer la cerveza Sol ofreció un baile; hizo una fiesta allá en La Diligencia y ésta se cayó, se raspó toda porque andaba bien bola; si no anda bola, anda cruda pero sí atiende clientes aquí y cuando viene la policía, se esconde, como atrás hay una puerta y luego unos cuartos, pues esos cuartos ya no pertenecen al bar, se cierra la puerta de atrás y allí ya no revisan; ella no tiene su tarjeta de revisión porque si la lleva la policía a ella la deportan. A Doña N. le cobran una multa. Pero Doña N. dice que ella no se hace responsable. Cuando encuentran muchachas sin revisión de tarjeta las multan hasta con quinientos pesos. La otra muchacha menor que trabaja aquí pues tiene 15 años pero ella sí comenzó desde los 12 en la prostitución; ella ya tiene 3 años yéndose con los clientes y lo mismo, cuando viene la policía ella se esconde también, pero ésta de 15 es mexicana pero la otra, es de Guatemala. Pero aquí hay mucha menor de edad trabajando en los bares."

La mujer explicó que ella trabaja vendiendo pescado en el muelle pero que, en los meses que hay veda, regresa a trabajar en el bar. Asimismo, refirió que obtiene dinero por llevar chicas a los bares: "También hay otras centroamericanas que trabajan vendiendo pescado en el muelle y trabajan en bar también. Hay ya muchas mujeres centroamericanas que yo conozco que son dueñas de bar, así como doña N. A mí me piden que yo les consiga muchachas, como las que fuimos a ver ayer por la vía del tren, a esas muchachas de don R. ni saben lo que les espera, ¡pobrecitas!, las van a vender con los clientes y los clientes nomás las quieren para aprovecharse de ellas, y ahí hay una de 16 años ¡pobrecitas! Yo le ayudo a don R. y luego él me da algo de dinero, por ejemplo ayer me pidió que fuera por sus muchachas y las llevara a la revisión, allá a Las Huacas para que saquen su tarjeta, pero ellas no saben que las van a fichar y a gastar" (Camas y Camas, 2001: s.p.). Varias de las mujeres que dichos autores entrevistaron, refirieron diversas formas de discriminación por parte de la sociedad local debido a su origen centroamericano. Una de las chicas, poco después de que había habido una inspección por parte de las autoridades en el bar que trabajaba, expresó: "Eso es cosa de ellos, ya de ellos pues, ya querían sacar dinero. Pero ellos no deben de ser así, pues. Es cierto que aunque somos, unos que no somos de acá, como le llaman ellos [...] mojados, pero deben de ver que prosperan aunque lo tengan a uno de menos. Prosperan por uno porque si no fuera por esta gran muchachada de mujeres que vienen y trabajan acá, a dónde nos llevarían si no estuviera eso acá. No deben de ser así porque ellos nos contratan pues, los de acá."

Otra mujer salvadoreña que trabajaba en un bar explicó lo que tienen que pasar cada vez que las deportan. "Cuando nos deportan regresamos arriesgándonos otra vez, pagándoles a los del río porque nosotros no podemos pasar por el puente. Cuando nos deportan en la noche sí tenemos que quedarnos aguantando frío y hambre donde quiera que sea hasta que amanece, porque tampoco en la noche podemos agarrar camino, son pasos muy peligrosos que no se sabe si a la orilla del río, uno por venir buscando un poco de comida, la van a matar ahí, ¿verdad?. Sí, es muy peligroso [...]."

Más adelante esta mujer explica cómo la enganchó una mujer en Guatemala. "Me vine en una ocasión a Guatemala, trabajé en Guatemala [...] De ahí me vine cuando esta señora L. me conoció, yo ya venía directamente para acá. La conocí en Tecún Umán; allí en el parque de Tecún la conocí. Ella tiene bar acá, pero ella va a traer muchachas al otro lado. En una de esas yo estaba allí en el parque, sentada estaba yo comiéndome un helado cuando me dice, me preguntó cómo me llamaba, me dijo: ¿de dónde eres? Y ya le dije. Me preguntó dónde trabajaba y le dije: 'no estoy trabajando, trabajo quiero'. Y me dijo ella: 'si quieres vamos a Tapachula, tengo un bar, un negocio; no te voy a engañar, me dijo. Tal vez ya has trabajado en bares. Pues, si quieres vente conmigo.'"

También explica los motivos por lo que aceptó el trabajo: "Yo en El Salvador nunca me había ocupado, fue por primera vez en Guatemala. Yo viví ese cambio. A mí me daba en primer lugar [...] yo sentía vergüenza pero, era más grande mi necesidad y la que estaban pasando mis hijos, por decirlo así, yo dije: 'tengo que perder la vergüenza, porque si no, mis hijos, se están muriendo de hambre'; y yo también no traía ni ropa; traía nomás dos vestiditos y yo sabía que tenía que ir aunque sea a los ocho o quince días a ver a mis hijos porque no les había dejado nomás que 200 pesitos para que comieran" (Camas y Camas, 2001).

Aunque la mayoría de las mujer0es que entrevistaron Camas y Camas eran adultas, su trabajo constituye sin lugar a dudas la evidencia más completa que se ha logrado recabar en la frontera sur para documentar el tráfico, el enganche y la venta de mujeres adultas y menores de edad en los bares de la región. Por ello, vale la pena, referiremos aunque sea en forma breve a algunos de los datos más relevantes que estos autores obtuvieron al realizar 20 entrevistas en profundidad con mujeres centroamericanas que trabajaban en bares.

De las 20 mujeres entrevistadas, 7 eran de El Salvador, 6 de Guatemala, 5 de Honduras y 2 de Nicaragua. Aunque la edad que tenían en promedio cuando abandonaron su país era de 23 años, 4 de ellas (20%) habían sido trasladadas a Tapachula y se habían iniciado en la prostitución siendo menores de edad. La mayoría provenía del medio urbano y tenía un nivel de escolaridad más elevado que el promedio de las mujeres de su país (dos eran analfabetas; siete contaban con algún grado de la primaria; 7 contaban con algún grado de la secundaría; dos habían cursado algún grado de la preparatoria y otras 2 habían iniciado una carrera universitaria). La mayoría provenía de familias pobres y numerosas. Una buena parte (9 de 20) había sufrido la pérdida de uno o de ambos padres o bien había sufrido el abandono por parte del padre. Sin embargo, los autores identifican el abandono por parte de la pareja, la falta de empleo y la necesidad de hacerse cargo de los hijos, como el detonante principal que en quince de los veinte casos las impulsó a abandonar su país. Sólo una de las veinte se había prostituido en su país antes de migrar. En la mayor parte de los casos, fueron llevadas o vendidas a los bares con engaños después de haber sido robadas y abandonadas por los polleros y, más tarde, "rescatadas" por mujeres que las engancharon al ofrecerles un empleo que al mismo tiempo les aseguraba alojamiento y comida (Camas y Camas, 2001).

En las entrevistas que por nuestra parte efectuamos en Ciudad Hidalgo, encontramos también que las chicas provenían en proporciones muy semejantes de Guatemala, Honduras y El Salvador y, en muy pocos casos, de Nicaragua y Belice. La mayoría de las veces quienes están a cargo de los bares y controlan a las chicas, son mujeres de mayor edad. En ocasiones ellas son las dueñas y en otras son sólo sus representantes. Algunas de ellas son centroamericanas de origen y en muchos casos se iniciaron, al igual que las chicas, cuando las engancharon o las llevaron con engaños a los bares. De hecho, algunas de las chicas anhelarían llegar a tener su propio bar si bien a otras les gustaría reunir algún dinero para poder echar a andar otro tipo de negocio.

Para los tricicleros, las niñas son el atractivo principal que los bares pueden ofrecer. Uno de ellos refirió: «la explotación de menores se ve mucho aquí [...] supuestamente el Municipio lleva un control, pero no controlan todo porque nosotros conocemos bastantes niñas de 13 a 15 años que trabajan en los bares. Para los dueños, si le llega una menor de 14 años, saben que les va a dar mayor presentación [...] si un cliente se va a tomar una cerveza, con la menor se va a tomar hasta diez [...] la menor sale explotada porque la dueña del negocio se lleva el 70 o el 80 por ciento."

Otro de ellos explicó que las niñas tenían necesidad de prostituirse para ayudar a sus familias: «hay gente que no tiene el apoyo de nadie y se quedan estancadas [...] las muchachitas van a un cuarto y se prostituyen porque de esa manera ayudan a su mamá [...] nuestras madres lavan ropa, están cansadas, tenemos muchos hermanitos".

Por su parte, ocho adolescentes de entre 15 y 17 años que entrevistamos en dos de los centros botaneros más conocidos de Ciudad Hidalgo, explicaron que desde hacía algunos meses habían llegado para trabajar ahí, principalmente porque no pudieron encontrar un empleo en sus países que les permitiera sostener a sus hijos o ayudar a su familia. La mayoría refirió que tenía hijos que habían dejado a cargo de familiares y que su preocupación era que no podían ir a visitarlos tan a menudo como quisieran pues tan sólo el viaje les resultaba muy costoso de manera que tenían que esforzarse mucho para lograr reunir una cierta cantidad para poder llevarles algo a sus hijos y que, cuando más pronto, podían visitarlos cada tres meses. Señalaron que, sin embargo, reunir esa cantidad era cada vez más difícil porque tenían que "pagar caja" para asegurarse de que les guardarían su empleo, así como también porque la deuda con la dueña del bar siempre crecía. Explicaron que debían pagar a ésta tanto por el cuarto como por los alimentos, así como por los diferentes productos que ella les vendía como ropa, cosméticos, productos para su higiene personal, etc. Algunas de ellas explicaron que lo que más hacía crecer su deuda últimamente era el consumo de cocaína que también la dueña les había comenzado a surtir, por cierto, haciéndoles creer en un principio que era otra persona la que se las proporcionaba.

En este bar era muy clara la inconformidad de las chicas con la dueña quien las hostigaba continuamente y les decía que no trabajaban lo suficiente, a pesar de que las chicas debían trabajar todos los días desde las dos de la tarde hasta las dos de la mañana, excepto los domingos. Algunas de las chicas se quejaron de que les hacían iniciar su trabajo y comenzar a beber alcohol sin que antes les hubieran proporcionado alimentos. Las chicas debían beber con los clientes en el bar y estar dispuestas a hacerlos pasar a sus habitaciones si así se lo solicitaban. Las habitaciones, que se encontraban en la parte posterior del bar atravesando un pequeño patio, eran unos diez cuartos muy pequeños donde apenas cabía una cama, y eran lugares oscuros que carecían de iluminación y ventilación natural. Las chicas resguardaban sus escasas pertenencias en una pequeña repisa o debajo de su cama.

Mientras las chicas me referían su preocupación por las largas jornadas de trabajo, la escasa alimentación que recibían y el constante incremento de sus deudas, que las dejaban con muy pocos recursos, la dueña, que escuchaba a una cierta distancia, se hizo presente en el grupo para increparlas y decirles que no era su culpa que ellas gastaran su dinero en drogas y que, por otra parte, tampoco les convenía viajar a sus casas con tanta frecuencia porque así el dinero tampoco les iba a alcanzar. Mientras la dueña visiblemente hostigaba y descalificaba a las chicas, éstas manifestaban su inconformidad y su enojo pero al mismo tiempo decían que, aunque quisieran, no podían irse porque antes tenían que saldar sus deudas.

Al preguntar a las chicas de ese bar cuál era su principal problema, dos de ellas refirieron que estaban muy preocupadas por su salud. Cada una tenía infecciones severas y, a pesar de que asistían a los servicios de salud comunitarios, no contaban con la atención médica que requerían pues no habían logrado dar respuesta a sus problemas y ellas se sentían desprotegidas.

En el otro bar encontramos, entre once mujeres, tres que eran menores de edad. En este caso las chicas decían que llevaban una buena relación con la dueña y que no tenían mayores motivos de queja por su trato. Las chicas, sin embargo, manifestaron que ellas habían sido vendidas a ese bar y que tenían que pagarle a la dueña lo que ésta había pagado por ellas. También expresaron que tenían hijos y que la razón para que ellas estuvieran allí es que sus hijos no tuvieran que pasar las mismas carencias que ellas habían tenido.

Las chicas explicaron que, por lo general, los clientes y otras personas que las conocen tienen una idea muy equivocada de su trabajo pues suponen que les gusta estar allí cuando que para ellas es muy difícil tener que soportar a cualquier persona incluso cuando en ocasiones son humilladas, maltratadas y hasta golpeadas. Dijeron que su trabajo no es fácil ni les resulta agradable, al contrario de lo que algunos suponen. Otras chicas explicaron que lo que sí les gusta de estar en el bar es que pueden escuchar música y bailar, pero que lo que no les gusta es ocuparse con los clientes en sus cuartos.

Al preguntar a las chicas qué considerarían que podría ayudarlas, varias de ellas respondieron que lo que más las ayudaría sería poder tener otro tipo de empleos que les permitiera hacer frente a sus necesidades y a las de sus hijos. Algunas explicaron que habían aceptado el trabajo con la intención de que sus hijos no sufrieran las mismas carencias que ellas habían padecido.

La situación de las chicas que encontramos en estos bares es, de acuerdo con los testimonios que logramos recabar, semejante a la que enfrentan otras menores de edad que están siendo sexualmente explotadas en la región. De hecho, tomando en cuenta el número aproximado de niñas y adolescentes que se encuentran en las diferentes zonas de tolerancia, así como en los distintos tipos de establecimientos y formas de explotación, estimamos que en la zona que comprende los municipios de Tapachula, Tuxtla Chico, Suchiate, Frontera Hidalgo y Cacahoatán, hay alrededor de 600 menores de edad que estarían siendo explotadas.

CONCLUSIONES

Quisiera en esta parte recuperar en forma breve algunos de los rasgos distintivos de la explotación sexual de niñas y adolescentes en la frontera sur.

Uno de los elementos que llama la atención es la manera en que estas prácticas, a pesar de que son bien conocidas, pues ocurren en comunidades relativamente pequeñas en las cuales las relaciones cara a cara siguen siendo la norma, gozan de aceptación social. Es decir, son vistos como fenómenos que forman parte de la vida cotidiana y

LA EXPLOTACIÓN SEXUAL DE NIÑOS EN LAS FRONTERAS 319

de las costumbres socialmente aceptadas y compartidas por la comunidad, y no como prácticas que violan el orden jurídico vigente, y que vulneran de manera grave los derechos de las niñas y las adolescentes. Es como si se construyera un orden social distinto que operara en forma paralela al orden jurídico vigente y como si ambos pudiesen coexistir no obstante que se contraponen. Como si dicho orden generara una legalidad propia que se instaurara al margen y por encima del orden jurídico. O, más bien, como si coexistieran dos regímenes paralelos cuyas contradicciones pocas veces se hacen notar.

Se trata, entonces, de prácticas que forman parte y encuentran su raíz en la cultura regional donde, si bien no puede decirse que gocen de consenso, por lo menos cabe decir que cuentan con la aceptación cómplice o silenciosa de quienes no las denuncian. Ello no obstante que se trata de menores de edad que viven en un régimen de semicautiverio en el cual hay un contrato tácito o *de facto* mediante el cual se les obliga a prestar servicios sexuales a cambio de una proporción de los ingresos que por ello obtenga el negocio que las emplea así como de su manutención, y se les hace creer que tienen una deuda por la que no pueden retirarse o sustraerse voluntariamente. Esta especie de contrato se establece en condiciones de clara desventaja para las chicas, sobre todo si se toma en cuenta que son inmigrantes indocumentadas que carecen de redes de apoyo familiar o social en la comunidad.

Son éstas, en realidad, formas de dominio o sujeción que no se utilizan de manera indiscriminada o en contra de cualquier sujeto social, sino que se ejercen de manera selectiva en contra de las chicas dado que se trata, no por casualidad, de mujeres, que son pobres, menores de edad e inmigrantes indocumentadas que se encuentran solas en la comunidad. Es decir, que son formas de dominio que sería impensable emplear en contra de varones y más si se tratara de varones mayores de edad, pertenecientes a sectores socioeconómicos altos o que fuesen miembros de la misma comunidad.

La situación antes descrita corresponde con exactitud a lo que se ha denominado las nuevas formas de esclavitud en la sociedad moderna. Estas formas de esclavitud ocurren en un contexto de ruptura del orden social tradicional que propicia la emergencia de la disponibilidad de personas en las condiciones de cambio social provocadas por el capitalismo globalizado. Este fenómeno se encuentra estrechamente relacionado con la pérdida de la capacidad de responder a situaciones de crisis (debido a desastres naturales, conflictos armados, traslados de un país a otro, etc.) por parte de familias en las que se han deteriorado los vínculos primarios comunitarios de responsabilidad y parentesco. De esta manera, la globalización y la modernización han agotado las vías tradicionales de superación de crisis en las familias pobres, lo que las ha conducido a la esclavitud de sus miembros más vulnerables, habitualmente las niñas (Bales, 1999).

La emergencia de la nueva esclavitud ocurre cuando el orden social se ha resquebrajado y los pobres han visto disminuir sus opciones. En medio de la irrupción del cambio social rápido, una de estas opciones es la esclavitud. El enorme incremento de la población ha propiciado que, por primera vez en la historia de la humanidad, haya una superabundancia de esclavos potenciales. Esta nueva disponibilidad ha incrementado de manera dramática la cantidad de provecho que se puede extraer del esclavo y ha hecho descender la duración del tiempo que normalmente una persona estaría esclavizada. La nueva esclavitud se caracteriza porque las personas pasan a ser "desechables" y fácilmente sustituibles (Bales, 1999).

Una de estas modernas formas de esclavitud es la servidumbre por deudas en la que lo que importa no es la propiedad legal sobre los esclavos, como ocurría en las viejas formas, sino el control que sobre ellos se tiene, en especial, mediante el uso de la violencia, lo que resulta una ventaja importante puesto que se adquiere el control total sin ninguna responsabilidad legal por lo que se posee. Estos esclavos se suelen utilizar para trabajos sencillos —no tecnológicos— y tradicionales, como son la agricultura, las minas o la prostitución. Los criterios para justificar la esclavitud en la sociedad moderna no tienen que ver, como antaño, con el color, la tribu o la religión, sino que se fundan en la debilidad y la privación. Las niñas atrapadas en la prostitución mediante el sistema de endeudamiento, algunas veces dispondrán de contratos en los que se especifiquen sus obligaciones, sin embargo, lo más importante es recordar que ellas han sido llevadas y permanecen esclavizadas en contra de su voluntad y con el propósito de ser explotadas (Bales, 1999:19-20).

La prostitución forzada, señala el mismo autor, es un gran negocio: los gastos son bajos, la facturación es alta y los beneficios inmensos. La disponibilidad de mujeres y las ganancias adicionales que se obtienen con las niñas pequeñas aseguran un alto rendimiento. La esclavitud sexual es aún más exitosa cuando las opciones económicas son pocas y el nivel educativo de las niñas, bajo (Bales, 1999:54).

Este sistema ocurre con frecuencia en áreas de rápido desarrollo

LA EXPLOTACIÓN SEXUAL DE NIÑOS EN LAS FRONTERAS 321

como son las zonas fronterizas de Brasil, Tailandia o la frontera entre México y Centroamérica. En esta última, como hemos visto, autoridades, dueños de bar y distintas personas de la comunidad se refirieron sin reservas a la compra y venta de chicas que realizan los bares. Se trata, entonces, de una práctica que, siendo totalmente ilegal, ha sido normalizada por la costumbre e integrada a la vida cotidiana de la comunidad y que, sin ser identificada como una transgresión, es muy difícil que pueda ser combatida y eliminada.

Cabe agregar que la posibilidad de que estas prácticas sean normalizadas se ve reforzada por un contexto dentro del cual en forma frecuente las niñas son inducidas o violentadas de diversas maneras para relacionarse sexualmente apenas inician su adolescencia. O bien dentro del cual pueden ser vendidas para concertar su matrimonio.

El hecho de que estas prácticas hayan sido normalizadas en la región explica la dificultad que se presenta para que sean identificadas y etiquetadas, incluso por los estudiosos, como lo que son: un régimen de encierro, de esclavitud o de servidumbre por deudas. Es evidente que tampoco las mujeres o las niñas que se hallan sujetas a este régimen lo identifican como una práctica que se aparta del orden jurídico vigente y que conculca derechos que ellas tienen.

En ocasiones, la violación de dichos derechos es todavía más grave pues ni siquiera existe el contrato *de facto* o el consentimiento por parte de las chicas sino que son llevadas con engaños y se les hace permanecer utilizando diversas formas de coerción como las amenazas, la humillación y las acusaciones. En algunos casos, y por lo menos durante algún tiempo, se les oculta a las chicas el interés comercial y se les hace creer que los clientes tienen una motivación personal al acudir a ellas, lo que les genera confusión, expectativas incumplidas y, más tarde, pérdida de autoestima o de una imagen positiva y valorada de sí mismas. El engaño en este caso es tanto más grave porque oculta el interés comercial, porque pone en juego la imagen que de sí misma tiene la chica y porque encubre el encierro o la retención forzosa detrás de supuestas deudas o necesidades de control sanitario. De lo que se trata aquí es de ocultar la racionalidad económica que motiva a los actores, siendo ésta una estrategia que utilizan los explotadores para evitar la resistencia por parte de las chicas.

Procedimientos similares, como hemos visto, se emplean en otras regiones del mundo. Ello indica que hasta ahora no se ha logrado restar efectividad a los mecanismos de que se vale o desarmar los resortes que utiliza para impedir que estas formas de abuso y explotación continúen ocurriendo. Sin embargo, contribuir al conocimiento de estos mecanismos y de estos resortes es un paso ineludible e importante que es necesario dar para restarles efectividad, si bien es claro que es sólo un paso que debe acompañarse de un conjunto de medidas que apunten en la misma dirección.

RECOMENDACIONES

MIQUEL A. RUÍZ TORRES
ELENA AZAOLA

Antes de entrar en las recomendaciones, quisiéramos reflexionar brevemente respecto de la manera en que nos situamos frente al tema, una vez que hemos concluido nuestro trabajo. Consideramos que hoy en día nos toca presenciar un conjunto de paradojas cuyo peso y significado, por ser tan recientes, aún no estamos en condiciones de calibrar o develar. Si pensamos que se trata de un fenómeno cuyo origen se remonta a varios siglos, todavía no deja de sorprendernos que el proceso que llevó a identificarlo y rotularlo date apenas del último decenio.[1] Además, también nos asombra que tan sólo en diez años se hubiera convocado a más de cien países que han suscrito acuerdos, elaborado agendas, modificado leyes, establecido convenios, firmado tratados y celebrado numerosas reuniones y conferencias, todo ello para manifestar que se oponen a la explotación sexual comercial infantil en cualquiera de sus formas. A pesar de lo anterior y de que hoy en día tenemos un conocimiento mucho más profundo y detallado acerca de cómo opera el fenómeno, los resultados son poco alentadores puesto que nada de esto se ha traducido en una disminución en el número de niños explotados ni en una mejora en sus condiciones de vida. De todas, es ésta, quizás, la paradoja más importante: la que nos sorprende por los significativos logros alcanzados en el terreno de los acuerdos internacionales, al mismo tiempo que por la pobreza de sus resultados y la naturaleza de los obstáculos que es preciso vencer para que sus beneficios alcancen a los niños.

Otra de las paradojas consiste en las dificultades que se han generado como consecuencia de haber elaborado una delimitación más

---

[1] Aunque las convenciones sobre el tráfico y la trata de mujeres y niños datan de los años cuarenta, el fenómeno de la explotación sexual comercial infantil surge con una identidad propia apenas unos años antes de que se celebrara, en 1996, el Primer Congreso Mundial sobre la materia.

precisa del fenómeno. Es decir, las que han derivado de la separación como fenómenos independientes de la explotación sexual comercial y el abuso sexual infantiles, lo que ha llevado a situar a la primera cada vez más en el terreno comercial, laboral y de la prestación de servicios, olvidando o dejando de lado los rasgos que comparte con el abuso sexual infantil en el sentido de que ambos fenómenos ocasionan severos daños a los niños y vulneran gravemente sus derechos. Al ubicar la explotación sexual dentro del terreno laboral (como en cierto modo lo hace el Convenio 182 de la OIT, al considerarlo "una de las peores formas de trabajo infantil"), se presenta el riesgo de que haya quienes consideren que bastaría con mejorar las condiciones en las que los niños prestan sus servicios, cuando que lo que está en discusión es si la prestación de servicios sexuales por parte de menores de edad puede considerarse un trabajo como cualquier otro o debe mantenerse dentro de las conductas que se tipifican como abuso.[2] El argumento que abona en favor de esta última posición, que nosotros compartimos, es el que pone en relieve las profundas desigualdades que existen entre las partes y que colocan al abuso de poder, que tiene como fundamento las jerarquías por género y edad, en el centro de la cuestión.

En este punto vale la pena hacer notar las coincidencias que encontramos en los tres países de la región de América del Norte, más allá de que las profundas diferencias culturales que existen entre los mismos, y que a lo largo de este estudio han quedado de manifiesto, hacen que el abuso de poder adquiera rasgos o matices propios no sólo en cada país sino aun en distintas regiones y localidades dentro de éstos. Ello por lo que se refiere al núcleo más elemental que constituye la base del problema: las relaciones jerárquicas o de subordinación que se establecen con fundamento en las diferencias de género y edad. Pero no sólo en este núcleo básico encontramos coincidencias; también, en el tipo de poblaciones de menores de edad que se hallan más expuestas así como en el tipo de comunidades más propensas a la explotación sexual de niños y adolescentes. Con respecto de los primeros, hallamos que aquellos niños que han abandonado o les han hecho abandonar sus hogares, y dentro de

---

[2] Se denomina relación de abuso a aquella forma de interacción que, enmarcada en un contexto de desequilibrio de poder, incluye conductas de una de las partes que, por acción o por omisión, ocasionan daño ya sea físico o psicológico o ambos a otro miembro de la relación (Corsi, 1999:30-31).

éstos específicamente aquellos que han padecido distintas formas de abuso con independencia del sector socioeconómico del que provengan, se encuentran más expuestos a ser reclutados por los explotadores. Y, en relación con las comunidades, nos podemos dar cuenta que tanto las grandes metrópolis como en general las localidades que tienen niveles más bajos de cohesión por ser zonas de contacto o fronterizas, enclaves turísticos o puertos de embarque, las que cuentan con contingentes de población flotante masculina, así como las que por diversas razones tienen niveles más altos de desarraigo, son las más propensas a que en ellas se desarrolle la explotación sexual de niños.

Si el presente estudio tuvo como punto de partida el análisis de situación que aconsejaba abordar el fenómeno a escala regional, también tiene como punto de llegada el que sostiene la conveniencia de estrechar y fortalecer los lazos entre los tres países a fin de poder hacer frente al problema de manera más eficaz y articulada. En alguna medida, el proyecto ha podido contribuir a ello dando a conocer sus resultados, poniéndolos al alcance y debatiéndolos con los principales sectores que tienen algún nivel de responsabilidad frente al problema. Aunque los contactos establecidos de forma intergubernamental así como entre organismos civiles y especialistas han resultado fructíferos, no se ha llegado al punto en que pueda formularse un programa regional articulado. En cierto modo, cada país conoce mejor lo que tendría que hacer para enfrentar el fenómeno, lo que no quiere decir que siempre esté dispuesto a asumir los costos que implica hacerlo o que sitúe este tema dentro de sus prioridades.

Por otro lado, en varios puntos el estudio encontró datos que desestimaron algunos cálculos con los que se contaba al inicio y que en buena parte contribuyeron al interés que mostraron particularmente las autoridades norteamericanas para que se llevara a cabo la investigación a escala regional. Nos referimos a la idea que de manera previa ya existía acerca de que una proporción importante de los niños y niñas que estaban siendo explotados en Estados Unidos provenía de México y de otros países latinoamericanos desde donde habían sido trasladados de manera ilegal por traficantes. El estudio no encontró evidencias que soportaran este supuesto; en cambio, sí halló que la mayoría (80%) de los niños que están siendo explotados en Estados Unidos son norteamericanos, en tanto que la quinta parte restante corresponde a menores de diferentes regiones y nacionalidades que han sido trasladados con promesas de trabajo, distintas de la prestación de servicios sexuales, y que cuentan con algún tipo de documentos migratorios. Ello no quiere decir que no haya casos de niños que han sido trasladados de manera ilegal desde México u otros países de la región para ser sexualmente explotados, sino sólo que no son la mayoría de los menores que se encuentran en esta situación en territorio estadunidense.

También vale la pena reiterar que en este volumen no ha sido posible incluir sino una síntesis de los estudios realizados en Estados Unidos y Canadá, los que en su momento podrán ser consultados *in extenso* en las publicaciones que los respectivos autores realizarán sobre el tema en cada país. Con respecto del estudio canadiense resolvimos incluir en el presente volumen la parte que se refiere a los perpetradores porque nos parecía importante llamar la atención sobre el polo de la demanda que hasta ahora ha sido muy poco abordado. Consideramos que en el futuro deberá continuarse trabajando sobre esta línea.

No quisiéramos concluir estas reflexiones sin antes señalar que no nos cabe duda de que haber abordado el estudio de forma regional ha sido un acierto y ha superado nuestras expectativas. Lo único que se puede esperar ahora es que este esfuerzo contribuya a mejorar la situación de los niños en la región y a eliminar la explotación sexual infantil en todas sus formas.

A continuación, quisiéramos detenernos con mayor detalle en las recomendaciones que se pueden formular tanto a la luz de los resultados obtenidos por nuestro estudio, particularmente en México, como de lo que ha sido propuesto en los convenios y congresos internacionales.

AGENDAS DE ACCIÓN PROPUESTAS POR LOS CONGRESOS MUNDIALES

A partir del Primer Congreso contra la Explotación Sexual Comercial de Niños, celebrado en 1996, en Estocolmo, se logró adoptar una Agenda de Acción que fue aprobada por los más de cien Estados participantes, que ha sido ratificada y hasta cierto punto hecha efectiva por algunos de sus gobiernos. Sin embargo, de acuerdo con el último informe de ECPAT, *Cinco años después de Estocolmo*, a pesar de que hay que reconocer grandes avances en la ejecución de esta agenda, son muchas las tareas pendientes y los nuevos retos que es preciso abordar.

Según denuncia el informe, hay todavía muchos países en que la ESCN no se considera un problema y, por tanto, en ellos no se ha tomado aún medida alguna: Sudán, Guinea o el Congo, en África; Belice, Panamá, Cuba, Haití o Bolivia en el continente americano, por citar algunos. En otros países americanos, como El Salvador, Honduras, Venezuela, la Argentina o Estados Unidos, el informe considera que se han tomado pocas medidas adecuadas para hacer frente al problema. En cambio, a Colombia, Canadá, Guatemala y México se les reconoce el esfuerzo en combatir la ESCN, aunque con resultados más bien escasos, sobre todo por lo que respecta a la eficacia de la puesta en práctica de las reformas legales ya aprobadas y de los programas preventivos. Sólo República Dominicana y Brasil se distinguen en el continente americano, según ECPAT, por tener programas de lucha y prevención cuya aplicación esté dando importantes y efectivos resultados en el combate a la ESCN.

Para el caso de la República mexicana, y desde el punto de vista preventivo, además de la existencia de un Plan de Acción Nacional formulado por el DIF desde el año 2000, algunos estados como Quintana Roo, Jalisco y Baja California, elaboraron planes de acción estatales, mientras que ciudades como Acapulco, Cancún o Distrito Federal, pusieron en marcha campañas preventivas en colaboración con los DIF estatales y las delegaciones políticas de la capital. La Comisión Nacional Interinstitucional para Prevenir, Atender y Erradicar la Explotación Sexual Comercial de Menores publicó volantes y folletos informativos, e intervino en la difusión de campañas de toma de conciencia en medios de comunicación tales como la radio y la televisión.

Como consecuencia de la mayor sensibilidad social que existe hacia el problema de la ESCN, han proliferado congresos, conferencias, talleres y seminarios a lo largo del país con la participación de instancias gubernamentales e internacionales, así como cuerpos de policía, ONG, académicos especialistas y organizaciones privadas. Sin embargo, debido a las trabas administrativas; a las campañas interrumpidas o con mensajes contradictorios o ambiguos; a la falta de coordinación y de constancia y, lo que es peor, a la puesta en marcha bajo la nueva legislación de operativos o *razzias* de carácter punitivo hacia las víctimas en zonas rojas y centros nocturnos, y no raras veces en connivencia con explotadores y propietarios, hay razones para dudar que ello haya repercutido de manera eficaz en su prevención y erradicación.

A pesar de que se espera que entre el 2003 y el 2004 casi todos los países del mundo hayan adoptado la Declaración de Estocolmo y su

Agenda de Acción, hay serias restricciones en cuanto a la asignación de recursos por parte de los Estados para llevar a cabo los propios planes y estrategias que van acordando, así como también limitaciones por lo que respecta a los criterios de colaboración global, nacional y regional, y a la integración de un marco de jurisdicción internacional para perseguir este delito.

En el Segundo Congreso Mundial celebrado en Yokohama, Japón, en diciembre de 2001, se insistió en la gravedad de las carencias de la puesta en práctica de los planes de acción y se enfatizó que la ESCN no sólo afecta a los países en vías de desarrollo, sino también a los del llamado primer mundo —sobre todo por ser destino de las niñas explotadas de los países pobres y los lugares donde operan en mayor medida las redes internacionales del crimen organizado. En este sentido, en Yokohama se subrayó la falacia de atribuir el fenómeno exclusivamente a la pobreza, o más grave aún, de considerar a ésta como un pretexto justificativo: la desigualdad de género, el analfabetismo, la discriminación, la violencia, el sida, las familias disfuncionales, el "factor demanda", la criminalidad y las prácticas tradicionales negativas, son todas ellas causas coadyuvantes, entre otras, para la persistencia y el incremento de la ESCN.

Dirigido a fortalecer el compromiso adquirido en la Agenda de Acción de Estocolmo, el congreso de Yokohama formuló un Acuerdo Global con la nueva participación de treinta y cinco países en el que se insistió en: *a*] reafirmar el desarrollo de las agendas nacionales y sus planes de acción con medidas efectivas; *b*] incidir sobre las causas básicas que actúan como factores de riesgo; *c*] la promoción de la educación y la información dirigida a niños, padres, proveedores de servicios y policías; y, *d*] la importancia de una verificación de los mecanismos nacionales, *d*] regionales y subregionales a través de la supervisión que proporcionan las instancias internacionales para comprobar la efectividad de las medidas adoptadas.

Desde el Primer Congreso Mundial de Estocolmo [en adelante, Estocolmo] han sido numerosas las recomendaciones que se han elaborado dirigidas principalmente a los gobiernos, pero también a las ONG y a la sociedad civil, para prevenir y luchar contra la ESCN. Entre ellas destacan las formuladas por: *a*] la Oficina Internacional de los Derechos del Niño [IBCR, 1998]; *b*] Ofelia Calcetas Santos, Relatora Especial sobre la venta de niños, la prostitución y la pornografía infantiles (20 de enero de 1999) [Relatora]; *c*] el Protocolo Facultativo de la Convención sobre los Derechos del Niño relativos a la participación de los niños en los conflictos armados y a la venta de niños, la prostitución infantil y la utilización de niños en la pornografía (27 de abril de 2000) [Protocolo Facultativo]; *d*] la Recomendación del Comité de Ministros del Consejo de Europa sobre la protección de los niños contra la explotación sexual (31 de octubre de 2001) [Consejo de Europa]; y, por supuesto, *e*] el Acuerdo Global del Segundo Congreso Mundial contra la Explotación Sexual Comercial de Niños de Yokohama (20 de diciembre de 2001) [Yokohama].

Las recomendaciones recogidas en estos importantes documentos se pueden dividir en cuatro grandes áreas. A continuación, expondremos las recomendaciones que en esta investigación consideramos como más relevantes tanto en el contexto regional de América del Norte como en México, comparándolas y contrastándolas con las recomendaciones que ya han sido formuladas en estos documentos y resaltando, en su caso, el logro insuficiente, ambiguo o nulo de las mismas.

1. COORDINACIÓN Y COOPERACIÓN

a] La Relatora consideró necesario el establecimiento de estándares internacionales relativos a la venta y el tráfico, junto con mecanismos internacionales para asegurar el monitoreo de las actividades de los Estados, además de hacer compatible los sistemas actuales para la recolección, procesamiento e intercambio de información.

b] La IBCR recomendó que toda cooperación internacional implicara la cooperación en el ámbito regional, nacional e internacional entre los ministerios relevantes, entre agencias policiacas, y entre profesionales de la ley, el intercambio de información y el desarrollo de bases de datos, y el adiestramiento y preparación en todos los niveles. Estamos seguros de que esta cooperación efectiva no se ha logrado en el caso de México.

c] La implementación de legislaciones extraterritoriales con respecto a la ESCN, también según la IBCR, debía tener el objetivo de establecer sistemas sostenibles para perseguir ofensores individuales o asociados. Tales sistemas no debían depender de los esfuerzos voluntarios o individuales, además de estar disponibles para lidiar con casos de manera sistemática y no ocasionalmente. Algunos casos de pornografía infantil desvelaron en años recientes las deficiencias existentes en cuanto a la eficiencia de la extraterritorialidad.

d] El Congreso de Estocolmo resaltó la importancia de fomentar la cooperación entre los sectores gubernamental y el no gubernamental para la planificación, aplicación, y evaluación de medidas contra la ESCN. A pesar del impulso dado en México a esta cooperación, creemos necesario profundizar en ella ya que en algunas ocasiones se han llegado a detectar claras políticas de rivalidad no solamente entre gobierno y ONG sino también entre estas últimas, a veces incluso en contra de los propios intereses de los niños.

e] Una verdadera y plena aplicación de la Convención sobre los Derechos del Niño por parte del estado mexicano, cosa que también se recomendó en Estocolmo, pasa por la exigencia de informar al Comité de los Derechos de los Niños de acuerdo con los plazos vigentes, sobre los avances logrados.

f] Asimismo, la Relatora recomendó el establecimiento de registros regionales e internacionales para niños adoptados internacionalmente y para niños desaparecidos, así como la cooperación bilateral y multilateral entre países que comparten fronteras incluyendo un intercambio sistemático e institucionalizado de información. Ambas pretensiones no han sido logradas.

2. PREVENCIÓN

a] En Estocolmo se recomendó la promoción de los derechos del niño en la educación de la familia y en la ayuda para el desarrollo de la familia, además de mejorar el acceso y proporcionar servicios de salud adecuados, educación, formación y un entorno favorable a las familias y a los niños vulnerables a la ESCN. Estas tareas deberían ser mejor desarrolladas y llevadas a cabo principalmente por los diferentes DIF, pero sin excluir a las ONG ni a las instituciones privadas.

b] Asimismo, el primer Congreso Mundial también aconsejó formular o reforzar políticas económicas y sociales con contenidos de género en el ámbito nacional para ayudar a los niños vulnerables frente a la explotación sexual comercial, a las familias y a las comunidades, con atención especial a los abusos dentro de la familia, las prácticas tradicionales nocivas y sus efectos sobre las niñas. Políticas integrales intersectoriales que contuvieran fuertes contenidos de igualdad genérica y respecto de la dignidad de los niños deberían trascender las limitadas esferas de los programas específicos en instituciones espe-

RECOMENDACIONES   331

cíficas para asuntos de la mujer. En esta línea se enmarcaba la recomendación de la Relatora respecto de la necesidad de establecer programas e iniciativas dirigidos a combatir la estigmatización de la madre soltera y a ayudarlas a mantener a sus hijos, ya que la maternidad adolescente en condiciones de soltería se ha revelado como un factor básico para la explotación sexual.

c] Además, los contenidos de género también debían ser incorporados, según Estocolmo, a las campañas de información para educar a los funcionarios de gobierno sobre los derechos del niño y la ilegalidad y efectos nocivos de la ESCN. Esto implicaba, según la Relatora, promover y organizar programas dirigidos a aumentar la conciencia y la preparación para aquellos que son responsables de los niños en campos como la educación, la salud, el trabajo social, la justicia, el control fronterizo y aduanal, así como las instituciones defensoras de la ley, con el fin de disponerlos a identificar casos de ESCN y a tomar las medidas necesarias, incidiendo en la especial recomendación de la IBCR de tomar en cuenta los requerimientos de niños víctimas y niños testigos, en el sentido de preparar al personal para comunicarse y escuchar a los niños, y considerar los significados culturales y las diferencias lingüísticas, así como el desarrollo de investigaciones y procedimientos legales amistosos con la niñez. Creemos que este campo es sumamente deficiente en México.

d] Pero las campañas de sensibilización, según Estocolmo, también tenían que ser dirigidas a todas las personas involucradas en la ESCN, en especial las víctimas y sus familias, pero también a los usuarios y proxenetas, con el fin de promover cambios en los comportamientos para hacer frente a dichas prácticas. Se debería tener una especial incidencia, tal y como lo señalaba la Relatora, sobre los riesgos del tráfico, las prácticas de reclutadores y las circunstancias de vida en los burdeles, para que fuera un determinante en la toma de decisiones de la gente, particularmente los niños y sus padres, mediante el acceso a niños víctimas de la ESC que relataran sus experiencias. Esta información debía ser diseminada a diferentes grupos a través de currículos de escuelas, programas de radio y televisión, y campañas de carteles. A pesar de los esfuerzos llevados a cabo, creemos que esta recomendación no ha sido eficazmente desarrollada, sobre todo por lo que respecta a su puesta en marcha en las escuelas públicas, para lo cual debería incorporarse como materia de los currículos de educación cívica, por ejemplo. Las barreras ideológicas, siguiendo al Consejo de Europa, deberían ser levantadas para que esta información fuera accesible a la población en general de una manera objetiva y orientadora, y se ayudara así a incrementar la conciencia pública del carácter criminal de la ESCN. Esta información debería incluir una descripción de los contextos de exposición, así como los procedimientos para proteger a los niños y el aprendizaje de la autoprotección, adaptando los métodos pedagógicos a la edad y competencia de los niños.

e] Y un importante papel de difusión estaría reservado a los medios de comunicación de masas, pero animándolos a contribuir de una manera constructiva (no amarillista) a la toma de conciencia de los efectos de la ESCN. Esto incluiría, según el Consejo de Europa, el hecho de desarrollar reglas apropiadas de conducta y regulaciones para los redactores y guionistas de los medios electrónicos y audiovisuales, en particular en lo referido al respeto a la privacidad, identidad y dignidad de los niños. Creemos que muchos medios de comunicación en México, en especial ciertas cadenas de TV, tratan estos temas con un excesivo y antiético interés en los *ranking* de audiencia, por lo que abordan superficialmente estas noticias siguiendo los lugares comunes de la ideología genérica dominante y sin contribuir en absoluto a la transformación de la percepción cultural del fenómeno.

3. PROTECCIÓN Y PERSECUCIÓN

a] Estocolmo recomendó un punto esencial: desarrollar o reforzar y aplicar medidas legales nacionales para establecer la responsabilidad criminal de los proveedores de servicios, clientes e intermediarios en la prostitución, tráfico y pornografía infantil. Reconocemos que en el área legal la República mexicana y varios de sus estados han incorporado de manera satisfactoria la tipificación del delito de la ESCN, ya que se han introducido importantes modificaciones en la legislación, aunque hay lagunas en la cuestión específica del usuario de los servicios de prostitución y el poseedor de pornografía.

b] Estas medidas legales y políticas y sus programas derivados, con el fin de proteger a los niños y prohibir la ESCN, debían de tener en cuenta, según Estocolmo, que la diversidad de los perpetradores y las diferencias de edad y de circunstancias de las víctimas exigen medidas legales y programáticas distintas. Esto significa la necesidad de afinar mejor en la tipificación legal de los delitos de ESCN, y en la introducción de la suficiente complejidad, para evitar toda violación de las garantías procesales y no aumentar la vulnerabilidad de las víctimas.

c] Los controles de sanidad y de espectáculos, así como los "operativos" policiacos llevados a cabo al amparo de las nuevas legislaciones, deberían ser más eficaces y tender a la eliminación de los efectos perversos derivados de la corrupción. En este sentido, habría que evitar que la ley sirviera como coartada para subir la cotización de las niñas e incrementar la explotación sexual y el enriquecimiento de funcionarios corruptos, de empresarios sin escrúpulos y de intermediarios. La ley no puede erigirse para mayor provecho de los explotadores. Esto, además de ineficaz, es sumamente inmoral. Siguiendo la recomendación del Consejo de Europa, los gobiernos deberían identificar, destituir y castigar a los oficiales públicos corruptos que actúan como cómplices de traficantes y comerciantes, sin ninguna vacilación, y mediante la intervención de programas internos permanentes de verificación y control.

d] Para el caso de turismo sexual, y siguiendo otra vez Estocolmo, debían desarrollarse y aplicarse medidas legales para considerar como delito los actos cometidos por los nacionales de los países de origen contra los niños de los países de destino, mediante la promoción de la extradición y otros convenios legales para garantizar que una persona que explota a un niño con fines sexuales en otro país sea procesada bien en su país de origen o bien en el país de destino. Es evidente que hay muchas deficiencias en el campo de las leyes penales extraterritoriales, a veces provocadas por las resistencias nacionales a ceder soberanía. Pero creemos que en esta área los derechos humanos universales de los niños están por encima de las barreras administrativas y jurídicas de los Estados-nación.

e] Siguiendo con esta línea recomendada por Estocolmo, también para el caso del tráfico de niños, se debían desarrollar y aplicar medidas legales, políticas y programas nacionales para proteger a los niños del tráfico ilegal dentro o a través de las fronteras nacionales y castigar a los traficantes. Nosotros subrayamos de nuevo esta necesidad, pero además recalcamos la urgencia de controlar la exagerada movilidad y tráfico de niños entre los diferentes estados de la República, cosa que en la actualidad es el fundamento del próspero negocio de la ESCN, pero con un especial cuidado de no vulnerar sus derechos fundamentales.

f] Habría que identificar y estimular, de acuerdo con Estocolmo, el establecimiento de redes nacionales e internacionales y coaliciones entre miembros de la sociedad civil para proteger a los niños frente a la ESCN. En otras palabras, hacer a la sociedad civil partícipe de la lucha y prevención de la ESCN, y no delegar todo en las autoridades de gobierno, mediante la vigilancia y las campañas vecinales de prevención, así como el uso positivo de Internet para el intercambio de información entre asociaciones contra la explotación.

g] Estocolmo también recomendaba el cuidado de desarrollar y aplicar medidas legales, políticas y programas nacionales para proteger a las víctimas infantiles de la ESCN ante la eventualidad de que sean castigadas como criminales y garantizar que tengan pleno acceso a personas y servicios de apoyo favorables. Consideramos este punto muy importante. Siguiendo la recomendación de la IBCR, la protección de los niños debe ser la primera prioridad en toda legislación, sin perjuicio de la presunción de inocencia del acusado. O sea que, en el curso de las investigaciones y procesos judiciales llevados a cabo en la prosecución de aquellos que han cometido ofensas contra los niños, no se puede hacer ningún daño a éstos, primando dos criterios presentes en la Convención de los Derechos de los Niños: el superior interés del niño (Art. 3), y el derecho de que su opinión sea tomada en cuenta (Art. 12). En cualquier caso, la reputación previa del niño nunca será una evidencia admisible. Según recoge el artículo 8 del Protocolo Facultativo, esta protección se traduce en: 1] evitar la divulgación de información que pueda conducir a la identificación de esas víctimas; 2] velar por la seguridad de los niños víctimas, así como por la de sus familias y los testigos en su favor, frente a intimidaciones y represalias; 3] evitar las demoras innecesarias en la resolución de las causas y en la ejecución de las resoluciones o decretos por los que se conceda reparación a los niños víctimas. Es fundamental recordar que el tiempo es también un factor importante dado el daño causado por los ofensores y el riesgo de que continúen cometiendo sus crímenes.

h] Por último, y de acuerdo con el Consejo de Europa, había que asegurar que los niños que han sido víctimas de ES no puedan ser perseguidos por ningún hecho relacionado con su explotación, bien sea por prostitución, por haber participado en pornografía, así como por haber ingresado ilegalmente en el país con propósitos de explotación sexual.

4. RECUPERACIÓN Y REINTEGRACIÓN

a] Recordando una recomendación de Estocolmo, se debía proporcionar asesoramiento psicológico, médico, social y otras medidas de apoyo a las víctimas de la ESC, así como a sus familias, además de emprender la formación con un enfoque de género del personal médico, maestros, trabajadores sociales, y organizaciones no gubernamentales. Es evidente que, como muchas veces se ha demostrado, sin este enfoque de género, los abusos y la explotación pueden ser racionalizados por el personal de apoyo hasta el punto de hacer creer a las víctimas que son culpables de ello, o que eso es parte del destino de una mujer.

b] Tomar medidas efectivas para prevenir y eliminar la estigmatización social de las víctimas infantiles y de sus hijos, facilitando la reintegración y recuperación de las víctimas infantiles en sus comunidades de origen, era otra de las recomendaciones del primer Congreso Mundial. Se trata, sencillamente, de romper con el efecto "ya perdió" con el que la cultura tradicional condena a las muchachas sexoservidoras a una casi imposible recuperación de su dignidad y valor como mujeres y seres humanos.

c] Para ello, se deberían promover medios alternativos de vida con servicios de apoyo adecuado para las víctimas infantiles y sus familias, pero cuidando de que sean económicamente viables y no exista más explotación incluso que la que puede recibir un niño en la prostitución.

d] Además, otra vez según Estocolmo, se debían adoptar no sólo sanciones legales contra los perpetradores de delitos sexuales contra los niños, sino también medidas psicológicas y sociomédicas para producir cambios de comportamiento por parte de los perpetradores. Esto significa la puesta en marcha de programas de transformación cultural con tal de incidir sobre las percepciones tradicionales de género, no sólo en hombres usuarios, sino también en mujeres que incitan o toleran la explotación sexual de sus niñas. Por consiguiente, toda sanción punitiva debe ser simultánea con medidas de apoyo psicológico a pedófilos identificados, pero también de cambio cultural porque el fenómeno no se puede limitar a casos de pedofilia desde el punto de vista clínico.

e] Por último, siguiendo el Consejo de Europa, habrían de ser ampliamente extendidos los mecanismos de respuesta ya existentes y las organizaciones y agencias que proveen asistencia a niños víctimas o a sus padres, tales como teléfonos gratuitos y puntos focales en instituciones relevantes de gobierno y educativas, así como comunidades locales.

Por su parte, el documento final del Acuerdo Global de Yokohama reconoce que ha habido algunos desarrollos positivos en la puesta en práctica de algunas recomendaciones que han sido ya suficientemente elaboradas y descritas. Sin embargo, recomendó dos puntos a los que considera que debe prestarse una creciente importancia.

Por una parte, se trata de la participación de los niños dándole mayor profundidad a una recomendación ya formulada en Estocolmo, acerca de la necesidad de cambiar los conceptos de "víctima" y "victimización" por el de "supervivencia", para permitir integrar la capacidad de agencia de los niños y adolescentes en adoptar medidas activas para prevenir y luchar contra la ESCN. Esto se traduce en identificar o establecer y apoyar redes integradas por niños y jóvenes como defensores de los derechos del niño, e incluir a los niños, de acuerdo con la evolución de su capacidad, en el desarrollo y aplicación de los programas gubernamentales y no gubernamentales que les conciernen.

Por otro lado, existe el interés creciente en focalizarse en la demanda de los sexoservicios con niños; esto es, en identificar, conocer y comprender los mecanismos sociales, culturales y políticos mediante los cuales hombres adultos desean y escogen a niños y niñas como parejas sexuales, sin olvidar, por supuesto, la vertiente punitiva. Por tanto, sin dejar de lado los procesos de involucramiento de los niños y adolescentes en la explotación sexual, es necesario enfrentar la demanda mediante medidas preventivas dirigidas a los hombres usuarios, con la participación tanto de medios de comunicación, como de programas gubernamentales y de ONG que incidan en los cambios en la masculinidad.

Además, desde el punto de vista penal, es necesario no sólo perseguir el delito del proxenetismo, sino también el del simple "cliente". Siguiendo las recomendaciones del Consejo de Europa, se deben introducir sanciones criminales apropiadas contra las personas que aceptan los servicios de algún niño involucrado en prostitución. Si bien es cierto que la identificación y la persecución de usuarios de niñas prostituidas necesitan una estrategia dirigida a frenar el suministro, una política anticrimen coherente también debería hacer frente a la demanda por cualquier medio efectivo. Debido al daño severo sufrido por las niñas prostituidas, está justificado hacer cumplir la ley efectivamente con el fin de imponer castigos a los compradores de prostitución infantil, así como también proveerles un tratamiento cuando sea apropiado, ya que todo agresor que necesite tratamiento y no lo reciba representa un peligro tanto para la sociedad como para los niños al existir el riesgo de reincidencia. Una solución pasa por prohibir que personas halladas culpables de agresiones relacionadas con la ESCN ocupen puestos laborales o actividades que puedan ponerlos en contacto con niños.

Por último, es necesario hacer mención de una serie de recomendaciones generales para luchar contra el incremento de la pornografía infantil, tanto de la producción, como de la distribución y el consumo en Internet, que serían aplicables también en el caso de México.

Por supuesto, la primera recomendación, de acuerdo con la reciente Convención del Cibercrimen (2001), es la de criminalizar la pornografía infantil tanto para el propósito de venderla, distribuirla, transmitirla, diseminarla, importarla, exportarla, ofrecerla o tenerla disponible, así como también de poseerla incluso para uso personal.

Asimismo, y siguiendo de cerca el artículo presentado en el Congreso de Yokohama por el doctor John Carr, investigador de la Children y Technology de la NCH de Londres, es muy importante que el personal de las instituciones que persiguen este crimen desarrolle pericias y cuente con recursos tecnológicos para asegurar que no solamente actuarán contra los pornógrafos infantiles en sus propios países, sino también que participarán en acciones internacionales contra ellos, dada la globalización del cibercrimen. Para llevar a cabo estas operaciones transnacionales, sería necesario estandarizar procedimientos para la aplicación de la ley así como los protocolos relacionados con la pornografía infantil, con el fin de establecer una base de datos común y unas relaciones de trabajo más estrechas entre las instituciones servidoras de la ley. Por otra parte, hace falta también que los miembros de la magistratura adquieran un buen conocimiento de las nuevas tecnologías y los crímenes que éstas facilitan, además de que, debido a que los abusadores sexuales infantiles hacen cada vez mayor uso de tecnologías de encriptación para ocultar la evidencia de sus actividades, se necesitaría encontrar más y mejores métodos para aprehenderlos.

En cuanto al hecho de enfrentar la producción, habría que concentrarse en los estados donde la prostitución infantil y el turismo sexual infantil son todavía preeminentes, ya que éstos se están convirtiendo en las fuentes principales de la mayor parte del nuevo material pornográfico que está llegando al mercado mundial.

Para atacar la distribución, las industrias de la alta tecnología y los proveedores de la Internet tendrían que dar cobertura a las necesidades legítimas de los servidores de la ley para prevenir el abuso criminal que permiten las nuevas tecnologías. Por ejemplo, los inventores de software deberían desarrollar tecnologías que puedan localizar imágenes de pornografía infantil en Internet más rápidamente para permitir su identificación y por supuesto eliminación. Para debilitar el consumo, se debería hacer frente al abuso del anonimato en Internet, por ejemplo, mediante la identificación de los autores de mensajes sospechosos de *chatrooms* gracias a sus huellas electrónicas. Un incremento de las líneas telefónicas y electrónicas permanentes que asistieran a las denuncias de *websites* de pornografía infantil, sería útil para acorralar los itinerarios evasivos de los delincuentes. Por último, un consejo general en la lucha futura contra la pornografía infantil sería no dejarse llevar, desde el punto de vista político, por los argumentos que relacionen la necesaria protección de los niños con un ataque a la libertad de expresión.

ANEXO 1

GUÍA DE ENTREVISTA A GRUPOS FOCALES

Entre quienes fueron invitados a participar en los grupos focales convocados en las siete ciudades, se encuentran:

- Niñas, niños y jóvenes víctimas de explotación sexual.
- Funcionarios de instituciones de atención y protección a la infancia: DIF, Procuradurías del Menor y la Familia.
- Organismos públicos de derechos humanos: Comisiones Estatales de Derechos Humanos.
- Organismos no gubernamentales con programas de atención a niños y mujeres en situaciones de riesgo.
- Académicos o especialistas que han realizado estudios sobre el tema.
- Comunicadores de prensa, radio y TV que conocen el tema.
- Policías e inspectores de salubridad que tienen a su cargo la supervisión de los establecimientos comerciales relacionados con el tema: hoteles, centros nocturnos y los cabaret.
- Comerciantes establecidos o ambulantes de las zonas en donde opera el comercio sexual.
- Estudiantes de nivel medio superior o licenciatura que radican en la comunidad y conocen los centros nocturnos.

Los temas básicos que se abordaron con los grupos focales, adaptándolos en cada caso a las circunstancias específicas del grupo participante, fueron los siguientes:

1] Introducción general acerca del proyecto, sus objetivos y el uso que se hará de la información que proporcionen.

2] Presentación de quienes coordinan el grupo y de las actividades que desempeñan.

3] Presentación de los participantes indicando sus actividades en relación con el tema.

4] Breve explicación de lo que se entiende por explotación sexual comercial de niños.

5] Apreciación de los participantes acerca del problema en la localidad:
   a] Estimaciones de la magnitud.
   b] Sitios en donde se desarrolla.

6] Formas de explotación sexual de niños que existen en la localidad:
   a] Prostitución infantil.
   b] Pornografía infantil.
   c] Tráfico de niños.
   d] Turismo sexual infantil.

7] ¿Es un fenómeno que va en aumento o que ha disminuido?

8] ¿Cómo se explican los posibles cambios cuantitativos (aumento/disminución) que se observan en este fenómeno?

9] ¿Cómo se explican los posibles cambios cualitativos (en el tipo de explotación sexual, en la mayor participación de niñas/niños, etc.) que se observan en el fenómeno?

10] ¿Hay grupos de niños más susceptibles o en mayor riesgo que otros, de ser captados por explotadores?
   a] En caso de que si, ¿qué factores han incrementado su vulnerabilidad?
   b] En caso de que no, ¿qué factores protegen o previenen a los niños?

11] ¿De dónde provienen los niños que son explotados en la localidad? Si vienen de otras entidades, ¿cómo llegaron?

12] ¿Los niños explotados pertenecen a algún grupo étnico en particular?
   a] ¿Existen patrones de comportamiento del fenómeno que se asocien con diferencias étnicas entre los niños?

13] ¿Cuáles son las formas de reclutamiento de niños que se emplean en la localidad?

a] Reclutamiento por parte de explotadores de la localidad.
b] Reclutamiento por parte de explotadores no locales.
c] Reclutamiento por parte de familiares.
d] Reclutamiento por parte de amigos/as.
e] Reclutamiento por parte de los propios niños.

14] Cuando los niños abandonan esta actividad, ¿cómo lo logran?
a] Por intervención de autoridades de justicia.
b] Por intervención de autoridades de protección a la infancia.
c] Por intervención de familiares.
d] Otras (especificar).

15] ¿Los niños que son explotados reciben algún apoyo en la localidad? ¿De qué tipo?
a] ¿Hay programas gubernamentales que les brinden atención?
b] ¿Hay programas de ONG que les brinden atención?
c] ¿Hay programas por parte de organismos de derechos humanos?

16] ¿Se han detectado casos en la localidad en los que los niños sean explotados por redes que actúan también en otras entidades del país?
a] ¿Se conoce de niños que hayan sido trasladados a/de otros estados?
b] ¿Casos como éstos han sido perseguidos por autoridades locales?
c] ¿Se ha tenido contacto con autoridades de otros estados para perseguir estos casos?
d] ¿Cuáles han sido los resultados en la persecución de estos casos?
e] ¿Qué dificultades enfrentan las autoridades al perseguir estos casos?
f] ¿Qué sería necesario hacer para que la persecución de estos casos fuera eficaz?

17] ¿Se han detectado casos en la localidad en los que los niños sean explotados por redes del crimen organizado que actúen en el nivel internacional?
a] ¿Se conoce de niños que hayan sido trasladados a/de otros países?
b) ¿Casos como éstos han sido perseguidos por autoridades locales?

c] ¿Se ha tenido contacto con autoridades de otros países para perseguir estos casos?
d] ¿Cuáles han sido lo resultados en la persecución de estos casos?
e] ¿Qué dificultades enfrentan las autoridades al perseguir estos casos?
f] ¿Qué sería necesario para hacer para que la persecución de estos casos fuera eficaz?

18] Identifique, por favor, los que considere como los principales obstáculos para que las autoridades de los diferentes sectores puedan llevar a cabo las funciones que les corresponden en torno de la problemática de la explotación sexual de niños:
- Carencia de normas jurídicas que permitan enfrentar el problema.
- Falta que el problema sea reconocido socialmente en la comunidad.
- Falta un mandato claro respecto de las responsabilidades frente a los niños.
- Carencia de recursos materiales y humanos para hacerse cargo del problema.
- Inadecuada capacitación del personal a cargo del problema.
- Falta de apoyo técnico (equipo de cómputo, acceso a bases de datos, etcétera).
- Necesidad de mayor cooperación y coordinación entre todos los sectores responsables.
- Diferencias en las formas de encarar el problema por parte de los diferentes sectores involucrados.
- Otras (especifique).

19] Identifique, por favor, las recomendaciones específicas que considere que deberían adoptar los distintos sectores a fin de estar en condiciones de ofrecer una mayor y mejor protección a los niños en contra de la explotación sexual.

ANEXO 2

ALGUNOS CASOS DE EXPLOTACIÓN SEXUAL DE NIÑOS, OCURRIDOS
ENTRE LOS PAÍSES DE LA REGIÓN DE AMÉRICA DEL NORTE,
REPORTADOS POR LA PRENSA

SÍNTESIS ELABORADA POR ELENA AZAOLA

Al efectuar un análisis de los casos dados a conocer a la opinión pública en 9 diarios de circulación nacional y 13 locales en distintas ciudades de la República mexicana durante el periodo de 1998 a 2000, se encontraron más de 250 notas relativas a casos de ESCN en México. Del total de los casos reportados, cerca de una quinta parte involucra la participación conjunta de ciudadanos mexicanos y norteamericanos. A continuación se presenta una síntesis de algunos de ellos.

- En una escuela de la ciudad de Cuernavaca se descubrió que varios empleados, encubiertos por maestros y directores, utilizaron a 27 niños de entre 4 y 6 años de edad para elaborar material pornográfico que dichos empleados producían para comerciar en Estados Unidos. Los dueños de la escuela, entre ellos Alfonso Martínez Soberón, cuentan con denuncias previas por delitos sexuales en San Diego y Miami y huyeron al estado de Florida. Casos semejantes de elaboración de material pornográfico para ser comercializado en Estados Unidos se han encontrado también recientemente en escuelas de los estados de México, Veracruz, Querétaro y el Distrito Federal (*El Universal*, 24-IV-99 y *La Jornada*, 18-VIII-99).
- En Estados Unidos fue detenido un grupo al que se considera responsable del tráfico de cerca de 500 niños entre 1990 y 1999 a quienes entregaban en adopción de manera ilegal mediante documentos falsos. La agencia operaba en Arizona bajo el nombre de International Adoption Consultants, Inc., pero también operaba en Nueva York donde fueron detenidas dos mujeres norteamericanas, Arlene Lieberman y Arlene Reigold, y un abogado mexicano, Mario Reyes, que operaba en el estado de Sonora. Reyes obtenía a los niños en albergues o entre familias pobres a quienes pagaba 100 dólares por niño mientras que los vendía en 20 o 30 mil dólares. La

344   LA INFANCIA COMO MERCANCÍA SEXUAL

agencia en Nueva York se llamaba Adoption Choice y enganchaba a sus clientes en un Centro Comercial en donde ofrecía niños en adopción a mujeres (*El Universal*, 31-V-99 y 2-VI-99).

- Un matrimonio, acusado de prostituir a su hija de 11 años, se dedicaba a comprar niños en las zonas rurales pobres cercanas a Saltillo, en el estado de Coahuila, para después venderlos en Monterrey, Nuevo León, o en Estados Unidos (*La Jornada*, 9-VI-99).
- Varios secuestros de niños en Villa Unión, Sinaloa, se relacionan con restos de cuerpos de niños encontrados en zonas aledañas. Se sospecha que fueron vendidos en la frontera norte y posiblemente utilizados para el tráfico de órganos (*Unomásuno*, 9-VI-99).
- Entre enero y mayo de 1999 han sido retiradas de la prostitución 70 niñas en la zona de La Merced, en la Ciudad de México. La Procuraduría de Justicia refirió que algunas de las niñas vienen de Centroamérica y tienen entre 12 y 14 años de edad. Se las entrena durante un tiempo en la ciudad y en algunas ocasiones se las traslada a Estados Unidos, principalmente a San Diego y Los Ángeles, para continuar siendo explotadas (*La Jornada*, 11-V-99).
- En La Paz, Baja California, fue detenido un ciudadano norteamericano, Charles Andrews Johns, de 60 años, como responsable de abusar, inducir al consumo de drogas y producir material pornográfico con menores de 11 años de edad (*Reforma*, 1-V-99).
- Fue detenido un individuo mexicano, Abel Cadena Sosa, en el estado de Veracruz, como responsable del tráfico de niños a los Estados Unidos para su explotación sexual. Él era cómplice de otro mexicano, Rogelio Cadena Sosa, detenido por un juez de la Corte de West Palm Beach, Miami, a quien impuso indemnizar a 17 menores de edad mexicanas a quienes trasladó a EU con promesas de un trabajo y a quienes luego obligó a prostituirse. Él operaba en burdeles de Florida, Texas y Carolina del Sur. Al momento de ser detenido tenía a 23 inmigrantes ilegales a quienes explotaba sexualmente, algunas de ellas, menores de 13 años (*Excelsior* 10-IV-99 y *El Universal*, 25-IV-99).
- En el estado de México se detuvo a una norteamericana, Layla Lewis Sepúlveda, proveniente de Idaho, quien en complicidad con dos mexicanos, Sabino González Nava y Jovita Ocampo Hernández, pretendía robarse a 10 niños para venderlos en EU. Les fueron incautados documentos falsos expedidos en Tijuana. La norteamericana lograba que los padres le entregaran a sus hijos al ofrecerles que serían adoptados en EU y que posteriormente los progenitores po-

drían viajar y obtener un empleo en EU. Los niños atravesaban la frontera con la complicidad de polleros (*Unomásuno*, 11-IV-99).
- Se localizó a cinco niños mexicanos de entre 7 y 11 años que fueron trasladados ilegalmente a Vancouver, Canadá, poco después de nacer y que viven con Anthony y Roxanne Perry, un matrimonio que se dedica a la distribución de material pornográfico. El matrimonio dijo haber adoptado a dos de los niños y que los otros tres les habían sido confiados por un amigo, Henry James Lunn, propietario de locales de videos pornográficos. Las autoridades investigan si los niños aparecen en el material encontrado en dichos negocios (*Reforma*, 7-I-00).
- La Procuraduría de Justicia de la Ciudad de México detuvo a un individuo, Marlon Valenzuela Ortíz, a quien se incautó más de dos mil películas y cinco mil fotografías de pornografía infantil, cuyo destino era una red de pedófilos que opera en Estados Unidos y Canadá. La persona detenida encabezaba un grupo internacional de explotadores y operaba con protección por parte de la policía en México (*Proceso*, 4-IV-99).
- Fue detenido un ciudadano norteamericano, Edward Terry, procedente de Nueva Jersey, acusado de abusar sexualmente de varios niños y utilizarlos para elaborar y comerciar material pornográfico. Él reclutaba a sus víctimas entre los niños de la calle de la ciudad de Oaxaca (*Excelsior*, 26-IV-98).
- Las autoridades del gobierno de la Ciudad de México informaron que, entre enero y abril de 1998, han procedido en contra de 26 grupos de explotadores y han detenido a 80 personas, en su mayoría como responsables del delito de corrupción a menores. Dos de dichos grupos actuaban a escala internacional, uno enviaba niñas y mujeres a Sudamérica y Europa y, el otro, a Estados Unidos. También se desmantelaron 160 de los 320 sitios disfrazados como agencias de colocación, estéticas, baños, hoteles, restaurantes y *table dance*, donde se explotaba a menores. Los explotadores cuentan con una red que incluye casas de seguridad, vigilantes y mujeres que se hacen cargo de los hijos de las jóvenes que son explotadas. Por lo general, la forma de obligarlas a trabajar es mediante el uso de la violencia y de amenazas en contra de su familia. Los explotadores casi siempre operan en familias y las mujeres mayores enseñan a las más jóvenes a las que tienen estrechamente vigiladas (*El Nacional*, 4-V-98).
- Se detuvo a un grupo de vietnamitas en Los Ángeles, California, que ingresó de manera ilegal a mujeres mexicanas en Estados Uni-

dos con el propósito de explotarlas sexualmente. Las mujeres habían acudido porque se les ofreció un trabajo como empleadas domésticas pero al llegar a territorio norteamericano fueron obligadas a prostituirse. En el grupo había menores de entre 14 y 18 años a quienes tenían permanentemente vigiladas. Ellas provenían del estado de Guerrero y habían sido contratadas en Acapulco por una mujer (*El Universal*, 29-I-99).

• Directivos de escuelas en el estado de Querétaro denunciaron que dos norteamericanos disfrazados de payasos invitan a niños de 6 a 12 años que salen de la escuela a una camioneta en donde les ofrecen dulces y juguetes a cambio de que se desnuden y permitan ser fotografiados. Algunos niños desaparecieron durante varios días y refirieron haber sido violados y fotografiados por dichos individuos (*El Sol de México*, 17-III-98).

• Fueron detenidas en el Puente Internacional Número 2, Coahuila 2000, Elizabeth Rodríguez Luna y Beatriz Rodríguez de Aguilera quienes pretendían trasladar a un menor de un año a los Estados Unidos. Ellas reconocieron haber traficado anteriormente con once menores de edad (Policía Federal Preventiva, Acciones Relevantes, 2000).

• En San Diego, California, fue detenido un ciudadano norteamericano, Tomothy Martin Waite, como responsable de hacer cruzar la frontera de manera ilegal a menores de entre 9 y 13 años a quienes explotaba sexualmente. Los menores atravesaban con documentos falsos por Caléxico y eran reclutados en Mexicali, Baja California (*El Nacional*, 20-I-98).

• Un grupo compuesto por ciudadanos mexicanos y norteamericanos fue detenido como responsable de vender niños para entregarlos en adopción de manera irregular en Estados Unidos. El grupo, que operaba desde Tijuana y se anunciaba por Internet, cobraba 15 mil dólares por cada niño. Entre los detenidos se encuentra un abogado mexicano, Eduardo Fontes, que compraba a los niños en la prisión de Tijuana por 500 pesos; un cómplice norteamericano, Kirk Mathew Kryger, y una mexicana Teresa Hernández Reyes (*La Jornada*, 6-VI-98).

• La directora de un albergue para niños abandonados en Guadalajara informó que durante 1997 fueron robados veintidós niños en Guadalajara, siendo los responsables del robo y venta de niños dos mexicanos que operaban en complicidad con un grupo de norteamericanos del estado de Texas (*El Sol Occidental*, 17-V-98).

BIBLIOGRAFÍA

Aguayo, Sergio ed., (2000), *El Almanaque Mexicano*, México, Grijalbo.
Alba, Francisco (1999), "La migración mexicana a Estados Unidos", *Este País*, Núm. 105:32-37.
Alegría, Tito (2000), "Juntos pero no revueltos: ciudades en la frontera México - Estados Unidos", *Revista Mexicana de Sociología*, núm. 2: 89-107.
Allen, Donald M. (1980), "Young male prostitutes: A psychosocial study", *Archives of Sexual Behavior*, 9:399-426.
Alves, Pericles y Cipollone, Diana Belinda (1997), "Curbing illicit traf-ficking in small arms and sensitive technologies: An action-oriented agenda", *Disarmament*, 20:61-78.
Amuchástegui, Ana (2001), *Virginidad e iniciación sexual en México: Experiencias y significados*, México, Edamex/Population Council.
Andreas, Peter (1999), "Border economy barricaded border", NACLA, Report on the America. Contested terrain, *The US-Mexico Borderlands*, vol. 33, núm. 3, noviembre-diciembre.
Arey, Doug (1995), *"Gay males and sexual abuse"*, Lisa Aronson Fontes (ed.) Sexual Abuse in 9 North American Cultures, Thousand Oaks, Sage.
Arias, Patricia (2000), "Las migrantes de ayer y de hoy", Dalia Barrera y Cristina Oemichen eds., *Migración y relaciones de género en México*, México, Gimtrap – UNAM: 185-201.
Ariès, Philippe (1962), *Centuries of childhood. A social history of family life*, Nueva York, NY, Vintage Books.
Azaola, Elena (1998), Prostitución infantil, *IV Informe sobre los derechos y la situación de la infancia en México 1994-97*, México, Colectivo Mexicano de Apoyo a la Niñez.
Azaola, Elena (2000), *Infancia robada Niñas y niños víctimas de explotación sexual en México*, México, Unicef-DIF-Ciesas.
Azaola, Elena (2001), *Stolen childhood. Girl and boy victims of sexual exploitation in Mexico*, México, Unicef.
Badger, Ann (1995), *Legislation against child sex tourism*, URL.
Bales, Kevin (1999), *Disposable people. New slavery in the global economy*, University of California Press.
Balland Maurice (1987), Aspects du mouvement pédophile, in Joseph Doucé (ed.) *La pédophilie en question*, París, Lumière et Justice: 161-202.
Banco Interamericano de Desarrollo (1999), *América Latina frente a la desigualdad. Informe 1998-1999*, Washington: BID.
Barajas, Rocío y Carmen Rodríguez (s/f), *Mujer y trabajo en la industria ma-*

quiladora de exportación, México, Fundación Friedrich Ebert.
Barnett, Douglas, Jody T. Manly, y Dante Cicchetti (1993), "Defining child maltreatment: The interface between policy and research", en D. Cicchetti y S.L. Toth (eds.), *Child Abuse, Child Development, and Social Policy*, Norwood, NJ, Ablex.
Barnitz, Laura S. A. (1998), *Commercial sexual exploitation of children: Youth Involved in Prostitution, Pornography, and Sex Trafficking*. Wash-ington, Youth Advocate Program International.
Barr, C.W., et al. (1996), *Child sex trade: battling a sourge*, Boston MA, Christian Science Publishing.
Barrera, Dalia y C. Oemichen eds. (2000), *Migración y relaciones de género en México*, México, Gimtrap–UNAM.
Barret, Dean (2001), *Thailand: Land of beatiful women*, Village East Book.
Barrón, Patricia (1995), *Las María Magdalena: el oficio de la prostitución y su estrategia colectiva de vida*, inédito, tesis de licenciatura en Sociología, Universidad de Sonora.
Barrón, Patricia (1996), *Más prostitutas que nosotras. El estigma del trabajo sexual y la reproducción social en Tijuana*, inédito, tesis de maestría en estudios de población, El Colegio de la Frontera Norte.
Barry, Kathleen (1999), *The prostitution of sexuality*, Nueva York, University Press.
Bauserman, Robert y Bruce Rind (1997), "Psychological correlates of male child and adolescent sexual experiences with adults: A review of the nonclinical literature", *Archives of Sexual Behavior* 26(2):105-141.
Bautista, Angélica, E. Conde, D. Chanquía, G. Martínez y J.R. Robles Maloof (2001), *Una propuesta constructivista en el estudio del sexoservicio*, inédito, Comisión de Derechos Humanos del Distrito Federal.
Boltvinik, Julio y E. Hernández (2000), *Pobreza y distribución del ingreso en México*, México, Siglo XXI Editores.
Bond, Lydia S., Rafael Mazin y María Victoria Jiminez (1992), "Street youth and AIDS", *AIDS Education & Prevention* (Fall):14-23 (sup-plemento).
Bonet, Joana y Anna Caballe (2001), *Mi vida es mi vida. 2363 mujeres descubren su intimidad a partir de sus diarios personales*, Barcelona, Plaza y Janés Editores.
Bowden, Charles (1999), "I wanna dance with the strawberry girl", *Talk*, vol. 1, núm. 1, septiembre.
Boyer, Debra y David Fine (1992), "Sexual abuse as a factor in adolescent pregnancy and child maltreatment", *Family Planning Perspectives,* 24(2) 4-11, 19.
Brannigan, Augustine y Erin Gibbs Van Brunschot (1997), "Youthful prostitution and child sexual trauma", *International Journal of Law y Psychiatry* 20(3):337-354.
Briere, John, Lucy Berliner, y Joanne Bulkley (1996), APSAC *Handbook on Child Maltreatment*, Newbury Park, Sage.
Bronfman, Mario, A. Amuchástegui, R.M. Martina, N. Minello, M. Rivas y G.

Rodríguez (1999), *El sida en México. Migración, adolescencia y género*, México, Colectivo Sol–Conasida.

Browne, A. y David Finkelhor (1986), "Impact of sexual abuse: A review of the research", *Psychological Bulletin*, 66-77.

Bruckner, Pascal y Alain Finkielkraut (1979), "Prostitución I. Un equilibrio por sustracción" y "Prostitución II. La revuelta o el fin de las religiones genitales", *El nuevo desorden amoroso*, Barcelona, Anagrama.

Budapest Group (1999), *The relationship between organized crime and trafficking in Aliens*, Austria, International Centre for Migration Policy Development.

Bustamante, Jorge, *et al.* (1997), *Taller de medición de la migración internacional*. México, El Colegio de la Frontera Norte.

Calcetas-Santos, Ofelia (1998), *Informe de la Relatora Especial sobre su misión a México en relación con la cuestión de la explotación sexual comercial de los niños*, Naciones Unidas, E/CN/1998/101/Add. 2.

Calcetas-Santos, Ofelia (1999), *Report of the Special Rapporteur on the sale of children, child prostitution and child pornography*, United Nations, E/CN.4/1999/71.

Caldwell, Gillian, Steven Galster, y Nadia Steinsor (1997), *Crime & Servitude: An expose of the traffic in women for prostitution from the Newly Independent States*, Moscú, Global Survival Network.

Camas, Javier y Teresa Camas (2001), *Empleadas domésticas y trabajadoras sexuales centroamericanas en Tapachula, Chiapas 1997-2001*. (en prensa).

Canales, Alejandro (2000), "Migración internacional y flexibilidad laboral en el contexto del TLCAN, *Revista Mexicana de Sociología*. núm. 2: 3-28.

Carr, John (2001), *Theme Paper on Child Pornography for the Second World Congress on Commercial Sexual Exploitation of Children*, Londres, Children y Technology Unit, NCH.

Cassirer, Bruce (1992), *Travel and the single male: the world's best destinations for the Single Male*, TSM Travel.

Cates, Jim A. (1989), "Adolescent male prostitution by choice", *Child and Adolescent Social Work Journal* 6(2):151-156.

Cates, Jim A. y Jeffrey Markley (1992), "Demographic, clinical and personality variables associated with male prostitution by choice", *Adolescence* 27(107):695-706.

Chamberland, Paul (1978), "L'amour, mesure parfaite, toujours à réinventer", en: Luc Benoit, Paul Chamberland, Georges Khal y Jean Basile (eds.) *Sortir*, Montréal, Éditions de l'Aurore, 55-76.

Chamberland, Paul (1981), *Emergence de l'adultenfant*, Montreal. Jean Basile Ed.

Chamberland, Paul (1987), *Marcher dans Outremont ou ailleurs*, Montreal: VLB Ed.

Chamlin, Mitchell B. y John K. Cochran (1997), "Social altruism and crime", *Criminology*, 35, 2, 203-227.
Chejter, Silvia (2000), *Estudio sobre explotación sexual comercial infantil en Argentina*, Buenos Aires, Unicef.
Chin, K. (1990), *Chinese subculture and criminality: non-traditional crime groups in America*. Westport, CT. Greenwood.
Children's Defense Fund (CDF) (1996), *The State of America's Children - Yearbook 1996*, Washington, CDF.
Chin, K., Kelly, R.J., Fagan, J. (1993), "Methodological Issues in Studiying Chinese Gang Extortion", *Gang Journal*, 1(2):25-36.
Clements-Nolle, Kristen, Rani Marx, Robert Guzman, y Mitchell Katz (2001), "HIV prevalence, risk behaviors, health care use, and mental health status of transgender persons: Implications for public health intervention", *American Journal of Public Health*. 91(6).915-921.
Clooman, William (1985), *Michel Tournier*, Boston, Twayne.
Cole, Joy (1993), "The child as victim of extra-familial sexual exploitation with reference to the characteristics and modus operandi of the offender: A victimological study", *Dissertation Abstracts International*. 53(11), 4091-4092.
Colectivo Mexicano de Apoyo a la Niñez (1998), *IV Informe sobre los derechos y la situación de la infancia en México*, México, Comexani.
Collins, M.E., Schwartz, I.M., Epstein, I. (en prensa), "Factors for adult imprisonment in a sample of youth released from residential child care", *Children and Youth Services Review*.
Comisión Europea (1996), *Comisión sobre la lucha contra el turismo sexual que afecta a niños*, Bruselas, Comisión Europea, 27-XI-96, COM(96) 547 final.
Comisión Nacional de Acción a favor de la Infancia (2000), *Programa Nacional de Acción a favor de la Infancia*, México, Unicef.
Consejo Nacional de Población (1998), *La situación demográfica de México*, México, Conapo.
Corsi, Jorge (1999), *Violencia familiar: una mirad interdisciplinaria sobre un grave problema social*, Buenos Aires, Paidós.
Coubés, Marie-Laure (2000), "Demografía fronteriza: cambios en las perspectivas de análisis de la población de la frontera México–Estados Unidos", *Revista Mexicana de Sociología*, núm. 2, 109–123.
D'Asaro, Andrea y Foley, Dylan (1997), "Girls and the business of sex, Vietnam", *On the Issues*, 6(3):26 ff.
Dalton, Margarita y Patricia Ponce, eds. (2001), *Saberes y razones. Sexualidades*, Revista Desacatos, núm. 6, México, CIESAS.
Davidson, Howard and Gregory Loken, *Child Pornography and Prostitution:*

Background and Analysis, Arlington, Virginia, National Center for Missing and Exploited Children.

Davidson, Julia O'Connell (1996), *The sex exploiter, unpublished manuscript prepared for world congress Against commercial sexual exploitation of children*, Estocolmo, 1996.

De Mause, Lloyd (1991), "The universality of incest", *Journal of Psychohistory*, 19(2):123-164.

Delannoy Philippe (1992), *Gabriel Matzneff*, Mónaco, Editions du Rocher.

Delgado, Manuel (1996), *La sexualidad en la sociedad contemporánea. Lecturas antropológicas*, Barcelona, Universidad de Barcelona/Master en sexualidad humana.

Dembo, R., L. Williams, W. Wothke, J. Schmeidler, y C.H. Brown (1992), "The role of family factors, physical abuse, and sexual victimization experiences in high-risk youth's alcohol and other drug use and delinquency: A longitudinal model", *Violence and Vic-tims*. 7(3):245-266.

Departamento del Distrito Federal–Unicef–DIF (1996), *II Censo de niños en situación de calle*, México, DDF.

DIF–INM–Conapo–Unicef (1999), *Tercera reunión de evaluación del Proyecto Interinstitucional de Atención a Menores Fronterizos, 1998-1999*, Hermosillo, DF–Unicef.

DIF–PNUFIF–Unicef (1999), *Estudio de niñas, niños y adolescentes trabajadores en 100 ciudades*, México, DIF–Unicef.

DIF–Unicef (1997), *Voces de la infancia trabajadora en la Ciudad de México*, México, DIF–Unicef.

DOL (U.S. Department of Labor) (1996), *Forced labor: the prostitution of children*, Washington, Bureau of International Labor Affairs.

DuRant, R., D. P. Krowchuk, y S. H. Sinal (1998), "Victimization, use of violence, and drug use at school among male adolescents who engage in same sex sexual behavior", *Journal of Pediatrics*, 133:113-118.

Earls, Christopher M. y Helene David (1989), "A psychosocial study of male prostitution", *Archives of Sexual Behavior*. 18(5):401-419.

ECPAT (1996), ECPAT Bulletin 3(10):1-114.

—— (1996), *Europe and North America Regional Profile* (issued by the World Congress Against Commercial Sexual Exploitation of Children, held in Stockholm, Sweden, August).

—— (2000), *Looking back, thinking forward*, Bangkok, European Commission.

—— (2001), *Five Years After Stockholm: The Fifth Report on the Implementation of the Agenda For Action Adopted at the First World Congress Against Commercial Sexual Exploitation of Children in Stockholm, Sweden*, Bang-kok, ECPAT International–European Commission.

Edwards, S.M., Edwards, T.D., Fields, C.B., eds. (1995), *Environmental Crime* and *Criminality*, Nueva York, Garland Publishing.

Ennew, Judith (1986), *The sexual exploitation of children*, Nueva York, St. Martin's Press.

Ennew, J., Kusum Gopal, Janet Heeran, Heather Montgomery (1996), *Children and prostitution, how can we measure and monitor the comercial sexual exploitation of children?* Literature Review and Annotated Bibliography, Nueva York, Unicef.

EDIAC, CDHDF–Unicef (1996), *Al otro lado de la calle, Prostitución de menores en La Merced*, México, CDHDF–Unicef.

Estes, Richard J. (1995a), "Social development trends in Africa: the need of a new development paradigm", *Social Development Issues*, 17(1):18-47.

—— (1995b), "Education for social development, Curricular issues and models", *Social Develoment Issues*, 16(3):68-90.

—— (1996a), "Social Development trends in Latin America, 1970-1994, In the shadows of the 21st century", *Social Development Issues*, 18(1):25-52.

—— (1996b), "Social develoment trends in Asia, 1970-1994, The challenges of a new century", *Social Indicators Research*, 37(2):119-148.

—— (1997a), "The world social situation, Social work's contribution to international development", in Edwards, Richard (ed.), *Encyclopedia of Social Work. Supplement to the 19th Edition, Washington*, National Association of Social Workers, pp. 343-359.

—— (1997b), "Trends in European social development, 1970-1994", *Social Indicators Research*, 38(6):1-19.

—— (1998a), *Social development trends in the successor states to the former Soviet Union: The Search for a New Paradigm, Economies in Transition*, Nagoya, United Nations Centre for Regional Development.

—— (1998b), "Trends in worlds social development, 1970-1995: Development prospects for a new century", *Journal of Developing Societies* 14(1):1-29.

—— (1998c), *Poor children in rich countries: Toward a resolution of the paradox* (under rewiew).

—— (1998d), *The "poverties": Competing definitions and alternative approches to measurement* (under review).

—— y Neil A. Weiner (eds.) (2001), The Sexual Exploitation of Children in the U.S., Canadá y México (<http://caster.ssw.upenn.edu/~restes/CSEC.htm>).

—— y Neil A. Weiner (eds.) (2002), *The Sexual Exploitation of Children in the United States* (under review).

Farber, Edward D., Cecilia Kinast, W. Douglas McCoard, y Deborah D. Falkner, (1984), "Violence in families of adolescent runaways", *Child Abuse and Neglect* 8:295-299.

Farley, Melissa (1998), "Prostitution in five countries: Violence and post-traumatic stress disorder", *Feminism and Psychology*. 8(4):405-426.

Farley, Melissa y Vanessa Kelly, (2000), "Prostitution: A critical review of the medical and social science literature", *Women and Criminal Justice*, 11(4): 29-64.

Farrow, J. A., R. W. Deisher, R. Brown, J. W. Kulig, y M. D. Kipke (1992), "Health and health needs of homeless and runaway youth: A position paper of the Society For Adolescent Medicine", *Journal of Adolescent Medicine*, 13:717-726.

Faugier, Jean y Mary Sargent (1997), Boyfriends, "pimps" and clients, in Scambler, Graham y Annette Scambler (eds.), *Rethinking Prostitution: Purchasing Sex in the 1990s*, Londres, Routledge.

Felson Marcus (1998), *Crime and Everyday Life*, Thousand Oaks, Pine Forge Press.

Ferrara F. Felicia (2001), *Childhood Sexual Abuse: Development Effects Across the Life Span*, Pacific Grove CA, Brooks/Cole.

Ferguson, Donna (1993), *The someday kid. A true story of sexual abuse and its relationship to pornography*, Summerland CA, Harbor House West Publishers.

Finkelhorn, D. y A. Brown (1985), "The traumatic impact of child sexual abuse: A conceptualization", *Americal Journal of Ortho-psychiatry* 55 (octubre).

—— y Jennifer Dziuba-Leatherman (1994), "Children as victims of violence: A national survey", *Pediatrics*, 94:413-420.

—— Gerald Hotaling y Andrea Sedlak (1990), *Missing, Abducted, Runaway, and Thrownaway Children in America (NISMART)—First Report: Numbers and Characteristics, National Incidence Studies*, Washington: U.S. Department of Justice, Office of Juvenile Justice and Delinquency Prevention.

—— Kimberly Mitchell, y Janis Wolak (2000), On-Line Victimization: A Report on the Nation's Youth, Alexandria VA: National Center for Missing and Exploited Children, [On-line], Available: <www.unh.edu/ccrc/Victimization_Online_Survey.pdf>

Flores, Rogelio (2001), "Cabeco, El último padrote", *Arcana*, Agosto, 49-56.

Flowers, R.B (1994), *Victimization and exploitation of women and children: a study of physical, mental and sexual maltreatment in the United States*, Jefferson NC: McFarland Co.

Foucault, Michel (1985), *El nacimiento de la clínica, Una arqueología de la mirada médica*, México, Siglo XXI Editores.

Franco Guzmán, Ricardo (1973), *La prostitución*, México, Diana.

Garza, Gustavo coord, (2000), *Atlas Demográfico de México*, México, Conapo–PROGRESA.

Gelles, Richard J. (1996), *The Book of David: How Preserving Families Can Cost*

Children's Lives, Nueva York, Basic Books.
—— (1998), Untreatables families, in Reece, R.M. ed, *The Treatment of Child Abuse*, Baltimore, MD, The Johns Hopkins University Press.
—— y Murray A. Straus (1988), *Intimate violence*, Nueva York, Simon and Schuster.
—— y Wolfner, G.D. (1994), "Sexual offending and victimization: A life course perspective" en Rossi, A.S. ed., *Sexuality Across the Life Course*, Chicago, The University of Chicago Press.
Gibbs, Nancy (2001), "The New Frontier, A Whole New World", *Time*, June 11:1829.
Giddens, Anthony (1999), *Un mundo desbocado, Los efectos de la globalización en nuestras vidas*, Madrid, Taurus.
Gilmore, W.C. (1992), *International Efforts to combat Money Laundering*, Cambridge, Grotius.
Glover, Jonathan (2000), *Humanity, A moral history of the twentieth century*, New Haven, Yale University Press.
Goldstein, Seth L. (1987), *The sexual exploitation of children: a practical guide to assessment, investigation, and intervention*, Nueva York, Elsevier.
Goldstein, Seth L. (1999), *The sexual exploitation of children: a practical guide to assessment, investigation, and intervention*, Second Edition, Boca Raton, CRC Press.
Gomezjara, Francisco y Estanislao Barrera (1992), Sociología de la prostitución, México, Fontamara.
González, Edgar (1999), "Prostitutas en la historia", *Generación*, año XI, núm. 24, julio-agosto.
González, Gerardo, Elena Azaola *et al.* (1993), *El maltrato y el abuso sexual a menores: Una aproximación a estos fenómenos en México*, México, Universidad Autónoma Metropolitana–Unicef–COVAC.
González, Soledad, O. Ruiz, L. Velasco y O. Woo, comps. (1995), *Mujeres, migración y maquila en la frontera norte*, México, El Colegio de la Frontera Norte–El Colegio de México.
Görian Svedin, Carl y Kristina Back (1996), *Children who don't speak out, About children being used in child pornography*, Estocolmo, Räda Barnen.
Grasso, D.L. (1994), *Criminal child sexual abuse and exploitation laws in eight Mid-Western States: recommendations for Legislative Change*, Wash-ington, National Center on Child Abuse and Neglect.
Greene, Jody M., Susan T. Ennett, y Christopher Ringwalt (1999), "Prevalence and correlates of survival sex among runaway and homeless youth", *Ameri-*

can Journal of Public Health, 89(9): 1406-1409.
Greenfeld, Lawrence (1997), *Sex Offenses and Offenders: An Analysis of Data on Rape and Sexual Assault*, Washington: Department of Justice Statistics, NCJ-163392.
Grupo de Economistas Asociados (2000), "Inequidad y género en el empleo", *Este País*, núm. 110:16-17.
Gutiérrez, Estrella (1998), "Rights: Child traffic in Venezuela tip of the iceberg" (January 11), URL.
Hanson R. Karl y Heather Scott (1996), "Social networks of sexual offenders", *Psychology*, Crime and Law, 2: 249-258.
Haq, Farquan (1996), "U.S. children: Street kids turn to sex to survive", *Inter-Press Service*, (marzo 27).
Harris, Bruce (1997), "Casa Alianza warns that Central America is new sex tourism destination", (noviembre 18), URL.
—— (1998), "Casa Alianza co-operates with FBI and US Justice Department to trap American child abusers in Central America" (febrero 13), URL.
Hastrup, Kirsten (1995) *A passage to anthropology, Between experience and theory*, Londres, Routledge.
Hazlehurst, Kayleen y Cameron Hazlehurst (Eds.) (1998), *Gangs and Youth Subcultures: International Explorations*, New Brunswick, NJ, Transaction Publishers.
Healy, Margaret A. (1995), "Prosecuting child sex tourists at home: Do laws in Sweden, Australia, and the US safeguard the rights of children as mandated by international law?", *Fordham Internation Law Journal*, 18:1852 ff.
Heazle, Michael (1993), "Migrant workers, The Allure of Japan, Asian girls looking for jobs end up in the control of the yakuza", *Far Eastern Economic Review*, octubre, 38-39.
Hecht, Mark (1997), "Canada's Bill C-27, how does it compare to extraterritorial legislation in other countries?", *Human Rights Tribune*, 4(1):10 ff.
—— (2001), The role and involvement of the private sector, Theme Paper for the Second World Congress Against the Commercial Sexual Exploitation of Children, Yokohama, Japan.
Heredia, Carlos y M. Purcell (1995), "La polarización de la sociedad mexicana", *Este País*, núm. 54:2-25.
Herman, Judith L. (1992), *Trauma and recovery*, Nueva York, Basic Books.
Hernández, Tosca, comp. (1993), *Anomia: Normas, expectativas y legitimación social*, Oñati, Instituto Internacional de Sociología Jurídica.
Hofstede, Al. (1999), *The Hofstede Committee Report: Juvenile Prostitution in*

Minnesota, Minneapolis.
Hood-Brown, Marcia (1998), "Trading for a place: Poor women and prostitution", *Journal of Poverty* 2(3):13-33.
Hughes, Donna M. y Claire Roche (*Eds.*) (1999), *Making the Harm Visible, Global Sexual Explotation of Women and Girls*, Kingston, Coalition Against Trafficking in Women.
Hugues Donna M. (1999), *Pimps and predators on the internet: globalizing the sexual exploitation of women and children*, Coalition against trafficking in women, University of Rhode Island.
—— (2000), "The 'Natasha' trade –The transnational shadow market of trafficking in women", *Journal of International Affairs* 53(2): 625-652 (Spring).
Hunt, Lynn ed. (1996), *The invention of pornography, Obscenity and the origins of modernity, 1500-1800*, Nueva York, Zone Books.
Iglesias Norma (1985), *La flor más bella de la maquiladora*, México, SEP- CEFNOMEX.
Institute for Health Policy Studies (IHPS) (1995), *Street Youth at Risk for aids*, San Francisco, University of California.
Institute of Psychological and Educational Research (IPER), (1990), *Child Exploitation and Abuse: A Global Phenomenon, A report of the first Asian Conference on child sexual exploitation and abuse*, Calcutta, Sree Saraswaty Press.
Instituto de la Mujer (1988), *La prostitución de las mujeres*, Madrid, Instituto de la Mujer.
Instituto Interamericano del Niño (2000), *Violencia y explotación sexual contra niños y niñas en América latina y el Caribe*, Montevideo, IIN-OEA.
Instituto Nacional de Estadística, Geografía e Informática (1995), *Conteo de Población y Vivienda*, México, INEGI.
—— (1996), *Cuaderno Estadístico Municipal*, Ciudad Juárez, Chihuahua México, INEGI).
—— (1997), *Cuaderno Estadístico Municipal*, Tapachula, México, INEGI.
—— (1997), *Cuaderno Estadístico Municipal*, Tijuana, México, INEGI.
—— (1998), *Compendio Estadístico–Gráfico de Migración*, 1997, México, INEGI.
—— (1998a), *Encuesta Nacional de Ingreso–Gasto en los Hogares*, México, INEGI.
—— (1999), *Hombres y mujeres en México*, 3ª edición, México, INEGI.
—— (1999), *La industria maquiladora de exportación*, México, INEGI.
—— (2000), *XII Censo General de Población y Vivienda*, México, INEGI.
—— (2000a), *Sistema de Cuentas Nacionales de México*, Sector Hogares, Subsector Informal, México, INEGI.
—— (2001), *Síntesis de resultados. Baja California. XII Censo General de Población y Vivienda*, México, INEGI.
International Bureau for Children's Rights (IBCR) (1997a), *Annual Report*, 1996/97, Montreal, IBCR.

—— (1997b), *Extraterritorial legislation in response to the international dimension of child sexual exploitation*, Montreal, IBCR.

—— (1998a), *Report of public hearing (on the International Dimentions of Child Sexual Exploitation held) in Fortaleza, Brazil*, 11-15, mayo, 1998, Montreal, IBCR.

—— (1998b), *Report of public hearing (on the International Dimentions of Child Sexual Exploitation held) in Bangkok, Thailand*, 17-21, noviembre, 1998, Montreal, IBCR.

—— (1999), *International dimensions of the sexual exploitation of children*, Global Report, Montreal, IBCR.

International Criminal Police Organization (INTERPOL), (1997), *International Crime Statistics*, St. Cloud, France, Interpol.

Ireland, Kevin, (1993), *'Wish you weren't here': the sexual exploitation of children and the connection with tourism and international travel*, London, Save the Children Fund.

Ireland, Timothy, & Cathy Spatz Widom (1994) "Childhood victimization and risk for alcohol and drug arrests", *The International Journal of the Addictions*, 2(2):235–274.

Ives, Nicole, (2001), Report of the north american regional consultation on the commercial sexual exploitation of children, inédito, Philadelphia, University of Pennsylvania School of Social Work.

Jaffe, Maureen y Sonia Rosen (Eds.), (1996), Forced labor: the prostitution of children, Upland, Diane Publishing Company.

Jenkins, Philip (1998), *Moral Panic, Changing concepts of the child molester in modern America*, New Haven, Yale University Press.

Johnson, Mark B. (2000), Analysis of Cross Border Drinking Behavior during the Summers, 1997–2000, Inédito, Maryland Pacific Institute for Research and Evaluation.

Johnson, Timothy P., Jeannie Aschkenasy, Mary Ruth Herbers, y Stephen A. Gillenwater (1996), "Self reported risk factors for AIDS among homeless youth", *AIDS Education and Prevention* 8(4):308-322.

Jolin, Annette (1994), "On the backs of working prostitutes: feminist theory and prostitution policy", *Crime and Delinquency*, 40(1):69-83.

Jones, Lisa y David Finkelhor (2001), "The decline in child sexual abuse cases", *OJJDP Bulletin* (enero).

Kane, June (1998), *Sold for sex*, Aldershot, Arena.

Kaufman, Jeanne G. y Cathy Spatz Widom (1999), "Childhood victimization, running away and delinquency", *Journal of Research in Crime and Delinquency* 36(4):347-370.

Kelley, Barbara, Thornberry, Terence y C. Smith (1997), "In the wake of child maltreatment", *Juvenile Justice Bulletin* (agosto), pp. 1-15.

Kempadoo, Kamala ed. (1999), *Sun, sex and gold. Tourism and sex work in the Caribbean*, Maryland, Rowman y Littlefield Publishers, Inc.

Khal Georges (1978), "Le pur ou l'impur, ou le labyrinthe de la pédérastie", en Luc Benoit, Paul Chamberland, Georges Khal y Jean Basile (eds), *Sortir*, Éditions de l'Aurore, Montreal, 195-236.

Kilias, M. *et al.* (1993), "Cross-Border Crime", *European Journal of Criminal Policy and Research*, 1:7-134.

Kilpatrick, Dean y Benjamin Saunders (1997), "The prevalence and consequences of Child victimization", *Research Preview* (of the NIJ), abril, pp. 1-4.

Kincaid, James R. (1998), *Erotic Innocence, The culture of child molesting*, Durham NC: Duke University Press.

Klain, Eva J. (1999), *Prostitution of Children and Child-Sex Tourism: An Analysis of Domestic and International Responses*, Arlington VA. National Center for Missing and Exploited Children.

Knight, Danielle (1998), *Labour Rights: Latin American children exploited on US farms* (21 de enero), <URL: http://oneworld.org/ips2/jan98/usa.html>.

Knight, Raymond, D.L. Carter, and Robert A. Prentky (1989), "A System for the Classification of Child Molesters: Reliability and Application", *Journal of Interpersonal Violence*, 4:3-23.

Kral, Alex H., Beth E. Molnar, Robert E. Booth, y John K. Watters, (1997), "Prevalence of sexual risk behavior and substance use among runaway and homeless adolescents in San Francisco, Denver and Nueva York City", *International Journal of std & aids*, 8(2):109 ff.

Kruks, Gabe (1991), "Gay and lesbian homeless/street youth: Special issues and concerns", *Journal of Adolescent Health*, 12:515-518.

Lagarde, Marcela (1993), *Los cautiverios de las mujeres: madresposas, monjas, putas, presas y locas*, México, Universidad Nacional Autónoma de México.

Lamas, Marta (1993), "El fulgor de la noche: Algunos aspectos de la prostitución callejera en la Ciudad de México", *Debate Feminista*, 4(8).

Lanning, Kenneth V. (1992), *Child Molesters: A Behavioral Analysis for Law Enforcement Officers Investigating Cases of Child Sexual Exploitation*, Arlington VA: National Center for Missing and Exploited Children.

Lederer, Laura (2001), *Human Rights Report on Trafficking of Women and Children*, Baltimore MD: Johns Hopkins University, The Paul H. Nitze School of Advanced International Studies.

Leñero, Luis, (1998), *Los niños de la y en la calle. Problemática y estrategias para abordarla*, México, Academia Mexicana de Derechos Humanos–Unión

Europea.
Lie, John (1996), "Globalization and its discontents", *Contemporary Sociology*, 25(5):585-587.
Lieb Roxanne, Vernon Quinsey y Lucy Berliner. (1998), "Sexual predators and Public Policy", M.Tonry (eds.) *Crime and Justice: An Annual Review of Research*, vol.23, Chicago, University of Chicago Press, pp. 43-114.
Loeber, Rolf & Farrington, David (Eds.) (1998), "Serious and violent juvenile offenders", *Juvenile Justice Bulletin*, mayo, 1-8.
Longford, Michael (1995), "Family poverty and the exploitation of child labor", *Law & Policy* 17(4):471-482.
Lucas, B. M. y L. Hackett (1995), *Street Youth: On Their Own in Indianapolis*, Indianapolis IN, Health Foundation of Greater Indianapolis.
Mannoni, Maud (1983), *La educación imposible*, México, Siglo XXI Editores.
Martí, Fernando (1985), *Cancún, fantasía de banqueros*, Editorial Uno,
Massachusetts Child Exploitation Network (1995), *Child Sexual Exploitation: Improving Investigations and Protecting Victims: A Blueprint of Action*, Newton MA, Education Development Center, Inc.
Matzneff Gabriel (1981), *Ivre du vin perdu*, París, Éditions de la Table Ronde.
Matzneff Gabriel (1976), *Les moins de 16 ans*, París, Julliard.
Matzneff Gabriel (1977), *Les passions schismatiques*, París: Stock.
McCaghy, Charles H. et al. (1994), "Family affiliation and prostitution in a cultural context: career on sets of Taiwanese prostitutes", *Archives of Sexual Behavior*, 23(3):215-265.
McCarthy, Bill & John Hagan (1992), "Surviving on the street, The experiences of homeless youth", *Journal of Adolescent Research* 7(4):412-430.
McClanahan, Susan F., Gary M. McClelland, Karen M. Abram, y Linda A. F. Teplin (1999), "Pathways into prostitution among female jail detainees and their implications for mental health services", *Psychiatric Services* 50(12):1606-13.
McDonald, W.F. (1995), "The globalization of criminology: The new frontier", *Transnational Organized Crime*, 1:1-12.
Medina Carrasco, Gabriel, comp. (2000), *Aproximaciones a la diversidad juvenil*, México, El Colegio de México.
Medina Neri, Héctor (1986), *Cancún, nuevos horizontes*, Ediciones Olmeca.
Mennetrier, Gwendoline (2000), *Sécurités Women: Trafficking in women for the purpose of sexual exploitation and transborder cooperation*, París, European Forum for Urban Safety.
Merton Robert K. (1938), "Social structure and anomie", *American Sociological Review*, 3, 672-682.

Miko, Francis T. & Grace J.H. Park (2000), Trafficking in women and children: The U.S. and international response, Congressional Research Service Report #98-649-C, Washington: U.S. Department of State.

Molnar, Beth E., Starley B. Shade, Alex H. Kral, Robert E. Booth, y John K. Watters (1998), "Suicidal behavior and sexual/physical abuse among street youth", *Child Abuse and Neglect* 22(3):213-222.

Molnar, Beth E., Stephen L. Buka y Ronald C. Kessler (2001), "Child sexual abuse and subsequent psychopathology, Results from the National Comorbidity Survey", *American Journal of Public Health* 91(5):753-760.

Montemayor R., G.R. Adams y T.P. Gullotta (Eds.) (1990), *From child-hood to adolescence: A transitional period?*, Newbury Park, Sage.

Moon, Katharine. (1997), *Sex among allies: Military prostitution in US-Korean relations*, Nueva York, Columbia University Press.

Moore, Joan y John Hagedorn (2001), "Female gangs: A focus on research", OJJDP, *Juvenile Justice Bulletin* (March, 2001), pp. 1-12.

Moore, John P. e Ivan L. Cook (1999), *Highlights of the 1998 National Youth Gang Survey*, Washington, Dept. of Justice, Office of Juvenile Justice and Delinquency Prevention.

Muecke, Marjorie A. (1992), "Mother sold food, daughter sells her body, The cultural continuity of prostitution", *Social Science Medicine* 35(7): 891-901.

Mullings, Beverley (1999), *Tourism and the International Sex Trade. Sun, sex, and gold,. Tourism and sex work in the Caribbean*, Lanham, Rowman y Littlefield.

Mummert, Gail (1999), *Fronteras fragmentadas*, México, El Colegio de Michoacán.

Munir, A.B. y Yasin, S. (1997), "Commercial sexual exploitation of Children", *Child Abuse Review* 6(2):147-153.

Muntarbhorn, Vitit (1996), Report of the Rapporteur-Général on the World Congress Against Commercial Sexual Exploitation of Children (agosto).

Muntarbhorn, Vitit (1996), *Sexual exploitation of children*, Génova, United Nations, Centre for Human Rights, E.96.XIV.7.

Nadon, Susan M., Catherine Koverola, y Eduard H. Schludermann (1998), "Antecedents to prostitution: Childhood victimization", *Journal of Interpersonal Violence* 13:206ff.

National Ceneter for Missing and Exploited Children (NCMEC) (1998), Homepage of the Exploited Children Unit.

National Center on Child Abuse and Neglect (NCMEC) (1996), *The Third National Incidence Study of Child Abuse and Neglect (NIS-3)*, Washington, U.S.,

Department of Health and Human Services.
National Coalition for the Homeless (1999a), Homeless families with children, NCH, Fact Sheet #7, Washington, NCH.
National Coalition for the Homeless (1999b), Homeless youth, NCH, Fact Sheet #11, Washington, NCH.
Negrete, Norma (2000), "México", Instituto Interamericano del Niño, *Violencia y explotación sexual contra niños y niñas en América Latina y el Caribe*, Montevideo, IIN-OEA, 225-262.
Negrete, Norma (2001), "México", *Explotación Sexual Comercial de la Niñez en el Sur de México y Centroamérica*, San José CR, ECPAT – Casa Alianza.
Nemoto, Tooru, D. Luke, L. Mamo, A. Ching, y J. Patria (1999), "HIV risk behaviors among male-to-female transgenders in comparison with homosexual or bisexual males and heterosexual females", *AIDS Care* 11:297-312.
Newman, Cathy (2000), "The Enigma of Beauty", *National Geographic*, enero: 95-121.
Newsweek, Special Edition (1999), *The World in Figures*, Nueva York NY, Newsweek: 64-67.
Nieto, Karla y Laura Valverde (1996), *La prostitución en la zona de La Merced*, inédito, Fundación Ford - Centro de Investigaciones y Estudios Superiores en Antropología Social.
O'Brien, M. (1991), "Taking sibling incest seriously", M.Q. Patton (ed.), *Family Sexual Abuse: frontline research and evaluation*, Newbury Park CA, Sage.
O'Carroll, Tom(1979), *Paedophilia*, Montreal, The Radical Case.
O'Conell Davidson, Julia y Jacqueline Sánchez Taylor (1994), *Child prostitution and sex tourism*, Bangkok, ECPAT International.
—— (1995), *Child prostitution and sex tourism*, Venezuela, ECPAT International.
—— (1995), *Child prostitution and sex tourism*, Cuba, ECPAT International.
—— (1995), *Child prostitution and sex tourism*, Goa, ECPAT International.
—— (1996), *Child prostitution and sex tourism*, South Africa, ECPAT International.
—— (1996), *Child prostitution and sex tourism*, Costa Rica, ECPAT International.
—— (1999), "Fantasy islands: Exploring the Demand for Sex Tourism", *Sun, Sex, and Gold. Tourism and Sex Work in the Caribbean*, Lanham, Rowman & Littlefield.
Office of Juvenile Justice and Delinquency Prevention (OJJDP) (1997), Special Joint Report, Federal Agency Task Force for Missing and Exploited Children, Washington, OJJDP.
O'Grady, R. (1992), *The child and the tourist*, Bangkok, EPCAT.
Okami, Paul (1992), "Child perpetrators of sexual abuse, the emergence of a problematic deviant category", *The Journal of Sex Re-search*, 29, 109-30

reimpreso en D. West, 1994:281-302.

Oppermann, Martin (1998), *Sex Tourism and Prostitution: Aspects of Leisure, Recreation, and Work (Tourism Dynamics)*, Cognizant Communications Corp.

Organización Mundial de la Salud (WHO) (1996), *Commercial Sexual Exploitation of Children: The Health and Psychological Dimensions*, Génova, WHO.

Ouimet, Marc (1997), *Sexual offences and offenders*, Montreal, University of Montreal.

—— (1998), *Les tendances de la criminalité au Québec: les nouvel-les réalités et les nouveaux enjeux*, Québec, Ministère de la Sécurité Publique.

Parisot, Henri (1989), *Lewis Carroll*, París, Seghers.

Pérez Duarte, Alicia Elena (1998), "La utilización de menores en la prostitución, una forma de abuso y maltrato infantil. Consideraciones sobre los compromisos adquiridos por México en el ámbito internacional", *Liber ad Honorem Sergio García Ramírez*, tomo I:523-554, México, Universidad Nacional Autónoma de México.

Perlongher, Néstor (1999), *El negocio del deseo: la prostitución masculina en São Paulo*, Buenos Aires, Paidós.

Pettman, Jan Jindy (1997), "Body politics: International sex tourism", *Third World Quarterly* 18(1):93-108.

Pheterson, Gail (1996), *The prostitution prism*, Amsterdam University Press.

PNUD (1998), *Desarrollo Humano en Chile*, Santiago de Chile, PNUD.

Plummer K. J. (1981), "The 'paedophile's' progress, a view from below", B. Taylor (ed.), *Perspectives on Paedophilia*, Batsford.

Plummer K. J. (1981), "Paedophilia: constructing a sociological baseline", M. Cook and K. Howells (ed.) *Adult Sexual Interest in Children*, Londres, Academic Press.

Plummer K. J. (1980), "Self help groups for sexual minorities: the case of the paedophile", D J.West (ed.) *Sexual Offenders in the Criminal Justice System*, Cambridge, Cambridge University Press, pp. 72-90.

Poggio, Sara y Ofelia Woo (2000), *Migración femenina hacia Estados Unidos*, México, EDAMEX.

Policía Federal Preventiva (2000), *Acciones relevantes*, México, PFP.

Porter, Novelli y Mary Debus, Methodological Review, A Handbook for Excellence in Focus Group Research, Washington DC, Academy for Educational Development Healthcom.

Powers, Jane L. y Barbara W. Jaklitsch (1989), *Understanding survivors of abuse: stories of homeless and runaway adolescents*, Lexington, MA, Lexington Books.

Prentky, Robert and Raymond A. Knight (1993), "Age of Conset of Sexual Assault, Criminal and Life History", G.C.N. Hall, R. Hirschman, J.R. Graham, y M.S. Zaragoza eds., Washington DC, Taylor y Francis, pp. 43-62.

Prentky, Robert, Knight, Raymond y Lee, Austin (1997), *Child sexual molestation: research issues*, Washington, National Institute of Justice.
Proulx, J., Perreault, C., Ouimet, M. Et Guay, J.P. (1999), "Les aggresseurs sexuels d'enfants: scénarios délictuels et troubles de la personnalité", en Proulx, J., Cusson, M. y M. Ouimete, *Les violences criminelles* (inédito).
Pryor, Douglas W. (1996), *Answering the Question Why, Unspeakable Acts. Why men sexually abuse children*, Nueva York, Nueva York University Press.
Richard, Amy O'Neil (1999), *International Trafficking in Women to the U.S.: A Contemporary Manifestation of Slavery and Organized Crime*, Washington, U.S. State Department Bureau of Intelligence and Research.
Righthand, S. y C. Welch (2001), *Juveniles Who Have Sexually Offended: A Review of the Professional Literature*, Washington, U.S. Department of Justice, Office of Juvenile Justice and Delinquency Prevention.
Robles Maloof, Jesús (2001), "Prostitución y trabajo sexual", Bautista *et al.*, Una propuesta constructivista en el estudio del sexoservicio, inédito, Comisión de Derechos Humanos del Distrito Federal.
Rodriguez, Rey (1998), "Rights-LATAM, Globalization exacerbates children's social ills", 6 de julio, URL.
Romano, Eduardo *et.al.* (2000), "Tijuana alcohol control policies, A response to cross-border bringe drinking by young Americans", inédito, Pacific Institute for Research and Evaluation, Maryland.
Rosenfeld Richard y Steven S. Messner (1998), "Crime and the American Dream, An institutional analysis", F. Adler y W.S. Laufer (Eds.), *The Legacy of Anomie Theory, Advances in Criminological Theory*, vol. 6, New Brunswick NJ, Transaction Pub: 159-182.
Rossiaud, Jacques (1987), "Prostitución, sexualidad y sociedad en las ciudades francesas en el siglo XV" en Ariès, Ph. et al., *Sexualidades occidentales*, México, Paidós.
Rotheram-Borus, Mary Jane (1993), "Suicidal behavior and risk factors among runaway youth", *American Journal of Psychiatry* 150:103-107.
Rotheram-Borus, Mary Jane, Karen A. Mahler, Cheryl Koopman, y Kris Langabeer (1996), "Sexual abuse history and associated multiple risk behavior in adolescent runaways", *American Journal of Orthopsychiatry* 66(3):390-400.
Ruiz Harrell, Rafael (1998), *Criminalidad y mal gobierno*, México, Sansores y Aljure.
Ruiz, Olivia (2001a), "Los riesgos de cruzar. La migración centroamericana en la frontera México–Guatemala", *Revista Frontera Norte*, vol. 13, núm. 25, enero-junio, 7-41.
Ruiz, Olivia (2001b), "Riesgo, migración y espacios fronterizos: una reflexión", *Revista Estudios Demográficos y Urbanos*, vol. 16, núm. 2, mayo-agosto, 257-281.
Ruíz Torres, Miquel (2000), Cuerpos nacionales, espacios del estado. Nacionalismo, Estado y migración en la frontera sur de México, San Cristobal de las

Casas, tesis de maestría en Antropología Social, CIESAS.

Saikaew, Ladda. Report on Child Prostitution as Forced Labor, ANGO Perspective, Washington, Department of Labor, Bureau of International Affairs.

Samath, Feizel (1998), "Sri Lanka: Tightening screws on Paedophiles", 20 de febrero, URL.

Save the Children (1996), *Kids for Hire*, London, Save the Children.

Scheper-Hughes, Nancy and Carolyn Sargent Eds. (1998), *Small wars. The cultural politics of childhood*, Los Ángeles, University of California Press.

Schwartz, I.M., Rendon, J.A., y Hsieh, C. (1994), "Is child maltreatment a leading cause of delinquency?", *Child Welfare*, 73(5): 639-655.

Seabrook, Jeremy (1996), *Travels in the skinr trade: Tourism and the sex Industry*, Pluto Press.

Seabrook, J. (1997), *North-South Relation: The Sex Industry*, Third World Network Features.

Secretaría de Desarrollo Social (1997), *Voces en la calle*, México, Sedesol–Unicef.

Secretaría del Trabajo y Previsión Social (1999), *Encuesta sobre migración en la frontera norte de México* 1996-97, México, STPS.

Senado de la República (1999), *Migración: México entre sus dos fronteras*, México, Senado de la República.

Senate of Canada (2001), *Report on the 2000-01 Activities: Canadian Strategy Against Commercial Sexual Exploitation of Children and Youth As Follow Up to the First World Congress in Stockholm, 1996*, Ottawa, Senate of Canada.

Seneviratne, Maureen (ed.) (1994), *An Evil Under the Sun: The Sexual Exploitation of Children in Sri Lanka*, Mt. Lavinia, Sri Lanka, Protecting Environment and Children Everywhere.

Seng, Magnus J. (1989), "Child sexual abuse and adolescent prostitution, A comparative analysis", *Adolescence* 24(95):665-675.

Sereny, Gitta (1985), *The invisible children. Child prostitution in America, West Germany and Great Britain*, Nueva York, Alfred A. Knopf, Inc.

Seto, Michael C. y Howard E. Barbareee (1999), "Psychopathology, treatment behavior, and sex offender recidivism", *Journal of Interpersonal Violence* 14(12):1235-1248.

Shamim, Ishrat (1993), *Homeless and Powerless: Child Victims of Sexual Exploitation*, Djaka, Bangladesh: Bangladesch Sociology Association, University of Dhaka.

Silbert, Mimi H. y Ayala M. Pines (1981), "Sexual child abuse as an antecedent to prostitution", *Child Abuse & Neglect* 5(4):407-411.

Silbert, Mimi H. y Ayala M. Pines (1983), "Early sexual exploitation as an influence in prostitution", *Social Work* 28(4):285-289.

Simons, Ronald y Les B. Whitbeck (1991), "Sexual abuse as a precursor to prostitution and victimization among adolescent and adult homeless women", *Journal of Family Issues* 12:361-379.

Sin Fronteras (1999), *Los derechos de los trabajadores migratorios y sus familias no tienen fronteras.*

Smith, Carolyn y Terence P. Thornberry (1995), "The relationship between childhood maltreatment and adolescent involvement in delinquency", *Criminology* 33(4):451–481.

Simoneau, Jean (1978), "Aimer les petits gars, féérie du monde adulte", Luc Benoit, Paul Chamberland, Georges Khal y Jean Basile (eds.) *Sortir,* Montreal, Editions de l'Aurore, pp. 139-156.

—— (1981), *Laissez venir à moi les petits gars,* Montreal, Parti Pris.

Snell, C.L. (1995), *Young Men in the Street: Help Seeking Behavior of Young Male Prostitutes,* Westport CT:Praeger.

Snyder, Howard N. (2000), *Sexual Assault of Young Children as Reported to Law Enforcement: Victim, Incident, and Offender Characteristics –A Statistical Report Using Data From the National Incident-Based Reporting System,* Washington, Department of Justice, Office of Justice Programs.

Spangenberg, Mia (2001), Prostituted youth in Nueva York City, An overview, inédito.

Staelens, Patrick (1993), *El trabajo de menores,* México, Universidad Autónoma Metropolitana Azcapotzalco

Stiffman, Arlene R. (1989), "Physical and sexual abuse in runaway youths", *Child Abuse & Neglect* 13(3):417-426.

Straus, M.A. y Gelles, Richard J. (1988), *Intimate violence,* Nueva York, Simon and Schuster.

Sturdevant, Saundra Pollock, y Brenda Stoltfus (1992), *Let the Good Times Roll: Prostitution and the U.S. Military in Asia,* Nueva York, The New Press.

Suárez, H. y R. Zárate (1998), "De ocupaciones y preocupaciones en México", *Este País,* núm. 92:28-32

Szasz, Ivonne y Susana Lerner, comps. (1998), *Sexualidades en México. Algunas aproximaciones desde la perspectiva de las ciencias sociales,* México, El Colegio de México.

Taylor, Charles (1991), *The Ethics of Authenticity,* Cambridge, Harvard University Press.

Templeman, Terrel L. y Ray D. Stinnett (1991), "Patterns of sexual arousal and history in a 'normal' sample of young men", *Archives of Sexual Behaviour,* 20, 137-50, Reimpreso en D.West, 1994.183-196.

Tjaden, P., Thoennes, N. (1998), *Stalking in America: Findings from the National Violence Against Women Survey.* Washington, US Department of Justice, National Institute of Justice.

Todorov, Tzvetan (1998), El hombre desplazado, Madrid, Taurus.

Treguear L. Tatiana (1994), *Niñas Prostituidas,* Caso Costa Rica, San José, CR, Fundación Procal.

Unicef (1997), *Estado Mundial de la Infancia* 1997, El trabajo infantil, Nueva York, Unicef.

—— (2000), *Estado Mundial de la Infancia 2000,* Nueva York, Unicef.

United Nations (1994), *Promotion and Protection of the Rights of Children, Sale of Children, child prostitution and child pornography: Note by the Secretary-General,* Nueva York, UN, General Assembly, Doc. A/49/478, octubre, p. 29.

—— (1995), *World Situation with Regard to International Traffic in Minors,* Costa Rica, UN, Latin American Institute for the Prevention of Crime and the Treatment of Offenders.

—— (1999), *Global Programme Against Trafficking in Human Beings: An Outline for Action,* Vienna, United Nations.

Uribe, Patricia *et al.* (1995), "Prostitución y SIDA en la Ciudad de México", *Salud Pública* 37(6):592-601.

U.S. Conference of Mayors (2000), *A Status Report on Hunger and Homelessness in America's Cities, 2000,* Washington, Conference of Mayors.

U.S. Department of Justice (DoJ) (2000), *Juvenile Offenders and Vic-tims: National Report,*Washington, Department of Justice, Office of Juvenile Justice and Delinquency Prevention.

U.S. Department of State (2001), *Victims of Trafficking and Violence Protection Act of 2000: Trafficking in Persons Report,* Washington, Department of State, Bureau of International Narcotics and Law Enforcement Affairs.

Velasco, Laura (1996), "La conquista de la frontera norte, vendedoras ambulantes indígenas en Tijuana" en *Estudiar a la familia, comprender a la sociedad,* México, DIF: 39-105.

Villaseñor, Blanca (2001), "Migrantes, discriminación y xenofobia", *Academia Mexicana de Derechos Humanos, Foro regional de México y Centroamérica sobre racismo, discriminación e intolerancia,* México, AMDH.

Vincendon, Sybylle y Anna Boulay (1999), "Objetos emblemáticos del siglo" en *La Jornada Semanal,* 26-XII-99.

Vittachi, Anuradha (1989), *Stolen childhood, In search of the rights of the child.* Nueva York, Polity Press.

Walker, Dave y Richard S. Ehrlich (*comp.*) (2001), *'Hello my Big Big Honey!': Love Letters to Bangkok Bar Girls and Their Revealing Interviews,* Last Gasp of San Francisco.

Walkowitz, Judith R. (1993), "Sexualidades peligrosas", Duby, Georges y Michelle Perrot: *Historia de las mujeres, El siglo XX: cuerpo, trabajo y modernidad*, Madrid, Taurus.

Weinberg Martin S., Colin J. Williams y Charles Moser (1984), "The social constituents of sadomasochism" en *Social Problems*, 31, 4, 379-389.

Weiner, Neil A. y Wolfgang, M. (1989), "Violent Criminal Careers and Violent Career Criminals: An Overview of the Research Literature", Neil A. Weiner and Marving E. Wolfgang (eds.) *Violent Crimes, Violent Criminals*, Newbury Park, CA: Sage Publications: 35-138.

Weiner, Neil A. y Barry Ruback (1995), *Violent interpersonal behavior and cultural aspects*, Nueva York, Springer.

Weitzer, Ronald (Ed.) (2000), *Sex for sale: prostitution, pornography, and the sex industry*, Nueva York, Routledge.

West, Donald (1987), *Sexual crimes and confrontations: A study of victims and offenders*, Aldershot, Gower.

West, Donald (Editor) (1994), *Sex crimes. International library of criminology, criminal justice and penology*, Aldershot, Darmouth.

Whitbeck, Les B. y Ronald L. Simons (1990), "Life on the streets, The victimization of runaway and homeless adolescents" en *Youth y Society* 22(1):108-125.

Whitcomb, Debra (1995), *Child Sexual Exploitation: Improving Investigations and Protecting Victims a Blueprint For Action*, Washington, Department of Justice, Office of Justice Programs, Office For Victims of Crime.

Whitcomb, Debra y Julie Eastin (1998), *Joining Forces Against Child Sexual Exploitation: Models For a Multijurisdictional Team Approach*, Washington, Department of Justice, Office of Justice Programs, Office For Victims of Crime.

Widom, C. S. y Kuhns, J. B. (1996), "Childhood Victimization and Subsequent Risk for Promiscuity, Prostitution, and Teenage Pregnancy, A Prospective Study" en *American Journal of Public Health*, 86(11):1607-1612.

Widom, Cathy Spatz (1996), *The cycle of violence revisited, Research Preview* (of the NIJ), Washington, National Institute of Justice.

Wijers, Marjan Lap-Chew, Lin (1997), *Traffiking in women, forced labor and slavery-like practices in marriage, domestic labor and prostitution.* summary, Found Against Trafficking in Women, abril.

Williams, Phil (1995), "Transnational criminal organizations, Strategic alliances" en *Washington Quarterly*, 18:57-72.

Williams, Phil (Ed.) (1999), *Illegal Immigration and Commercial Sex: The New Slave Trade*, London, Frank Cass Publishers.

Wilson, Wadet; Katie Lepisto y Rik Livingston (1998), *Fantasy Islands: A Man's Guide to Exotic Women and International Travel*, Roam Publishing.

Woodiwiss, Michael (1993), "Crime's Global Reach" en Frank Pearce y Michael Woodiwiss (Eds.), *Global Crime Connections*, Toronto, University of Toronto Press.

World Bank (2000), *World Development Report 2000-2001*, Nueva York, Oxford University Press.

World Bank Institute (2000), "Street children in Eastern Europe and Latin America", *Development Outreach*, vol. 2, núm. 3, Summer.

World Health Organization (WHO) (1996), *Commercial Sexual Exploitation of Children, The Health and Psychological Dimensions*, Geneva, WHO.

Wright, R.T., Decker, S.H. (1994), *Burglars on the Job. Streetlife and Residential Bread-Ins*, Boston, North-Eastern University Press.

Yates, Gary L., Richard G. MacKenzie, Julia Pennbridge, y Avon Swof-ford (1991), *A risk profile comparison of homeless youth involved in prostitution and homeless youth not involved*, en *Journal of Adolescent Health*, 12(7): 545-548.

Yoon Y. (1997), *International sexual slavery*, Washington, CG Issue Overviews.

Youth Advocate Program International (1998), *Comercial sexual exploitation of children. Youth involved in prostitution, pornography and sex trafficking*, Washington, YAPI.

Zarembo, Alan (2000), "Tough Love in Tijuana" en *Newsweek*, March 20: 16-19.

PÁGINAS DE INTERNET CONSULTADAS:

Asociación contra la pornografía infantil:
 <www.asociacion-acpi.org>
Segundo Congreso Internacional contra la Explotación Sexual Comercial de la Infancia:
 <www.asociacion-acpi.org/yokohama.htm>
Prensa Acapulco:
 <www.aca-novenet.com.mx>
Gobierno municipal de Acapulco de Juárez:
 <www.acapulco.com.mx>
Promoción turística Acapulco:
 <www.acapulco-travel.com>
Gobierno municipal de Benito Juárez:
 <www.cancun.gob.mx>
End Child Prostitution in Asian Tourism:
 <www.ecpat.net>
Instituto Nacional de Geografía, Estadística e Informática:

BIBLIOGRAFÍA 369

<www.inegi.gob.mx>
Instituto Nacional Indigenista:
  <www.ini.com.mx>
Interpol:
  <www.interpol.int/Public/Children/Default.asp>
Internet Watch:
  <www.iwf.org.uk>
Consulta cartográfica:
  <www.mapasdemexico.net>
Organización contra el sexoturismo infantil en México:
  <www.nosexoturismoinfantil.org>
Promoción turística Cancún:
  <www.novenet.com.mx>
Índice temático:
  <www.pangea.org/ddhh/tematic5a.html>
ONG para defensa derechos de la infancia:
  <www.savethechildren.net>
Child Prostitution & Tourism Watch:
  <www.world-tourism.org/protect_children/index.htm>
Safer Internet:
  <www.saferinternet.org>
Childnet International:
  <www.childnet-int.org>
Innocence en Danger:
  <www.innocenceindanger.org>
International Humanitarian Campaign Against the Exploitation of Children:
  <www.helpsavekids.org>
Pandora's Box. The Secrecy of child Sexual Abuse:
  <www.prevent-abuse-now.com/home4.htm>
Unicef:
  <www.Unicef.org>
Unicef-México:
  <www.unicer.org/mexico/>
Focal Point Against Sexual Exploitation of Children:
  <www.focalpointngo.org>
World Tourism Organization:
  <www.world-tourism.org>

DIARIOS NACIONALES CONSULTADOS (1999 – 2001):

El Universal
Excelsior
La Jornada
Reforma
El Nacional
Unomásuno
El Financiero
El Sol de México

SEMANARIOS NACIONALES (1999-2001):

Revista *Proceso*

DIARIOS LOCALES CONSULTADOS (1999-2001):

Novedades de Acapulco
El Norte (Tijuana)
El Mexicano (Tijuana)
Diario (Tijuana)
Norte (Ciudad Juárez)
El Diario (Ciudad Juárez)
El Soconusco (Tapachula)
El Diario del Sur (Tapachula)
El Orbe (Tapachula)
El Sol Occidental (Guadalajara)
El Informador (Guadalajara)
Por Esto (Cancún)
Novedades (Cancún)

ÍNDICE

RECONOCIMIENTOS	7
INVESTIGADORES PARTICIPANTES	9
INTRODUCCIÓN *por* ELENA AZAOLA	11
MARCO CONCEPTUAL Y METODOLÓGICO *por* RICHARD J. ESTES y ELENA AZAOLA	15
LA EXPLOTACIÓN SEXUAL COMERCIAL DE NIÑOS EN ESTADOS UNIDOS *por* RICHARD J. ESTES y NEIL A. WEINER	44
INTERACCIONES SOCIALES ENTRE PEDÓFILOS CANADIENSES *por* PIERRE TREMBLAY	91
LA EXPLOTACIÓN SEXUAL COMERCIAL DE NIÑOS EN MÉXICO. SITUACIÓN GENERAL DE LA INFANCIA *por* ELENA AZAOLA	140
LA EXPLOTACIÓN SEXUAL DE NIÑOS EN DOS CIUDADES TURÍSTICAS. CANCÚN Y ACAPULCO *por* MIQUEL ÁNGEL RUÍZ TORRES	156
LA EXPLOTACIÓN SEXUAL DE NIÑOS EN LAS FRONTERAS *por* ELENA AZAOLA	240
RECOMENDACIONES *por* MIQUEL ÁNGEL RUÍZ TORRES y ELENA AZAOLA	323

ANEXO 1: GUÍA DE ENTREVISTAS A GRUPOS FOCALES 339
  por RICHARD J. ESTES

ANEXO 2: ALGUNOS CASOS DE EXPLOTACIÓN SEXUAL DE NIÑOS,
OCURRIDOS ENTRE LOS PAÍSES DE LA REGIÓN DE AMÉRICA
DEL NORTE, REPORTADOS POR LA PRENSA 343
  por ELENA AZAOLA

BIBLIOGRAFÍA 347

familia tipográfica: mew baskerville 10/12
se termino de imprimir el
20 de agosto de 2003
en los talleres de códice

www.ingramcontent.com/pod-product-compliance
Ingram Content Group UK Ltd.
Pitfield, Milton Keynes, MK11 3LW, UK
UKHW041415180426
11947UKWH00007B/148